대적기도 시리즈 4 (완결편)

대적기도의 근본적인 승리비결

정원 지음

영성의 숲

서 문

대적기도는 우리의 삶에 은밀하게 숨어 들어와 우리를 속이고 괴롭히는 악한 영들의 활동을 인식하고 주의 이름으로 그들을 대적하고 쫓아내는 것입니다. 이 기도는 우리의 삶에 풍성함과 자유로움을 가져다 줍니다. 악한 영들은 멀리 있는 존재가 아니며 기괴한 존재도, 무서운 존재도 아닙니다. 그들은 우리의 평범한 일상생활에 가까이 있으며 우리의 마음속에 어둡고 악한 생각과 감정을 심는 방법으로 우리를 속이고 우리의 삶을 비참한 것으로 만듭니다.

우리는 그들의 활동에 대한 영적 원리를 단순히 깨닫는 것만으로도 많은 승리와 자유를 경험할 수가 있습니다. 또한 구체적인 삶에서 직접 이것을 적용했을 때 놀라운 변화를 경험하게 됩니다. 이것은 이 기도를 조금 적용한 것만으로도 삶 속에서 승리를 경험한 많은 사람들의 경험과 간증을 통해서 곧 알 수 있습니다.

하지만 우리는 그러한 부분적인 승리만으로 만족해서는 안됩니다. 우리에게는 좀 더 근원적인 승리가 필요합니다. 악한 영들을 대적하고 쫓아내는 정도가 아니라 그들이 가까이 오지도 못하는 사람이 되어야 하는 것입니다.

그러므로 악한 영들에 대한 근본적인 승리는 부분적이고 일시적인 승리나 치열한 전투를 통한 승리보다 좀 더 높은 차원에 있는 것입니다. 우리는 그러한 승리를 경험해야 합니다. 그것은 그리스도인들의 좀 더 고양된 삶이며 영적으로 정화되고 성숙된 높은 삶의 상태입니다.

어떠한 이들은 예수 그리스도가 십자가에서 이미 승리했기 때문에 그와 함께 붙어있는 우리도 역시 같이 승리한 것이라고 말합니다.

물론 그것은 옳은 말입니다. 그러나 더 중요한 것은 그러한 승리가 이론에서 그치지 않고 실제적으로 경험되어야 하며 이루어져야 한다는 것입니다. '나의 자아는 이미 2천년 전에 죽었다, 나는 이미 승리했다' 그렇게 아무리 주장을 하더라도 그들의 실제적인 성품이나 삶이 우울하고 어둡고 소극적이고 묶여 있으며 부자유하다면 그것은 진정한 승리라고 보기 어렵습니다. 실제로 그러한 사람들이 아주 많이 있습니다. 우리의 승리는 그와 같이 개념에 그쳐서는 안됩니다.

영들은 영적인 성질과 파장에 따라 움직입니다. 그러므로 악한 영들이 오는 것도 사람들이 그들의 안에 악한 영들을 끌어당기는 어두움의 요소를 가지고 있기 때문입니다. 그러므로 우리는 그러한 요소를 근원적으로 소멸하고 차단해야 합니다. 악한 영들과 치열한 싸움을 벌이는 것 보다 근본적으로 그들과 다른 성격의 영을 가지고 있어야 합니다. 악한 영들이 좋아하는 기질이나 삶을 가지고 있다면 그들은 평생을 악한 영들과 싸움만을 하면서 살아야 할 것입니다.

부디 당신의 삶과 행동과 기질과 모든 것을 바꾸십시오. 어둠에서 벗어나 빛에 속한 사람이 되도록 하십시오. 그렇게 할 때 당신은 악한 영들과의 전쟁에서 근본적으로 승리하는 사람이 될 수 있을 것입니다.

부디 좀 더 새롭고 깊은 차원의 세계로 가십시오. 어두움에서 벗어나 빛에 속하게 될수록 당신은 주님의 임재와 천국의 영광을 이 땅의 삶에서도 누릴 수 있게 될 것입니다. 할렐루야.

2005. 4. 정원

대적기도 시리즈 4권 대적기도의 근본적인 승리 비결

1부 승리를 위한 조언들

1. 악한 영들과 비슷한 파장을 버리십시오 • 19
2. 죄를 미워하십시오 • 26
3. 악성 감정을 버리십시오 • 31
4. 어두운 기질을 버리십시오 • 38
5. 복잡한 것을 좋아하지 마십시오 • 43
6. 꾸미는 것을 좋아하지 마십시오 • 46
7. 세상이 주는 즐거움을 추구하지 마십시오 • 53
8. 외적인 사람은 마귀를 이길 수 없습니다 • 58
9. 낮은 가치관은 마귀에게 속고 있는 것입니다 • 67
10. 사람과의 친밀한 연합을 조심하십시오 • 73
11. 악한 영의 영역에 가지 마십시오 • 80
12. 위험한 영적 영역에 갈 때 조심하십시오 • 86
13. 심각한 영적 상태에 있는 사람을 접할 때 주의하십시오 • 92
14. 점, 운세, 마술, 초능력 등에 접촉하지 마십시오 • 100
15. 신비적 경험을 너무 좋아하지 마십시오 • 109
16. 듣는 기도를 조심하십시오 • 115
17. 바른 하나님 관을 가지십시오 • 122
18. 기질적 약점을 극복하십시오 • 126
19. 체력과 영력을 기르는 훈련들 • 134
20. 무엇보다 중요한 것은 본인 자신의 의지입니다 • 141
21. 반성과 회개는 아주 중요합니다 • 147
22. 영적 전쟁에 있어서의 기도와 금식의 의미 • 155
23. 자신의 안에 터를 잡은 악의 진을 깨뜨리십시오 • 162
24. 은혜와 감동이 있을 때 주의하십시오 • 176
25. 파장과 성질이 영의 통로임을 기억하십시오 • 184
26. 밝은 마음으로 사십시오 • 190

27. 사랑의 고백은 마귀를 깨뜨립니다 • 196
28. 거짓을 미워하고 단순하게 진실을 말하십시오 • 205
29. 자신이 아닌 주님께 집중하십시오 • 216
30. 대적기도의 열매들 • 224
31. 대적기도의 적용이 잘 되지 않는 이들에게 • 230
32. 대적기도의 적용을 확장하십시오 • 237
33. 오직 주님을 구하는 것이 근원입니다 • 246
34. 전쟁을 통한 영혼의 균형과 성장 • 252

2부 대적 기도 경험자들의 간증

1. 신앙생활 그리고 대적기도와의 만남 -S집사- • 261
2. 대적기도로 인간관계가 회복되다 -J자매- • 264
3. 대적기도로 경험한 삶의 열매들 - H자매- • 268
4. 가전제품이 고쳐지다 -H형제- • 273
5. 힘들었던 논문을 해결하다 -Y자매- • 276
6. 대적기도로 억울한 상황을 극복하다 -Y자매- • 282
7. 대적 기도를 통한 삶의 승리들 -K집사- • 285
8. 대적기도를 통한 아이들 다루기 -L집사- • 291
9. 딸아이가 새롭게 변화되다 -Y집사- • 293
10. 탐식의 욕구에서 벗어나다 -J집사- • 297
11. 대적기도로 성공적인 강의를 하다 -J자매- • 299
12. 대적기도로 아픈 허리가 치유되다 -D집사- • 302
13. 대적기도를 통한 작은 승리들 -C권사- • 304
14. 대적기도를 통한 자유와 변화 -O전도사- • 306
15. 눈병이 빠르게 회복되다 -K집사- • 307
16. 이제 더 이상은 내 뺨을 어디서도 치지 말라 -Y전도사- • 309
17. 미적거리던 일을 마무리하다 -K집사- • 315
18. 한 밤중에 울던 아이가 평안해지다 -O사모- • 317
19. 행복을 지키는 대적 기도 -K집사- • 319
20. 숨어있던 악한 영에게서 해방되다 -H전도사- • 320

21. 배의 통증이 사라지다   -W집사- • 328
22. 이사비용의 문제가 해결되다 -J집사- • 329
23. 딸과 사랑의 관계로 회복되다 -S집사- • 331
24. 대인관계가 풍성해지다 -P형제- • 333
25. 실제적인 영적 전쟁 -이혜경- (정원 목사의 아내) • 337
26. 실수와 혼돈의 영을 결박하다 -C자매- • 345
27. 대적기도를 통한 승리의 경험 -K형제- • 349
28. 채무의 영에게서 벗어나다! -H형제- • 355
29. 대적기도 실습 경험담. -H전도사- • 358
30. 대적기도 경험자들의 간단한 보고 -H전도사- • 354
31. 대적기도를 훈련하고 적용하며 -H전도사- • 380
32. 덧글 간증 • 424

결언 • 449

대적기도 시리즈 1권   대적기도의 원리와 능력

1부 대적기도의 발견

1. 어느 날의 경험 • 19
2. 두 번째의 기쁨 • 22
3. 지식과 해방 • 25
4. 사라진 불안 • 30
5. 속고 배우고 분별하기 • 34

2부 영적 전쟁의 원리들

1. 악한 영들은 생각을 통해서 들어옵니다 • 43
2. 악한 영들은 두려움을 통해서 역사합니다 • 51
3. 귀신을 쫓는 것은 제자들의 기본적인 사명입니다 • 57
4. 마귀를 대적하는 것과 하나님을 가까이 하는 것 • 65
5. 우리에게 주어진 권세를 사용함 • 73
6. 자유의지의 법칙 • 76
7. 마귀가 있는 곳에는 마비가 있습니다 • 83
8. 회개와 자책을 분별하십시오 • 93
9. 악한 영들은 우리의 입장에서 이야기합니다 • 99
10. 거라사 광인이 보여주는 악한 영의 특성들 • 106
11. 실제적인 영적 전쟁 • 117
12. 악한 영들은 빛 앞에서 드러납니다 • 120
13. 악한 영들은 권능을 두려워합니다 • 130
14. 악한 영들은 파장을 따라 들어옵니다 • 136
15. 쾌락의 영과 징벌의 영 • 144
16. 무리하게 영적 전쟁을 하지 마십시오 • 152

17. 악한 영의 억압과 정신병의 차이는? • 153
18. 악한 영들은 사람의 안에 들어오려고 합니다 • 163
19. 영들의 들어옴 • 167
20. 사람은 영의 통로입니다 • 171
21. 고통과 즐거움의 법칙 • 176
22. 떠돌이 영에 대하여 • 183
23. 제사에 오는 악한 영들 • 187
24. 악한 영들의 힘의 차이 • 192
25. 이 사역에 뛰어드는 것을 조심하십시오 • 198
26. 대적기도는 스스로 하는 것이 좋습니다 • 205
27. 영적 전쟁에 대한 여러 가지 반응들 • 209
28. 영이 들어올 때와 나갈 때의 느낌 • 215
29. 영 분별에 있어서의 어려움들 • 223
30. 민감한 영의 사람은 영을 잘 관리해야 합니다 • 229
31. 악한 영들의 활동과 잠복 • 235
32. 악한 영을 쫓아내는 것과 결박하는 것은 다릅니다 • 242
33. 악한 영들은 시간이 지날수록 강해집니다 • 248
34. 영들의 자리잡음 • 254
35. 선포는 악한 영의 힘을 약화시킵니다 • 260
36. 악한 영의 세계를 통과할 때 하나님의 깊은 임재에 들어갑니다 • 265
37. 땅의 영들과 공중의 영들 • 268

3부 악한 영들의 활동, 원리, 특성

1. 서운함 • 283
2. 흠을 잡는 영 • 287
3. 이간질 • 293
4. 분노 • 299
5. 미움 • 305
6. 우울함과 어두움 • 310
7. 불안과 두려움 • 313

8. 혼자 있게 함 • 318
9. 나쁜 사건들을 일으킴 • 323
10. 원망과 불평 • 330
11. 거스름 • 337
12. 교만 • 340
13. 탐욕 • 346
14. 어두운 눈물 • 349
15. 죄책감 • 353
16. 거짓의 영 • 358
17. 영적 사역을 방해함 • 362
18. 음식에 대한 탐닉 • 369
19. 쇼핑 • 374
20. 악한 영들의 활동 특성 • 378
21. 악한 영들의 활동 원리 • 383
22. 넓은 범위의 활동들 • 389

대적기도 시리즈 2권 대적기도의 적용원리

1부 대적하는 기도의 기본 원리와 방법

1. 아주 중요한 오류들 • 17
2. 명령하는 기도와 대적하는 기도 • 26
3. 두 개의 왕국 • 30
4. 대적하는 기도의 적용 순서 • 42
5. 깨달음과 스며들기 • 48
6. 어둠 속의 존재를 드러내기 • 53
7. 이름 부르기 • 56
8. 분리시키기 • 62
9. 대적하기 • 67
10. 악의 근원을 발견하십시오 • 71
11. 구체적으로 대적하십시오 • 80
12. 자신의 안에 어떠한 영이 있습니까? • 83
13. 자기 안에 있는 영들을 표출시키기 • 87
14. 악한 영들이 주는 몸속의 이질감 • 95
15. 악한 영들이 움직이는 느낌 • 102
16. 생활 속에서 속의 느낌을 주의하십시오 • 110
17. 부르짖어서 표출시키기 • 115
18. 호흡기도로 표출시키기 • 121
19. 소리의 중요성 • 127
20. 눈을 강화시키기 • 131
21. 함부로 시인하지 마십시오 • 135
22. 악한 영들에게 먹이를 주지 마십시오 • 141
23. 악한 영들에게 분노하십시오 • 151
24. 대적하는 기도를 드린 후의 증상 • 158
25. 채워짐의 중요성 • 167

2부 개인적인 공격들에 대한 대적기도

1. 우울함을 대적하십시오 • 177
2. 불안감을 대적하십시오 • 181
3. 외로움을 대적하십시오 • 187
4. 분노를 대적하십시오 • 190
5. 슬픔을 대적하십시오 • 202
6. 복수심을 대적하십시오 • 206
7. 과거의 아픈 기억을 처리하십시오 • 210
8. 영의 침투를 당했을 때 • 213
9. 근심을 대적하십시오 • 218
10. 무력감을 대적하십시오 • 224
11. 교만한 영을 대적하십시오 • 227
12. 비판의 영을 대적하십시오 • 236
13. 비난의 영을 대적하십시오 • 241
14. 사소한 짜증을 대적하십시오 • 247
15. 학대당하는 영을 대적하십시오 • 250
16. 잠자기 전을 조심하십시오 • 255
17. 더러운 생각을 대적하십시오 • 259
18. 억울한 마음을 대적하십시오 • 265
19. 죄책감을 대적하십시오 • 270
20. 질병의 증상을 대적하십시오 • 276
21. 갑자기 고통이 시작될 때 주의하십시오 • 280
22. 지나친 피로감을 주의하십시오 • 285
23. 졸음과 혼미함을 대적하십시오 • 287
24. 지나치게 많은 잠은 묶임입니다 • 290
25. 공상의 영을 대적하십시오 • 293
26. 끊임없이 떠오르는 생각을 대적하십시오 • 295
27. 불면증을 대적하십시오 • 300
28. 만성병을 대적하십시오 • 304
29. 신체의 부분적인 연약함이 올 때 • 310
30. 의지를 방해하는 자를 대적하십시오 • 314

31. 가난의 영을 대적하십시오 • 319
32. 채무의 영을 대적하십시오 • 326
33. 무서운 느낌이 들 때 • 333
34. 악몽을 꾸었을 때 • 338
35. 새로운 곳에서 잠을 잘 때 • 344
36. 지나친 그리움을 대적하십시오 • 347
37. 과식의 영을 대적하십시오 • 350
38. 지나친 쇼핑의 영을 대적하십시오 • 356
39. 도박의 영을 대적하십시오 • 358
40. 지나친 승부욕을 대적하십시오 • 362
41. 지나친 애정의 영을 대적하십시오 • 368
42. 수다의 영을 대적하십시오 • 375
43. 취미, 기호, 습관에 주의하십시오 • 379
44. 고집의 영을 대적하십시오 • 384
45. 거스르는 영을 대적하십시오 • 386
46. 폭력과 파괴의 영을 대적하십시오 • 391
47. 혼미케 하는 영을 대적하십시오 • 397
48. 죽음의 영을 대적하십시오 • 402
49. 길이 막혔을 때 대적하십시오 • 407
50. 충격을 받았을 때 • 410
51. 속이는 영을 대적하십시오 • 413
52. 자살의 영을 대적하십시오 • 416
53. 심각한 영적 공격에 대하여 • 419
54. 한계를 느낄 때 대적하십시오 • 422

대적기도 시리즈 3권 대적기도를 통한 승리의 삶

1부 인간관계에서의 대적기도

1. 대인관계를 불편해하는 사람 • 19
2. 말을 함부로 하는 사람을 만날 때 • 22
3. 남을 지배하려는 사람을 대할 때 • 25
4. 분노하는 사람의 영을 결박하십시오 • 32
5. 위압감을 주는 사람에 대하여 • 36
6. 괴롭히는 이들의 영을 대적하십시오 • 40
7. 억울한 일을 겪었을 때 • 48
8. 사람과 악한 영을 분리하십시오 • 56
9. 우리는 상대방의 영을 결박하는 것이지 쫓아내는 것이 아닙니다 • 60
10. 이간질의 영을 대적하십시오 • 63
11. 강요하는 영을 대적하십시오 • 67
12. 불경건한 자들과의 교제를 멀리하십시오 • 73
13. 잘못된 영적 연결을 끊으십시오 • 77
14. 일방적이고 육적인 애정의 끈을 대적하고 끊으십시오 • 82
15. 다른 사람에 대한 사소한 불쾌감을 대적하십시오 • 87
16. 짝사랑과 애정의 영에 대하여 • 90
17. 저주하는 영을 대적하고 멀리하십시오 • 95
18. 간교한 영을 가지고 있는 이들을 멀리 하십시오 • 98
19. 미움의 영을 대적하십시오 • 104
20. 미움을 끌어당기는 영을 대적하십시오 • 109
21. 어린아이의 영을 결박하십시오 • 113
22. 충격을 받을 때에 대적하십시오 • 119
23. 음란한 영을 대적하십시오 • 124
24. 조종하는 영을 대적하십시오 • 136
25. 억지를 부리는 상대방의 영을 결박하십시오 • 146
26. 대적기도를 하고 나면 일시적으로 아플 수 있습니다 • 149

2부 가정에서의 대적기도

1. 우리의 대적은 배우자가 아니고 마귀입니다 • 163
2. 부부사이에 역사하는 악령을 대적하십시오 • 167
3. 절대로 앙금을 쌓아두지 마십시오 • 172
4. 상대방이 가지고 있는 지옥의 영들을 대적하십시오 • 182
5. 자주 서운함에 빠지는 사람 • 187
6. 절대로 서로 비난하지 마십시오 • 191
7. 자기 의의 영을 결박하십시오 • 200
8. 배우자에 대한 유혹의 영을 대적하십시오 • 208
9. 가정을 지배하려는 지배의 영을 대적하십시오 • 212
10. 부모의 육적 애정의 끈을 분별하십시오 • 225
11. 가족의 영적 방해를 결박하십시오 • 236
12. 아이를 가졌을 때 대적기도와 보호하는 기도를 드리십시오 • 244
13. 아이가 아플 때 대적기도를 하십시오 • 250
14. 아이가 돌이 되면 고집의 영을 대적하십시오 • 256
15. 찡찡거리는 영을 쫓아내십시오 • 260
16. 징계나 대적기도 시에 화를 내서는 안 됩니다 • 265
17. 아이들을 억압하지 마십시오 • 267
18. 아이들 앞에서 조심하십시오 • 272
19. 미운 짓을 하는 아이에 대하여 • 278
20. 성장을 거부하는 영을 대적하십시오 • 285
21. 어린아이가 접촉하는 영을 주의해보십시오 • 289
22. 아이들에게 영적 전쟁을 가르치십시오 • 296
23. 대적기도는 아이들의 영혼을 깨웁니다 • 300
24. 아이들의 사춘기에 올 수 있는 영을 대적하십시오 • 306
25. 아이의 의지를 누르는 악령을 결박하십시오 • 312
26. 자녀들의 교우관계를 위하여 기도하십시오 • 318
27. 악한 유전이 자녀에게 흐르지 않도록 끊으십시오 • 325
28. 가정의 소리와 분위기를 관리하십시오 • 335
29. 집안의 환경을 정결하게 하십시오 • 340

3부 복음전도와 영적 사역에서의 대적기도

1. 전도 대상자를 위한 기도의 능력 • 349
2. 구체적인 장소에 있는 영들을 결박하십시오 • 355
3. 대적기도 후에 갈망이 일어납니다 • 362
4. 영혼을 구출하기 전의 준비 • 370
5. 복음을 전할 때 그 안의 영들을 결박하십시오 • 375
6. 영적 세계의 이해와 경험이 전도의 문을 엽니다 • 381
7. 초신자가 실족하지 않도록 영적 전쟁을 가르쳐야 합니다 • 392
8. 개인기도와 중보기도에서 대적기도를 사용하십시오 • 397
9. 목회 사역의 진정한 대적자를 발견하십시오 • 403
10. 설교를 방해하는 영을 대적하십시오 • 407
11. 예배를 방해하는 영을 대적하십시오 • 414
12. 예배의 참석자를 위한 대적기도를 하십시오 • 417
13. 사역이 끝난 후에 찾아오는 유혹의 영을 대적하십시오 • 425
14. 사역자를 누르는 영을 대적하십시오 • 431
15. 사역자에 대한 인간적인 애정의 영을 대적하십시오 • 437
16. 영적 갈망을 훔쳐 가는 마귀를 대적하십시오 • 444
17. 지배와 분파의 영을 대적하십시오 • 451
18. 은사적인 사람을 조심하십시오 • 457
19. 교회의 행사나 일을 준비할 때 대적기도를 하십시오 • 465
20. 강력한 소리는 영적 전쟁의 중요한 무기입니다 • 468
21. 영적 부흥과 갱신에는 역풍이 있습니다 • 473
22. 마귀를 대직하여 교회를 순결하게 하십시오 • 481

1부
승리를 위한 조언들

악한 영들의 정체를 발견하고
그들의 활동에 대해서 이해한다면
그들을 깨뜨리고 이기는 것은
그리 어려운 일이 아닙니다.
누구나 간단하게 짧은 시간에
승리를 경험할 수 있습니다.
그러나 지속적으로 그들을 이기며
더 깊은 해방과 변화와 성장을 위하여 나아가려면
거기에는 좀 더 근원적인 처방과
근본적인 변화가 필요한 것입니다.

1. 악한 영들과 비슷한 파장을 버리십시오

어떤 이들은 마귀를 대적하며 귀신을 쫓는 것을 너무 좋아합니다. 이들 중에 어떤 사람들은 항상 축귀 사역을 하는 사람이나 그러한 사역을 하는 곳을 찾아다니면서 기도를 받는 것을 좋아합니다. 하지만 이러한 것은 문제가 있습니다.

나는 어떤 사역자가 귀신을 쫓아내는 장면을 담고 있는 비디오테이프를 오래 전에 본 적이 있습니다. 그가 귀신을 쫓아내자 어떤 여인이 마구 발작을 하면서 소리지르며 악한 영이 나가는 것이었습니다. 그것은 아주 인상적인 장면이었습니다. 그런데 다른 비디오테이프를 보니까 그 여인이 다시 등장하고 있었습니다. 또 다른 테이프에도 그 여인은 여전히 발작을 하면서 그녀의 안에 있던 악한 영들이 나가는 장면이 있었습니다.

나는 의문이 생겼습니다. 저렇게 난리를 치면서 저 여인에게서 악한 영이 나갔다면 이제 새롭게 변화된 삶을 살아야 하는 것 아닌가? 그런데 왜 자꾸 비슷한 집회에 참석하여 비슷한 기도를 계속 받아야 할까? 귀신이 나가는 것이 한번으로 다 끝나는 것은 아니겠지만 그렇다고 저렇게 계속하여 나가고 또 나가고 해야 하는가? 그런 마음이 들었습니다.

그녀는 아마 귀신이 수시로 잘 들어가는 사람인 모양이었습니다. 그녀는 기도를 받으면 발작하고 악한 영들이 나갑니다. 하지만 조금 있으면 그녀에게 다시 귀신이 들어갑니다. 그러면 그녀는 다시 축귀 사역을 받으러 갑니다. 그녀는 그러한 일을 계속 반복하고 있는 것 같았습니다. 그렇다면 그건 정말 피곤한 일입니다. 하루 종일 악한 영들이 들어갔다 나갔다를 반복하고 계속 그럴 때마다 목회자를 찾아다닌다면 그것은 얼마나 귀찮고 피곤한 삶이겠습니까. 그것을 쫓아내는 사역자나 기도를 받는 사람이나 그것은 서로 피곤한 일일 것입니다. 나는 그러한 신앙의 패턴은 문제가 있다고 느끼게 되었습니다.

악한 영들은 우리가 알지 못하는 사이에 오랫동안 우리를 속이며 괴롭혀 왔습니다. 그러므로 단 한번의 축귀 사역과 기도를 통해서 우리가 모든 문제에서 해방되는 것은 아닙니다. 전쟁은 우리가 살아있는 한 계속될 것입니다.
하지만 그것은 결코 동일한 반복은 아닙니다. 어제도 전쟁이 있었고 오늘도 전쟁이 있고 내일도 여전히 있겠지만 그러한 과정을 통해서 우리는 변화되어 갑니다. 지식에서도 능력에서도 삶에서도 좀 더 깊고 자유롭고 풍성한 사람으로 변화되어 가는 것입니다. 그것은 단지 단순한 반복이 아닙니다. 우리는 발전하여 가는 것입니다.

그러나 이처럼 악한 영을 아무리 쫓아내도 또 여전히 비슷한 악령들이 들어가는 이유는 무엇일까요? 그것은 그러한 사람들이 악한 영들과 같은 파장을 가지고 있기 때문입니다.
악한 영들은 영적인 존재입니다.
영이란 독특한 성질과 파장을 가지고 있으며 비슷한 것들끼리 같이 모이는 경향이 있습니다. 그것은 양이나 사슴과 같은 비슷한 동물들이 서로 같이 생활하는 것과 같습니다.
영들은 자기와 비슷한 성질과 파장을 가지고 있는 이들에게 가까이 가게 됩니다. 그와 마찬가지로 악한 영들과 악한 영들을 가지고 있는 사람들은 서로가 비슷한 파장을 가지고 있어서 서로 끌어당기고 있는 것입니다. 그러므로 악한 영들과 비슷한 파장과 성질을 가지고 있는 이들은 아무리 귀신을 쫓아내도 대적을 해도 소용이 없습니다. 어떤 능력이 있는 사역자가 그들에게서 악한 영을 쫓아내 주었다고 하더라도 그들이 자기 집으로 돌아가 혼자가 되었을 때 악한 영들은 그에게 다시 찾아오기 때문입니다.

그러한 이들에게 계속적으로 악한 영들을 쫓아내는 것은 의미가 없습니다. 그들에게 악한 영을 한 마리 쫓아내면 먼저 있던 존재보다 더 강한 악령 일곱 마리가 들어올 것입니다. 그 일곱을 쫓아내면 또 다시 마흔 아홉 마리가 들어올 것입니다. 그것은 피곤하고 승산이 없는 전쟁입니다. 그러므로 우리는 이 사실을 기억해야 합니다.
우리가 일시적인 승리와 해방이 아닌 지속적인 승리와 영원한 해방을 경험하려면 우리의 성향은 달라져야 합니다. 우리의 영적 파장은 변화되어야 합니다. 악한 영들이 들어올 수 있는 근원, 그들을 끌어당기는 요인을 차단해야 하는 것입니다.

우리가 아무리 악한 영을 대적하면서 '나는 네가 싫어' 한다고 해도 악한 영들이 '나는 네가 좋아. 너에게는 내가 좋아하는 냄새가 아주 많이 있어. 그러므로 나는 너를 떠나지 않을 거야' 한다면 우리는 그들로부터 자유롭게 될 수 없을 것입니다. 모기는 웅덩이처럼 고여있는 물에 알을 낳습니다. 그 고여있는 물에는 썩은 냄새가 나게 되는데 모기와 그 새끼인 장구벌레는 그 냄새를 좋아합니다.
모기는 사람의 피를 빠는 어두움에 속한 곤충으로서 그들은 본능적으로 더럽고 썩은 냄새를 좋아하는 것입니다. 깨끗한 곤충이나 생물은 깨끗한 환경을 좋아하지만 더럽고 악한 생물은 그러한 분위기를 좋아하는 것입니다. 그와 같이 악한 영들은 더럽고 악한 냄새가 나는 악한 분위기를 좋아하며 그러한 냄새와 분위기를 가지고 있는 이들에게 가까이 오게 됩니다. 선한 영들은 아름답고 선한 것을 좋아하지만 악한 영들은 더럽고 냄새나는 악한 것을 좋아하는 것입니다.

창세기에서 하나님은 인간을 유혹하여 타락하게 만든 뱀에게 '종신토록 흙을 먹을 것' 이라고 심판을 내립니다.
그래서 영적으로 뱀의 배후에 있는 악한 영들은 흙을 먹고 살게 되었습니다. 여기서 흙이란 물질적인 흙이 아니라 흙으로 만들어진 육체, 육성을 말하는 것입니다.
사람은 영혼과 육체로 만들어져 있어 영혼의 기쁨을 구하며 영혼의 성장을 추구하며 사는 영성인과 육체의 본능으로 살며 본능적인 쾌락을 추구하며 사는 육성인으로 나누어집니다.

육성인들은 육체의 감각과 본성과 정욕으로 사는 이들이며 몸의 느낌과 감각으로 만족과 행복을 느끼는 사람들입니다. 이들은 결국 흙으로 사는 이들입니다. 그런데 뱀들, 즉 마귀는 이러한 육성인들을 잡아먹고 그들을 소유하게 된다는 것입니다.
그러므로 육성으로 사는 이들은 근본적으로 마귀에게서 벗어나 승리할 수 없습니다. 보이는 것, 몸의 감각을 좇아 살아가는 이들은 결코 마귀에게서 벗어날 수 없습니다. 그들은 이미 마귀의 밥이기 때문입니다. 오직 영혼으로 살고 영혼의 기쁨을 구하며 영혼이 발전하여 아름답고 풍성한 열매를 맺으며 천국에 속한 사람으로 성장해갈 때 그들은 근본적으로 마귀와의 파장이 어긋나서 서로 멀어지게 되는 것입니다.

마귀를 대적하고 쫓아내는 것은 좋은 일입니다. 거기에는 승리가 있고 해방이 있습니다.

그러나 좀 더 근원적인 승리를 하기 위해서 우리는 악한 영들이 좋아하는 파장을 버려야 합니다. 그러한 성질을 버려야 합니다.

그래서 치열한 투쟁을 통해서 마귀를 이기는 것이 아니라 그들과 완전히 다른 성질을 가지고 있어서 그들이 접근하기 어려운 사람이 되어야 하는 것입니다.

어떤 사람들은 더럽고 음란한 그림을 보면서 즐거움을 느낍니다. 하지만 그것을 통해서 악한 영들이 올 수 있다는 사실을 알기 때문에 조심하고 대적합니다. 또한 어떤 이들은 은밀하게 더러운 즐거움을 가지고 싶고 상상 속에서 그것을 즐기지만 다른 사람들에게 그러한 죄를 지은 것이 알려지면 자신의 명예가 손상이 되기 때문에 죄를 짓지 않으려고 조심합니다.

이러한 상태에 있는 사람들은 더 많은 투쟁과 성장이 필요합니다. 그들은 스스로 절제하고 있을 뿐, 아직 그들의 성질은 음란과 더러움을 좋아하기 때문입니다. 아직 그들은 악한 영들과의 영적 연결이 끊어진 것이 아닙니다.

나는 어떤 사역자가 이렇게 말하는 것을 들었습니다.

"나는 결코 그러한 유혹에 빠지지 않을 것입니다. 그러한 유혹에 넘어지게 되면 나는 더 이상 사역을 할 수 없을 것입니다. 나는 그것을 두려워합니다."

죄를 짓지 않겠다고 결심하는 것은 좋은 일입니다. 하지만 죄를 거절하는 동기가 죄에 따르는 실패와 징벌이 두려워서라면 그러한 상태는 아직 자유한 상태는 아닙니다. 그러한 이들은 아직 죄 자체를 싫어하는 것은 아니기 때문입니다. 이들은 아직 죄에 대한 끌림을 가지고 있습니다. 그것은 진정한 승리가 아닙니다.

어떤 이들은 어느 정도 성장하여 이제는 그러한 그림이나 분위기에 접하면 고통을 느낍니다. 그들은 영혼의 감각이 발전하여 육체의 감각보다 영혼의 감각이 더 활동합니다. 그러한 이들은 음란을 즐길 수 없습니다. 그들에게는 음란한 것이 즐거움이 아니라 고통이 되기 때문입니다. 그것은 모기는 썩은 물을 좋아하지만 사람은 썩은 물을 마시고 고통을 느끼는 것과 같습니다. 이러한 상태가 되었을 때 그에게는 음란한 영이 들어오기 어렵습니다. 그는 이제 음란한 영과 파장이 다르기 때문입니다.

물론 이것은 음란한 영 하나의 문제입니다. 그가 이 한 가지에서 자유롭고 승리했다고 해서 다른 모든 것에서 완전하고 자유롭지는 않을 것입니다. 그는 한 가지의 승리가 있다고 해도 거기에서 머물러 있지 말고 계속 더 나아가야 합니다.

어떠한 사람은 거짓이 나쁘다는 것을 알고 있습니다. 하지만 거짓을 통해서 자신에게 유익이 있을 때는 거짓을 말하고 싶은 유혹을 받습니다. 이러한 이들도 악한 영들과 더 많은 전쟁을 치러야 합니다.

거짓을 말하며 자신을 합리화하며 전혀 죄인지도 모르는 이들도 있습니다. 이들은 상황에 따라서, 필요에 따라서는 하지 않은 말도 했다고 하며 한 말도 하지 않았다고 합니다. 영과 양심이 마비되었기 때문에 악한 영들이 얼마든지 그를 사용할 수 있습니다.

이들은 간교하고 교활한 사람들입니다. 자신을 영성적으로 깊은 사람이라고 여기면서 이렇게 행하는 이들을 나는 많이 보았습니다. 그들은 속고 있는 것입니다. 거짓이 죄인 줄은 알지만 가끔 유혹에 잠기는 이들도 있습니다. 그러한 이들도 좀 더 투쟁해야 합니다. 그러한 이들은 거짓의 영들을 계속적으로 쫓아내도 아직은 악한 영들이 더 들어오고 또 들어올 것입니다. 아직 그의 안에는 악한 영들이 거할 수 있는 성질과 여건이 형성되어 있기 때문입니다.

그러나 어떠한 이들은 거짓에 접하거나 거짓을 말하는 것이 고통스럽습니다. 그들은 다른 어떠한 불이익을 당한다 할지라도 거짓을 말하고 행하고 싶지 않습니다.
이러한 이들은 비교적 자유에 가까운 사람들입니다. 이들은 이제 그 부분에 대해서는 마귀와 파장이 멀어진 것입니다. 그러므로 이들에게는 거짓의 영들이 가까이 오기 어렵습니다.

이러한 원리들을 꼭 기억해두십시오. 우리가 아무리 마귀를 대적해도 우리의 파장, 우리의 성질이 어떠한가 하는 것이 정말 중요하다는 것입니다. 우리가 아무리 겉으로 마귀를 대적하고 귀신을 쫓아도 그 영들은 파장이 맞으면 우리에게 옵니다. 영들은 겉모습이 아니라 내적인 상태에 의해서 교통하기 때문입니다. 그것은 주님이 우리의 겉모습과 겉의 신앙이 아닌 우리의 중심과 폐부를 살피시는 것과 같습니다.
그러므로 진정한 승리를 위하여 당신의 안에 있는 악한 영들의 먹이를 발견하십시오. 악한 영들을 끌어당기는 요소를 발견하십시오. 그리고 그것들을 깨끗이 청소하고 버리십시오. 악한 영들은 먹이에 굶주린 이들입니다. 그들은 먹을 것이 없는 데 들어오는 멍청한 존재들은 아닙니다. 당신이 그러한 악한 파장을 없애고 악한 영들이 즐거워하는 먹이들을 발견하고 제거할수록 당신은 진정한 해방을 얻을 수 있게 될 것입니다.

2. 죄를 미워하십시오

악한 영을 끌어들이며 악한 영과 같은 파장을 가지게 하는 가장 기본적인 요소는 죄입니다. 누구든지 죄를 짓게 되면 그는 마귀로부터 그리고 그들의 공격으로부터 자유로울 수 없습니다.
성경의 가르침은 명백합니다.

"죄를 짓는 자는 마귀에게 속하나니 마귀는 처음부터 범죄함이니라 하나님의 아들이 나타나신 것은 마귀의 일을 멸하려 하심이니라" (요일 3:8)

죄를 지을 때 그 영혼은 마귀에게 속하게 됩니다. 마귀는 합법적으로 그를 지배하고 다스리며 공격할 수 있게 되는 것입니다.
그것이 싫다면 죄를 짓지 말아야 합니다. 죄를 지으면서 마귀에게 속하는 것을 거부하겠다는 것은 식당에서 음식을 먹고는 돈을 지불하지 않겠다고 억지를 쓰는 것과 같은 것입니다.

그렇다고 우리가 모든 죄에서 벗어나 흠이 없고 완전한 사람이 되어야만 마귀로부터 벗어날 수 있으며 그를 대적하고 쫓아낼 수 있다는 것은 아닙니다. 우리는 육체를 가지고 있으며 죄의 씨앗을 가지고 태어나므로 우리에게는 일생동안 죄의 유혹이 있고 죄와의 투쟁이 있습니다.
그러나 우리는 주님을 선택하고 영접하며 우리 자신을 주님께 드림으로 인하여 우리 영혼의 소속이 지옥에서 천국으로 바뀌었습니다. 그러므로 우리는 주님께 속한 사람이며 지옥을 향하는 사람이 아니고 천국을 향하여 걸어가는 여행자들입니다. 하지만 우리는 이 여행 중에 많은 전쟁과 유혹과 싸움이 있는 것을 이해하고 대처해야 합니다.

그러므로 우리는 온전할 수는 없지만 온전함을 향하여 나아가야 하며 죄와 싸우고 투쟁해야 하며 천국을 향하여야 합니다.

그러나 어떠한 이들은 죄에 대한 그러한 인식이 부족합니다. 그들은 고통을 싫어하지만 죄를 짓는 것은 싫어하지 않습니다. 그들은 형벌을 무서워하지만 죄 자체는 싫어하지 않습니다. 고통만 없다면 그들은 죄가 주는 즐거움을 누리고 즐기려고 합니다. 그러한 이들은 아직 충분히 진리를 깨닫고 있는 것이 아니며 아직 낮은 수준의 가치관을 가지고 있는 것입니다.

시골에 사는 어떤 장로님이 있었습니다.
그는 교회 일에도 열심이고 기도도 열심히 하셨습니다.
그런데 문제가 있었습니다. 이 장로님은 담배를 아주 좋아했습니다.
그 사실을 아무도 몰랐습니다. 그는 아무도 없는 곳에 혼자 숨어서 담배를 피웠습니다.
그런데 장로님이 어느 날 여러 집사님들과 같이 정신이 이상한 청년을 위해서 기도를 해주게 되었습니다.
기도를 해주다 보니까 이 청년이 귀신들린 것을 알게 되었습니다. 장로님은 성도를 대표해서 귀신을 쫓았습니다.
"이 청년의 안에 있는 이 더러운 귀신아! 예수 이름으로 명하노니 이 청년에게서 나가라!"
그러나 청년을 통해서 이야기하는 악령은 비웃을 뿐이었습니다.
"나보고 나가라고? 너는 내 아들이다!"

장로님은 화가 나서 소리를 질렀습니다.
"마귀야! 내가 네 아들이라고? 어디서 감히! 나는 하나님을 믿는 하나님의 아들이고 장로다!"
하지만 악한 영은 여전히 비웃으면서 장로님에게 말했습니다.
"웃기지 마라. 네 뒷주머니에 지금 담배를 가지고 있지? 혼자서 몰래 담배 피우는 놈이 내 아들이지 무슨 하나님의 아들이냐?"

그 말에 장로님은 충격을 받았습니다. 어찌나 창피하고 부끄러운지 얼굴이 뜨뜻해서 견딜 수가 없었습니다.
장로님은 그 길로 도망을 쳐서 교회에 갔습니다.
그리고 강대상 위에 담배를 올려놓고 울었습니다.
"하나님! 여기 귀신의 아들놈 엉터리 장로가 여기 왔습니다. 엉엉엉.. 저를 용서해주세요."
그는 대성통곡을 하면서 회개를 하였습니다. 그리고 나서 다시는 담배를 입에 대지 않았다고 합니다.

우리는 흠이 없는 완전한 자가 되어야만 귀신을 쫓아낼 수 있는 것은 아닙니다. 이 이야기를 듣고 두려워할 필요는 없습니다. 악한 영들을 대적하다가 공연히 망신을 당하는 것이 아닌가 생각할 필요는 없습니다. 이 장로님과 같은 사례는 장로님이 숨겨놓은 은밀한 죄를 가지고 있었다는 사실보다는 장로님의 영이 약했기 때문에 악한 영들에게 놀림을 당한 것입니다. 그러나 이 기본적인 사실을 깊이 인식해야 합니다. 죄를 미워하며 죄를 짓는 것을 두려워하지 않는 이들은 마귀에게 틈을 준다는 것을 말입니다.
영적으로 어린 사람들은 죄를 싫어하지 않고 죄를 짓다가 들키면 창피하기 때문에 죄를 짓지 않으려고 합니다. 죄를 짓고 싶고 즐기고 싶지만 그러다가 들켜서 자신의 명예가 손상되고 망신을 당할까봐 마음속으로만 죄를 상상으로 짓습니다.

그것은 그의 본성의 중심이 성결하지 않으며 정결함 자체보다 자신의 위치나 명예를 더 중시하기 때문입니다. 그러한 상태로는 마귀를 이길 수 없습니다. 그들은 겉으로는 마귀를 싫어하지만 속으로는 마귀를 좋아하며 마귀가 주는 더러운 즐거움을 사랑하기 때문입니다.

죄는 마귀의 에너지원입니다. 그것은 그들에게 힘을 줍니다.

그러므로 우리는 당당하게 마귀를 대적하고 이기고 쫓아내기 위해서 죄 자체를 증오해야 합니다. 죄를 지을 때 아무런 해가 없고 심지어 유익이 있다고 해도 죄를 무서워하고 증오해야 합니다.

어떤 이들은 말하기를 아무리 마귀를 대적하고 귀신을 쫓아도 아무 효과도 없으며 또 효과가 있다고 해도 그 때 뿐이라고 말합니다. 악한 영들을 대적해도 아무 느낌도 없고 나가는 것 같지도 않다는 것입니다. 그러한 이들은 자신의 삶 속에 마귀에게 틈을 주고 있는 죄들이 있지 않은지, 자신이 죄를 지속적으로 지으며 그러한 죄들을 즐기고 있는 것은 아닌지 살펴보아야 합니다. 죄는 마귀들의 일종의 거점과 같으며 그러한 그들의 거점을 제거하지 않는다면 우리는 그들에게 치명적인 타격을 줄 수 없기 때문입니다.

부디 죄와 싸우고 또 싸우십시오.

아직 영적 지식이 부족해서 죄인 줄도 모르고 짓는 것은 어쩔 수 없으며 나중에 해결해야 하는 문제이겠지만 지금 현재에 죄라고 알고 있으면서 짓는 것은 결코 내버려두어서는 안됩니다. 그것은 악한 영을 끌어들이는 통로가 됩니다. 그러므로 알면서도 동일한 죄를 반복해서 지어서는 안됩니다. 당신은 지금 당신이 악한 일, 죄라고 생각하는 것들을 하나씩 끊어 버려야 합니다. 잘 알지 못하거나 애매한 부분은 일단 넘어가더라도 자신의 양심으로 명백하게 잘못되었다고 생각되는 부분들은 분명히 내려놓아야 합니다. 그리고 지속적으로 그 죄와 싸워야 합니다.

일단 그렇게 한 가지의 죄를 극복하고 나면 여태까지 자신이 죄인지 모르고 있었던 것들이 한 가지씩 다시 떠오르고 깨달아지게 됩니다. 그것은 한 가지 죄의 처리를 통해서 그만큼 영이 맑아지고 의식이 맑아져서 분별력이 증가되었기 때문입니다. 어둠 속에서는 아무 것도 보이지 않지만 조금씩 빛이 임할 때에 점점 시력은 밝아지게 됩니다. 그렇게 죄와 싸우면서 당신은 조금씩 어두움의 세계에서 빛의 세계로 가게 되며 마귀의 영역에서 벗어나게 되는 것입니다.

진정한 승리와 해방을 얻기 위하여 죄를 미워하고 투쟁하십시오. 도중에 힘들다고 포기하지 말고 타협하지 말고 끝까지 싸우십시오.
지속적으로 그렇게 싸워나갈 때 당신은 반드시 승리를 경험하게 될 것입니다. 그리하여 당신의 영혼은 점점 더 순결하고 아름다워져서 마귀의 진을 깨뜨릴 수 있게 될 것입니다.

3. 악성 감정을 버리십시오

어떤 지역에 침투하려는 간첩들은 그 지역에 미리 거점을 확보하고 있는 고정간첩이 없이는 활동하기가 어려울 것입니다. 그러나 미리 거점을 확보해놓은 고정간첩이 있으면 그곳에 근거를 두고 같이 활동하는 데에 도움이 됩니다.

사람의 마음 안에 자리 잡고 있는 악성 감정들은 악령들이 사람의 안에서 활동할 수 있는 좋은 거점이 됩니다. 그러한 곳은 귀신들이 거하는 집이 되고 피난처가 되며 에너지의 공급원이 되는 것입니다.

감정은 항상 강력한 에너지를 제공합니다.

아주 무기력하고 힘이 없는 사람도 화를 내거나 미워하거나 누군가를 욕할 때는 아주 힘이 강해집니다. 물론 그것은 악한 영들이 주는 활력이며 에너지입니다. 즐거운 열정이나 감정도 힘과 에너지를 주지만 분노나 미움과 같은 악성 감정에도 넘치는 힘이 공급됩니다. 그러한 힘은 지옥에서 옵니다.

한국 사람들이 가지고 있는 하나의 특징은 열정입니다. 한국인들은 다른 나라 사람들에 비해서 성질이 급하며 열정적으로 일합니다. 그래서 경제적으로도 빨리 성장하였습니다. 그런데 그러한 열정의 배후에는 한민족 특유의 '한'이 연관되어 있습니다. 즉 억압된 분노에서 그러한 열정과 에너지가 나오는 것입니다. 그것은 일종의 복수심과 같은 것입니다.

예를 들어 어떤 사람이 어렸을 때 아주 가난하게 자라서 남들에게 천대와 업신여김을 많이 받고 한이 맺혔다고 합시다. 그는 마음속으로 이를 갈며 결심합니다. '두고 봐라. 나는 정말로 돈을 많이 모을 것이다.' 하고 결심합니다.

그는 그의 결심대로 이를 악물고 돈을 벌고 성공합니다. 그 힘의 근원은 어디에서 올까요? 그에게 고통을 주었던 사람들에 대한 복수심에서 온 것입니다. 결국 그 힘은 어두움의 영들에게서 온 것입니다. 그러므로 그 힘을 이용하여 자기의 목적을 이룬 사람은 결국은 타락하고 망가지게 됩니다. 악한 영의 힘을 빌린 사람은 결코 악한 영들에게서 벗어날 수 없기 때문입니다.

복수심으로 공부하고 복수심으로 성공하고 성취하는 사람은 힘을 얻지만 그 힘은 주님에게서 온 것이 아닙니다. 그러므로 성공을 한 것 같지만 동시에 다른 악한 후유증이 나타나게 되는 것입니다.

영화 '벤허'를 보면 주인공 벤허가 친구의 배신으로 인하여 가족을 잃고 노예가 되어 끌려갑니다. 그런데 대부분의 사람이 절망하고 죽을 수밖에 없는 상황에서 그는 3년 만에 다시 돌아오게 됩니다. 그런데 그가 살아남아서 돌아올 수 있는 힘의 근원이 무엇이었을까요?

그것은 바로 '복수심'이었습니다. 그는 배의 밑창에서 노를 저으면서 살아가야 하는 노예였습니다. 그것은 엄청난 힘이 드는 노동이었으며 노를 젓다가 도중에 힘이 들어서 물에 빠지게 되면 그대로 죽을 수밖에 없는 상황, 즉 아무런 희망이 보이지 않는 상황이었습니다.

그러나 그는 노를 저으면서 복수심과 분노로 그의 삶을 유지해나갔습니다. 그는 반드시 살아서 그의 원수를 갚고 복수를 해야겠다고 마음을 굳게 먹었던 것입니다. 그는 결국 그의 다짐대로 원수를 갚고 친구의 죽음을 보게 되었습니다. 그러나 그 후에도 그는 마음의 평정을 얻지 못하니다. 원수를 갚고 복수를 해도 그것이 마음의 평화를 주는 것은 아니기 때문입니다. 결국 그는 예수 그리스도를 알게 된 후에 비로소 마음의 평화를 얻게 됩니다. 그의 경우에도 원수에 대한 분노와 증오가 힘을 주었지만 그것은 진정한 힘의 근원이 아니었던 것입니다. 그 힘은 악한 영들로부터 오는 것이며 그것은 사람에게 일시적으로 힘을 주지만 결국은 사람을 파괴하는 것입니다.

악한 감정에는 힘이 있습니다. 그것은 마귀의 능력을 가져옵니다. 그것은 귀신들이 역사하는 통로이며 거점입니다.
사울왕은 두려워했던 블레셋과의 전쟁에서 혜성같이 등장한 다윗의 활약으로 인하여 큰 승리를 거둡니다. 그러나 그의 기쁨은 여인들의 환호성으로 인하여 순식간에 사라집니다.

"무리가 돌아올 때 곧 다윗이 블레셋 사람을 죽이고 돌아올 때에 여인들이 이스라엘 모든 성에서 나와서 노래하며 춤추며 소고와 경쇠를 가지고 왕 사울을 환영하는데 여인들이 뛰놀며 창화하여 가로되
사울의 죽인 자는 천천이요 다윗은 만만이로다 한지라
사울이 이 말에 불쾌하여 심히 노하여 가로되 다윗에게는 만만을 돌리고 내게는 천천만 돌리니 그의 더 얻을 것이 나라 밖에 무엇이냐 하고 그 날 후로 사울이 다윗을 주목하였더라
그 이튿날 하나님의 부리신 악신이 사울에게 힘있게 내리매…" (삼상 18:6-10)

여인들의 노래를 들으며 사울은 화가 났습니다. 그는 이제 다윗이 부하가 아니고 경쟁자이며 정적이라고 생각합니다. 하지만 속으로만 화를 냈지 겉으로 드러내지는 않았습니다. 다만 그러한 분노를 품은 채 잠이 들

었습니다. 그리고 바로 그 다음날 악한 영이 그에게 힘있게 내렸습니다. 이것은 무엇을 보여줄까요? 앙심을 품고 그것을 풀지 않고 있으면 그것은 마귀에게 틈을 주어 결국 마귀에게 사로잡히게 되고 마귀의 도구로 쓰이게 된다는 것입니다.

사울은 다윗을 죽이려고 그에게 창을 던졌습니다. 그리고 그것으로 끝내지 않고 다윗이 도피한 후에도 계속하여 그를 죽이려고 따라다녔습니다. 가끔 그를 죽이려 한 것을 후회한 적도 있었지만 그는 결국 죽을 때까지 다윗을 죽이려 하다가 오히려 자신이 멸망하고 말았습니다. 그것은 한번 들어온 악령을 떼어내는 것이 얼마나 어려운 지를 보여줍니다. 그는 잠시 후회하기는 하였지만 진정한 회개를 하지는 않았습니다. 결국 그가 마음속에 시기와 분노, 앙금, 미움들을 버리지 않고 계속 가지고 있었기 때문에 마귀의 도구가 되어 파멸될 수밖에 없었던 것입니다.

악한 감정은 마귀의 통로입니다. 누구나 거기에서 예외가 될 수 없습니다. 마음속에 억울함이나 분노나 미움이나 시기를 가지고 있는 사람은 이미 그들의 안에 마귀들이 집을 짓고 살고 있는 것입니다. 그러므로 그들은 결국 악한 영들의 통로가 되며 멸망할 수밖에 없는 것입니다.
오늘날 많은 이들이 시기하고 질투하고 미워하고 판단하고 서운한 마음을 가지고 있지만 자신이 그렇게 하고 있다고 생각하지 않습니다. 악한 영들에게 사로잡혀 있는 사람들은 이미 그러한 생각과 느낌과 삶에 익숙해져 있기 때문에 자신이 악한 영에게 잡혀 있다고는 결코 생각하지 않습니다.
미워하고 있는 사람에게 '미워하지 마십시오' 하면 그들은 '나는 미워한 적이 없다' 고 말합니다.

'그를 용서해야 합니다' 라고 말하면 '당신이 내 입장에 서 보십시오' 라고 대답합니다. 그들은 귀신들의 저주에서 벗어나고 싶은 마음이 없는 것입니다. 그들이 가지고 있는 그러한 악성 감정 때문에 귀신들이 역사해서 암을 가져다주고 정신병을 가져다주고 마침내는 영원한 멸망으로 떨어뜨릴 수도 있는데도 그들은 '나는 미워하거나 분노하지 않았다' 고 말합니다. 그러한 이들은 스스로 자신의 비극적인 운명을 선택하고 있는 것입니다. 마치 사울처럼 말입니다.

지옥이 싫고 저주가 싫고 마귀가 싫고 고통이 싫다면 당신은 자신의 안에 어떠한 악성 감정이 있는지 그것을 관찰해야 합니다. 분노, 억울함, 원한, 후회, 서운함, 미움 등이 있는지 관찰해야 합니다. 그것을 발견해야 합니다.
조심스럽게 객관적으로 자신의 내면을 관찰하고 발견한 후에 그 모든 악성 감정을 내어버려야 합니다. 그것들을 대적하십시오. 그것을 합리화하거나 변호하면 당신은 저주와 고통에서 벗어날 수 없습니다. 그것은 암보다 더 무서운 것입니다. 그것을 버리기 싫어하는 이들은 이미 마귀에게 단단히 결박되어 있는 것입니다.

분노, 미움, 억울함, 이를 갊, 용서하지 않음, 서운함, 한.. 그러한 모든 악성 감정은 마귀의 먹고사는 집이며 먹이이며 안식처인 것을 기억하십시오. 그것들은 당신에게 재앙을 줍니다. 당신이 살고 싶다면, 고통을 더 이상 원하지 않는다면 당신은 그것을 버려야 합니다.
자신의 안에 아직 남아있는 누군가에 대한 서운한 느낌이나 억울함이나 분노가 있다면 그것을 대적하십시오. 그 기운과 그 영을 대적하여 쫓아내십시오. 그 영이 다 사라지면 당신은 평화롭게 됩니다. 악성 감정은 우리를 괴롭히는 배설물과 같은 것이며 그것을 가지고 있는 이들은 결코 천국의 빛과 영광을 맛볼 수 없습니다.

부디 자신을 잘 관찰하십시오. 자신을 변호하지 말고 악을 변호하지 마십시오. 고통이 싫다면 병의 근원을 동정하지 마십시오. 그렇게 하면 그들은 나가지 않습니다.

객관적으로 보십시오. 자신의 입장에서 보지 마십시오. 주님의 빛, 양심의 빛, 천국의 빛으로 자신을 보십시오. 그리하여 조금이라도 남아있는 어두움의 감정을 발견하고 대적하고 토해버리십시오.

내성적이고 약한 사람일수록 악성 감정을 속에 많이 가지고 있습니다. 그들은 무엇이든 표현하지 못하며 마음 속 깊은 곳에 그러한 감정들을 간직하는 습관을 가지고 있기 때문입니다. 그러므로 내성적인 사람의 속에서 악성감정은 깊은 곳에 자리를 잡고 있으며 그것은 그들의 속을 썩어 들어가게 합니다. 그러므로 그들은 지옥 같은 삶을 살게 되는 것입니다. 부디 당신의 의지로 그것들을 대적하여 버림으로써 마귀에게 틈을 주지 마십시오.

세상에는 악한 사람들이 많이 있습니다. 지옥의 속성을 가지고 있으며 자신을 마귀에게 드려 마귀의 통로가 되는 사람들이 많이 있습니다. 하지만 우리는 그들을 미워해서는 안됩니다. 그들과 원수를 맺어서도 안됩니다. 그들을 판단해서도 안됩니다. 주님은 우리에게 그러한 권리를 주신 적이 없습니다.

그러한 사람들과 할 수 있는 한 멀리 하는 것이 좋으며 어쩔 수 없이 접할 수밖에 없는 상황이라면 그들의 배후에 있는 악한 영들을 대적하고 결박해야 합니다. 하지만 그들을 원망해서는 안됩니다.

왜냐하면 그들에게 피해를 당하고 고통을 겪는 것은 우리의 영이 약하기 때문이며 우리의 책임이기 때문입니다.

그러므로 그들에 대한 판단을 주님께 맡기며 자신의 연약함을 반성해야지 상대방을 미워해서는 안됩니다. 악한 자에게 눌리는 것은 자기가 부족한 것이므로 상대방에게 책임을 돌리고 원망을 해서는 안됩니다. 그러한 태도는 상대방이 속한 악한 영계와 오히려 더욱 깊은 관련을 맺어지게 합니다. 그러므로 상황이 더욱 더 악화되는 것입니다.

상대방에게 악한 감정을 품는 것은 본능적인 것이지만 그것은 우리에게 자유함을 주는 것이 아니라 더욱 더 깊은 속박 속으로 들어가게 합니다.

부디 악성 감정에서 벗어나십시오.

모든 어둡고 화나고 억울한 느낌을 주는 감정에서 벗어나십시오. 그것을 대적하십시오. 지속적으로 그것을 대적하고 거부하면 그 영들은 사라지며 당신 안에 있는 마귀의 거점은 무너지게 됩니다.

부디 이 전쟁에서 승리하십시오.

악성 감정에서 벗어나면 벗어날수록 당신의 영혼은 천국을 느끼게 될 것입니다.

4. 어두운 기질을 버리십시오

마귀는 어두움의 주관자입니다. 악령들은 어두움에 속한 자들입니다. 그러므로 어두운 기질의 사람은 악한 영들과 같은 파장을 가지고 있으며 그 영들을 끌어당기게 됩니다.

십 여 년 전에 어떤 자매의 집에 가서 심방을 하고 기도해준 적이 있었습니다. 그녀는 지방에서 올라와서 혼자 자취를 하면서 살고 있는 아가씨였는데 악한 영에 시달리고 있었습니다.

그녀는 집에서 혼자 머리를 감고 있으면 뒤에서 누가 그녀를 쳐다보고 있다고 말했습니다. 자기의 이름을 부르는 소리가 들린다고도 했습니다. 물론 집에는 아무도 없이 그녀 혼자인데도 말입니다. 그것은 그녀의 바깥에 악한 영이 있는 것이 아니라 그녀의 안에 악한 영들이 살고 있는 것입니다. 그렇지만 이런 경우에 실제로는 마치 바깥에 악한 영들이 있는 것처럼 느껴지는 것이 보통입니다.

그녀는 건강하고 아름다운 아가씨였으며 겉으로 보면 별다른 문제가 있어 보이지 않았습니다. 단지 성격이 조금 소극적이며 내성적으로 보인다는 정도였습니다. 하지만 잠시 대화를 나누어보자 그녀의 마음을 그대로 느낄 수 있었습니다. 그녀는 우울하고 어두운 스타일의 자매였습니다. 그녀가 살고 있는 집도 아주 어두웠습니다. 들어가는 길목도 아주 좁고 어두웠습니다. 방도 어두웠고 주방도 어두웠습니다. 방에 걸려있는 달력의 그림도 몹시 어둡고 음침했습니다.

그녀를 위해서 기도를 해주는 데 속에서 구토가 일어나며 머리가 몹시 아프고 어지러웠습니다. 그녀의 집에 같이 가서 기도하던 자매들도 다들 머리가 아프고 기도하는 것이 힘들어지는 것을 느꼈습니다. 나는 악한 영들이 그녀를 잡고 있으며 우리의 기도를 방해하는 것을 알 수 있었습니다.

나는 그녀에게 악한 영들이 그녀를 괴롭히고 있으니 그들을 멀리하기 위해서 집안 분위기를 바꿀 것을 권면했습니다. 악한 영들은 어두운 곳을 좋아하기 때문에 집안의 어둡고 음침한 분위기를 바꾸라고 이야기했습니다. 뭔가 기분을 나쁘게 만드는 달력도 찢어버렸습니다. 그 달력에 있는 그림에는 창백한 여인의 모습이 있었는데 마치 시체를 보는 것 같이 생기가 없고 음산한 분위기라 느낌이 아주 좋지 않았습니다.
나는 방안의 불빛도 밝은 것으로 바꾸라고 권했습니다. 어두운 장식, 복잡한 장식물은 다 버리라고 권했습니다.
그리고 할 수 있는 한 밝고 즐겁고 재미있게 살라고 조언을 했습니다.

기도를 해주고 처방을 해주고 왔지만 그 곳의 악한 영들의 분위기가 묻어왔기 때문에 나는 별로 기분이 좋지 않았습니다.
기도를 마치고 그 집을 나와서 우리 집에 도착했을 때는 자정이 조금 지난 시간이었습니다. 방에 들어가자 방안에는 불이 꺼져 있었는데 잠이 들었던 내가 들어오는 소리에 잠을 깼는지 아들 주원이가 '아빠' 하면서 일어나 나에게 다가왔습니다. 그 때 아들 주원이는 돌이 조금 지났을 때였습니다.
그 때 갑자기 내가 조금 전에 떼어냈던 달력 속의 그림에 있던 여인의 모습이 선명하게 떠올랐습니다. 순간적으로 나는 불안한 마음이 들었는데 그 순간 아들 주원이는 발이 미끄러져 넘어져 울기 시작했습니다. 방안에는 아이가 다칠만한 것이 전혀 없었습니다. 방에는 이불이 깔려 있었고 플라스틱으로 만든 작은 장난감 바구니가 있었을 뿐입니다. 그러나 아이는 밤새 울음을 그치지 않았습니다. 아이는 미끄러져 다리를 다친 것 같았습니다.

다음날 아침이 되어 나는 가까운 병원에 갔습니다. 의사는 다리가 부러진 것 같다고 큰 병원에 가보라고 했습니다. 큰 병원에 가보니 다리가 부러진 것이 확인되어서 결국 다리에 두 달 동안 깁스를 하게 되었습니다. 나는 어처구니가 없었습니다. 그렇게 잠깐 자리에서 살짝 미끄러진 것이 다리가 부러지다니.. 나는 아이가 넘어지는 순간 달력 속의 여인의 모습이 선명하게 떠올랐습니다. 그리고 이것이 악한 영들의 공격인 것을 알 수 있었습니다.

당시만 해도 나는 영적 전쟁에 대해서 지식이 충분하지 않았습니다. 지금 같으면 좀 더 잘 상황을 분별하고 악한 영들을 결박하고 대처할 수 있었을 것입니다. 그리고 악한 영들의 공격으로부터 나와 가족들을 보호할 수 있었을 것입니다. 하지만 그 때에 나는 경험과 지식이 충분하지 않았습니다.

이 사건을 통하여 나는 영적 전쟁이란 결코 장난이 아니며 다른 이들을 영적인 억압에서 구출하는 것에는 희생이 따를 수 있다는 것을 선명하게 깨닫게 되었습니다. 또한 그 달력의 그림과 같이 창백하고 어두운 그림에는 악한 영들의 에너지가 들어있어서 사람을 공격하고 파괴하는 악한 영의 통로가 될 수 있다는 것을 분명하게 알게 되었습니다. 그러므로 어두운 느낌을 주는 일체의 그림, 글, 영화 등의 매체에 접하지 않는 것이 좋은 것입니다.

그것은 다시는 생각하고 싶지 않은 불쾌하고 마음 아팠던 기억이었습니다. 하지만 그러한 비슷한 일들을 겪으면서 나는 조금씩 더 영적인 전쟁에 대해서, 영적 지식에 대해서 알아갈 수 있었습니다.

어두운 기질은 악한 영들을 끌어당깁니다. 그러한 기질을 가지고 있는 이들은 어디를 가든지 항상 불운한 일이 생깁니다. 사고가 생기고 실수를 하고 다치고 길이 막힙니다. 그것은 악한 영들이 따라다니기 때문입니다. 그러므로 우울한 것은 좋지 않습니다. 쉽게 쓸쓸함을 느끼거나 슬픔을 느끼는 것도 좋지 않은 것입니다. 그러한 느낌들은 다 어두움에서 오는 것이기 때문입니다.

그러한 기질의 사람들은 재미있는 일이 있어도, 재미있는 이야기를 들어도 웃지 않습니다. 웃어도 활짝 웃는 일이란 없습니다. 쓴 표정으로 살짝 미소를 지을 뿐입니다. 이들은 웃는 것에 서투릅니다. 이들은 코미디를 보거나 쉽게 웃는 사람은 유치하다고 생각하는 경향이 있습니다. 하지만 유치한 것이 귀신에게 눌려서 사는 것보다 훨씬 나은 것입니다.
떨어지는 낙엽을 보고 수심에 잠기고 죽음과 허무를 묵상하고.. 그러한 것은 깊고 멋진 것 같지만 다 어두움의 영들, 귀신들에게 잡혀 있는 것입니다.

재앙이 싫다면, 고통이 싫다면, 불운함이 싫고 사고가 싫다면, 귀신들이 따라다니는 삶이 싫다면 어두운 기질을 대적하여야 합니다. 결코 할 수 있는 한 우울함이나 후회나 슬픔에 잠기지 마십시오.
그러한 느낌이 일어날 때 의식적으로 의지적으로 그러한 낙담에서 빠져 나오십시오. 감정의 어두운 수렁에 그대로 잠겨 있지 마십시오. 그것은 스스로 무덤을 파는 것과 같은 것입니다. 그런 상태에 있다가 자살을 시도하는 사람들은 아주 많이 있습니다.

마귀는 어두움을 좋아합니다. 바퀴벌레는 어두운 곳에 숨습니다. 모기도 어두운 곳에 숨어있습니다. 어두운 곳에서 그들은 안식을 느끼기 때문입니다. 그처럼 마귀가 어두운 곳에 있기 때문에 자신을 어두운 상태로 놓아두고 있는 것은 마귀에게 나를 잡아가라고 끌어당기는 것과 같은 것입니다.

그러므로 당신이 어두움의 기질을 버리지 않는다면 당신은 아무리 기도하여도 마귀를 물리칠 수 없을 것입니다. 마귀를 이길 수 없을 것입니다. 어두움과 우울함은 마귀를 끌어당기기 때문입니다.

부디 어두움의 파장을 멀리하십시오.

우울하고 슬픈 것을 대적하십시오. 우울함이 올 때 재빠르게 그러한 기운에서 벗어나기 위해서 노력하십시오.

부디 당신의 기질을 바꾸십시오.

당신의 기질이 점점 더 바뀐다면, 당신이 어두운 기질을 버리는데 성공한다면, 점점 더 마귀는 당신에게서 멀어지게 될 것입니다.

그리하여 재앙도 고통도 우울함도 더 이상 당신에게 오지 못하게 될 것입니다. 어두움에서 벗어날 때 당신은 마귀에게서 벗어나게 될 것입니다. 그리고 진정한 승리를 경험하기 시작하게 될 것입니다.

5. 복잡한 것을 좋아하지 마십시오

복잡한 것은 좋지 않은 것입니다. 그것도 역시 악한 영들을 끌어당기는 통로가 됩니다.

어떤 이들은 복잡한 것을 좋아합니다. 이들은 생각도 복잡하고 이야기도 복잡하고 표정도 복잡합니다. 말도 알아듣지 못하게 복잡하게 합니다. 글을 써도 이해하기 어렵게 복잡하게 씁니다. 어떤 이들은 일부러 단순하고 쉬운 문장을 피해서 어렵고 심오한 느낌이 들게 씁니다.

전문 글쟁이들은 글에다 장식을 많이 답니다. 그리고 그러한 것이 멋진 글이며 수준 있는 글이라고 생각합니다. 그들은 단순한 문장을 낮은 것으로 봅니다.

그러한 경향은 그들이 가지고 있는 혼란스러운 영에서 기인하는 것입니다. 그러한 것은 깊은 것이 아닙니다. 글을 단순 명료하게 표현하지 않고 빙빙 돌리며 장식하는 것을 좋아하는 것은 음란성과 혼란의 영들이 개입되어 있는 것입니다.

진리는 단순한 것입니다. 주님의 말씀은 항상 명료하고 쉬운 것이었습니다. 진리는 심오하면서 단순합니다.

복잡하고 어려운 것을 좋아하는 사람은 머리 중심의 사람입니다. 그들은 항상 머리로 진리를 발견하려고 합니다. 하지만 복잡해지기만 할 뿐 그들은 진리에 이를 수 없습니다. 진리는 단순하고 명료합니다.

어떤 이들은 깊은 진리를 깨달았다고 하면서 묘하고 복잡한 이론을 제시합니다. 그것은 아무나 깨달을 수 없는 깊은 것이라고 말합니다. 그러면 비슷한 정신 상태를 가지고 있는 사람들이 같이 모여서 '우리는 깊다', '우리는 깨달았다' 고 좋아합니다. 하지만 대체로 그러한 것은 속고 있는 것입니다. 그러한 이야기들은 들을 때는 그럴 듯하게 들리지만 시간이 지나고 보면 변화된 것도 없고 남는 것도 없습니다. 그러한 것은 진정한 진리가 아닙니다. 무엇이든 참된 진리는 실제적인 변화와 열매를 가져다 주기 때문입니다

머리가 좋은 사람들은 복잡하고 어려운 영들에게 쉽게 속습니다. 그것은 그들이 진리란 깊고 복잡한 것이며 보통의 사람들이 깨달을 수 없는 것이라고 생각하기 때문입니다. 그렇기 때문에 이들은 스스로 착각 속에 빠져서 자신을 영적인 사람이라고 생각하지만 실제의 삶에서는 별로 행복하지 않습니다. 그들은 복잡하기 때문에 단순한 어린아이들이 쉽게 이해하고 받아들이는 진리를 잘 받지 못하며 경험하지 못합니다.

영혼이 맑아지고 깨어날수록 사람은 단순해집니다. 머리가 좋고 복잡한 이들은 항상 생각이 많으며 말을 하고 행동을 할 때에도 이것저것 눈치도 많이 보고 신경도 많이 씁니다. 하지만 단순한 사람들은 쉽게 진리에 접하며 그러한 많은 묶임에서 벗어나 단순하고 자유롭고 행복하게 삽니다. 당신이 복잡한 것을 좋아하는 기질이라면 가능한 한 그러한 기질을 대적하고 버리십시오. 복잡하고 심오한 것에 빠지는 사람들은 진리를 경험하기가 어렵기 때문입니다.
어떤 이들은 '주님은 빛이시다' 라는 말을 들으면 그와 동시에 수많은 질문이 일어납니다. '왜 빛인가?', '어떤 의미에서 빛인가?', '빛의 속성은

무엇인가?', '주님이 아닌 다른 빛과의 차이는 무엇인가?'
그것이 바로 복잡한 것입니다. 이런 이들은 평생을 연구해도 그의 마음 속에서 만족을 얻지 못할 것입니다.
단순한 사람들은 '주님은 빛이시다' 하면 '아멘!' 하고 기뻐합니다. 그것으로 충분한 것입니다. 쓸데없는 생각에 잠겨서 '나는 깊다, 심오하다' 하고 생각하지 마십시오. 그것은 마귀에게 속는 것입니다.

나는 여러 번 집회를 인도하면서 단순한 사람일수록 쉽게 주님을 체험하고 주님의 임재와 사랑을 경험하는 것을 보았습니다. 목회자들이나 지식이 많은 사람이거나 생각이 많은 사람일수록 쉽게 주님의 임재에로 나아가지 못하는 것을 보았습니다. 그것은 그들이 복잡한 사람들이었기 때문입니다. 많은 생각과 복잡한 기질은 영적인 실제를 경험하는 데에 방해가 되는 것입니다.

그러므로 할 수 있는 한 그저 단순하게 생각하는 것을 훈련하십시오.
단순하게 사는 것을 훈련하십시오.
단순하게 진리를 받아들이십시오.
단순하게 감사하고
단순하게 사랑하면서 사십시오.
진리는 깊지만 동시에 명료하고 간단한 것입니다.
주님은 사랑이시며 그분은 우리를 사랑하십니다. 그리고 그것으로 우리는 충분한 것입니다.
그러한 단순함 속에 머물러 계십시오.
그렇게 단순해지고 좀 더 명료해질수록 우리는 가볍고 자유롭고 행복해지며 마귀의 혼란스러운 파장에서 벗어나게 될 것입니다.

6. 꾸미는 것을 좋아하지 마십시오

복잡한 것은 좋지 않습니다. 단순한 것이 좋은 것입니다.
복잡한 것과 관련된 것이 꾸미는 것입니다. 꾸미는 것도 역시 좋지 않습니다.
여성들은 아름다워지려고 하며 아름답게 보이고 싶어하는 속성을 가지고 있습니다. 그것은 일반적인 일입니다. 그러나 어떤 여성들은 그러한 성향이 지나치게 강합니다. 그래서 꾸미고 치장하는 것에 지나치게 마음을 씁니다. 그것은 좋지 않은 것입니다.
정도 이상으로 꾸미고 장식하는 것은 악한 영에게서 오는 욕망입니다. 그것은 거짓의 영이며 음란한 영입니다. 그것은 자신을 미화시키는 영입니다.
자신 그대로의 모습을 보여주지 않고 꾸미고 장식하는 모습을 보여주기 원하는 것은 좋은 영이 아닙니다. 그것은 거짓의 영으로부터 오는 것입니다. 그것은 정직하지 않은 것입니다.

그것은 선악과의 원리와 같은 것입니다.
선악과는 먹으면 안 되는 것이었습니다. 그것은 먹으면 죽는 것입니다. 그것이 선악과의 내면입니다.
그러나 겉으로 보기에 선악과는 아주 먹음직하게 보였습니다. 탐스럽게 보였습니다. 그래서 하와는 그것을 먹었습니다. 그리고 인류는 타락했습니다.

자연의 이치가 그렇습니다. 독버섯은 아름답습니다. 그러나 독이 없는 버섯은 아름답지 않고 소박하게 생겼습니다. 독이 있는 뱀은 아름답습니다. 그러나 독이 없는 뱀은 겉모습이 투박하게 생겼습니다.

외모가 아름다우며 외모를 꾸미기를 좋아하는 여성에게 남성들은 쉽게 끌립니다. 그것은 남성 스스로가 무덤을 파는 것과 같은 것입니다.
여성에게 있어서 외모를 꾸미고 장식하는 것은 하나의 무기와 같습니다. 그러므로 그들에게 끌리는 이들은 언젠가 그 무기로 인하여 상함을 입게 될 것입니다.
외모에 지나친 관심을 기울이며 가꾸기를 원하는 이들은 그의 의식 수준이 바깥에 머물러 있기 때문입니다. 그러므로 이들은 내면의 영성이 발전하기가 어렵습니다. 그들은 남들의 시선을 의식하며 남들에게 좋은 인상을 주고 칭찬을 받고 싶어합니다. 그들은 내면세계와 내면의 발전에 대해서 별로 관심이 없기 때문에 그들의 내적 감각은 잠자고 있는 상태입니다. 그러므로 그들은 주님을 의식하고 영계를 의식하는 것이 어렵게 되는 것입니다.

바깥을 꾸미고 장식하는 것을 좋아하는 이들은 지배욕과 정복욕과 탐심을 많이 가지고 있습니다. 그들은 그들의 외모에 끌리는 이들을 지배하고 다스리고 조종하고 싶어합니다. 그들의 뜻이 마음대로 이루어지지 않을 때 그들은 분노하고 견디지 못합니다.
교회에 이와 같이 꾸미기를 좋아하는 여성들이 많이 활동할 때에 그 공간은 더럽고 어두워집니다. 음란하고 악한 영들이 활동하는 공간이 되어 버립니다. 그러한 곳에는 주님이 임하시기 어렵습니다.
장식하고 꾸미기를 좋아하는 여성들은 희생하고 봉사하는 것을 좋아하지 않습니다. 그들은 많은 사람들의 시선을 끄는 것을 좋아하며 많은 사람들의 앞에 서는 것을 좋아합니다. 그들은 사람들의 칭찬과 찬탄을 받고 싶어합니다.

만일 그들에게 설거지를 시키거나 보이지 않는 곳에서 봉사하도록 일을 맡겨 보십시오. 그들은 분노하거나 낙심할 것입니다. 그들은 주님께 울면서 언제까지 십자가를 져야 하느냐고, 언제까지 인내해야 하느냐고 기도할 것입니다. 그들은 오직 드러나는 것을 좋아하기 때문입니다.

하지만 소박한 여성들에게 그러한 봉사나 설거지를 시켜보십시오. 그들은 기뻐하며 그 일을 할 것입니다. 그들은 천국에 속한 사람들이기 때문에 이 세상에서 사람들에게 별로 인정받지 못하고 사랑을 받지 못한다고 하더라도 그러한 봉사를 즐거워합니다.

반면에 세상의 스타들은 꾸미는 것을 아주 좋아합니다. 여성스타들은 온갖 화려한 장식이 달린 옷을 입고 머리 모양을 복잡하게 꾸밉니다. 그것은 지옥의 악령들의 기운으로 충만한 것입니다. 그러나 어리석은 많은 이들은 그것을 아름답다고 느낍니다. 남성들은 그것을 혹하고 보며 여성들은 내심 그것을 부러워합니다. 그것은 어리석은 것입니다. 들릴라는 아름다웠지만 그것은 천국에서 오는 아름다움은 아니었습니다. 그것은 지옥의 아름다움이었으며 그녀의 꾸밈과 장식은 지옥에서 오는 지배욕으로 인한 것이었습니다.

지옥의 아름다움은 속과 상관없이 겉을 꾸미는 것입니다. 속에는 사망의 독이 있지만 겉으로 보기에는 아름답고 매혹적인 것입니다. 그것이 지옥적인 아름다움의 특성입니다.

그러나 천국의 아름다움은 겉의 아름다움이 아닙니다. 그것은 내면에서 나오는 향기입니다. 그것은 그의 내면과 주님이 연합한 정도만큼 그가 천국의 영광을 경험한 만큼 이루어지게 되는 것입니다.
꾸미는 것은 복잡합니다. 그것은 좋지 않습니다.
어떤 이들은 남들에게 좋게 보이기 위해서 지나치게 노력합니다. 그래서 손님이 온다면 과도하게 마음을 쓰며 집안의 먼지 하나라도 보여주는 것을 싫어합니다. 그것이 바로 꾸미는 것이며 외식하는 것입니다.

그러한 이들은 손님이 오기 전에 청소가 끝나지 않으면 마음이 분주하고 쫓기고 화가 나고 불안합니다. 그들은 나쁜 평가를 받는 것을 죽기보다 싫어합니다. 자연히 그들은 손님이 오는 것을 싫어하고 부담을 가지게 됩니다. 그들은 영혼을 사랑하는 것이 아니라 사람들에게 받는 칭찬과 인정을 사랑하기 때문입니다. 사람들에게 잘 보이려고 애쓰는 이들은 자연히 자꾸 자신을 꾸미게 됩니다. 외식하게 됩니다. 그리하여 지옥의 성향을 향하여 가게 되는 것입니다.

음식을 만들어도 맛있게 보이려고 멋지게 꾸미는 이들이 있습니다. 그들은 그렇게 하는 것이 훌륭한 요리라고 생각합니다. 바로 그러한 것이 꾸미는 것입니다. 그것은 좋지 않습니다. 그것은 음식을 선악과로 만드는 것입니다. 사소한 것 같지만 그러한 것도 영혼에 해가 됩니다.
몸에 좋지 않은 유해한 색소를 뿌리면 겉으로 보기에는 그것은 아름답게 보이며 먹음직스럽게 보일 것입니다. 하지만 그것은 몸을 죽이는 것입니다. 좋은 음식이란 보는 순간 먹음직하게 보이는 것이 아닙니다. 그렇게 하면 그 음식은 탐욕을 일으키며 과식하게 만들게 됩니다. 그것은 결과적으로 몸을 해롭게 하는 것입니다.
몸이 음식이 필요한 상태도 아닌데 욕망을 자극해서 많이 먹게 만든다면 그것은 몸을 망치는 것입니다. 소박하고 꾸미지 않은 음식은 그러한 욕망을 자극하지 않으며 과도한 식욕을 일으키지 않습니다. 그러므로 속에서 필요한 만큼만 먹게 됩니다. 그것이 좋은 음식입니다.

그렇게 겉으로 보이는 아름다움과 꾸밈을 좋아하는 사람은 그 내면이 죽을 수밖에 없습니다. 사람들의 시선을 의식하고 잘 보이려고 애쓰는 이들은 결코 주님께 잘 보일 수 없습니다. 주님은 오직 사람의 중심, 사람의 근본 마음의 동기를 보시기 때문입니다. 사람은 외모에 속고 치장에 속고 꾸밈에 속지만 주님은 속지 않으십니다. 외모가 화려한 여성이 교회에서 주도적인 위치에 있다면 그 교회의 영적 분위기는 혼란스럽게 되며 어두움과 더러움의 영들이 가득하게 돌아다니게 됩니다.

가정의 실내 분위기가 각종 꾸밈과 장식으로 가득하다면 거기에는 겉치레의 영, 허영과 세상 사랑의 영들이 활동하게 됩니다. 지나친 꾸밈은 영혼을 혼란시키고 마비시키며 악한 영들을 불러와서 천국의 기쁨을 소멸시키는 것입니다.

영성의 발전을 원하며 마귀를 싫어하는 이들은 꾸미는 것을 좋아해서는 안 됩니다. 거울 앞에서 오랜 시간을 보내는 여성은 결코 주님과 가까워질 수 없습니다. 멋진 옷을 입고 남들에게 칭찬을 받고 싶어하는 여성의 영혼도 발전할 수 없습니다.

옷도 단순하고 소박한 것이 좋습니다. 다른 사람의 시선을 끄는 옷은 좋은 옷이 아닙니다. 옷의 모습은 그 사람의 영성을 보여주는 것입니다. 어떠한 옷을 좋아하는지를 알 수 있다면 그 사람이 어떠한 사람인지를 알 수 있습니다. 멋을 부리는 것을 좋아하는 사람의 영혼과 내면은 텅 비어 있게 마련입니다.

가정의 실내 장식도 단순하고 소박한 것이 좋습니다. 가정의 실내 장식이나 가구가 화려하고 복잡한 것이라면 그것은 영성을 방해합니다.
주님께 속한 그리스도인들은 언어도 소박하고 단순하며 옷차림에서도, 차리는 음식에서도, 그들이 꾸미는 가정환경에서도 단순하고 소박한 아름다움이 흘러나오게 됩니다. 그러한 아름다움은 그의 내면에서 흘러나오는 것입니다. 그것은 바깥을 중시하는 세상의 영들과 다릅니다.
그러므로 꾸미는 것을 좋아하지 마십시오.
자신을 치장하고 감추려고 하지 마십시오.

어떤 사람은 많은 말을 하면서도 자신에 대해서는 거의 이야기하지 않습니다. 그 사람과 가까이 지내는 사람들은 나중에 생각해보면 그 사람에 대해서 거의 아는 것이 없는 것을 알게 될 것입니다. 그러한 것도 영이 순수하지 않은 것입니다. 그들은 자신을 숨기며 드러내지 않습니다. 그것도 일종의 꾸밈입니다. 꾸미는 것은 감추는 것과 근본적인 영의 성질에서 동일한 것입니다.

부디 단순하고 소박한 사람이 되십시오. 당신의 말을 꾸미지 말며 당신의 외모를 꾸미지 말며 어떠한 부분도 감추거나 꾸미지 마십시오.
사람의 시선보다 중요한 것은 주님의 시선이며 주님의 판단입니다.
그 시선 앞에서 모든 것들은 밝히 드러나게 될 것입니다. 그 때에 이 땅에 살면서 사람들 앞에서 치장하고 꾸몄던 이들은 부끄러움을 당하게 될 것입니다.
꾸미는 것을 좋아하지 마십시오.
당신을 있는 그대로 보여주십시오.
있는 그대로의 모습이 부끄럽다면 좀 더 주님과 깊이 연합하려고 애쓰십시오. 모든 아름다움은 오직 주님에게서 나오기 때문입니다.
꾸미는 것이 많을수록 귀신들은 그러한 이들에게 가까이 오게 됩니다. 꾸밈은 지옥의 속성이며 귀신들은 그러한 꾸밈과 과장과 겉치레를 아주 좋아하기 때문입니다.
그러나 천사들과 주님은 그러한 이들에게서 멀리 떠납니다. 빛의 속성은 그러한 꾸밈을 싫어하기 때문입니다.
꾸미는 것을 거절하며 단순하고 소박하게 사십시오. 당신의 내면과 바깥이 하나가 되게 하십시오.
그렇게 하나씩 악한 영들이 좋아하는 것들에서 벗어날 때 그들은 점점 더 당신에게서 멀어지게 될 것입니다. 당신이 그렇게 지옥의 속성에서 벗어날 때 당신을 향한 지옥의 문들은 하나씩 닫히게 될 것입니다.

7. 세상이 주는 즐거움을 추구하지 마십시오

남성들은 왜 아름다운 여성을 좋아할까요. 왜 다른 부분이 부족해도 외모가 뛰어나기만 하면 후한 점수를 주는 것일까요.
그것은 그들의 의식이 낮은 차원에 있기 때문입니다. 의식이 낮을수록 사람은 내면보다는 바깥에 치중을 하게 됩니다. 내면을 인식하고 느낄 수 있는 안목이 없으며 오직 보이는 부분, 바깥에 드러난 부분만을 인식하게 됩니다. 그러므로 내면에 악한 성품을 가지고 있어도 외모가 뛰어나면 거기에 빠지게 되는 것입니다.

삼손의 의식 수준이 높았으면 들릴라의 외모에 빠졌을까요? 아마 그렇지 않았을 것입니다. 그가 영적인 면에서 어느 정도 성숙한 사람이었다면 그는 사람의 내면을 볼 수 있었을 것입니다. 그는 들릴라의 아름다운 외면과는 달리 그녀의 내면에서 나타나는 악하고 추한 모습을 느꼈을 것입니다. 탐욕과 음란과 더러움의 영으로 가득한 그녀의 모습을 느끼고 매혹되기는커녕 그녀로부터 얼른 도망쳤을 것입니다.

외모에 빠지는 것은 남성만이 아닙니다. 그것은 여성도 마찬가지입니다. 처녀들도 배우자를 구하면서 상대방의 신앙과 성품을 우선적으로 본다고 말은 하지만 실제로는 외모가 뛰어나고 멋진 남성에게 빠져 들어갑니다. 그것은 남성뿐만이 아니라 영혼이 충분히 성장하지 않고 눈을 뜨지 않은 이들의 공통적인 특성인 것입니다.

외모가 뛰어난 이들은 내적으로 성숙하기 어렵습니다. 그들은 어릴 적부터 항상 칭찬을 듣고 인정을 받고 좋은 대접을 받습니다. 그러므로 그들의 내면에는 교만과 자기 의가 자리 잡기 쉽습니다. 그들은 겸손과 순종과 인내를 배우기 어렵습니다.

외면과 내면은 대체로 반대의 성질을 가지고 있습니다. 단단한 껍질을 가진 조개는 속에 부드러운 살을 가지고 있으며 오징어는 부드러운 것 같지만 불에 접촉하면 돌같이 단단해집니다. 겉과 속이 다른 성질을 가지고 있는 것은 자연의 한 원리입니다.

그러므로 외부의 아름다움은 내부의 아름다움을 보장하는 것이 아닙니다. 그것은 반대입니다. 외부가 화려할수록 속은 텅 비어 있는 것입니다. 그러므로 영혼이 발전하지 않은 어리석은 영혼은 바깥의 아름다움을 좇아가다가 멸망하게 됩니다. 영혼이 성장할수록 사람은 내면을 보게 되며 겉으로 보이지 않고 드러나지 않는 부분을 볼 수 있고 읽을 수 있게 됩니다. 그러한 이들은 눈에 보이는 아름다움에 빠지지 않습니다. 그들은 내면을 보고 느낄 수 있기 때문입니다.

사단은 세상을 타락시키고 하나님을 대적하게 만들었으며 그리하여 세상의 권세를 넘겨받고 세상의 왕이 되었습니다.
왕이 된 그들은 새롭게 세상을 아름답게 장식하기 시작했습니다. 그는 하나님을 배제한 아름다운 세상을 만들려고 노력합니다. 하나님 없이 사랑과 기쁨과 평화의 세계가 있는 양 세상을 아름답게 장식하고 포장합니다. 그들은 그렇게 세상을 아름답게 포장하여 사람들을 유혹합니다. 세상에 빠지게 합니다. 그것은 선악과를 아름답게 보이도록 만들어서 인류를 타락시킨 것과 같습니다.

영혼의 시각으로 보았을 때 이 세상은 불구덩이입니다. 그것은 공허와 혼돈으로 가득한 것입니다. 그것은 세상이 마귀의 꼬임을 받아 하나님을 대적하고 벗어났기 때문입니다. 그러므로 세상의 망가진 질서를 회복하고 아름다움을 회복하는 것은 오직 하나님을 향하는 것뿐입니다. 모든 피조물들이 하나님의 손앞에서 굴복하는 것입니다. 그렇지 않는 한 세상은 허무하고 비참한 것입니다.

그러나 사단은 이 세상을 아름답게 포장합니다. 속은 망가져 있지만 겉으로는 그럴싸하게 보이도록 만듭니다. 세상에는 멋진 우정이 있고 감동적인 애정이 있는 것 같이 보이게 합니다. 소주를 마시며 사람들이 같이 환하게 웃는 모습을 보여주는 광고도 있습니다. 그것은 그럴 듯해 보이지만 속임수입니다. 그것은 연출된 것에 불과합니다.

그리스도인이면서도 세상을 사랑하는 이들이 있습니다. 그들은 노는 것을 좋아합니다. 세상이 주는 쾌락을 즐거워합니다. 그들은 분위기를 좋아하며 세상의 사람들을 좋아합니다. TV의 프로그램을 좋아합니다. 연말연시의 프로그램을 좋아합니다. 그러한 흥겨움과 풍성한 분위기를 좋아합니다. 하지만 그러한 것은 다 속이는 것이며 연출된 것입니다. 거기에는 공허함이 있습니다. 그것은 겉치레의 속임이지 사람의 영혼과 내면을 채워주는 것이 아닙니다.

어떤 여인이 아이에게 좋은 분유를 먹이며 황홀하고 행복한 표정을 짓고 있는 광고를 본 적이 있습니다. 그것은 멋있어 보이지만 연기에 지나지 않는 것이며 속이는 것입니다. 그녀는 정말 행복해서 그렇게 웃고 있는 것이 아니라 사진 기자의 요구에 의해서 그렇게 웃고 있는 것입니다. 그녀는 돈을 벌기 위해서 그렇게 웃고 있는 것입니다.

물론 그 사실을 모두가 다 잘 압니다. 그것은 진실이 아니고 거짓이며 연출인 것을 압니다. 하지만 알면서 그것을 받아들이고 빠져 들어가는 것입니다. 그것이 세상에게 빠지며 영향을 받는 과정입니다.

행복은 오직 주님 안에만 있습니다. 인간은 하나님께 돌아가야 하며 그 안에서 살아야 합니다. 그래야만 내면의 공허가 채워집니다.

그러나 사단은 사람의 의식을 자꾸만 바깥으로 향하게 만듭니다. 그래서 아름다운 여인을 창조해내며 정욕을 일으키게 하고 아름다운 집을 보여주고 멋진 가구를 보여줍니다. 부와 소유가 행복과 만족을 주는 것처럼 속입니다. 그래서 사람들의 관심이 영혼이 아니라 바깥 세상에 있도록 속입니다. 그러는 사이에 살며시 들어와 그의 영혼을 훔치는 것입니다.

세상의 즐거움, 바깥 세계의 유혹이 사단의 중요한 무기라는 것을 기억하십시오. 세상을 사랑하고 보이는 것을 사랑하고 말초적인 감각의 기쁨을 사랑하는 자들은 마귀에게서 벗어날 수 없습니다. 그들은 속고 있기 때문입니다. 그들은 마귀를 대적하는 것이 아니라 마귀를 친구나 연인으로 여기게 됩니다. 그러므로 전투를 하지 않고 그들의 친밀한 벗이 되어서 그의 영혼을 저당잡히게 되는 것입니다. 마귀는 오늘날 바깥세상을 최대한 아름답게 포장하여 광고하고 유혹하고 있습니다. 그들의 유혹은 에덴동산에서 시작되어 지금까지 계속 되고 있습니다.

당신의 관심을 외부에 두지 마십시오. 세상의 즐거움에 두지 마십시오. 그것은 속임이며 눈에 보이는 화려함에는 결코 행복이 없다는 사실을 기억해두어야 합니다. 바깥세상의 즐거움은 마귀가 당신의 영혼을 사로잡는 중요한 무기입니다.

마귀가 당신에게 세상의 즐거움을 공짜로 선사한다고 생각하지 마십시오. 삼손은 마귀의 호의를 즐겁게 감사하면서 받아들이다가 눈이 뽑혔습니다. 다윗도 쾌락을 가져다주는 마귀의 선물을 기뻐하다 맨발로 쫓겨서 달아나게 되었고 그로인해 사랑하는 이들이 많은 피를 흘리게 되었습니다. 마귀는 결코 아무 것도 공짜로 제공하지 않습니다.

당신이 어떤 것을 즐기면서 그것을 주님과 같이 할 수 없다면 그것을 내려놓으십시오. 그것은 당신의 영혼에 유익한 것이 아닙니다.

마음에 거리낌이 있는 세상의 모든 즐거움들을 내려놓으십시오.
바깥의 아름다움을 추구하지 마십시오.
눈의 즐거움을 추구하지 마십시오. 많은 경우에 눈이 좋아하는 것은 심령이 좋아하는 것과 같지 않습니다.
오직 내면의 즐거움을 찾으십시오. 보이지 않는 세계의 행복을 당신의 내면에서 얻으십시오.
내면이 눈을 떠 갈수록 당신은 바깥 세계의 아름다움에 미혹되지 않게 될 것입니다. 사람의 외모에 빠지지 않게 될 것입니다. 사람의 영혼과 마음을 볼 수 있게 될 것입니다.
그렇게 당신의 영혼이 눈떠 갈수록 당신은 마귀의 궤계에서 벗어날 수 있게 될 것입니다.

8. 외적인 사람은 마귀를 이길 수 없습니다

마르다는 주님이 바로 곁에 계셨으나 주님을 누리고 맛보지 못했습니다. 그녀는 주님의 귀한 말씀을 들을 생각을 하지 않고 다만 음식 준비에 몰두하고 있었으며 일을 도와주지 않는 동생 마리아에게 화가 나 있었습니다. 마리아는 주님의 발 앞에 가까이 있었지만 그녀는 음식을 준비하기 위하여 주방에 있었습니다. 주님과 그녀의 거리는 단순한 물리적인 거리가 아니었습니다. 그것은 그녀와 주님과의 영적인 거리를 상징적으로 보여주고 있는 것입니다.

왜 그녀는 주님이 바로 곁에 계신데도 주님을 경험하고 누릴 수 없었을까요? 그것은 그녀가 외적인 스타일의 사람이었기 때문입니다.
외향적인 성향의 사람이 있습니다. 그들은 내적인 생명 자체보다 외적인 활동을 좋아합니다. 그들은 관계보다 활동을 좋아합니다. 그들은 조용히 묵상하는 것보다 움직이는 것을 좋아합니다. 그들은 주님과 좋은 관계를 가지는 것보다 주님을 위해서 무엇인가를 하는 것을 좋아합니다.
그들은 가만히 있지 못합니다. 가만히 있으라고 하면 그들은 병이 납니다. 그들은 움직여야 하고 활동해야 하고 무엇인가를 해야 합니다. 그들이 볼 때는 가만히 앉아서 주님의 말씀을 듣고 있는 것은 너무나 답답한 일입니다.
가정에 심방을 가면 이런 스타일의 가정주부들이 많이 있습니다. 즉 음식 준비에 치우치느라고 주님을 나누고 말씀을 나누는 것은 소홀히 하는 것입니다. 그들의 관심은 바깥에 있으며 내면에 있지 않습니다. 이러한 집에 심방을 가면 내면적이고 진리적인 것을 나누기 어렵습니다. 그저 겉치레의 이야기를 하고 잔뜩 차려놓은 것을 먹고 오기가 바쁩니다.

그러한 만남 후에는 돌아오는 발걸음이 허무하기 마련입니다. 이러한 기질의 사람들은 오래 동안 믿음 생활을 하며 많은 활동을 해도 그 영혼이 잘 깨어나지 않으며 삶과 인격이 잘 변화되지 않습니다. 왜냐하면 그들의 관심이 외부에 머물러 있기 때문입니다.

천국은 마음속에 임하는 것입니다. 천국은 바깥에 임하는 것이 아닙니다. 외적인 사람들은 자신의 마음 내부를 변화시키려고 하지 않습니다. 그들은 바깥을 변화시키려고 합니다. 그래서 그들은 가난의 문제를 해결하고 좋은 집에서 살아야 하고 남들이 알아주는 위치에 있어야 합니다. 그것을 행복이고 천국이라고 생각합니다.

그들은 그렇게 의식의 수준이 바깥에 머물러 있기 때문에 마음속은 항상 분주하고 바쁘고 쫓기고 지옥과 같습니다. 그렇기 때문에 그들은 자기 뜻대로 일이 이루어지지 않으면 화를 내고 자기를 도와주지 않는 동생을 미워하고 하는 것입니다. 그들은 자신의 내부가 지옥이며 문제가 있다는 것을 전혀 알지 못합니다.

외적인 활동을 좋아하는 기질은 마귀에게서 벗어날 수 없습니다. 그들은 마귀에게 잡히기 쉽습니다. 그들의 마음은 잔잔하지 않습니다. 그들은 항상 쫓기고 불안하며 충동적으로 움직입니다.

외적인 데에 관심이 많은 이들은 신앙적으로 인정을 받기 마련입니다. 그들은 교회의 행사나 봉사에 열심을 내고 전도도 열심히 하고 모든 일에 열심을 내기 때문에 곧 인정을 받고 성도들을 대표하는 지위를 얻게 됩니다. 그러면 그들은 자신의 신앙이 좋은 것으로 착각하게 됩니다.
그들은 항상 으뜸이 되고 싶어합니다. 교회 안에서 누가 자기보다 인기가 있으면 그들은 견디지 못합니다. 그래서 그들은 지도자에게 인정을 받고 싶어합니다. 그래서 열심히 충성 봉사를 합니다.
그리하여 그들은 신앙이 좋다고 존경을 받고 지위를 얻게 됩니다. 그러나 그들의 마음 상태는 어떻습니까? 그것은 바로 지옥과 같습니다.
그들은 많이 뛰고 움직이지만 그들의 마음은 사랑과 평안과 자유를 경험하지 못합니다. 그들은 자기의 마음에 들지 않는 자들을 판단하고 정죄할 뿐입니다. 그들의 영혼은 지옥에 가깝지만 그들은 자신의 신앙이 아주 좋다고 생각합니다.

사역자가 외형적인 사람일 경우에 그는 이른바 성공하는 목회자가 됩니다. 그는 지는 것을 싫어합니다. 그러므로 맡은 일에 힘과 열성을 다합니다. 그리고 그의 열정 덕분에 그의 사역은 확장되고 사람들은 모여들며 교회는 커집니다. 그는 성공적인 사역자로 알려지게 됩니다. 그는 돌아다니며 성공적인 목회 사역의 비결.. 그런 종류의 세미나를 열고 다닐지도 모릅니다.
하지만 그러한 세상에서의 알아줌과 천국에서의 알아줌이 같은 것은 아닙니다. 이 땅에서는 외적인 지위나 상태로 사람이 평가받지만 영계는 그 반대이기 때문입니다. 영계는 사람의 내적인 상태가 모든 것의 기준이 됩니다.
외적인 사람들은 대체로 마음의 내면 상태가 자유롭지 않습니다. 풍성하지 않습니다. 그들은 마음의 평화에 대해서 알지 못합니다. 그들의 마음은 항상 쫓기고 분주합니다. 그것이 마르다와 같은 유형의 사람의 특징입니다. 주를 위하여 열심을 내고 음식을 만들고 주님을 기쁘시게 하려고 하지만 그의 마음속에는 미움과 분노로 가득합니다. 그것이 외적인 사람의 특징입니다.

그들의 마음은 주님과 멀리 있습니다. 그들의 영혼은 주님과 멀리 있습니다. 그들은 주님의 마음을 알기 어렵습니다. 하지만 그들은 항상 칭찬을 듣고 인정을 받기 때문에 자신이 주님과 멀다는 사실을 결코 인정하려고 하지 않습니다. 만일 그렇게 살다가 그러한 상태에서 죽는다면, 그것은 그에게 비극이 될 것입니다.

주님께서 무익한 종을 꾸짖으실 때 항상 사용하시는 말씀이 있습니다. 그것은 이것입니다.

"이 무익한 종을 바깥 어두운 데로 내어 쫓으라 거기서 슬피 울며 이를 갊이 있으리라 하니라" (마25:30)

무익한 종은 항상 바깥 어두운 곳에 쫓겨납니다. 바깥은 빛이 없이 어두운 곳입니다. 영적으로 바깥은 외적인 것을 추구하는 상태를 말하는 것입니다. 바깥은 물질세계이며 외형의 세계이고 보이는 것의 세계입니다. 그런데 외적인 사람은 이 바깥 세계에 속해 있습니다.

그들은 성공하고 싶어합니다. 유명해지고 싶어합니다. 교회를 크게 하고 싶어합니다. 많은 사람을 모으고 싶어합니다. 남들이 알아주는 것을 좋아합니다. 사람들에게 인정받는 것을 좋아합니다.

그들의 영혼은 바깥의 상태에 있습니다. 그들의 내면 상태는 어둡습니다. 그들은 주님을 가까이 알지 못합니다. 열심히 주를 위해서 일하지만 주님의 마음을 알지 못합니다. 그들은 몸은 항상 아버지의 곁에 있지만 아버지의 마음을 알지 못하는 탕자의 형과 같습니다.

그들의 마음속에는 사랑과 기쁨과 평화가 없습니다. 그러므로 그들은 내면세계로 들어가려고 하지 않고 바깥 세계에 머물러 있는 것을 좋아합니다. 그들은 항상 움직이고 뛰며 무엇인가를 성취하려고 합니다. 그들은 무엇인가 행동을 하지 않고 가만히 있으면 불안합니다. 뒤쳐지는 느낌이 들기도 합니다. 그들의 마음은 어두우며 빛이 부족합니다. 그래서 항상 쫓기는 것입니다.

마르다는 주님을 위해서 열심히 일하고 있는데 마리아가 도와주지 않자 화가 났습니다. 그래서 그녀는 주님께 따졌습니다. 마리아를 혼내주라고 부탁했습니다.
그녀는 분명히 믿고 있었습니다. 주님은 자기편이며 자기가 옳기 때문에 당연히 마리아를 혼내 주실 것이라고. 하지만 그녀의 생각은 착각이었습니다. 그녀는 자기가 옳다고 철석같이 믿고 있었지만 주님은 자기의 편을 들어주시지 않았습니다.

그것은 마르다에게 있어서 정말 기가 막힌 일이었습니다. 열심히 주님을 위해서 봉사하고 있는 자신은 천대를 받고 경우가 없이 놀기만 하는 얄미운 동생 마리아가 주님의 사랑과 칭찬을 받다니 그것은 정말 기가 막힌 일이었습니다.
그러나 주님의 판단은 아주 선명합니다.
주님은 어느 쪽이 좋은지를 분명하게 말씀해주셨습니다.

"주께서 대답하여 가라사대 마르다야 마르다야 네가 많은 일로 염려하고 근심하나 그러나 몇 가지만 하든지 혹 한 가지만이라도 족하니라 마리아는 이 좋은 편을 택하였으니 빼앗기지 아니하리라 하시니라"(눅10:41,42)

주님께서는 주를 위하여 열심히 노력하고 애를 쓰는 것보다 주님 안에서 조용히 안식하며 주의 말씀을 듣고 주를 누리고 아는 것이 더 열매를 맺으며 풍성하고 좋은 길이라고 분명하게 말씀하셨습니다.

오늘날에도 마르다와 같은 스타일이 있습니다. 그들은 열심을 내며 신앙의 행위에 몰두합니다. 그들은 열심이 부족한 사람들을 비웃으며 안타깝게 생각합니다.

그들은 죽을 때까지 자신의 신앙이 좋으며 남들보다 자신이 낫고 옳다고 생각하면서 살다가 죽을 것입니다. 그러한 이들은 자기 의를 가지고 있어서 다른 이들의 말을 잘 듣지 않기 때문에 거의 변화되지 않고 그러한 상태로 살다가 죽을 것입니다. 그것은 비극적인 일입니다.

열심이 많은 이들은 잘 변화되지 않습니다. 그들은 일은 잘 하지만 내면이 변화되지는 않습니다. 그들은 잘 이해하고 잘 알아듣고 정확하게 시간을 지키고 시키는 일을 분명하게 마무리 하지만 내면이 변화되지는 않습니다. 그것은 그들이 바깥은 발달하였지만 내면은 발달하지 않았기 때문입니다. 유능한 이들은 대체로 내면에서는 공허하고 비어있습니다.

주를 알아 가는 것보다 바깥의 일에 열심을 내는 이들은 진정한 천국을 경험할 수 없습니다. 그러한 이들은 오래 믿어도 마음속의 분노와 판단과 미움과 성질을 다스릴 수 없습니다. 그들의 마음은 악한 영들에게 쉽게 점령이 되기 때문입니다. 이들은 쉽게 억울해하고 쉽게 미워합니다. 이들은 용서하기 어렵고 사랑하기 어렵습니다. 그들의 의식은 바깥에 있고 그들의 심령은 비어있어서 여러 종류의 악령들이 이미 차지하고 있기 때문입니다.

사람은 안에 있든지 바깥에 있든지 하나를 결정해야 합니다. 양쪽에 동시에 있을 수는 없습니다.

어떤 사람이 안방에 있을 때 그는 안방에 있습니다. 그러나 그가 대문으로 나간다면 안방은 비어있는 것입니다. 하나님은 편재해서서 동시에 여러 곳에 계실 수 있지만 우리는 그것이 불가능합니다.

그러므로 이 기본적인 사실을 알고 있어야 합니다.

우리가 외형적인 사람이라면 우리는 마귀를 이기기 어렵다는 것입니다. 우리는 중심을 지키고 있어야 합니다. 우리의 의식이 바깥 활동에 집중되어 있고 열심히 뛰는 데에 집중하고 있다면 우리의 내면은 비워질 수밖에 없습니다. 그것은 비극입니다.

쉬지 않고 움직이는 사람이 있습니다. 날마다 여기서 전도하고 저기서 봉사하고.. 쉬지 않고 움직입니다. 영적이라는 곳, 온갖 집회와 세미나를 쫓아다니고 온갖 훈련을 받는 것을 좋아하는 사람들이 있습니다. 그러한 이들의 영혼은 발전하기 어렵습니다. 그러한 사람의 영혼에는 안식이 없으며 그의 영혼은 항상 바깥 어두운 데에 거하는 것입니다. 그는 열심히 일하지만 여전히 강퍅하게 말하며 남에게 상처를 주며 서두르며 사람의 눈을 의식하며 마음이 분주합니다. 그것은 그의 영혼이 영계의 외곽에 있음을 잘 보여주는 것입니다. 그들은 사람에게는 인정을 받으나 주님과는 멀리 떨어져 있습니다. 그의 영적 상태는 결코 건강하지 않으며 좋은 상태가 아닌 것입니다.

바깥세상은 마귀에게 속해 있는 것입니다. 그러므로 마음을 너무 바깥세계, 바깥의 활동에 두어서는 안 됩니다. 의식을 바깥에 두고 많이 활동하는 가운데 사람의 의식은 바깥에 머무르게 됩니다. 그리하여 바깥세계에서 움직이는 악한 영들과 그 기운을 쉽게 접하게 됩니다. 그는 자기도 모르게 마음과 심령이 강퍅해지며 속은 공허하게 비워져 버립니다. 그리고 그 안을 마귀에게 점령당하게 되는 것입니다. 마르다가 화가 난 것은 주의 일을 하면서 바깥에 너무 의식을 두고 있다가 마귀에게 마음을 점령당했기 때문입니다.

마귀에게 진정한 승리를 얻기 위해서 당신의 마음을 외부에 두지 마십시오. 당신은 전도할 때도, 봉사할 때도 말을 할 때도 마음을 중심의 심령에 두어야 합니다. 주님의 인도와 감동을 따라서 말하고 움직여야 합니다. 마음속에서 주님의 임재와 기름부음이 사라지면 활동을 중단해야 합니다. 당신은 의식을 오직 바깥이 아닌 내부에 두어야 자신의 영혼을 지킬 수 있습니다. 마귀는 당신의 지위나 돈이 아니라 오직 당신의 영혼을 훔치려고 한다는 사실을 결코 잊어서는 안 됩니다.

천하를 얻는다고 하더라도 천하보다 더 귀중한 자신의 영혼을 잃는다면 그것이 무슨 소용이 있겠습니까. 온 세상의 모든 사람들이 알아주고 인정해준다고 하더라도 내 영혼에 기쁨과 만족과 사랑이 없고 주님이 알아주시지 않는다면 그것이 무슨 소용이 있겠습니까. 우리는 내적인 기쁨과 사랑과 평화를 누릴 수 있을 때 우리의 영혼이 주님과 천국에 가깝다는 것을 알고 있어야 합니다.

당신이 외적인 사람이라면 반드시 이 교훈을 기억하십시오.
여기 저기 일하며 뛰어 다니는 것을 너무 좋아하지 마십시오.
마음이 분주해질 때 마귀를 대적하십시오. 그리고 의식을 내부로 향하게 하십시오. 내면에 계신 주님을 바라보십시오.
마음이 분노가 일어나고 짜증이 일어날 때 어느 덧 당신의 마음이 바깥을 향하고 있었음을 인정하십시오.

그리고 다시 내부로, 주님을 향하게 하십시오.
모든 악과 흥분과 미움과 악한 열매들은 바깥에 있는 마귀로부터 우리의 영혼으로 침투하는 것입니다.
그러므로 바깥을 향한 문을 닫고 내부에 계신 주님을 향하게 될 때 우리 안에서 다시금 천국이 시작되는 것입니다.

부디 기억하십시오.
외형적인 사람은 세상에서는 인정받고 승리하지만
결국은 마귀를 이길 수가 없습니다.
모든 사람이 알아주어도
그의 심령은 변화되지 않습니다.
그러므로 당신의 의식을 바깥으로 향하게 하는 마귀를 대적하십시오.
당신의 의식이 자주 주님 안에서 안식과 교제를 누리게 하십시오.
그것이 진정한 기쁨이고 행복이며
천국의 문을 여는 것이라는 사실을
부디 기억하고 인식하고 경험하십시오.
외부의 문을 닫을 때 우리는 마귀를 이길 수 있습니다.
내부의 문을 열 때 우리는 천국의 문을 열 수 있습니다.
그것은 천국이 여기에, 저기에 있는 것이 아니라
우리의 마음속에 있는 것이기 때문입니다. (눅17:21)

9. 낮은 가치관은 마귀에게 속고 있는 것입니다

악한 영들에게 눌리는 것은 고통스러운 일입니다. 그들에게 눌리는 이들은 대부분 불안감이나 낙담이나 고통스러운 여러 가지 증상을 가지는 것이 보통입니다.

그러나 그렇지 않은 경우도 있습니다. 자신이 악한 영들에게 눌려 있으면서도 그 사실을 전혀 알지 못하는 경우도 있는 것입니다. 이것은 악한 영들에게 속고 있는 것이며 그의 영적인 감각이 마비되었기 때문입니다. 사실 주를 알지 못하는 세상 대부분의 사람들은 이러한 상태에 있는 것입니다. 그들은 영적으로 비참하고 낮은 영역에 있으면서도 그 사실을 알지 못합니다. 어떤 면에서 그들은 눌리거나 고통을 느끼기는커녕 오히려 그 낮은 곳에서 즐기면서 살기도 하는 것입니다. 그들은 그렇게 생각하지 않겠지만 그것은 비참한 인생입니다.

돼지는 먹을 것을 주면 그것으로 만족합니다. 내일 도살장에 끌려간다고 해도 오늘 먹을 것이 있으면 그것으로 만족합니다. 내일 일을 위하여 걱정하고 근심하여 잠을 이루지 못하는 돼지가 있다는 이야기는 아직 들어보지 못했습니다. 그들은 지금 이 순간에 몸의 본능을 충족시켜주면 그것으로 즐거워합니다.

하지만 사람은 그렇지 않습니다. 사람은 동물과 다르기 때문입니다.
사람은 단순히 육체의 만족과 쾌락이 있다고 해서 만족할 수 있는 존재가 아닙니다. 사람은 하나님의 형상으로 창조되었으며 좀 더 깊은 존재인 것입니다. 사람은 육체의 만족을 구하는 것으로 행복하지 않습니다. 사람은 영적인 존재입니다. 사람은 영혼을 가지고 있는 영원한 존재입니다. 그러므로 영혼의 만족을 얻어야 진정으로 행복할 수 있습니다.

단순히 육체적이고 물질적인 만족을 구하는 것은 낮은 가치관입니다. 사람은 처음에는 그러한 것들을 본능적으로 구하게 되지만 점차 그것만으로는 만족할 수 없게 됩니다.

주님은 사람들에게 이 비유를 말씀하셨습니다. 어떤 부자가 많은 소유를 가지게 되어 이렇게 독백했습니다.

"내 영혼아 여러 해 쓸 물건을 많이 쌓아 두었으니 평안히 쉬고 먹고 마시고 즐거워하자."

그러나 하나님께서 그에게 말씀하셨습니다.

"어리석은 자여 오늘 밤에 네 영혼을 도로 찾을 것이다. 그러면 그 모든 소유가 누구의 것이 되겠느냐" (눅12:16-20)

이 부자는 왜 어리석은 것일까요? 그는 물질이 그의 삶의 행복을 보장한다고 믿었기 때문입니다. 물질이 충분하면 그의 영혼도 만족하고 행복할 것이라고 생각했기 때문입니다.

이 말씀을 모르는 그리스도인은 별로 없을 것입니다. 하지만 오늘날의 많은 그리스도인들의 의식 상태는 이 부자와 별로 다를 것이 없습니다. 그러면서도 자신은 이 부자와 다르다고 생각할 뿐입니다.

물질 중심의 가치관은 낮은 가치관입니다. 많이 소유하는 것이 행복의 근원이라고 믿는 것은 낮은 가치관입니다. 하지만 이러한 가치관을 많은 그리스도인들이 진리처럼 받들고 있는 것이 현실입니다.

권세를 가지고 남을 부리며 명령하는 것이 좋은 것이라고 생각하는 것은 낮은 가치관이며 이방인의 가치관이며 지옥적인 가치관입니다. 천국의 가치관은 높은 자가 섬기는 것이며 섬기는 것을 즐거워하는 것입니다. 하지만 오늘날은 이처럼 낮고 이방인적이며 지옥적인 가치관을 가지고 있는 이들이 많이 있습니다. 지옥적인 가치관은 영원에 대해서 알지 못하며 단지 물질적인 것과 눈에 보이는 것만을 중시하며 추구하는 것입니다. 오늘날 많은 그리스도인들이 그러한 수준의 의식을 가지고 있습니다. 그것은 낮은 것입니다.

오늘날 많은 그리스도인들이 돈이면 다라고 생각합니다. 남보다 높은 위치에 있으면 성공한 것이라고 생각합니다. 오늘날 교회에서는 주님을 알아가고 주님을 닮아가며 주님을 예배하고 순복하는 것보다 외적으로 성공하고 출세하는 것을 더 복이라고 생각하는 경향이 있습니다. 그것은 낮은 수준의 가치관입니다.

주님은 우리에게 문제를 해결해주시고 욕망을 만족시켜주시려고 오신 것이 아닙니다. 그분은 해결사가 아닙니다. 급할 때 문제가 있을 때에 찾아가는 대상이 아닙니다.

주님은 우리의 존재 이유이며 의미이며 방향입니다. 주님은 우리의 모든 것이 되어야 합니다. 그것이 바른 가치관입니다. 주님이 우리를 위해서 우리의 행복을 위해서 존재하는 것이 아니라 우리가 주님을 위해서 존재하는 것입니다. 그것이 바른 가치관입니다.

오늘날 교회와 그리스도인들은 세상적인 욕망에 너무 집착하고 매달리고 있습니다. 별로 대수롭지 않은 것에 목숨을 걸고 매달립니다. 그것은 진정한 구원의 수준에 이른 것이라고 할 수 없습니다. 아무리 많이 기도

한다고 해도 그러한 자세로는 주님을 알 수 없습니다. 그것은 신앙의 시작과 방향과 목표가 잘못되었기 때문입니다. 아무리 많은 사람이 그러한 방향으로 가고 있다고 해도 숫자가 진리를 대변해주는 것은 아닙니다.

어떤 집회에서 여전도사님이 말씀을 전했습니다. 그녀는 말씀도 잘 전했지만 외모도 뛰어난 사람이었습니다.

어떤 할머니가 주변 사람에게 이렇게 물었습니다.
"저렇게 예쁜 여자가 탤런트가 되어서 텔레비전에 나오지 왜 전도사를 하고 있대요?"

할머니는 강단에서 말씀을 전하는 것보다 TV에 나와서 인기를 끄는 것이 훨씬 더 좋은 것이며 성공을 한 것이라고 생각했던 것입니다.

이것은 우스개 이야기에 지나지 않지만 사실은 이와 비슷한 사고방식을 가지고 있는 그리스도인들도 적지 않습니다.

오늘날 급한 문제가 있고 기도 제목이 있을 때에만 교회에 나와서 열심히 기도하고 기도를 부탁하는 이들의 자세도 이와 비슷한 것입니다.

기도 중에 가장 중요한 기도는 주님을 구하는 것입니다. 주님을 얻는 것입니다. 주님을 가까이 아는 것입니다. 그러나 그러한 기도를 드리는 이들은 많지 않습니다.

많은 이들이 현실적인 문제해결을 구합니다. 자녀를 위해서, 자녀의 대학 입시를 위해서, 사업을 위해서, 건강을 위해서 기도합니다. 죽을 때까지 그러한 문제들은 끊이지 않고 계속될 것입니다. 그러나 이들은 본능적으로 오직 열심히 문제 해결을 위해서 만 기도합니다. 그것은 그들의 의식과 가치관이 낮은 영역에 있기 때문입니다.

그러한 기도가 근본적으로 잘못되었다거나 나쁘다고 할 수 있는 것은 아닙니다. 사람은 처음에 누구나 육신적인 차원에서 믿음 생활을 시작하며 육신적인 가치관을 가지고 있는 것이 보통입니다. 그러나 거기에서만 머물러있다면 그것은 좋지 않은 것입니다.

마귀는 할 수 있는 한 사람들이 복음을 받아들이고 주님을 영접하지 못하도록 방해합니다. 하지만 그것을 제지할 수 없다면 일단 믿기는 믿더라도 아주 낮은 영역에서 동물적인 수준에서 살도록 유혹합니다.

세상에서 출세하고 성공하고 돈을 벌고 유명해지고 편안하게 살며 남들 앞에서 떵떵거리고 사는 그러한 삶을 추구하도록 충동합니다. 그렇게 속이고 그의 영혼을 마비시키려고 합니다. 그 정도의 수준에서 만족하도록 속이는 것입니다. 그러한 삶은 명목상의 믿음이며 실제의 천국과는 거리가 먼 삶이기 때문입니다.

오늘날 많은 그리스도인들이 마귀의 계략에 넘어가서 아주 낮은 영적인 영역에 머물러 있습니다. 물질이 악한 것은 아니며 풍성한 삶을 사는 것이 잘못된 것이라고 할 수는 없습니다. 그러나 진정한 보화가 무엇인지 깨닫지 못하는 것은 어린 수준에 있는 것입니다.

그러한 어린이들은 참된 보화의 가치를 알지 못하며 먹어도 배부르지 못할 것을 위하여 애쓰고 수고합니다. 진정한 보화가 아닌 것으로 인하여 분노하고 미워하고 좌절하며 목숨을 걸고 살아갑니다.

오늘날 천국의 실상을 누리고 주님의 임재와 사랑으로 가까이 나아가는 이들은 많지 않습니다. 많은 그리스도인들이 수없이 예배를 드리지만 그들은 주님과 가까이 대화하고 교제하는 것이 무엇인지 모릅니다. 주님이 주시는 놀라운 은총과 기쁨과 사랑의 체험이 무엇인지 모릅니다. 그것은 그들의 의식과 영혼이 너무나 낮은 영역에 있기 때문입니다.

이것은 결국 악한 영들에게 속고 있는 것임을 알아야 합니다. 우리는 높은 의식을 가져야 합니다. 진정한 것을 구해야 하며 참된 보화가 무엇인지 알아야 합니다.

당신의 눈을 흐리게 하는 마귀를 대적하십시오.

당신을 낮은 영역의 욕망에 머물러 있게 하는 마귀를 대적하십시오.

풍성함을 경험하지 못하고 가난과 눌림과 곤란 속에서 사는 것도 역시 악한 영들에게 속고 있는 것입니다. 그러나 또한 그 반대로 물질의 영역에 의식이 묶여 있는 것도 좋은 것이 아닙니다.

우리에게는 풍성한 삶이 필요합니다. 하지만 우리는 물질적인 풍성함의 영역에서 좀 더 근원적인 아름다움의 세계, 풍성함의 세계로 가야 합니다. 좀 더 높은 곳으로 나아가야 합니다.

머리를 들어 좀 더 높은 곳을 바라보십시오. 악한 영을 대적하며 어두움과 속임에서 벗어나 깨어나면 깨어날수록 우리는 자유를 경험하게 될 것이며 진정한 천국의 풍성함으로 좀 더 가까이 나아가게 될 것입니다. 할렐루야.

10. 사람과의 친밀한 연합을 조심하십시오

우리가 어떠한 사람을 사랑하며 친밀하게 지내는가 하는 것은 우리의 영혼에 아주 중요한 영향을 끼칩니다.

대적기도 시리즈 3권에서 부모로부터 사랑을 받을 때 자녀들에게도 그 부모가 가지고 있는 영적인 특성이 전달된다는 이야기를 했었습니다.

예를 들어 겸손한 부모에게 사랑을 받고 자란 아이들은 겸손한 사람이 될 것입니다. 또한 남을 쉽게 무시하고 미워하며 자신이 훌륭한 사람이라고 생각하는 부모의 사랑을 받고 자란 이들은 그러한 영적 에너지를 받게 됩니다. 그것은 애정이 두 사람을 연결하는 강력한 끈이기 때문입니다. 그 끈을 통해서 두 사람의 영은 통하며 에너지를 주고받게 되는 것입니다.

애정과 친밀함은 두 사람의 영혼을 하나로 연결하는 특성을 가지고 있습니다. 그러므로 우리가 어떤 사람을 사랑하며 어떤 사람과 친밀하게 지낸다는 것은 그 사람이 가지고 있는 영을 우리가 받아들인다는 것을 의미합니다.

우리가 무신론자와 친밀한 교제를 가지고 있다고 합시다.

두 사람은 절친한 친구이며 전혀 신앙에 대한 대화는 나누지 않습니다. 하지만 서로 좋아한다면 두 사람은 영적 교류를 가지게 됩니다. 그 결과로 신자는 점점 더 신앙에 의심이 생기게 되며 차츰 영적인 것에 대하여 관심을 잃어버리게 될 것입니다.

그렇다면 상반되는 성향을 가진 두 사람이 사랑하며 친밀하게 지낼 때 두 사람은 어떤 쪽으로 기울어지게 될까요? 두 사람은 무신론 쪽으로 기울게 될까요? 아니면 신앙 쪽으로 기울게 될까요?
그것은 각 사람의 영력에 달려 있는 것입니다.
무신론자인 사람의 영이 강력하고 지배적이라면 마음이 여린 그리스도인들은 그 사람과 가까워지고 교류를 나눌수록 신앙에 대해서 관심을 잃어버리게 될 것입니다. 상대방이 전혀 기독교를 비난하지 않아도 말입니다. 또한 반대로 신자의 영이 강하다면 그는 상대방에게 신앙적인 영향을 주게 됩니다.

하지만 이 사실을 기억하시기를 바랍니다. 책상 위에 올라가서 밑에 있는 사람의 손을 잡고 그를 책상 위로 끌어올리는 것보다는 밑에 있는 사람이 책상 위에 올라가 있는 사람을 끌어내리는 것이 훨씬 더 쉽습니다. 책상 위에 있는 사람이 밑에 있는 사람을 끌어올리려면 그보다 힘이 몇 배는 세어야 하는 것입니다. 그처럼 영적으로 성장하는 것은 영적으로 떨어지고 타락하는 것보다 훨씬 더 어렵습니다. 그것은 가만히 있어도 잡초는 자라지만 좋은 열매를 얻기 위해서는 경작을 위한 많은 노력과 수고가 필요한 것과 같은 것입니다.

대체로 선한 사람은 마음이 여리고 약합니다. 그래서 그러한 이들은 싫어하는 것을 잘 거절하지 못하며 정은 많지만 사람을 강력하게 사로잡지 못합니다. 자기가 싫어도 상대방이 좋아하면 그냥 따르게 됩니다. 이러한 이들은 다른 이들에게 영향을 주는 것보다 끌려가기가 쉽습니다.
반대로 강퍅한 사람은 지배적인 성향이 강합니다. 그래서 항상 상대방에게 무엇인가를 강요하고 자기가 원하는 쪽으로 이끌어가려고 합니다.

그렇기 때문에 선한 사람과 악한 사람이 서로 친밀하게 지낼 때 그 두 사람은 같이 악한 방향으로 나아갈 가능성이 훨씬 더 많습니다. 또한 믿는 사람과 믿지 않는 사람이 친밀하게 지낼 때 그들은 믿음 쪽으로 같이 나아가는 것보다 불신 쪽으로 나아갈 가능성이 훨씬 더 많은 것입니다.

그러므로 그리스도인들은 사람과의 친밀한 교제에 대해서 조심을 해야 합니다. 애정을 주는 것이나 받아들이는 것에 대해서 조심을 해야 합니다. 그것은 그 사람이 가지고 있는 영적인 성향과 에너지가 당신의 안에 들어올 수 있는 통로가 되기 때문입니다.

오래 전에 처녀인 자매들이 직장에서 유부남인 남성과 가까운 사이가 되려고 하는 것을 알게 되었습니다. 나는 놀라서 경고했고 결국 다행하게 그러한 관계들은 깨지게 되었는데 한 자매가 이렇게 말하는 것이었습니다. 좋지 않다는 것은 알고 있었는데 막상 그 분위기에 들어가게 되면 영향을 받게 되고 상대방이 친절하게 대해주면 마음이 감정적으로 끌리게 된다는 것입니다.

그것은 정말 어처구니없는 일입니다. 한 애정이 시작될 때 그 애정이 바르지 않은 애정이라면 거기에서부터 많은 재앙이 온다는 것을 분명히 알아야 하는 것입니다. 그러므로 그러한 감성이 시작된다면 그것은 분명하게 거절해야 합니다. 특히 젊은 자매들은 정서적으로 민감하며 친절하고 자상한 이들에게 쉽게 끌리는 경향이 있기 때문에 많은 조심이 필요합니다. 함부로 애정이 시작될 때 그것은 곧 재난의 시작이 될 수 있습니다. 나는 그리스도인들이 마음을 깊이 나눌 그리스도인 친구가 없으며 오히려 거듭나지 않는 불신자들과 친밀하고 깊은 관계를 가지고 있는 것을 많이 보았습니다. 그것은 정말 어리석은 일입니다. 그것은 자신의 배우자보다 더 친한 이성 친구를 가지고 있는 것과 같이 어리석은 것입니다. 삼손은 들릴라에게 사랑을 느끼게 되었습니다. 그는 그녀에게 깊이 빠져 버렸습니다. 들릴라는 삼손을 사랑하지 않았지만 삼손은 그녀를 깊이 사랑했습니다.

그 결과는 잘 알고 있을 것입니다. 그 결과는 삼손의 멸망이었습니다. 들릴라는 마귀에게 속한 여성입니다. 그녀는 삼손을 파괴하기 위해서 준비된 여성이었습니다. 하지만 삼손은 그녀가 가지고 있는 악령들을 깨뜨릴 수 없었습니다.

그것은 그가 그녀를 사랑했기 때문입니다. 악한 영에 사로잡힌 자를 사랑하는 이들은 상대방의 밥이 되며 그 사람을 제압할 수 없습니다. 그러므로 삼손은 그녀 안에서 역사하는 마귀를 제압할 수 없었습니다. 그는 그녀를 이길 수 없었습니다.

만약 반대로 그녀가 삼손을 사랑했지만 삼손은 그녀를 사랑하지 않았다면 어떻게 되었을까요? 아마 삼손은 죽지 않았을 것입니다.

오늘날 많은 그리스도인들이 비그리스도인들을 사랑합니다. 그것은 어리석은 일입니다. 그것은 비극적인 결속입니다.

만약 그 반대로 비그리스도인이 그리스도인을 사랑한다면 그리스도인이 주도권을 가질 수 있습니다.

그에게 나를 사랑한다면 내 말을 들으라고 할 수 있습니다. 나를 사랑한다면 복음을 받아들이라고 할 것입니다. 그래서 받아들이면 사랑을 고려할 수 있으며 받지 않으면 관계를 포기하면 됩니다. 불신자와 사랑에 빠지는 것은 좋지 않은 일이지만 그래도 이 관계는 적어도 신자가 주도권을 가질 수는 있습니다.

그러나 이러한 입장이 반대가 된다면 그것은 곤란한 일입니다.
믿는 자가 믿지 않는 자에게 제발 나를 떠나지 말아달라고 애원할 것입니다. 그러한 사람은 상대를 인도할 수 없으며 끌려가게 됩니다.
그러한 이들은 하나님께 애걸복걸하고 기도하며 상대방이 믿음을 가지게 해달라고 기도합니다.
하지만 그러한 기도는 어리석은 욕망의 기도에 불과합니다. 그의 관심은 하나님이 아니며 상대방입니다. 그는 주님을 믿는 것이 아니라 자신이 사랑하는 애인을 믿는 것입니다. 그 경우에 주님은 애인을 얻기 위한 해결사에 지나지 않는 것입니다. 그러한 간구는 기도가 아닙니다. 그것은 일종의 도박이며 거래입니다.

그리스도인 자매들이 육체의 본능과 성향을 따라 감정적인 끌림에 의하여 거듭나지 않고 헌신되지 않는 이들을 사랑할 때 그것은 재앙의 시작입니다. 감정은 얼마 가지 않아 식으며 그러한 이들은 평생을 후회하면서 죄책감과 절망 속에서 살게 됩니다. 상대방이 그녀를 사랑한다고 해도 그들의 애정은 오래 가는 것이 아닙니다.
그것은 그리스도인 형제의 경우도 마찬가지입니다. 믿지 않는 자매의 매력에 빠져 그녀를 사랑하며 그 마음을 빼앗기는 형제는 이미 그 영혼을 잃어가고 있는 것입니다. 그 결과는 결코 아름다울 수 없습니다.

그리스도인들은 연애뿐만 아니라 친구 관계에 있어서도 주님께 속하고 헌신된 이들과 친밀한 관계를 가져야 합니다. 그것은 은총의 통로가 될 수 있습니다. 어려울 때 그들은 주님을 나누고 같이 중보하며 기도할 수 있습니다.
그러나 믿지 않는 자와 친밀한 관계를 가지게 된다면 그는 점차로 주님을 잃어버리게 될 것입니다. 그 친밀함의 관계는 지옥의 영들이 그에게 들어올 수 있는 중요한 통로가 될 것입니다.

믿지 않는 그 친구가 아주 좋은 사람일수도 있습니다. 매력적인 사람일 수도 있습니다. 선한 사람일수도 있습니다. 재미있는 사람일수도 있습니다. 당신에게 활력을 주는 사람일수도 있습니다.

그러나 기억하십시오. 그 친밀한 관계는 당신의 영혼을 마비시킬 것입니다. 알지 못하는 사이에 서서히 당신의 영혼은 어두워지게 될 것입니다. 언제인지 모르게 당신은 기도하기가 싫어지고 찬양하기가 싫어지며 꼭 믿음만이 중요한가 하는 생각이 들게 될 것입니다.

불신자와 어느 정도 관계를 가질 수는 있지만 부디 당신의 마음을 그들에게 깊이 노출시키지 마십시오. 삼손이 한 것처럼 당신의 깊은 마음을 그들에게 토로하지 마십시오. 비밀을 토로하는 순간 당신은 삼손처럼 잡히게 됩니다.

믿는 사람이 신앙의 고민을 불신자에게 토하는 경우도 있습니다. 그처럼 어리석은 일도 없을 것입니다.

그들에게 당신 마음의 깊은 곳을 보여주지 마십시오. 그것은 마귀에게 당신의 깊은 곳에 들어오도록 틈을 주고 맡기는 것과 같습니다.
아무리 가까운 가족이라고 해도 그가 주님께 속한 사람이 아니라면 당신의 마음을 깊이 개방하지 마십시오. 사탄은 얼마든지 혈연관계를 이용할 수 있습니다. 문이 열리면 그들은 들어오며 역사하기 시작합니다. 혈연이나 사람의 뜻이 아닌 하나님의 뜻으로 난 사람, 주님의 뜻을 사모하며 주님을 깊이 사랑하는 그러한 이들과 깊은 관계를 가지고 있어야 합니다.

부디 친밀한 관계를 조심하십시오.

마귀에게 틈을 주지 마십시오.

당신과 가장 친밀한 사람이 깊이 기도하는 사람이며 주님께 헌신된 사람이 되도록 하십시오.

그것은 당신에게 귀한 은총이 될 것입니다.

불신자와의 친밀한 관계 - 그것은 마귀의 통로가 됩니다.

부디 이 사실을 기억하고 잊지 마십시오.

그리할 때 당신의 영혼은 안전할 것입니다.

할렐루야.

11. 악한 영의 영역에 가지 마십시오.

그리스도인들은 자유로운 사람들입니다. 주안에 거하는 이들은 저주와 재앙에서 벗어나 자유와 풍성함을 누릴 수 있습니다.
그렇다면 그리스도인들은 자유롭기 때문에 어디에나 마음대로 갈 수 있을까요? 그렇지는 않습니다. 그리스도인의 자유는 영적인 자유이며 죄에서의 자유입니다. 그러므로 그리스도인들은 아무데나 함부로 가서는 안 됩니다.

모든 장소는 고유한 영적 에너지를 가지고 있습니다. 그 장소의 특성에 맞는 영적인 분위기를 가지고 있습니다. 모든 장소의 배후에 그 공간을 영적으로 지배하고 있는 주인이 있는 것입니다.
간단하게 표현해서 모든 공간은 영적으로 빛에 속한 공간이 있고 어두움에 속한 공간이 있습니다. 둘이 섞여 있는 공간도 있습니다.
빛이라고 하더라도 그 밝기와 세기는 그 장소의 성격에 따라 다릅니다.

어떠한 공간에는 약간의 영적인 빛이 있습니다. 그러나 어떠한 공간은 아주 강력한 빛이 있습니다. 어떤 기도원이나 교회는 그 곳에 가서 조용히 앉아 있기만 해도 몸과 마음에 기름부음이 넘치고 주님의 임재를 느낄 수 있습니다. 그것은 그 공간에 빛이 많이 있기 때문입니다.
강렬하게 찬양을 드리고 주님을 높이며 표현하는 장소, 주님을 사모하는 순결한 영혼이 많이 있는 공간에는 강력한 빛의 파동이 생깁니다. 그런 곳에는 어두움의 세력들, 마귀들이 잘 오지 못합니다. 그래서 그러한 공간에서 있으면 은혜를 많이 받고 영적 에너지를 얻게 되지만 그 곳을 벗어나게 되면 영적인 에너지와 힘이 시간의 흐름에 따라 서서히 줄어드는 것을 느끼게 되는 것입니다.

어떠한 공간에는 약간의 어두움이 있습니다. 그리고 어떠한 공간은 아주 어두움으로 가득합니다. 사악함으로 가득합니다. 그러한 공간에서는 영혼이 많은 고통을 겪게 됩니다.

"이 의인이 저희 중에 거하여 날마다 저 불법한 행실을 보고 들음으로 그 의로운 심령을 상하니라" (벧후 2:8)

여기서 '이 의인'은 롯을 말합니다. 그가 소돔과 고모라에 거하면서 겪는 영적인 고통을 말하고 있는 것입니다. 소돔과 고모라에서는 날마다 악하고 음란한 죄들이 많이 행해졌기 때문에 그 공간에는 수많은 악령들이 있었으며 그 곳의 영적 대기는 더럽고 악했습니다. 그러므로 그러한 영기는 롯에게 심한 고통이 되었던 것입니다.

이떠한 공간에서 죄와 악이 행해질 때 그 공간은 어두움의 영들로 가득차게 됩니다. 죄와 더러운 행위는 귀신들을 불러들이기 때문입니다. 죄와 악행의 수준과 정도에 따라 그 공간에 있는 사악한 영의 정도도 달라집니다. 그러한 악한 공간, 악한 영들이 머무르고 있는 공간에 그리스도인들이 만약 가게 된다면, 그는 보호받을 수 있을까요? 일반적으로 그는 보호받지 못할 것입니다. 왜냐하면 그곳은 악한 장소이며 악한 영들이 주인으로 있는 곳이기 때문입니다. 그는 그 장소에 대해 아무런 권리가 없습니다.

어떤 사람이 불이 타고 있는 화재의 현장 속으로 들어갔다고 합시다. 그는 타오르는 불길로부터 보호받을 수 있을까요?
보호받을 수 없습니다. 그가 남성이든, 여성이든, 선한 사람이든, 악한 사람이든 간에 상관없이 그는 불로부터 해를 입게 될 것입니다.
만약 해를 입고 싶지 않으면 방화복을 입고 그 안에 들어가야 할 것입니다. 그러나 왜 멀쩡한 사람이 이유 없이 불길 속으로 들어가야 합니까? 그것은 어리석은 일입니다.

만약 어쩔 수 없이 그가 불 속으로 들어가야 한다면 그는 방화복을 입고 가야 할 것입니다. 만약 어쩔 수 없이, 또한 특별한 이유가 있어서 그리스도인들이 악한 영이 거하고 있는 장소에 가야한다면 그는 주님의 보호를 구하며 영적인 갑옷을 입어야 할 것입니다. 하지만 특별한 일이 아닌 한 가능하면 그러한 곳에는 가지 않는 것이 좋을 것입니다. 가면 누구나 불에 데기 때문입니다.

주님은 이스라엘 백성에게 애굽 땅을 주신 적이 없었습니다. 거기에서는 한 평의 땅도 주시지 않았습니다.
그들에게는 오직 가나안 땅을 주신 것입니다. 그런데 왜 거기에 들어갑니까? 잠시 흉년이 와서 피해있을 수는 있겠지만 흉년이 끝났으면 다시 돌아가야지 왜 거기가 살기 좋다고 머뭇거리고 있습니까? 그렇게 있지 않을 곳에 있었기 때문에 이스라엘 백성이 애굽에서 오랫동안 노예 생활을 하게 된 것입니다. 영적인 노예 생활이 싫다면 우리는 우리에게 속하지 않은 악한 공간에 가서는 안 됩니다.
주님은 그들을 불쌍히 여기셔서 그들을 구출하기 위하여 모세를 보내셨고 기적을 행하셔서 애굽 땅을 초토화시키셨습니다. 그리하여 애굽 땅은 거덜이 나게 되었고 끝까지 그들을 죽이려고 추적하던 바로와 바로의 군사들은 홍해바다에 다 수장이 되고 말았습니다.
그런데 여기서 의문이 생깁니다. 왜 그들은 다시 돌아가서 애굽 땅을 접수하지 않았을까요? 애굽은 왕도 죽고 군사도 다 죽었습니다. 애굽 백성들은 기가 죽어 있었습니다. 이스라엘 백성은 마음만 먹었으면 바로 애굽을 정복할 수 있었을 것입니다.

그런데 왜 이 간단한 길을 버리고 불확실성의 광야를 통과하고 가나안 일곱 부족과의 치열한 싸움이 기다리고 있는 여정을 떠난 것일까요?
그것은 하나님께서 애굽 땅을 그들에게 주시지 않았기 때문입니다. 주님은 애굽의 단 한 평의 땅도 그들에게 주시지 않았습니다. 그들에게 약속하신 땅은 가나안 땅이었던 것입니다.
아무리 바로 코앞에 있고 먹을 만한 음식이라고 하여도 주님이 허락하시지 않은 음식을 우리는 먹을 수 없습니다. 우리는 그것을 취할 수 없습니다. 그러한 곳에 우리는 갈 수 없는 것입니다.

가지 않아야 될 곳에 가게 되면 우리의 영혼은 악령들에게 눌리게 됩니다. 우리가 가서 그들을 대적하면 그들은 비웃을 것입니다. '왜 나를 대적하지? 이 곳은 내 집이야.' 할 것입니다.
삼손이 들릴라에게 속아서 잡힐 때 그는 들릴라의 무릎을 베고 잠이 들어 있었습니다. 그러면 그가 잡힌 장소는 어디였을까요? 아마 들릴라의 집이었을 것입니다.
그곳은 삼손이 갈 곳이 아니었습니다. 마귀가 차지하고 있는 공간이었습니다. 거기에 왜 갑니까? 혹시 갈 일이 있었다면 거기에 갔다고 하더라도 정신을 차리고 눈을 부릅뜨고 있어야 했습니다. 그런데 몇 번씩이나 거기에 가서 긴장을 풀고 잠을 잤습니다. 그것은 나를 잡아 죽이라는 것과 똑같은 것입니다. 악한 장소에 가서 정신을 잃고 있으면 당연히 그 사람은 영혼을 잃어버리게 됩니다.

그리스도인들은 결코 악한 장소에 가서는 안 됩니다. 나는 믿음이 좋고 영력이 강하니 어디에 가도 상관이 없다고 생각해서는 안됩니다. 그것은 어리석은 믿음입니다.
결코 악한 장소에 가지 마십시오.
당신의 영혼을 지키고 마귀의 침입을 방지하기 원한다면 절대로 악한 공간에 가지 마십시오.
술집에 가지 마십시오. 밤에 춤추는 곳에 가지 마십시오. 거기에는 마귀 밖에 없습니다.
쾌락의 장소에 가지 마십시오.
도박하는 곳에 가지 마십시오.
게임하는 곳에 가지 마십시오.
노래방과 같은 곳에 가지 마십시오.
그런 곳에는 세상의 영들, 악령들이 진을 치고 있습니다.
노래를 하고 싶으면 교회에 가서 성도들과 함께 주를 찬양하는 노래를 부르십시오.

당신이 영적인 법칙을 어겨서 고통을 겪은 후에 주님이 보호해주시지 않는다고 불평해서는 안 됩니다. 주님이 항상 우리를 떠나지 않으신다는 말씀을 술집에서 적용하려고 해서는 안 됩니다.
악한 영들이 있는 곳에 함부로 가면서 그것이 믿음이 있고 담대한 것이라고 생각하지 마십시오. 그것은 무지한 것입니다.

부디 당신의 영역을 지키십시오. 당신의 영역에서 마귀를 쫓아내십시오. 그리고 마귀가 지배하는 영역에 들어가지 마십시오.

하나님은 천국을 만드셨지만 지옥도 만드셨습니다. 그리고 지옥을 없애지 않으셨습니다.

당신의 영역이 천국 가운데 있게 하십시오. 지옥의 기운이 당신이 있는 곳에 들어오지 못하게 하십시오. 하지만 지옥을 부수기 위해서 그 안으로 들어가려고 하지 마십시오. 그것은 당신이 할 일이 아닙니다.

아름다운 영역 가운데 거하며 악한 영역을 침범하지 마십시오. 오직 주님이 당신에게 맡기고 허락한 공간을 아름답고 풍성하게 지키십시오. 그렇게 할 때 당신의 영혼도 아름답고 신선하게 유지될 수 있을 것입니다. 할렐루야.

12. 위험한 영적 영역에 갈 때 조심하십시오

악한 영의 영역이라고 할 수는 없지만 영적으로 위험한 영역이 있습니다. 그것은 병원이나 장례식장과 같은 곳입니다.

그러한 곳에는 악한 영들이 많이 돌아다니며 활동하고 있습니다. 아픈 사람들의 안에 악한 영이 있기도 하고 그들이 말을 할 때 입에서 어두운 기운이 흘러나오기도 합니다. 또한 환자의 안에 질병의 영과 혼란스러운 영들이 있으면 비슷한 영들을 끌어당기게 되기 때문에 어두운 영들이 찾아오게 됩니다. 그러한 기운이 건물 안에, 방안에, 복도에 있기 때문에 영적으로 예민한 사람들은 그러한 곳에 있으면 좋지 않은 영향을 받을 수 있습니다. 또한 몸이 아주 피곤한 상태에 있을 때도 영적으로 예민해지기 때문에 좋지 않은 영적 기운이 들어올 수 있습니다.

장례식장에는 여러 악한 영들이 옵니다. 또한 절망과 극도의 비탄에 빠진 유족들이 통곡을 하고 절제되지 않은 감정을 분출할 때 악한 영들이 들어가서 그들을 사로잡을 수 있습니다. 보통 장례식에서 한 사람 정도는 아주 미친 듯이 울고 격렬한 감정을 표현하는 이들이 있는데 대체로 그러한 이들은 그 순간에 어떠한 영이 들어간 상태라고 할 수 있습니다. 그러한 상태가 조금 후에 회복되는 것이 보통이지만 기질적으로 내성적이고 예민한 사람들은 그 때 들어온 영이 자리를 잡고 오랫동안 그 사람을 괴롭힐 수도 있습니다.

상식적으로 병원이나 장례식에는 어린 아이들은 데리고 가지 않습니다.

그것은 그들이 영적으로 약하여 영적 방어력이 없기 때문에 악한 기운이 들어올 수 있기 때문입니다.

하지만 위험한 것은 어린 아이뿐이 아닙니다. 성인들도 위험하며 정서적으로 민감한 사람들은 특히 위험합니다. 그들은 그러한 곳에 갈 때 영적으로 보호막을 쳐야 합니다. 영적인 갑옷을 입어야 합니다. 주님께 자신의 영을 보호해주실 것을 기도하여야 합니다.

영적으로 예민한 사람들이나 또한 컨디션이 별로 좋지 않은 상태의 사람이 장례식 장에 가게 된다면 가기 전에 이런 식으로 선포하는 기도를 분명히 입으로 표현하고 드리는 것이 좋습니다.

"나는 지금 장례식 장에 간다. 거기에 있는 악한 영아. 너는 나에게 영향을 줄 수 없다! 나는 주님께 속한 사람이다! 주님의 보혈이 나를 덮고 있다!"

그리고 나서 주님께서 보혈로 나를 덮으시고 보호하시기를 구하는 기도를 합니다. 그렇게 입으로 선포하고 기도한 후에 마음으로 주님의 피가 내 온 몸 위에 떨어지며 전신을 덮는 것을 상상하는 것도 좋습니다. 그러한 기도와 선포에는 실질적인 능력이 역사하며 악한 영들은 우리를 괴롭힐 수 없습니다.

우리는 주안에서 강건합니다. 하지만 우리가 깨어있지 않고 멍한 상태에 있다면 우리는 잠시 악한 영들에게 당할 수가 있습니다.

나의 아내가 잠시 방심하고 있다가 그러한 영에게 공격을 받고 몹시 고통을 겪은 적이 있었습니다.

그 당시 나는 목회를 하고 있었기 때문에 병원에 수도 없이 많이 다니곤 하였습니다. 그러나 대부분 방어를 하고 있었기 때문에 특별한 일은 없었습니다. 한번은 친지의 입원으로 인하여 한동안 병원에 있었을 때인데 어느 날은 조금 방심한 상태로 있었습니다. 그 때 아내는 갑자기 머리가 깨지는 것 같이 아프게 되었습니다. 그리고 속이 메슥거리고 구토가 나기 시작했습니다. 그녀는 숨도 못 쉬고 헉헉거리고 있었습니다.
마침 나는 그녀의 옆에 있었습니다. 나는 그것이 악한 영들의 침입인 것을 바로 알았습니다.

그리하여 그 영을 대적하여 쫓아내었습니다. 악한 영을 대적하면서 그녀의 눈을 크게 부릅뜨게 하고 입으로 숨을 토하게 하며 등을 두드려 주었습니다. 아내는 잠시 고통을 겪기는 했지만 곧 회복되었습니다. 들어온 영이 나가게 되면 심하게 아프던 것이 갑자기 거짓말처럼 멀쩡해지게 됩니다.
사람들은 그러한 경우에 잘 모르고 누워서 쉬거나 약을 먹거나 합니다. 그렇게 하면 악한 영들은 그 사람의 안에 깊이 들어가 집을 짓게 됩니다. 잠시 후면 고통은 사라지지만 악한 영은 그 사람의 안에서 자리를 잡게 되는 것입니다. 그러므로 들어온 그 영이 질병의 영이면 그 질병에 걸리게 되고 공포의 영이나 어떤 다른 종류의 영이면 그러한 특성이 나타나게 되는 것입니다.

나는 아버지의 장례식에 갔다가 정신이 이상해져버린 어느 자매를 본 적이 있습니다. 청년 시절에 어느 기도원에서 기도를 하다가 한 집사님을 알게 되어 그녀의 요청으로 그 집에 딸을 보러 갔던 것입니다.
그녀는 20대 중반의 나이였습니다. 그녀는 아버지의 장례식을 치르기 전까지는 아무 이상이 없는 평범한 여성이었습니다.
그런데 아버지의 장례식을 치르고 난 후에는 완전히 사람이 바뀌어져버렸습니다. 자기 방에 틀어박혀서 일체의 외출을 하지 않고 식사도 거의 하지 않았습니다. 갑자기 사람이 이상해져서 항상 아버지의 입장에서 말하는 것이었습니다. 집안에 있는 옷도 다 아버지의 것이라고 하고 왜 아버지를 박대하느냐고 하고 하여튼 계속 아버지에 대한 이야기를 한다는 것입니다.

얼마의 시간이 지난 후에는 비교적 평소에는 정상적인 말과 행동을 하게 되었는데 이상하게도 기도를 하거나 예배를 드리려고 하면 발작을 하고 그것을 방해하려고 심지어 옷을 벗기도 하고 그런 증상을 보였습니다.

그녀의 어머니는 그녀가 아버지 귀신이 들렸다고 했습니다. 하는 짓이지 아버지와 똑같다는 것입니다.
정말 그 아버지의 영이 그녀에게 들어온 것일까요?
나는 아마 악한 영들이 아버지를 빙자해서 속이고 들어온 것이 아닐까 생각합니다. 악한 영들은 거짓말쟁이이며 그들의 말을 믿을 수는 없습니다. 아무튼 그것이 사실이든 아니든 나는 그녀를 별로 도와줄 수 없었습니다. 그 때는 영적인 지식도 부족하고 무엇을 어떡해야 하는지 알 수 없었습니다.

하지만 그녀는 나중에 도움을 얻게 되었습니다.
그녀의 어머니는 여기저기에 기도를 받고 도움도 요청하고 그랬었는데 어떤 기도를 많이 하는 분을 찾아간 적이 있었습니다.
그 분이 말하기를 딸이 귀신들렸지만 쇠사슬에 매인 것 때문에 귀신이 나갈 수 없다고 했습니다. 그러면서 쇠사슬을 풀 수 있는 열쇠는 어머니가 가지고 있다고 했습니다.
놀란 어머니가 그게 무엇이냐고 묻자 그녀는 대답했습니다. 당신이 많은 사람들과 원한을 맺고 있기 때문에 귀신이 그녀에게 붙어 있다는 것입니다. 그러므로 어머니가 사람들과 가지고 있는 장벽을 허물면 그녀의 딸은 해방될 수 있다는 것입니다.

그래서 어머니가 그러면 어떻게 해야 하느냐고 묻자 그녀는 말하기를 원수를 맺고 있는 모든 이들을 찾아가서 용서를 빌고 화해하라고 했습니다. 그래서 집에 돌아온 어머니는 그 분의 조언대로 실천하기 시작했습니다. 이 어머니는 성격이 몹시 강한 분이었습니다.

집 근처에 가까이 있으면서 같은 교회에 다니면서도 3년 동안 말 한 마디 하지 않은 분이 있었습니다. 상대방은 화해를 원했는데 이 어머니가 하지 않은 것입니다. 그 분을 찾아가서 잘못했다고 이제 같이 잘 지내자고 말했습니다. 그러자 상대방은 손을 잡고 이렇게 하니 얼마나 좋으냐고 하면서 울었습니다.

그런데 어머니가 집에 오니 놀라운 일이 벌어졌습니다. 그 때까지 집에만 틀어박혀서 전혀 외출을 할 엄두를 내지 않던 딸이 처음으로 바깥 나들이를 하는 것이었습니다. 딸은 심지어 한 주일 내내 먹지도 않고 방안에 혼자 있을 때도 있었습니다. 그런데 그녀는 많이 좋아진 모습으로 바깥으로 나왔던 것입니다. 어머니는 그것만으로도 감격하여 울었습니다. 나는 그 어머니를 기도원에서 다시 만났는데 그녀는 그 이야기를 하면서 딸이 많이 좋아졌다고 했습니다. 그러면서 이제 부산에 가야한다는 것입니다. 10년 동안 원수처럼 지낸 사람이 있는데 이제 풀러가야겠다는 것이었습니다.

나는 그녀의 이야기를 듣고 당시에 참으로 많이 놀랐을 뿐 아니라 많은 새로운 것을 배우고 깨닫게 된 것을 기억합니다. 어머니의 인간관계가 딸의 영적 상태에도 중요한 영향을 끼친다는 것을 알게 되었고 미움과 원한, 용서하지 않는 마음은 귀신에게 힘을 준다는 것도 알게 되었습니다. 사람이 누군가를 미워할 때 그 피해는 상대방에게 가는 것이 아니라 자신과 자신의 가족, 자신이 사랑하는 사람들에게 간다는 것도 알게 되었습니다.

딸을 위해서 수도 없이 많이 기도하였고 귀신을 쫓았지만 나가지 않고 약해지지도 않던 귀신이 어머니의 마음에 회개와 용서가 이루어지기 시작하자 약해져서 나가려고 하는 것이었습니다. 그것은 아주 놀라운 일이었습니다.

그 후에는 더 이상 그들을 만나지 못해서 나중의 상황에 대해서 듣지 못하였지만 아마 좋은 결과가 있었을 것이라고 생각합니다.

아무튼 그러한 딸의 문제가 처음에 장례식에서 시작되었다는 것은 중요한 일입니다. 아버지의 영이 왔던 뭐가 왔던 간에 하여간 나쁜 기운은 장례식에서 왔던 것입니다. 그 어머니가 조금만 그것을 주의하고 자신과 딸을 보호하고 방어하는 기도를 드렸다면 그러한 일은 없었을 것입니다.

이와 같이 많은 고통들이 영적인 무지에서 오는 것을 알아야 합니다.

그러므로 우리는 영적으로 위험한 영역에 가게 될 때 조심하여야 합니다. 악한 영역에는 가지 않으면 되지만 병원이나 중환자실, 사고의 현장.. 그와 같은 영역은 위험하지만 가지 않을 수 없습니다. 그러므로 그러한 때에는 자신의 영을 보호하고 주의 보혈로 덮는 준비가 필요한 것입니다.

부디 이 험한 세상에서 당신의 영이 눌리지 않고 신선하게 유지되도록 주의하고 보호하십시오. 깨어있는 자들은 결코 마귀로부터 시달리고 공격당하지 않게 될 것입니다. 우리 안에 있는 분이 그들보다 크시며 그리고 이미 승리하셨기 때문입니다.

13. 심각한 영적 상태에 있는 사람을 접할 때 주의하십시오

악한 영들이 장악하고 있는 장소든, 영적인 위험 지역이든, 중요한 사실은 그러한 악하고 나쁜 기운은 사람을 통해서 전달된다는 것입니다. 술집이든 도박을 하는 곳이든 중환자실이든 중요한 것은 그러한 곳에 는 어둡고 눌리고 좋지 않은 영을 가지고 있는 사람이 있기 때문에 조심하고 자신을 보호해야 하는 것입니다. 그러한 사람들의 주위에는 비슷한 영들이 따라다니기 마련입니다.

그러므로 사람을 만나는 것은 항상 조심을 해야 하는 일입니다. 혈기가 많은 이들은 항상 주위에 악하고 분노하는 영들이 따라다니며 음란한 이들은 항상 주위에 음란하고 더러운 영들이 따라다닙니다. 그러한 영들은 그 사람의 안에도 있고 밖에도 있습니다. 그들은 그 사람과 접하는 다른 이들에게도 비슷한 영향을 주게 됩니다.

영적 감각이 마비되고 혼탁한 사람들은 이런 사람들과 같이 있어도 그들이 가지고 있는 악하고 어두운 기운을 잘 느끼지 못합니다. 그들은 어떤 기운이 들어오고 나가는 지에 대해서 거의 알지 못합니다.

그러나 영이 맑고 순수한 이들은 그러한 사람들을 접할 때 몸과 마음이 아주 힘들어지게 됩니다. 그들은 고통을 느끼게 되며 불안해지며 마음의 평정을 잃게 됩니다. 그것은 그가 다른 사람들에게 붙어있거나 역사하고 있는 악한 영들을 느끼기 때문입니다.
그러므로 사람을 만나는 것은 항상 조심하여야 할 일입니다. 특히 악하고 좋지 않은 영을 가지고 있는 사람들을 접할 때는 더욱 그렇습니다.
마음이 극도로 우울한 사람, 침체된 사람, 외로운 사람.. 그러한 이들은 항상 다른 이들의 도움을 요청합니다. 다른 이들에게 기대기를 원하며 다른 이들의 에너지를 취하려고 합니다.
이러한 사람들에게 아무 조심 없이 준비 없이 가까이 가는 것은 결코 안전하지 않습니다. 그러므로 자신이 준비되지 않았을 때에는 그들과 접촉하지 말아야 하며 그들의 요청을 거절할 수 있어야 합니다.

이러한 경우에 도움을 요청하는 이들은 쉽게 분노하고 원망을 하기도 합니다. 그들은 자신이 혼자 서려고 하지 않으며 다른 이들이 도와주어야 한다고 생각하기 때문입니다.
하지만 우리 자신이 그들에게 주님의 역할을 해줄 수는 없습니다. 그들 자신이 주님을 바라고 의지하도록 도와야 합니다. 오직 주님만이 사람을 채우시며 우리는 주님의 허락과 인도하심을 받을 때에 그 분량만큼 그들을 도울 수 있는 것입니다.

영적 세계를 잘 모르고 무조건 사람을 자기의 영력을 넘어서 도우려고 하는 이들도 있습니다. 그러한 이들은 언젠가는 탈진하고 넘어지게 됩니다. 그들은 깊은 침체에 빠지게 됩니다. 그것은 영적인 힘의 문제입니다.
도움을 준다는 것은 우리의 마음대로 소원대로 가능한 것이 아닙니다.
우울한 사람의 옆에 있으면 우울해지게 됩니다.
낙심한 사람의 옆에 있으면 같이 낙담이 옵니다.
분노하고 있는 사람의 옆에 있으면 마음이 불안해지고 평안이 사라지게 되어 있습니다.

문제는 그의 영력입니다. 그가 그러한 우울하고 낙심하고 좌절한 이들을 돕고 그 배후에 있는 영들을 제압하고 이길 수 있느냐의 문제입니다. 이길 수 있다면 상관이 없습니다. 그러나 이길 수 없다면 그는 피해를 입게 되며 같이 영이 눌리게 됩니다.

중요한 하나의 영적 원리가 있는데 그것은 자기를 꼭 도와야 한다고 강요하며 그렇게 해주지 않으면 원망하고 분노하는 사람들에 대해서는 도와주는 것이 좋지 않다는 것입니다. 그들은 한번 도와주면 그들을 계속 의지하며 끝없이 자신들을 돌보아 줄 것을 요구할 것입니다. 그러한 경우 그것은 그 사람을 돕는 것이 아니라 그 사람의 종이 되는 것입니다.

이 경우에 돕는 자는 언젠가는 탈진하고 좌절하여 결국 포기하고 그러한 사람을 떠나게 되는데 그렇게 되면 상대방은 자기를 떠난 사람에 대해서 극도의 분노와 증오를 가지는 것이 보통입니다. 여태까지 도와준 것에 대해서 감사하는 것이 아니라 자신을 버린 것에 대해서 분노를 품게 되는 것입니다.

물론 그러한 마음은 악령이 주는 것인데 이러한 사람들은 악한 영에 사로잡혀서 살고 있기 때문에 그러한 사실을 전혀 알지 못합니다.
결국 오래 동안 고생하고 도와주어도 원한만을 사게 되는 것입니다. 그러므로 강하게 요구하는 자세로 도움을 요청하는 이들에게는 결코 가까이 가서는 안 됩니다. 감사한 줄을 모르는 이들을 돕는 것은 악령을 키워주는 것과 같은 것입니다. 이처럼 영적인 원리를 모르고 순진한 마음으로 사람을 돕는 것은 유익이 없으며 오히려 많은 문제를 일으키게 됩니다.

마음이 온순하며 선한 사람들을 도와야 합니다. 마음은 선하지만 약한 이들을 도와야 합니다. 이들은 자신이 죽어갈 때도 남들을 원망하지 않습니다. 모든 것이 자기 책임이라고 합니다. 그러한 사람들은 선한 사람들이며 도와주는 것이 좋습니다.

그러나 남에게 요구하고 원망하는 이들은 그대로 마귀에게 잡혀 있도록 내버려두는 것이 좋습니다. 그것은 그들의 의지가 마귀를 대적하지 않기 때문입니다. 그들은 자신의 문제에 대해서 반성하고 자기중심적인 데에서 벗어날 때에 비로소 마귀로부터 벗어날 수 있기 때문입니다. 그전까지는 아무도 그러한 이들을 도울 수 없습니다.

영적으로 무지하면서 휴머니즘적인 열정으로 다른 이들을 도우려고 애를 쓰는 이들이 있습니다. 이들은 나중에 탈진하고 무기력해지게 됩니다. 중한 병을 앓게 될 수도 있습니다. 사람을 돕는 것은 곧 영적인 전쟁을 하는 것이며 그러한 전쟁에서의 승리는 영적 권능을 통해서 가능한 일이기 때문입니다.

어떤 이가 도움을 요청할 때 마음에 겁이 나고 불안해진다면 그 사람은 상대방을 도울 수 없습니다. 그것은 상대방의 안에 있는 악한 영들에게 이미 진 것이기 때문입니다. 그는 자신의 영력으로는 상대방의 영을 다루고 도울 수 없습니다. 그는 좀 더 영권을 받아야 합니다.

부르짖는 기도와 방언 기도를 훈련하고 눈을 강화시키고 입의 발성을 강화시키며 보혈의 능력을 좀 더 경험해야 합니다.

그러한 사람에게 꼭 가야 한다면 그는 다른 사람과 같이 가는 것이 좋습니다. 영적 전쟁은 무리하게 해서는 안 되며 자연스럽고 지혜롭게 해야 합니다.

상대방이 도움을 요청할 때 그의 문제를 다룰 수 있는 사람은 자신감이 있고 담대한 상태에 있어야 합니다. 상대방의 이야기를 들어도 아무런 걱정이나 두려움이 생기지 않아야 합니다. 그렇다면 그는 도움을 줄 수 있으며 상대가 가지고 있는 악한 영의 기운을 제압할 수 있습니다.

가까운 사람이나 친지가 중한 병에 걸려서 이들을 돌보거나 간호해야 할 상황이 있을 수 있습니다.
이것은 쉽지 않은 상황입니다. 하지만 친지나 가족이 어려움을 겪고 있을 때 그것을 외면할 수는 없을 것입니다. 다만 여기에는 영적 전쟁이 있음을 인식하고 대처하는 기도가 필요합니다.
두려워할 필요는 없습니다. 그러나 깨어있어야 합니다. 그리하여 자기를 방어하기 위한 기도를 해야 합니다.
질병에도 영적 전이가 있을 수 있습니다. 그것은 불신자들도 마찬가지입니다.
아내가 이런 이야기를 들은 적이 있었습니다.
아내가 아는 어떤 불신자인 부인이 있었습니다. 이것은 그녀의 이야기입니다.
그녀는 시누이가 있었는데 중한 병으로 앓고 있다고 했습니다. 그러면서 그 시누이는 자기 때문에 병에 걸렸다는 것입니다.
아내가 신기해서 어떻게 그럴 수 있느냐고 물어보았습니다.
그러자 그녀는 자기의 이야기를 하였습니다.
사실은 자신이 먼저 중한 병에 걸려 있었다는 것입니다.
그런데 그녀의 시누이가 그녀를 아주 열심히 간호해주었습니다. 둘 다 믿지 않는 사람들이었는데 그들은 아주 친밀하게 지내고 있었습니다. 그녀의 병은 몹시 중하여 생명까지도 위험한 상황이었다고 했습니다.

그런데 그녀는 어느 날 선명한 꿈을 꾸었습니다.
꿈속에서 하얀 옷을 입은 여인이 자기를 데려가려고 온 것입니다. 꿈 속에서도 느낌에 '저 사람들은 죽음의 사자다' 하는 마음이 들었고 너무나 무서웠다고 합니다. 그런데 그 하얀 옷을 입은 여인이 자기를 데려가려고 하는 데 자기의 시누이가 자기 앞에 있으면서 안 된다고 데려가지 말라고 마구 방해를 하더라는 것입니다.
하얀 옷을 입은 여인은 자기를 자꾸 데려가려고 하다가 시누이가 방해를 하자 데려갈 수가 없어서 화가 났습니다. 그러자 자기 대신 시누이를 한 대 '퍽!' 하고 후려쳤다는 것입니다. 그리고 그녀는 꿈에서 깨어났습니다.

그 꿈은 너무나 선명했습니다. 그래서 그녀는 자기 대신 시누이가 나쁘게 된 것은 아닌가 하고 생각했다는 것입니다.
그런데 신기하게도 얼마 후에 자신은 완전하게 회복되어서 일어났고 전혀 질병이 없고 멀쩡하던 시누이는 갑자기 중병에 걸려서 쓰러지고 말았습니다. 꿈의 상황과 똑같이 된 것입니다.
그녀는 너무 미안해서 시누이에게 자기가 꾼 꿈을 이야기하지 못했다고 했습니다. 하지만 시누이가 자신의 생명을 살려주고 대신 고통을 받은 것이라고 생각하고 힘을 다해 간호를 하고 있다는 것이었습니다.

꿈에서 그녀가 본 하얀 옷의 여인은 누구일까요? 죽음의 영일까요?
아무튼 분명한 것은 그는 악한 영이라는 것입니다.
그녀의 경험을 우연이나 잠재의식의 발현이라고 보기는 어려울 것입니다. 그것은 그녀가 꿈에서 잠시 영적 세계를 느끼고 본 것일 것입니다. 그러한 꿈을 꾸거나 삶에서 경험하게 되면 그러한 경험은 너무나 압도적인 것이어서 강렬한 인상을 받게 됩니다.

이러한 영적 전이는 충분히 일어날 수 있습니다. 즉 어떤 사람이 다른 이들을 간호하다가 그 사람의 병이 전달될 수 있는 것입니다. 또는 나쁜 기운의 영향을 받을 수 있는 것입니다.

이러한 것에 대해서 두려워할 필요는 없습니다. 그리스도인들은 주 안에 있는 사람들이며 주님은 우리의 보호자이며 방패가 되십니다.

다만 깨어있지 않고 주의하지 않는 이들은 위험할 수 있습니다.

우리는 고통에 시달리는 모든 사람으로부터 나만 살겠다고 도망칠 수는 없습니다. 그것이야말로 비겁한 삶의 자세입니다.

하지만 우리는 이러한 영의 전이현상과 싸움에 대해서 이해하고 대처하고 깨어있어야 합니다. 그래야만 우리의 몸과 영혼을 안전하게 지키며 전쟁에서 승리할 수 있는 것입니다.

그러므로 심한 질병을 가지고 있는 이들, 극도의 두려움에 잡혀 있는 이들, 심한 분노와 원망 속에 있는 사람들, 극도의 슬픔이나 낙담에 있는 사람들을 접하게 되어야 할 상황이 있다면 당신은 자신의 영혼을 잘 돌보고 보호해야 합니다.

그들을 만나기 전에 눈을 강하게 부릅뜨십시오.

눈을 부릅뜬 상황에서는 악한 영들이 잘 들어올 수 없습니다.

긴장을 하고 계십시오.

긴장을 하고 있을 때는 악한 영들이 침투하지 못합니다. 악한 영들은 항상 방심을 하고 있을 때 공격합니다.

주의 이름으로 마귀를 대적하십시오.

너희는 아무 것도 아니라고 선포하십시오.

주님이 나와 함께 하신다고 선포하십시오.

주의 보혈이 나를 두른다고 선포하십시오.
주님의 빛이 자신을 둘러싸고 있다고 선포하고 그렇게 상상하십시오.
그렇게 충분히 자신을 보호하고 강화시킨 후에 그들을 만나십시오. 그리고 그들을 돕고 함께 하십시오.
깨어있는 한 마귀는 우리를 이길 수 없습니다.
이렇게 충분히 준비하고 대처하고 있을 때 우리는 이 험한 세상에서도 자신의 영혼을 잘 보호할 수 있을 것입니다. 할렐루야.

14. 점, 운세, 마술, 초능력 등에 접촉하지 마십시오

오늘날 그리스도인들도 점쟁이를 찾아가서 점을 치는 일이 있습니다. 그것은 그들의 삶에 재앙과 저주를 끌어들이는 것입니다. 그러한 이들은 진정으로 거듭난 그리스도인이라고 할 수 없습니다. 그것은 주님을 격노케 하는 행위입니다.

점쟁이들은 실제적인 귀신의 능력을 가지고 있습니다. 그들의 점이 맞는 것은 실제로 귀신이 역사하기 때문입니다. 무당이나 점쟁이가 좀 더 강력한 귀신에게 사로잡혀 있을수록 그들의 점은 잘 맞게 됩니다.

사도행전에는 바울이 복음을 증거하다가 만난 점치는 여인에 대한 언급이 있습니다.

"우리가 기도하는 곳에 가다가 점하는 귀신 들린 여종 하나를 만나니 점으로 그 주인들을 크게 이하게 하는 자라" (행16:16)

그 여종은 점치는 귀신들린 사람이었습니다. 그런데 그녀는 돈을 아주 많이 벌어서 주인이 부자가 되게 하여주었습니다. 그 이유는 무엇일까요? 그것은 그녀의 점이 정확하게 맞아서 많은 사람들이 그녀에게 와서 점을 치면서 돈을 주었기 때문입니다.

아마 그 여종이 지금 이 시대에 살고 있었다면 그녀는 신문에 나고 TV에 나오고 돈도 많이 벌고 인기 스타가 되었을 것입니다. 이 시대는 그렇게 귀신에 사로잡힌 사람들이 스타가 되는 세상입니다.
바울은 그녀가 전도에 방해가 되자 그녀 안에 있는 점치는 귀신을 쫓아 냈습니다.

"이같이 여러 날을 하는지라 바울이 심히 괴로와하여 돌이켜 그 귀신에게 이르되 예수 그리스도의 이름으로 내가 네게 명하노니 그에게서 나오라 하니 귀신이 즉시 나오니라 종의 주인들은 자기 이익의 소망이 끊어진 것을 보고 바울과 실라를 잡아가지고 저자로 관원들에게 끌어 갔다가" (행16:18,19)

바울이 점치는 귀신을 쫓아내자 그 여인은 귀신에게서 해방되었습니다. 그러자 더 이상 점을 칠 수 없었습니다.
그녀 자신이 귀신에서 해방된 것은 좋은 일이었지만 주인은 화가 났습니다. 더 이상 그녀를 통해서 돈을 벌 수 없었기 때문입니다. 그래서 여종의 주인은 바울을 붙잡고 감옥으로 끌고 갑니다. 복음을 모르는 그들은 귀신의 힘을 사용하든 말든 오직 돈을 버는 것이 중요했기 때문입니다.

귀신들린 점쟁이들이 어떻게 묻는 자의 사정을 알며 점을 맞추는 것일까요? 그것은 점쟁이의 속에 들어있는 귀신이 묻는 자의 영을 접촉하기 때문입니다. 그러므로 점쟁이에게 묻는 것은 귀신이 그의 몸을 접촉하며 안에 침투하도록 허용하는 것입니다. 즉 귀신을 받아들이는 것과 같은 것입니다.
강력한 성령의 능력을 가진 그리스도인들이면 점쟁이에게 가지도 않겠지만 간다고 해도 점쟁이의 점은 맞지 않습니다. 그것은 점쟁이에게 있는 귀신이 그 그리스도인의 안에 들어오지 못하기 때문입니다. 이 경우에는 점치는 자에게 아무 것도 보이지 않게 됩니다.

안면이 있는 목사님이 있습니다. 이 분이 청년 시절에 그의 어머니는 점을 쳐주는 사람이었습니다. 아들은 어머니에게 전도했으나 점치는 귀신에게 잡혀있던 어머니는 받아들이지 않았습니다.

그의 어머니는 사람을 보면 파노라마처럼 환상이 나타나고 그 사람의 과거가 보인다고 했습니다. 물론 그것은 그녀의 안에 있는 귀신이 보여주는 것입니다. 하지만 그녀는 아들에게서는 아무 것도 보이지 않는다고 말했습니다. 아들은 믿는 사람이기 때문에 귀신의 힘이 통하지 않는 것이었습니다.

나중에 아들은 어머니에게 들어있던 귀신을 쫓아냈습니다. 그 귀신은 울면서 나가지 않겠다고 아우성을 쳤지만 결국 쫓겨났습니다. 그러자 어머니는 더 이상 사람을 보아도 아무 것도 보이지 않게 되었습니다. 그 후 그녀는 예수님을 영접하고 신자가 되었습니다. 이러한 사례들은 점을 치는 능력이 귀신에게서 나오는 것임을 분명하게 증명하는 것입니다.

청년 시절에 점을 아주 좋아하는 노처녀를 본 적이 있습니다. 그녀의 여동생은 믿음에 열심이었으나 그녀는 복음에 관심이 없었습니다. 그녀는 조그만 문제만 생기면 점쟁이를 찾아갔습니다. 그런데 그녀는 하도 점쟁이를 많이 찾아다니다 보니까 점이 잘 맞는 사람은 척 보면 알게 되었다고 말하는 것이었습니다. 그것은 점쟁이의 눈빛을 보았을 때 뭔가 불길하고 기분이 좋지 않게 느껴지면 그의 점은 틀림없이 맞는다는 것이었습니다.

그녀의 판단은 일리가 있는 이야기입니다. 귀신이 강력하게 그 사람을 사로잡을수록 그의 점은 잘 맞게 됩니다. 그러므로 점을 잘 맞추는 사람일수록 귀신을 많이 가지고 있는 것입니다. 그러므로 그렇게 귀신에게 사로잡혀 있는 사람의 눈을 보면 기분이 불안하고 나쁜 것이 당연한 것입니다. 이렇게 귀신들린 이들에게 사사로운 이득을 위하여 나아가서 묻는 다는 것은 얼마나 어리석은 일인지 모릅니다. 그것은 자신과 자신의 삶을 귀신에게 드리는 것입니다.

점쟁이들도 귀신이 들리지 않은 상태로 눈치로 때려 맞추는 이들도 있습니다. 이 경우에는 귀신의 힘이 나오지 않기 때문에 귀신들린 점쟁이만큼 직접적인 영적인 피해는 없지만 점쟁이를 찾아가는 행위가 어차피 하나님을 대적하는 행위이기 때문에 저주를 끌어당기는 것은 마찬가지입니다. 점치는 것에 대한 성경의 교훈은 아주 명백합니다.

"복술자나 길흉을 말하는 자나 요술하는 자나 무당이나 진언자나 신접자나 박수나 초혼자를 너희 중에 용납하지 말라" (신18:10-11)

하나님은 명백하게 무당과 초혼자를 용납하지 말도록 하셨습니다. 초혼자는 귀신을 부르는 사람을 말합니다.

"애굽인의 정신이 그 속에서 쇠약할 것이요 그 도모는 그의 파하신바가 되리니 그들이 우상과 마술사와 신접한 자와 요술객에게 물으리로다" (사19:3)

이것은 정신이 쇠약하고 망한 사람이 무당이나 귀신들린 자에게 찾아가서 묻는다는 것입니다. 그렇게 술객들에게 나아가는 자체가 이미 저주받은 상태와 같은 것입니다.

"혹이 너희에게 고하기를 지절거리며 속살거리는 신접한 자와 마술사에게 물으라 하거든 백성이 자기 하나님께 구할 것이 아니냐 산 자를 위하여 죽은 자에게 구하겠느냐 하라" (사8:19)

이 말씀은 무당이나 신접한 자에게 묻는 것은 죽은 자에게 묻는 것이라는 것입니다. 그 죽은 자란 죽어서 귀신이 된 자라는 의미인지 죽은 자를 가장한 마귀의 영이라는 뜻인지는 분명하지 않지만 분명한 것은 그 영은 살아있는 하나님과 반대가 되는 영입니다. 살아 계신 하나님께 구하는 것은 살길을 열어주지만 죽은 자에게 구하는 것은 저주를 끌어당기는 것입니다.

오늘날 사람들은 무당, 초혼자를 두려워하지 않습니다. 그들의 말을 듣는 것이 하나님을 진노하게 하며 재앙을 일으키는 것을 알지 못합니다. 신비적인 데에 관심을 가진 많은 이들은 죽은 자의 영이라고 가장하는 영들과 교통하고 싶어합니다.
미국의 정가에는 그러한 무당으로부터 정치적인 조언을 받는 유력한 정치가들이 많이 있습니다. 그것은 한국도 마찬가지입니다. 유력한 많은 정치인이 무당의 조언을 듣고 싶어합니다.
대통령 선거가 있게 되면 많은 신문이나 잡지에서 유명한 점쟁이들의 말을 보도합니다. 이것은 세상에 악령의 힘을 점점 더 강하게 하는 것입니다. 그러나 그것을 주의하는 이들은 별로 없습니다.

유명한 영화 '사랑과 영혼'에서 우피 골드버그는 무당이며 신접한 자의 역할을 코믹하게 연기해서 아카데미 조연상을 받았습니다. 이 영화에서 신접한 여인은 재미있고 선량한 존재로 등장합니다. 이제 사람들은 신접한 자나 초혼자를 더 이상 기괴한 존재로 여기지 않습니다. 친근한 존재로 여깁니다. 명색이 기독교 국가임을 자처하는 미국이 그러하니 다른 곳은 말할 것도 없습니다. 그것이 이 시대의 모습입니다.
오늘의 운세와 같은 내용이 신문에 흔히 실립니다. 사람들은 오늘 나의 운수는 어떨까 궁금해하면서 자기의 띠에 해당하는 내용을 살펴봅니다. 하지만 심심풀이로 재미로 본다고 하는 사람도 거기에서 오는 악한 기운에서 벗어나지 못할 것입니다. 오늘의 운세와 같은 것은 없습니다. 오직 세상을 창조하시고 지배하시고 운행하시는 분은 하나님이십니다. 우리의 삶은 운세에 의해서가 아니라 개인의 마음과 생각과 행동의 선택에 의해서 날마다 심은 것이 이루어지고 있는 것입니다. 그리스도인들은 운세와 같은 것을 재미로 본다고 하면서 악한 영들에게 마음을 열어주어서는 안 됩니다.

무지하고 어리석은 많은 사람들이 부적이나 악한 영이 깃들 수 있는 물건을 가지고 있습니다. 부적이나 장식품 같은 물건은 그것을 가지고 있는 사람이나 그 가정, 그 장소에 악령의 역사와 저주를 가져올 수 있다는 것을 기억해야 합니다.

어떤 이는 잘 나가던 사업이 갑자기 망했습니다. 갑자기 경제적으로 문제가 생기고 급속도로 기울어지기 시작했습니다.
그들은 기도하는 가운데 그 집안에 부정한 물건이 있음을 알게 되었습니다. 그들은 그것을 발견했습니다. 그것은 그들이 멕시코에 여행을 하는 중에 기념품이라고 사온 조각상이었습니다. 그 조각상에는 멕시코 걸인의 모습이 조각되어 있었습니다. 그것은 가난의 저주를 가져다주는 영이 들어있는 조각상이었습니다. 그 조각상이 그 집에 들어온 순간부터 그 집의 경제는 망하기 시작했던 것입니다.
그러한 상징물은 단순히 문화적인 유산인 것 같지만 그 배후에는 실제적인 귀신의 저주와 힘이 있다는 사실을 기억해야 합니다.
사람들은 여행 중에 기념으로 우상을 새긴 것을 사는 것을 좋아합니다.

예를 들어 제주도에 가면 아들을 낳는 데에 도움이 된다고 하는 돌로 만든 상을 사옵니다. 그래서 신혼 가정에 놓아둡니다. 그러한 것들이 가정에 귀신이 들어오는 통로가 되는 것입니다.

어떤 이가 그의 방에서 기도를 하다가 기도가 막히며 영적으로 많은 방해가 있는 것을 느꼈습니다. 그는 이상히 여기며 그 방을 뒤지다가 비너스 상이 있는 것을 발견했습니다. 그것을 부숴 버린 후에 다시 기도를 하자 기도가 회복된 것을 느끼게 되었습니다. 이와 같이 악한 상징물에는 어두움의 힘이 있습니다.

청년시절 나는 아내와 데이트를 하면서 몇 번 그녀의 할아버지 집에 갈 때가 있었습니다. 나는 그녀와 4년 동안 연애를 했지만 그녀와 거의 싸운 적이 없었습니다. 그러나 이상하게도 그녀의 할아버지 집에 다녀오기만 하면 기분이 나빠지고 사소한 것으로 분쟁이 생기는 것을 느꼈습니다. 할아버지는 믿지 않는 분이었습니다.

나중에 보니 할아버지의 집안에는 부적이 있었습니다. 그것은 악한 영적인 힘을 가지고 있었던 것입니다.

그것을 알고 난 후에는 우리는 그 집에 가게 될 때는 마귀의 세력을 결박하였습니다. 그러자 더 이상 기분이 나빠지거나 서로 싸우는 일은 없어졌습니다. 귀신들은 우리가 그들의 정체나 활동에 대해서 모르고 있을 때는 우리를 공격할 수 있지만 우리가 그들의 정체를 알고 주의 이름으로 대적하면 조금도 우리를 괴롭히거나 해를 끼칠 수 없습니다.

오늘날 초능력이나 신기한 것에 관심을 가지고 있는 이들이 많이 있습니다. 신기한 초능력이나 초상현상, 최면술 등에 대해서 TV에서 방영을 하면 그것은 항상 높은 시청률을 나타냅니다. 마인드 컨트롤, 기공, 단전호흡, 명상, 초월적 명상.. 등 각종 초능력과 신비현상을 경험하고 알고 싶어하는 이들이 많이 있습니다. 심지어 그리스도인들 중에서도 그러한 것을 좋아하는 사람들이 적지 않습니다. 초능력을 찾아다니다가 그러한 혼미한 영을 체험한 후에 그것이 성령의 역사라고 생각하는 이들도 많이 있습니다. 그것은 어리석은 것입니다. 그러한 초상현상의 배후에는 귀신들이 있습니다. 그것은 속이는 미혹의 영들입니다. 마귀의 계략은 태초부터 지금까지 똑같은 것입니다. 그들은 말합니다.

"너희가 그것을 먹는 날에는 너희 눈이 밝아 하나님과 같이 되어 선악을 알줄을 하나님이 아심이니라" (창3:5)

그들은 우리에게 스스로 하나님이 되라고 말합니다.
속이는 종교는 우리에게 우리가 다 신이며 하나님이라고 말합니다. 깨달으면 우리는 신이라고 말합니다.
어떤 이는 기독교의 가르침도 그와 같은 것이라고 말합니다.
그러나 그것은 속임입니다. 어떤 이가 성경의 구절을 인용한다고 해서 그가 그리스도인이라고 생각해서는 안됩니다.
우리는 하나님의 형상을 가지고 있지만 하나님이 아닙니다.
우리는 하나님을 추구하며 예배하고 교제하도록 만들어졌습니다.
우리는 세상을 창조한 적이 없습니다. 우리는 하나님이 아닙니다.
현실세계가 암울한 사람일수록 공상적인 초능력에 빠지게 됩니다. 그들은 초능력을 얻어서 사람들을 지배하고 자기의 꿈을 이루는 망상에 빠집니다. 그리고 마귀는 그러한 영혼을 사로잡아 자기의 종으로 만듭니다. 그리고 이용한 후에 나중에는 버립니다. 그래서 그러한 이들의 최후는 비참합니다.

오늘날 많은 이들이 혼미한 영에 속고 있습니다.
학생들이 장난삼아 귀신 놀이를 하는 유행이 한동안 중고등학교를 휩쓸기도 했습니다. 최면술 놀이를 하다가 친구가 깨어나지 않아서 난리가 난 경우도 있었습니다.
그것은 장난이 아닙니다. 그것은 재미 삼아서 한다고 해서 아무런 해가 없는 그러한 것이 아닙니다. 일단 마귀가 들어오고 그를 사로잡으면 그 사람의 인생은 파괴되는 것입니다.

오늘날 그리스도인들은 깨어있어야 합니다.
결코 그러한 것에 접촉해서는 안됩니다. 장난삼아 해서도 안됩니다.
취미 삼아 점성술과 같은 책을 읽어도 안됩니다. 그러한 것은 무덤을 파는 것입니다. 영적 현상을 연구하고 마귀의 계략을 밝히기 위한 사역자 외에는 그러한 책들에 접촉해서도 안됩니다.
이 시대에 얼마나 속이는 영들이 많이 역사하는지 모릅니다.

부디 분별하십시오. 마귀에게 틈을 주지 마십시오. 그들에 대한 간단한 호기심조차도 악령들의 침입경로가 될 수 있습니다.
장난삼아서라도 마술과 같은 것을 하지 마십시오.
손장난으로 속이는 것도 영적으로 좋지 않습니다. 그것을 유흥이라고 생각해서는 안 됩니다.
부디 깨어있으십시오. 당신의 영혼을 맑게 하십시오. 마귀가 침입할 수 있는 어떠한 경로도 다 버리고 끊으십시오.
그것이 이 영적으로 혼탁하고 어두운 세상 속에서 당신의 영혼을 아름답고 안전하게 지켜줄 것입니다. 할렐루야.

15. 신비적 경험을 너무 좋아하지 마십시오

하나님의 살아 계신 임재를 추구하고 사모하는 것은 기독교의 기본적인 요소입니다. 주님을 개인적으로 경험하는 것은 사람이 누릴 수 있는 가장 아름다운 복이며 이 압도적인 경험을 통해서 사람은 능력을 얻고 변화됩니다.

성경에서 하나님이 사용하신 위대한 인물들은 다 하나같이 하나님의 임재를 깊이 체험한 사람들이었습니다. 그들은 하나님을 경험한 후에 놀랍게 변화되었고 하나님께 쓰임을 받았습니다. 모세가 그랬었고 엘리야가 그랬으며 사무엘 등 모든 하나님의 종들이 그러했습니다.

성경에 등장하는 많은 인물들은 주의 임재와 주의 얼굴을 수 없이 구하였습니다. 또한 주님께서는 우리에게 나타나시겠다고 약속하셨습니다.

"주의 얼굴을 주의 종에게서 숨기지 마소서 내가 환난 중에 있사오니 속히 내게 응답하소서" (시69:17)

"여호와여 속히 내게 응답하소서 내 영혼이 피곤하니이다 주의 얼굴을 내게서 숨기지 마소서 내가 무덤에 내려가는 자 같을까 두려워하나이다" (시143:7)

"밤 초경에 일어나 부르짖을찌어다 네 마음을 주의 얼굴 앞에 물 쏟듯 할찌어다" (애2:19)

"나의 계명을 가지고 지키는 자라야 나를 사랑하는 자니 나를 사랑하는 자는 내 아버지께 사랑을 받을 것이요 나도 그를 사랑하여 그에게 나를 나타내리라"
(요14:21)

이처럼 주의 임재를 구하는 것은 좋은 것입니다. 그러나 중요한 것은 그 동기의 순결함입니다. 그는 왜, 무엇 때문에 주의 임재를 구하는가? 그것이 경험 이전에 생각해봐야 할 점인 것입니다.
어떠한 이들은 단순히 신비적인 것을 좋아하고 신비적인 느낌이나 감각을 즐거워하여 주의 임재를 구하기도 합니다. 그러한 기질을 가지고 있는 사람들도 있습니다.
그러한 것은 위험합니다. 그러한 동기는 그다지 아름다운 것이 아닙니다. 그처럼 동기가 순수하지 않을 때 신비를 추구하는 성향은 마귀에게 틈을 줄 수 있습니다.

요한복음 14장 21절의 말씀처럼 하나님을 사랑하고 그 말씀을 지키는 이들에게 주님은 자신을 나타내신다고 하셨습니다. 그러나 어떤 사람이 말씀을 지키지도 않으며 하나님을 사랑하지 않고 자신의 느낌과 즐거움만을 추구한다면 주님은 그에게 나타나시지 않을 것입니다. 대신에 악하고 속이는 영이 그에게 나타날 수 있습니다.
이방인들의 신비적 경험에도 황홀경이 있습니다. 주를 모르는 이들도 황홀경을 체험합니다. 그러므로 황홀한 느낌이 다 하나님께로부터 오는 것이라고 생각해서는 안 됩니다. 그렇기 때문에 주님 자신을 추구하지 않고 황홀한 느낌만을 추구하는 이들은 마귀에게 얼마든지 속을 수 있는 것입니다.
신비한 능력과 신비한 은사들을 맹목적으로 간절하게 추구하는 이들도 많이 있습니다.
어떤 이는 말하기를 자기는 투시의 은사를 꼭 받고 싶다고 하는 것이었습니다. 그래서 그 이유를 물어보니 다른 사람의 마음을 볼 수 있으면 좋지 않으냐는 것입니다.
그것은 어리석은 생각입니다. 그리고 쓸데없는 호기심입니다. 우리는 남의 마음을 알 필요가 없습니다.

어떤 이는 자신이 목회를 하는 데에 투시 은사가 있으면 좋을 것이라고 말합니다. 그러면 사람들이 자기에게 꼼짝을 못하고 순종하리라는 것입니다. 그러한 생각도 어리석은 것은 마찬가지입니다. 우리는 주님의 능력과 사랑으로 사역을 하는 사람이 되어야 하며 그러한 유치한 무기를 가지고 사람을 다루려고 해서는 안됩니다. 모든 이들은 무기를 가지고 있는 이들에게 마음을 열지 않고 진정으로 자신을 사랑하는 이들에게 마음을 열기 때문입니다.

어떠한 이들은 자신의 경험을 자랑합니다. 또한 자랑하고 싶어서 신비적인 경험을 추구합니다.
이러한 이들은 약간의 신기한 경험을 하면 그 경험을 과장하며 자신을 높이며 자신의 신앙이 깊고 높은 줄 압니다. 그들은 그러한 경험이 없는 다른 사람들을 우습게 알며 판단합니다. 그들은 자신이 하나님의 특별한 은총을 받고 있는 사람이라고 생각하며 자신을 대단한 존재로 봅니다.
이러한 사람이 어떤 영적인 경험을 하게 된다면 그것은 그에게 전혀 유익이 없으며 오히려 해로울 것이라는 것은 당연한 이치입니다. 그러한 사람들은 아직 신앙의 기본적인 것을 알지 못하고 있는 것입니다.
나는 현실에 대해서 만족하지 못하며 자신에 대해서 열등의식을 가지고 있는 이들이 더 영적인 체험에 몰두하는 경향이 있는 것을 알게 되었습니다. 그러한 동기로 영적 경험을 추구하는 것도 역시 옳지 않은 일입니다. 그것은 자기만족을 위해서 영적 경험을 구하는 것이며 자신을 드러내기 위해서 영적 경험을 이용하는 것입니다. 그러한 동기로 드리는 기도와 추구는 좋은 열매를 맺지 못하며 역시 마귀에게 틈을 주게 됩니다.

썬다씽은 기도를 하는 중에 황홀한 경험을 하고 몹시 아름답게 보이는 영적 존재로부터 유혹을 받은 적이 있었습니다. 그 영적 존재는 썬다씽을 크게 높여주겠으며 영화롭게 해주겠다고 제안했습니다.
썬다씽은 주님을 사랑하는 사람이었기 때문에 그 영적 존재의 유혹을 물리치고 대적했습니다. 만약 그가 자기만족을 구하는 사람이었다면 그는 그 유혹을 이겨내지 못했을 것입니다. 영적 세계의 경험에는 위험한 요소가 있으며 그 동기가 아름답고 순수하지 못한 이들은 결국은 넘어지게 됩니다. 한 때 은사가 많이 나타났으나 나중에 실족한 많은 사람들이 있는데 그것은 그들의 중심 동기가 순수하지 않았기 때문입니다.

모든 경험을 무조건 의심 없이 받아들여서는 안 됩니다. 그것이 과연 바른 체험인지 분별해야 합니다. 신비하고 즐거운 경험을 했다고 해서 무조건 좋아해서는 안됩니다. 그 분별의 기준은 삶의 열매입니다.
진정 하나님을 경험하게 되면 그 사람은 아름다운 열매를 맺게 됩니다. 그는 겸손하고 사랑스러우며 주님의 향취를 가지고 있는 사람이 됩니다. 그의 경험이 바른 것이라면 그는 바른 열매를 맺습니다. 그는 결코 자신을 대단한 존재로 보지 않습니다. 그는 결코 거드름을 피우거나 높은 자세를 가지지 않습니다. 주를 아는 사람은 주님께 속한 향기가 나타나게 되어 있습니다.

나는 많은 은사를 가지고 능력을 행하는 이들이 거드름을 피우면서 그를 따르는 사람들에게 많은 돈을 요구하는 것을 많이 보았습니다. 그러한 사람들은 바른 신앙인이 아닙니다.

나는 신기한 체험을 하고 능력을 얻고 싶어서 그러한 사람들에게 많은 돈을 헌금하는 사람들을 보았습니다. 그것도 어리석은 일입니다.

많은 순진한 사람들이 신기한 능력을 가지고 있다고 알려진 이들을 따라다닙니다. 심지어 우상시하기도 합니다. 그들은 어리석은 사람들입니다. 중요한 것은 그에게서 나타나는 능력이 아니고 신기한 일이 아니며 주님을 사랑하고 영혼을 사랑하는 삶의 열매이며 아름다움인 것입니다. 신기한 것만을 좇는다면 그러한 신앙은 결코 건강한 것이 아닙니다.

기독교에는 신비가 많습니다. 성경에는 온갖 신비한 일들이 가득합니다. 그러나 우리는 신비 자체를 추구해서는 안 됩니다. 우리는 주님 자신을 사랑해야 하며 추구해야 하며 주님께 속한 사람이 되어야 합니다. 당신이 몸에 임하는 신비하고 짜릿한 느낌을 즐거워하고 그 자체만을 추구한다면 그것은 마귀에게 틈을 줄 수 있습니다.

마귀는 당신을 속이려고 할 것입니다. 그러므로 당신은 자신의 체험을 점검하고 자신의 열매를 짐검해야 하며 자신의 동기를 점검해야 합니다. 체험 자체에 몰두하지 마십시오. 마약 중독자들도 다 달콤한 체험을 추구하다가 그렇게 되는 것입니다. 그것은 처음에는 아주 달콤하지만 결국에는 그 사람을 폐인으로 만듭니다.

달콤한 체험 자체를 추구하는 것은 하나의 쾌락주의에 지나지 않는 것입니다. 이방의 신비체험에 빠지는 이들도 다 몸에 임하는 쾌감에 맛을 들였기 때문에 그 체험에 사로잡히는 것입니다.

명상에도 쾌락이 있습니다. 최면술에 걸리는 이들도 일종의 몽환상태에서 쾌감을 경험합니다. 그래서 그들은 일상의 삶이 어려우며 자꾸 그러한 몽환상태로 들어가려고 합니다. 마인드 컨트롤도 마찬가지이며 기공의 체험도 마찬가지이며 초월적 명상도 마찬가지입니다. 결국 그들은 일상의 업무를 행할 수 없으며 신비적 몽환상태에 빠져 하루 종일 비몽사몽 가운데 있게 됩니다. 그리하여 마귀에게 사로잡히게 되는 것입니다.

그러므로 함부로 체험 자체에 마음을 열지 마십시오.
오직 주님 자신을 추구하십시오.
체험 자체에 몰두하여 일상의 삶이나 의무를 게을리 해서는 안 됩니다.
오직 낮고 사모하는 마음으로 주님을 추구하십시오.
순수한 동기로 주의 말씀을 지키며 주를 구하십시오.
기도에 몰두해서 몽환상태에 있는 것을 좋아하지 말고 일상의 삶에서 주님과 동행하며 기쁨을 얻으며 균형을 유지하십시오.

어떤 체험이 있을 때 그것을 다 믿지 말고 점검하며 높은 마음을 가지지 마십시오.
체험을 통하여 마귀가 속일 수 있는 가능성이 있음을 항상 기억하십시오. 그렇게 깨어있고 주의하며 오직 순결한 마음으로 주를 구할 때 주님께서는 당신에게 나타나시며 당신의 영혼에 새로운 은총을 부어주실 것입니다.
부디 깨어있으십시오. 항상 낮은 마음을 가지며 체험보다 주님 자신을 사랑하십시오. 그렇게 할 때 마귀는 당신을 속이지 못할 것입니다.

16. 듣는 기도를 조심하십시오

기도는 하나님과의 대화입니다. 대화에는 말하는 것과 듣는 것이 다 포함됩니다. 그러므로 기도에는 우리가 하나님께 말하는 부분이 있고 우리에게 말씀하시는 하나님의 음성을 듣는 부분이 있습니다.
오래 전에는 '듣는 기도'에 대한 인식이 많지 않았습니다. 기도를 하면서 하나님의 음성을 듣는다고 하면 그것은 신비하거나 이상한 것으로 여겨졌습니다.
그러나 지금은 그것에 대해서 이상하게 생각하는 사람은 별로 없을 것입니다. 이미 '듣는 기도'라든지 하나님의 음성을 듣는 방법 등에 대해서 많은 책들이 나왔고 많은 곳에 하나님의 음성을 듣는 것에 대한 가르침과 훈련이 있기 때문에 듣는 기도는 이제 영성 훈련에서 아주 중요한 부분을 차지하게 되었습니다.

하지만 이 듣는 기도에 대해서도 조심이 필요하다는 것을 알아야합니다. 듣는 기도를 제대로 하지 않으면 오히려 악령들에게 기회를 줄 수도 있기 때문입니다.
기도하면서 하나님의 응답과 음성을 기다리는 이들은 대체로 내적인 느낌이나 감동을 통해서 그것이 하나님의 뜻이며 음성이라고 여기는 것이 보통입니다. 일단 기본적으로 주님께서는 그렇게 내적인 감동을 통해서 말씀하실 수 있지만 또한 성경의 말씀을 통하여 말씀하시고 환경을 통하여도 말씀하시며 먼저 영적인 길을 걸어갔던 선배의 조언을 통해서도 말쏨하실 수 있다는 것을 기억해야 합니다. 즉 하나님은 여러 방법으로 다양하게 각 사람에게 말씀하시고 인도하실 수 있는 것입니다. 그러므로 오직 자기 안에서 느껴지는 내적인 음성과 감동에만 주의해서는 안 됩니다. 그것은 균형을 잃은 것입니다.

또한 듣는 기도의 한계에 대해서 이해하는 것이 필요합니다.
듣는 기도는 모든 사람에게, 모든 상황에서의 만병통치약이 아닙니다. 어떤 자매에게 내가 듣는 기도의 한계에 대해서 이야기하면서 무조건 하나님의 음성만을 기다려서는 안되며 악한 영들을 분별하기도 해야 하고 대적하기도 해야 한다고 했더니 '그런 것까지도 하나님께서 다 말씀해 주시지 않을까요?' 하는 것이었습니다.
그것은 그럴 듯해 보이지만 그렇지 않습니다. 하나님은 한 가지 방법을 통해서 우리에게 모든 것을 다 말씀하시지 않습니다. 만약 그렇다면 우리는 아무데도 가서 배울 필요가 없습니다. 오직 하루 종일 하나님 앞에서 기다리며 음성만 구하면 됩니다. 그러나 그렇지는 않다는 것을 알 수 있을 것입니다.

하나님의 음성만을 구하는 것에는 한계가 있습니다. 그리고 하나님의 음성은 각 사람의 영적 수준과 차원을 초월하시지 않습니다. 즉 그가 이해할 수 없고 알 수 없는 것을 말씀하시고 가르치시지는 않는다는 것입니다.
세살짜리 딸이 아빠에게 묻습니다.
"아빠. 결혼이 뭐야?"
그 때 아빠는 세살인 딸에게 결혼에 대한 모든 것을 다 말하고 가르치지는 않을 것입니다. 결혼은 어떤 것이고 어떤 사람을 만나서 결혼해야 하고 예식장은 어디로 잡는 것이 좋고 결혼식 순서는 이러한데.. 이런 이야기를 일일이 하지는 않을 것입니다. 세살의 수준에 맞게 대답하면 충분한 것이며 나중에 크게 되면 그 때에 필요한 지식을 또 얻을 수 있기 때문입니다.
하나님의 음성도 마찬가지입니다. 그것은 듣는 사람의 영적 수준과 상태에 따라서 그에 맞는 부분적인 음성과 해답을 얻을 수 있는 것입니다.

그런데 듣는 기도에 치우치는 것이 왜 위험하며 마귀에게 틈을 줄 수 있다는 것일까요?
그것은 듣는 기도는 기본적으로 수동적인 자세가 필요한 것이기 때문입니다.
말을 하면서 상대방의 이야기를 들을 수 있는 사람은 없습니다. 말을 들을 때에는 자기가 말하는 것을 멈추고 기다려야 합니다. 듣는 기도도 마찬가지입니다.
듣는 기도를 할 때에는 조용히 수동적인 자세로 기다려야 합니다. 그렇게 수동적인 자세를 가지고 있어야 영이 임할 수 있으며 감동을 받을 수 있는 상태가 됩니다.
수동적인 자세는 우리가 생각하지 않고 말하지 않고 조용히 기다리는 자세입니다. 우리는 가만히 있고 다른 존재가 우리에게 임하기를 기다리는 것입니다.
그래서 능동적인 사람은 듣는 기도에 서투릅니다. 그들은 항상 바쁘게 움직이고 활동하며 말을 하는 데는 익숙하지만 듣는 데는 익숙하지 않습니다. 그들은 기다리지 못하기 때문에 듣는 것에 서투릅니다.
그러므로 능동적인 자세를 버리고 일시적으로 수동적인 상태에 있을 때 주님의 영은 우리에게 좀 더 가까이 임하시고 우리를 사로잡으실 수가 있습니다.

문제는 이렇게 수동적인 상태에 있을 때 주님의 영만 임하고, 주님의 영만 역사하는 것이 아니라는 사실입니다.

수동적인 상태는 영을 부르게 되는 데 그 가까이 오는 영이 주님의 영만은 아닌 것입니다. 어떤 영이 가까이 오는가 하는 것은 그 사람의 영적 상태에 달려 있습니다. 그의 영적 상태가 빛이 올 수 있는 상태인가, 어두움이 올 수 있는 상태인가에 달려 있는 것입니다.

어떤 사람이 수동적으로 어떤 음성이나 계시를 기다리고 있습니다. 그런데 그 사람의 내적인 상태는 귀신들이 들어오기 좋은 상태라고 합시다. 그의 마음은 안정되어 있지 않고 불안하며 다른 사람에 대한 분노와 원망이 있고 아직 주님께 대한 충분한 헌신이 부족하며 세상에 대한 애정이 가득합니다. 자, 그런 상태에서 그가 듣는 기도를 하면 안전할까요? 별로 안전하다고 할 수 없습니다.

그의 마음이 균형이 잡혀 있지 않고 어둡고 비관적이며 이기적인 수준에 있으며 자신이 높아지는 것을 좋아하고 신비적인 어떤 느낌을 좋아하는 상태라면 그에게 주님이 임하시지 않고 속이는 영들이 올 가능성이 적지 않습니다. 그러므로 이러한 사람은 수동적으로 듣는 기도를 하는 것이 별로 좋지 않은 것입니다. 이러한 사람은 듣는 기도를 조심해야 합니다.

어떤 자매가 있었습니다. 이 자매는 어떤 영적인 단체에서 훈련을 받으며 듣는 기도를 하다가 악한 영에게 사로잡혀 버렸습니다. 그녀는 집에 돌아와 수시로 몸을 떨면서 '님이 오신다'는 등의 헛소리를 계속 했습니다. 그녀는 같이 훈련을 받고 있던 형제에게 마음을 많이 빼앗긴 것 같았습니다.

청년 시절 나와 친구와 다른 집사님들이 그녀에게 붙은 영을 쫓아내려고 오래 기도했지만 별로 효과가 없었습니다. 그녀 안에 있는 귀신은 이상하게 떨고 발작을 하고 거품을 물고 토하고 난리를 꾸몄지만 약간의 회복만 되었을 뿐 완전하게 좋아지지 않았습니다.
한번 어떤 영이 들어오고 자리를 잡게 되면 그것을 없애는 것은 정말 쉽지 않은 것 같았습니다. 그러한 그녀의 악몽이 듣는 기도에서부터 시작되었던 것입니다. 그러므로 바른 준비나 지식이 없이 깊은 듣는 기도에 들어가는 것은 그리 안전한 것이 아닙니다.

아마 그녀의 마음은 어둡고 균형 잡히지 않은 상태였던 것 같았습니다. '님이 오신다' 고 소리를 내고 떨고 한 것을 보면 그녀는 이성과 애인에 대한 소망과 그리움이 많은 상태에서 그러한 기도를 한 것 같았습니다. 어둡고 우울하며 내성적이며 이성에 대한 갈망이 많은 상태에서 그러한 기도를 한다면 음란한 영이 들어와 속이며 그러한 이를 사로잡을 수 있는 것입니다. 그러한 사람은 듣는 기도와 같은 수동적인 기도를 드리는 것이 바람직하지 않습니다. 그러한 이들은 분명하게 소리를 내서 적극적으로 기도를 하는 것이 좋습니다.

나는 그와 같이 심한 증상이 나타나는 것은 아니었지만 듣는 기도를 하면서 속이는 영들에게 속는 이들을 많이 보았습니다. 그들은 자신이 주님과 깊고 은밀한 대화를 주고받고 있다고 말했습니다. 어떤 이들은 자신이 주님의 특별한 신부이며 술람미 여인이라고 말했습니다.
어떤 여성이 주님께서 그녀에게 말씀하셨다는 내용을 자세하게 이야기하는 것을 본 적이 있습니다. 그 내용은 주로 이런 것이었습니다. '나의 사랑아. 내가 네 사랑에 그만 홀딱 빠져버렸구나. 나는 네 곁에서 눕고 너를 안아주리라..'

나는 그 내용을 보고 구역질이 날 것 같았는데 그녀는 그것이 주님의 음성이라고 굳게 믿고 있었습니다. 주님께서 자기에게 남자가 연인을 대하듯이 '네 얼굴을 만지고 싶구나..' 하는 등의 말씀을 하신다고 이야기를 하는 이들도 있었습니다. 그런 이들을 나는 많이 보았습니다.

그러한 것은 음란한 영이며 속이는 영입니다. 속이는 영도 음란하며 그러한 이야기에 속는 이들도 역시 음란한 영을 가지고 있는 것입니다. 주님은 거룩하고 순결하시며 심령에 감동과 기쁨과 평화를 주시는 분이십니다. 그러나 이러한 이야기를 들으면 더럽고 혼란스러운 기운과 영들이 돌아다녔는데 그러한 말을 하는 이들은 그것을 전혀 눈치 채지 못했습니다.

누구나 다른 사람의 영은 분별하기 쉬워도 자기 안에 있는 영들은 분별하기 어렵습니다. 그것은 자기가 그 안에서 살아와서 이미 거기에 너무 익숙해져 있기 때문입니다. 그러므로 항상 거짓말을 하는 사람은 자신이 거짓말을 하고 있는지를 알지 못합니다. 다른 이들이 자기를 피해도 자신이 억울하게 왕따를 당한다고 생각하지 자신의 거짓말이 남에게 피해를 주고 있다는 것은 잘 모릅니다.

그러므로 듣는 기도를 함부로 해서는 안 되는 것입니다. 그것은 기도를 하는 사람의 영적 상태에 따라서 좋을 수도 있지만 좋지 않을 수도 있습니다.

자신의 마음이 밝은 쪽보다 어둡고 우울한 쪽에 가깝다면 듣는 기도를 하는 것은 좋지 않습니다. 자신의 마음이 사랑 쪽보다 미움 쪽에 가깝다면, 마음 속에 미움과 분노가 많이 쌓여있다면 그는 듣는 기도를 하는 것을 조심해야 합니다.

지나치게 소극적이고 내성적인 사람도 듣는 기도를 할 때에는 조심해야 합니다. 그러한 이들은 체질적으로 소리를 내는 기도보다는 조용한 묵상 기도를 좋아하게 됩니다.
하지만 자기의 기질과 맞지 않더라도 그러한 사람은 듣는 기도나 조용한 묵상 기도를 하지말고 소리를 내고 표현하는 기도를 드리는 것이 좋습니다. 그렇게 해서 자신의 체질을 점점 능동적으로 만들어야 합니다.

듣는 기도는 바른 방법으로 잘 시도하면 아름답고 풍성하고 놀라운 축복이 따르는 것입니다. 거기에는 주님의 임재와 놀라운 은총이 올 수 있습니다.
그러나 균형 잡히지 않고 악한 영이 쉽게 붙을 수 있는 사람이 듣는 기도에 심취한다면 그것은 재앙이 될 수도 있습니다. 그러므로 조심하는 것과 분별하는 것이 필요합니다.

부디 조심하여 기도하십시오. 영의 세계는 간단하지 않습니다. 마귀는 당신의 약점을 통하여 당신을 넘어뜨리려고 항상 기회를 엿보고 있습니다. 자신의 상태에 따라서 듣는 기도를 사용하십시오. 듣는 기도를 하다가 혹시 이상한 느낌이 들면 악한 영들을 대적하십시오.
그렇다고 너무 두려워하지는 마십시오. 오직 두려운 것은 방심입니다. 우리가 정신을 차리고 있기만 하면 마귀는 두려운 존재가 아닙니다.
항상 깨어있는 마음으로 주님께 나아가십시오. 그러할 때 마귀는 결코 당신을 건드리며 속이지 못할 것입니다.

17. 바른 하나님 관을 가지십시오

마귀에게 속고 눌리는 것은 기본적으로 무지하기 때문입니다. 영적인 무지가 있기 때문입니다.
그러한 무지 가운데 대표적인 것은 하나님에 대한 바른 인식이 부족한 것입니다. 하나님이 어떤 분이신지 잘 모르는 것입니다.
이상한 기도원에서 원장에게 위협을 당하고 인격적인 무시를 당하며 신앙생활을 하는 이들을 더러 보았습니다. 이상한 교회에서 이상한 사역자에게 협박을 받으며 거액의 헌금을 요구 당하며 사는 이들을 보았습니다. 그것을 보고 참 이상했습니다. 왜 저런 곳에 그대로 남아있을까? 왜 저런 사람과 관계를 가지고 있을까? 자유롭게 떠나면 될 텐데 왜 저런 데에 묶여 있을까?
그들은 하나님의 종을 판단하면 안된다고 생각했습니다. 그것까지는 좋았습니다. 그런데 어떤 이들은 그들이 만약 떠나게 되면 하나님이 진노하시며 저주하실 것이라고 생각하고 있었습니다. 실제로 그렇게 저주를 받고 망한 사람도 있다고 하는 것이었습니다.

사역자가 조금 부족한 부분이 있다고 해도 여전히 그를 하나님의 사람으로 인정하고 대해주는 것은 좋은 일입니다. 사역자를 대적하고 대립하는 것은 좋지 않을 것입니다. 하지만 고통을 겪고 무시를 당하면서도 그 사람을 떠나면 저주를 받는다고 생각하는 것은 정말 곤란합니다. 그것은 무지한 것입니다. 사랑의 하나님께서 우리가 무슨 큰 죄를 지은 것도 아닌데 어떤 영적인 단체나 교회를 떠난다고 진노하시고 저주하신다는 것은 정말 상상하기 어려운 일입니다. 하지만 왜 어떤 이들은 그런 식으로 생각을 하며 심지어 어떤 이들에게는 정말 그런 좋지 않은 일이 생기는 것일까요?

그것은 그들의 믿음 때문입니다. 그들이 그렇게 믿고 있기 때문입니다. 그들이 그렇게 두려워하고 있기 때문에 그들의 두려움이 마귀에게 역사할 수 있는 틈을 주어서 그들의 삶에 재앙이 나타날 수 있는 것입니다.

이러한 무지는 결국 하나님에 대한 무지에서 기인되는 것입니다. 그들은 하나님의 마음을 잘 모르고 있는 것입니다.

하나님은 어떤 분이십니까? 그는 우리를 위해서 이 땅에 오셨습니다. 우리를 구원하시기 위해서 목숨을 버리고 십자가를 지고 죽으셨습니다. 그러한 분이 하나님이십니다. 우리 주님은 곧 하나님이십니다.

하나님의 마음은 긍휼과 사랑입니다. 하나님의 분노는 하나님을 대적하는 자와 지옥의 마귀들에게 임하는 것입니다. 마귀에게 속하고 그들에게 충성하는 자들에게 임하는 것입니다. 하나님은 그분을 따르고 사랑하고 추구하는 이들을 결코 저주하시지 않습니다.

그런데 왜 어떤 사람들은 그러한 하나님의 마음을 모르는 것일까요? 아마 배우지 않고 경험하지 않았기 때문일 것입니다. 어떤 사람이 하나님의 사랑을 경험하고 그 놀라운 평안과 자유와 안식을 경험하고 누린다면 그는 그러한 분위기와 반대가 되는 분위기를 견딜 수 없습니다. 그는 어둡고 살벌하고 칙칙한 분위기를 견디지 못하고 도망칩니다.

사랑이 넘치고 화목이 가득한 가정에서 자란 사람은 서로 간에 증오가 있고 비난과 미움이 있는 곳에서는 잘 견디지 못할 것입니다. 그것은 그들이 경험하고 알던 세계와 너무 다르기 때문입니다. 그러나 항상 맞고 자라고 욕을 먹고 자란 사람은 다른 곳에서 학대를 당하거나 나쁜 분위기가 있어도 세상이 원래 다 그런 곳인 줄 알 것입니다.

두려운 하나님 관을 가지고 있는 이들은 마귀에게 눌리고 속게 될 수 밖에 없습니다. 자식을 향하여 불쌍하게 여기시는 하나님 아버지의 마음을 알지 못하는 이들은 항상 두려움과 공포 속에서 살게 됩니다. 그리고 그러한 마음 가운데는 마귀가 쉽게 역사하고 들어올 수 있습니다.

바로 그러한 것이 말씀을 잘 모르는 것입니다. 성경을 잘 모르는 것입니다. 성경을 잘 안다는 것은 성경 구절을 많이 암송하고 있는 것이 아닙니다. 그것은 성경에 기록된 하나님 아버지의 마음을 이해하는 것입니다. 어머니를 잘 아는 것은 어머니의 어록을 많이 기록해서 외우는 것이 아닙니다. 그것은 어머니의 마음을 아는 것입니다.

구약에 이방의 족속을 진멸하라는 말씀이 많이 나옵니다. 그 영적 의미를 알지 못하고 문자 그대로 이스라엘 백성을 빼놓고는 다 죽여야 한다고 믿는 이들이 있습니다. 그것은 어리석은 것입니다. 그렇게 따지면 세상에는 한 움큼밖에 안되는 이스라엘 사람들 외에는 다 죽어야 합니다. 이런 직접적인 해석 때문에 어떤 불신자들은 그렇게 편협하고 무서운 하나님은 믿지 않겠다고 말합니다. 그러나 그것은 그런 의미가 아닙니다. 그것은 우리 안에 있는 죄성, 육성, 악성을 죽이라는 것입니다. 악을 버리고 소멸하라는 것입니다. 악을 조금만 용납해도 그것은 곧 커지게 되어 우리 영혼을 방해하고 사로잡으려고 하기 때문에 진멸하라고 하는 것입니다. 그러므로 성경을 바르게 이해하는 것이 필요합니다. 하나님을 바르게 아는 것이 필요합니다.

사람들은 흔히 하나님은 아주 두려운 분이고 예수님은 조금 사랑이 많으신 분으로 생각합니다. 그래서 하나님이 진노하시려고 하면 예수님이 열심히 말리는 것으로 생각합니다.
그것은 무지입니다. 하나님은 곧 주님이십니다. 그분은 사랑입니다. 구약에는 상징적으로 표현하고 신약에서는 직설적으로 말씀하신 그 차이가 있을 뿐입니다.

그러므로 바른 하나님 관을 가져야 합니다. 사랑의 하나님에 대한 인식이 있어야 합니다. 두려운 하나님에 대한 인식을 가지고 있으면 안 됩니다. 하나님께 대한 경건한 두려움, 경외감은 필요하지만 그분을 공포의 대상으로 생각해서는 안됩니다. 그것은 마귀에게 역사할 수 있는 틈을 줍니다. 그러므로 당신이 두려운 하나님 관을 가지고 있다면 부디 그것을 바꾸십시오.

하나님은 좋으신 분입니다.
그분은 친절하신 분입니다.
그분은 사랑의 아버지시며 당신에게 사랑과 호의를 가지고 있습니다.
부디 당신의 마음속에 엄한 하나님에 대한 인상과 두려움을 버리십시오.
당신의 마음속에 따뜻하고 사랑과 영광이 가득한 하나님 관을 형성하십시오.
그렇게 할 때 당신은 마귀가 역사할 수 있는 중요한 끈 한 가지를 잘라버리게 되는 것입니다. 할렐루야.

18. 기질적 약점을 극복하십시오

마귀는 시험하는 자입니다. 주님께서 광야에서 금식하실 때 '시험하는 자'가 와서 시험을 했다'고 성경은 말합니다. (마4:3)
그들은 시험하는 자이므로 시험의 전문가입니다. 시험 문제를 출제하는 이들은 학생들이 틀리기 쉬운 곳에서 문제를 내게 됩니다.
마귀는 그들이 공격하는 대상의 약점을 중점적으로 공격하고 시험합니다. 그들은 어디를 공격하고 시험해야 상대방을 넘어뜨리는 데에 효과적인 지를 아는 것입니다.
굳게 닫힌 성을 공격하는 자들은 어느 쪽 성문을 공격할까요? 아마 가장 약한 성문을 공격할 것입니다. 그와 같이 어떤 사람이 공격을 받는 곳은 기질적으로 그가 가장 약한 곳입니다.

그렇기 때문에 어떤 사람이 마귀의 공격에 실족할 때 대체로 비슷한 문제로 인하여 반복하여 넘어지게 됩니다. 한번은 혈기 문제로 넘어지고 그 다음은 탐심으로 인하여 넘어지고.. 보통은 그렇지 않습니다. 한번 넘어졌던 문제와 비슷한 문제로 계속 넘어집니다. 분노를 참지 못해서 폭발하는 사람은 계속하여 비슷한 넘어짐을 반복합니다. 음란 문제로 넘어진 사람은 비슷한 문제로 계속 넘어집니다. 돈 문제로 부정한 사람은 비슷한 죄로, 거짓말로 인하여 넘어진 이들은 계속 거짓말을 합니다. 수없이 회개하고 다시는 하지 않겠다고 결심하지만 역시 비슷한 상황에서 넘어집니다.

삼손을 보십시오. 그는 음란의 문제로 결국 실족하고 죽었지만 그 이전에도 비슷한 문제에 연루되어 있었습니다. 그는 들릴라의 꾀로 인하여 여러 번 잡힐 뻔했지만 그러한 위험에 대해서 무시하다가 결국은 그녀를 통하여 잡히고 말았습니다.

이처럼 어떤 사람의 약점은 지속적으로 그 사람을 괴롭히는 것입니다. 마귀는 그와 같이 한번 사람의 약점을 발견하면 끈질기게 그 점을 물고 늘어집니다. 그것은 우리가 넘어지지 않기 위해서는 어떤 부분을 조심하고 방비해야 하는 지에 대한 좋은 정보를 제공해주기도 합니다. 즉 우리가 이미 알고 있는 우리의 약점을 무시하지만 않는다면 우리는 안전하게 자신을 지킬 수 있는 것입니다.

그러므로 우리는 자신의 기본적인 약점이 무엇인지 잘 점검하고 방어해야 합니다. 각 사람의 약점은 자신의 환경과도 관련이 있지만 더 중요한 것은 각 사람의 기질적인 문제입니다.

지적인 스타일의 사람이 있습니다. 이러한 사람이 넘어지는 품목은 몇 가지가 있습니다.

마귀는 이 사람에게 교만과 비판과 판단의 영을 집어넣고 공격하는 것이 보통입니다. 머리형의 사람은 지혜가 많고 영리하지만 에너지가 머리에만 몰려 있기 때문에 가슴에는 에너지가 부족하여 정이 없고 차가운 면이 있습니다.

이들은 그래서 냉랭한 악령에게 잡혀 있기가 쉽습니다. 대부분 그들은 그것이 성격적인 특질에 불과하다고 생각할 뿐 차갑고 쌀쌀한 영이 자기에게 붙어 있다고는 전혀 생각하지 않습니다.

이들은 차가운 말, 쌀쌀한 말투로 사람들에게 상처를 줍니다. 이들은 쉽게 남을 판단하고 비난할 수 있습니다. 그러나 가슴에 에너지가 부족하기 때문에 그렇게 남을 비난하면서도 고통을 잘 느끼지 못합니다. 그들은 영감이 마비되어 있는 경향이 많이 있기 때문입니다.

이들은 지식을 좋아하므로 많은 것을 알고 싶어하며 자신의 지혜가 대단하다고 생각합니다. 그리하여 항상 가르치고 싶어합니다. 높은 자리를 좋아하게 됩니다. 물론 그것도 마귀가 속이는 것입니다.

머리형의 사람들에게는 간교한 영이나 거짓의 영이 많이 공격하고 역사할 수 있습니다. 이들은 영적인 힘이 별로 없기 때문에 무식하게 직접 화를 내고 싸우는 데는 익숙하지 않습니다. 그러므로 그들은 교묘하게 뒤에서 사람을 지배하고 공격하려고 합니다. 이들은 마음에 없는 이야기를 쉽게 할 수 있으며 자신의 입장이나 죄를 합리화시켜서 다른 사람들을 다루게 됩니다.

그러한 교활한 영, 간교한 영들은 머리가 좋은 사람들에게 흔히 들어가는 것입니다. 그러므로 이들의 영혼이 깨어나지 않을 때 이들은 마귀에게 많이 사용될 수 있습니다. 이들은 가장 영감이 부족하기 때문에 영적인 세계를 이해하려고만 하지 경험하려고 하지 않습니다. 잘 경험이 되지도 않습니다.

이들은 완벽주의의 영에 빠지기 쉽습니다. 머리가 좋기 때문에 모든 것을 빈틈없이 완벽하게 하려고 합니다. 그러므로 이들은 자신도 피곤한 삶을 살며 다른 사람들도 피곤하게 만듭니다.

마귀는 이들에게 수많은 생각을 넣어줍니다. 그러므로 이들에게는 생각이 끊이지 않으며 일어나지도 않을 일에 대한 온갖 근심과 염려가 가득합니다.

이들은 자신의 약점을 알아야 합니다. 이들은 너무 머리를 많이 사용하는 것이 약점입니다. 그러므로 이들은 머리에 역사하는 어두움의 영을 대적해야 합니다.

나는 머리가 좋은 이들, 공부를 많이 한 이들이나 목회자들을 만나면 거의 머리가 많이 아팠습니다. 그들이 머리에 가지고 있는 흑암의 기운이 전달되었기 때문입니다. 물론 그들 자신은 그러한 것을 전혀 느끼지 못했습니다. 그들은 항상 그러한 상태에서 살아와서 어둡고 속이는 영들이 주는 생각에 익숙해있었기 때문입니다. 하지만 그들도 머리가 맑아지면 다른 이들의 머리에서 나오는 흑암을 감지하고 그것을 고통스럽게 느끼게 될 것입니다.

이러한 이들은 머리를 쉬게 하고 단순하게 사는 것을 훈련해야 합니다. 머리에 역사하는 마귀의 공격에 대해서 대적해야 합니다.
단순한 기도를 반복하고 훈련해야 하며 많이 걸어 다니고 움직여야 합니다. 많이 움직이면 뇌에 치우쳐 있는 에너지가 발로 내려오므로 머리의 흑암이 많이 벗겨질 수 있습니다.
머리의 질병으로 시달리는 사람이 육체노동을 한동안 하게 된다면 어두움의 영에서 벗어나는 데에 도움이 될 것입니다. 이들은 일하는 것과 봉사하는 것을 싫어하지만 그렇게 일하고 봉사하는 것이 그들의 약점을 많이 보완해주게 될 것입니다.

이들은 또한 정이 부족하므로 따뜻함을 받아들이는 훈련을 해야 합니다. 이러한 이들은 아카데믹한 딱딱한 서적만을 좋아하지만 그러한 책들보다는 정이 흐르고 따뜻함이 흐르는 책을 자주 읽어서 마음을 부드럽게 해야 합니다. 무엇보다 중요한 것은 머리에 역사하는 마귀를 대적하는 것입니다. 그렇게 해야 영감이 눈을 뜨기 시작하는 것입니다.

몸이 발달한 사람은 건강하며 활력이 있습니다. 열정도 있습니다.
하지만 본능적인 차원에 머물러 있기 때문에 능력과 은사는 많이 나타나지만 육체의 본능과 충동에서 벗어나기 어렵습니다.
마귀는 이러한 사람들에게 성적 충동이나 혈기를 일으킵니다. 이들은 단순하므로 사람들에게 함부로 말해서 상처를 많이 줍니다. 이들은 자신의 성질을 잘 다스리지 못합니다.
이들은 눈에 보이는 물질이나 탐심, 욕심에 빠질 수 있습니다. 마귀는 이들에게 결코 복잡한 생각으로 유혹하지 않습니다. 단순한 충동으로 이들을 사로잡으려고 합니다.

이러한 사람들은 부르짖는 기도, 발성기도를 많이 하는 것이 그다지 좋지 않습니다. 이들은 자기의 취향에 맞지 않겠지만 묵상기도, 고요한 기도, 기다리는 기도들을 훈련해야 합니다. 그리고 몸에 역사하는 쾌락과 정욕의 악령들을 대적해야 합니다.
이들은 많이 말하지 않고 빨리 말하지 않고 빨리 움직이지 않는 훈련을 해야 합니다. 이들에게는 그러한 것들이 마귀의 통로가 될 수 있기 때문입니다. 이들은 고요함과 잔잔함을 훈련하고 경험할 때 그들의 육체를 통해서 역사하는 마귀의 시험에 넘어지지 않게 됩니다. 왜냐하면 고요함과 잔잔함은 육체를 제어하는 힘이 있기 때문입니다.

정서적으로 민감한 기질이 있습니다. 이들의 영은 예민하고 약합니다.
이들은 지적인 것을 그리 좋아하지 않습니다. 뭔가를 따지고 복잡하게 캐지 않습니다.
이들은 정이 많고 선량한 성품입니다. 이들은 애정 지향적입니다.
그러므로 마귀는 이들의 이러한 약점을 이용합니다. 이들에게 애정에 집착하도록 만들고 빠지게 만듭니다.
버림을 받게 만들어서 지독한 우울증이나 좌절에 빠지게도 합니다.
이러한 이들은 정서적인 욕구가 채워지지 않거나 주님의 임재를 통한 깊은 만족을 얻지 못하게 되면 그의 마음을 채우기 위하여 여러 가지 중독에 빠지게 됩니다. 그것이 이들의 약점입니다.
이들은 영매적인 경향이 있습니다. 그래서 영의 느낌에 민감합니다.
이들은 마음이 여리므로 다른 사람들의 요구를 거절하지 못하고 하기 싫은 것도 거절할 수 없어서 다른 이들에게 끌려 다닙니다.

이들은 다른 사람들의 마음을 쉽게 느끼는 편이므로 다른 이들이 가지고 있는 여러 가지 감정적인 상처나 증상이 쉽게 전염됩니다. 예를 들어서 어떤 슬픈 사람을 만나게 되면 이 사람은 상대방보다 더 크게 고통스러워하며 울기도 합니다. 그것은 이들이 상대의 영에 쉽게 전염되기 때문입니다.

이들은 지적인 사람이나 몸의 기질을 가지고 있는 사람과는 달리 영적인 흡수성이 강합니다. 그래서 영적 체험도 많이 하며 귀신들에게 눌리기도 쉽습니다.
이들은 그러한 영매적 기질로 인하여 아주 고통을 겪습니다. 왜냐하면 다른 이들의 영적 어두움을 흡수해서 자기 안에 받아들이기만 하지 그것을 처리하고 정화하고 이기는 영적인 능력을 가지고 있지 못하기 때문입니다. 그러므로 이들은 남의 온갖 무거운 짐을 혼자서 짊어지고 사는 경향이 있습니다.
이들의 약점은 마음이 선하지만 여리고 약하다는 것입니다.
이들은 양과 같은 사람입니다.

이러한 사람들은 특별하게 대적하는 기도를 많이 해야 합니다. 마음에 조금이라도 억압과 눌림이 있을 때 그 영을 대적해서 쫓아내야 합니다. 이들에게는 쉽게 외부에서 다른 영들이 침투할 수 있기 때문입니다.
이러한 사람들은 부르짖는 기도가 많이 필요합니다. 방언으로 크게 기도하고 소리를 내어서 기도하는 것이 좋습니다. 이들은 마음이 약하기 때문에 상처를 받기 쉬우므로 권능을 받는 것이 필요합니다. 강한 권능의 기름부음을 받아야 합니다.

이와 같이 마귀는 각 사람의 기질에 따라서 공격을 다르게 합니다. 그러므로 우리들은 자신의 기질이 어느 쪽인지를 발견해야 합니다. 자신의 약점이 무엇인지를 알아야 합니다.
그리고 그 약점을 보완하는 기도를 해야 합니다. 그 쪽으로 공격해 들어오는 마귀를 대적하고 부숴야 합니다.

지적인 이들에게 마귀는 그들의 생각을 혼란스럽게 하고 속입니다.
이들이 그 마귀의 역사를 분별하고 대적하여 쫓아내면 그들의 머리에는 놀라운 지혜와 깨달음이 임하게 될 것입니다. 어두움과 거짓은 사라지고 빛과 같은 깨달음과 놀라운 지식이 들어오게 될 것입니다.

몸의 사람들에게는 정욕의 마귀가 강하게 역사합니다. 그러나 이들이 그 마귀를 대적하여 쫓아내고 승리한다면 이들을 통해서 놀라운 부흥이 임할 것입니다. 이들에게는 놀라운 치유의 능력이 임하고 마귀를 깨뜨리는 철장권세가 임하게 될 것입니다. 이들은 하나님의 실제적인 권능을 직접 경험하고 안수함으로 많은 이들에게 역사를 일으킬 수 있습니다.

정서적인 사람들은 그 감정을 통해서 집착하게 하거나 사람에게 눌리게 하는 악령들을 다 초토화시켜 버린 후에 놀라운 희생의 사람으로, 사랑의 사람으로 바뀌게 될 것입니다. 그들은 사랑과 섬김을 사람들에게 베풀며 천상의 기쁨과 행복을 맛보게 될 것입니다.

모든 사람의 기질에 약점과 강점이 있습니다. 마귀는 그 약점을 발견하고 공격합니다. 그러나 그들의 공격과 전략을 이해하고 자신을 객관적으로 볼 수 있는 사람들은 효과적으로 자신을 방어할 수 있게 될 것입니다. 자기의 약점을 공격하는 마귀를 효과적으로 대적하고 제어하면서 그들은 점점 더 놀라운 승리에로 나아갈 수 있을 것입니다.
부디 당신의 약점을 발견하고 방어하십시오. 당신이 거기서 승리하고 극복할 수 있을 때 당신은 당신의 기질을 통해서 주님의 놀라운 도구가 될 수 있을 것입니다. 할렐루야.

19. 체력과 영력을 기르는 훈련들

영적인 전쟁도 싸움입니다. 싸움에는 힘이 필요합니다. 힘이 강한 사람이 싸움에서도 이기게 됩니다.

영적 전쟁은 혈과 육의 싸움이 아니기 때문에 육체의 힘이 강하다고 해서 이기는 것은 아닙니다. 영적 전쟁의 승리에 필요한 것은 체력이 아니고 영력입니다.

영력이 강한 사람은 똑같은 말씀을 가지고도 힘있게 그것을 적용합니다. 누구나 알고 있는 쉬운 말씀을 전한다고 해도 그가 선포할 때 거기에는 힘이 넘칩니다.

그러나 영력이 약한 사람은 말씀을 많이 알고 지식을 많이 가지고 있어도 말씀을 전할 때 능력이 없습니다. 그의 메시지는 멋지고 심오하지만 사람들의 심령에 충격을 주지 못합니다. 그것은 그의 영적인 힘이 약하기 때문입니다.

이러한 영적인 힘과 육체의 강건함은 서로 전혀 관계가 없는 것일까요? 그렇지는 않습니다.

육체의 강건함과 영적인 힘은 서로 전혀 상관이 없다고 할 수는 없습니다. 육체의 강건함은 영적인 능력과도 어느 정도 관련이 있습니다. 육체의 힘이 약하고 몸이 약한 사람은 영적으로도 연약한 것이 보통입니다. 그러한 이들은 대체로 의지도 약한 것이 사실입니다. 힘이 없는 사람은 뜻을 세웠다가도 쉽게 좌절하는 경향이 있습니다.

몸이 아프거나 극도로 피곤하거나 허약한 사람은 마음속에 하고 싶은 것이 많아도 체력이 따라주지 않기 때문에 쉽게 좌절하게 됩니다. 실제로 몸이 약할 때는 마음도 약해지고 자신감도 사라지는 것이 보통입니다. 그렇게 약한 상태에서는 믿음으로 주님을 의지하여야겠지만 몸이 강하고 체력이 좋은 상태라면 좀 더 효과적으로 주님의 일을 하고 자유롭게 살아갈 수 있을 것입니다.

감성적이고 예민해서 상처를 잘 받는 사람들도 체력이 약한 것이 보통입니다. 영매적인 기질을 가지고 있어서 다른 사람들의 좋지 않은 영향을 쉽게 흡수하는 사람들도 체력이 약한 것이 보통입니다.
그들은 그렇게 체력이 약하기 때문에 몸의 안에 있는 영혼을 보호하지 못하는 것입니다. 그러한 이들도 체력을 강하게 할 때 영혼을 좀 더 잘 지키고 승리하는 삶을 살 수 있습니다.
그런 의미에서 영력을 길러서 마귀를 이기는 한 방편으로 육체를 강건하게 하는 것은 영적 전쟁에 있어서 큰 도움이 될 수 있는 것입니다.
그러면 어떻게 영력과 함께 육체의 힘도 기를 수 있을까요? 영력을 강화시킬 수 있는 다음의 여러 가지 방법을 시도해보면 도움이 될 것입니다.

첫째 눈에 힘을 주고 강하게 뜨는 훈련입니다.
피곤하고 지쳐있는지 아니면 힘이 넘치는 지는 눈을 보면 그대로 드러납니다. 영력과 체력이 약한 이들은 눈에 힘이 없으며 흐리고 약합니다. 강하게 응시를 하지 못하고 다른 사람의 눈을 잘 쳐다보지 못하는 이들은 영적으로도 나약한 것이 보통입니다. 생각이 복잡하고 생각을 통제할 수 없는 사람은 눈이 흐리고 멍합니다. 그러나 악한 영을 쫓아내고 나면 눈의 흐림이 사라지고 맑아지게 됩니다. 그러므로 눈의 강화는 곧 영력의 강화와 연관이 있는 것입니다.
그러므로 눈을 강하게 하는 훈련은 체력과 영력을 강하게 합니다.
눈을 크게 뜨십시오. 그리고 한 곳을 강하게 바라보십시오.
힘차게 깜박거리십시오. 그런 식으로 눈의 힘을 강하게 하는 훈련을 수시로 하는 것이 좋습니다. 단순히 그것만으로도 정신이 맑아지고 자신감이 올 수 있습니다.

악령이 공격하는 느낌이 있을 때 정신이 혼란스럽고 마음이 두려워지고 불안할 때 거울을 보면서 눈을 크게 부릅뜨고 악령을 대적하며 나가라고 외치면 눈이 맑아집니다. 그러면서 악한 영이 빠져나가고 시원해지는 것을 느끼게 됩니다. 이처럼 눈의 강화는 영적인 힘을 기르는 데 매우 중요합니다.

둘째는 소리의 훈련입니다.
영력이 약하고 체력이 약한 사람은 목소리가 약하고 우물거립니다. 그러므로 소리를 훈련해서 강하게 하면 심령도 같이 강해지게 됩니다. 말을 할 때 입에 힘을 주고 강하게 소리를 내는 훈련을 하는 것이 좋습니다. 강하고 큰 소리로 기도하며 강하고 큰 소리로 성경을 읽는 것을 훈련합니다. 성경을 읽을 때 감정을 넣어서 아주 힘있게 읽는 것이 좋습니다. 성경을 강하고 큰 소리로 읽으면 심령에 성령의 강력한 감동을 받게 됩니다.

그렇게 해서 목소리에 힘이 들어가면 자신감도 생기며 체력도 영력도 강해집니다. 이렇게 훈련을 하고 어느 정도 시간이 지나면 다른 사람들이 그 사람의 변화를 느끼고 놀라게 됩니다. 그리고 목소리를 통해서 영적인 힘을 느끼게 되기 때문에 함부로 대하지 못하게 됩니다.

셋째는 배의 훈련입니다.

육체의 힘과 영적인 힘은 배에서 나옵니다. 그러므로 배를 강화시키는 것은 체력과 영력을 강화시키는 것입니다.

배에 힘을 주고 크게 숨을 내쉬고 들이쉬는 훈련을 하는 것이 좋습니다. 호흡 자체보다는 배가 나오고 들어가는 데에 마음을 기울입니다.

손으로 직접 배를 주무르면서 마사지를 하거나 누르는 것도 좋습니다. 그것은 배를 강화시킵니다.

배가 강할 때 자신감이 생기고 힘이 생깁니다. 흔히 하는 말에 '배짱이 좋다' '뱃심이 좋다' 는 말이 있습니다. 이것도 배가 힘이 나오는 근원인 것을 입증하는 것입니다. 이처럼 배를 강하게 하는 훈련은 육과 영을 강력하게 합니다.

넷째로 자주 걸어 다니며 운동을 하는 것이 좋습니다.

마음이 약한 사람이나 지적인 사람, 감성적인 사람들은 움직이는 것을 별로 좋아하지 않습니다. 그래서 영력도 체력도 약해지게 됩니다. 그러므로 운동을 통해서 이러한 약체의 기질도 바꾸고 영혼도 활동시키게 됩니다.

움직이는 운동뿐만 아니라 근력을 기르는 운동도 체력과 정신력과 영력을 키워줍니다. 운동을 잘하고 강인한 사람은 인내심이 많은 것이 보통입니다. 그러나 체력이 약한 사람은 엄살도 많고 비판도 많으며 어려움이 닥치면 쉽게 포기하고 맙니다.

그러므로 강인한 정신력을 위해서 운동이 중요한 것입니다. 군대에서 군인을 훈련하면서 강인한 정신력을 키우기 위해 여러 가지 혹독한 훈련을 하는 것은 잘 알려져 있습니다. 그처럼 육체의 연습도 영을 강화시키는 데에 도움이 됩니다.

쉬운 근력 운동으로서는 팔 굽혀 펴기와 같은 것이 있습니다. 이것은 어디서나 할 수 있으며 날마다 수시로 할 수 있는 훈련입니다. 이런 식으로 간단한 운동을 자주 훈련하면 영력과 체력을 기르는 데에 도움이 될 것입니다. 육체의 힘이 증가될 때에 그것은 영적인 자유를 증가시키는 데에 도움이 된다는 것을 이해해야 합니다.

영이 묶여 있는 사람은 몸의 표현도 잘 하지 못합니다. 화가 나거나 긴장하게 되면 사람은 움직임이 둔해집니다. 내성적인 사람은 춤과 같이 자신의 몸을 움직여 표현하는 것을 어려워합니다. 박수를 치라고 해도 잘 치지 못하며 어색하고 힘들게 조금 칠 뿐입니다. 그것은 그들의 영과 정신이 묶여 있음을 보여주는 것입니다.
그러므로 활발하게 몸을 움직이고 춤을 추고 표현할 때 몸의 자유와 함께 영혼도 풀어지고 자유롭게 됩니다. 그러므로 운동은 육체와 영혼 모두의 자유와 승리에 도움을 주는 것입니다.

다섯째로 아주 중요한 것이 호흡입니다.
나의 저서 〈호흡기도〉에서도 충분히 언급했듯이 호흡은 기도이며 생명을 주는 것입니다. 그것은 우리의 삶에 주님의 임재와 풍성함을 더해줍니다. 단지 며칠만 호흡기도를 시도해도 삶과 영성에 엄청난 변화를 경험하게 됩니다.
호흡은 실제적인 에너지와 힘을 주는 것입니다. 이것은 곧 영적인 충전입니다.
자세한 기법은 〈호흡기도〉에 이미 충분히 기록되어 있으니 참고하면 좋을 것입니다.
아주 간단하고 중요한 사항은 체력과 영력을 키우기 위해서는 충분히 깊이 많이 호흡하는 것입니다.
주의 이름을 부르면서 주님께서 나를 채워달라고 구하면서 숨을 깊이 강하게 들여 마시는 것입니다.
호흡을 토하면서 나의 죄와 악과 모든 병과 더러운 것을 토하십시오. 그러한 것들이 나간다고 믿으면서 토하면 됩니다.
그리고 주의 영과 능력을 충분히 강하게 들여 마시십시오. 단순히 호흡을 마실 때 그러한 힘과 에너지가 들어온다고 믿으면서 하면 됩니다.
이것은 아주 놀라운 힘을 줍니다. 거의 즉시로 온 몸에 힘이 들어오기 시작합니다. 호흡으로 하는 기도는 어디에서나 어떤 자세에서도 할 수 있고 어떤 시간에도 할 수 있습니다. 전철 안에서도, 학교에서도, 회사에서도. 잠을 자기 직전에도, 어디서든지 할 수 있습니다.

나의 경우 책을 쓸 때 거의 기도와 호흡으로 쓴다고 해도 과언이 아닙니다. 글을 쓰다가 지치고 탈진하면 앉거나 누워서 주를 부르며 호흡을 마십니다. 속으로 주를 부르며 코로는 숨을 들여 마시는 것입니다. 그렇게 마시면서 책을 쓸 수 있는 지혜와 힘을 달라고 구합니다.
그렇게 영적 에너지로 충전하는 것입니다.
그렇게 충전을 하면 나는 곧 회복되어 힘이 생겨서 글을 쓰게 됩니다. 그것이 내가 기도하면서 책을 쓰는 과정입니다.

글을 쓰면서 나는 악한 영들에게 많은 공격을 받습니다. 그리하여 온 몸이 쑤시고 아프고 머리도 어지럽고 온갖 증상에 시달립니다.
그러나 나는 쉬면서 그들을 대적하여 쫓아낸 후에 호흡으로 기도하고 충전합니다. 그렇게 하면 시간이 많이 걸릴 때도 있지만 대체로 빠른 시간 안에 회복됩니다. 그래서 나는 조금 전까지 힘들어 쓰러져 있다가도 곧 다시 일어나서 글을 쓰게 되는 것입니다.

힘이 들 때 이 호흡기도의 충전을 시도해보면 그 효과를 경험할 수 있을 것입니다. 공부할 때도 어려운 일을 할 때도 이 호흡기도는 놀라운 힘을 공급해줍니다.

충분히 강하게 호흡을 하면 온 몸에 기운이 돌아다니기 때문에 피곤을 이길 수 있습니다. 자신감을 얻고 몸도 강건해지고 체력도 영력도 강해지게 됩니다.

이 외에도 몸과 영력을 강건하게 하는 많은 방법들이 있습니다. 그러나 이 정도만으로도 놀라운 효과를 경험할 수 있을 것입니다.

이 방법들을 사용하여 보십시오.

눈을 훈련하십시오.

소리를 훈련하십시오.

배를 훈련하십시오.

기도하는 마음으로 운동을 하십시오.

호흡으로 충전하십시오.

그와 같이 꾸준하게 훈련을 하게 될 때 당신의 몸과 영은 강건하게 될 것입니다. 인내심도 강해지고 의지도 강해지며 자신감이 생기고 두려움이 사라지며 영력이 강해지게 될 것입니다.

그러한 상태에서 마귀를 대적하고 쫓아낼 때 당신은 더 많은 자신감과 확신을 가질 수 있게 될 것입니다.

부디 당신의 체력과 영력을 키우십시오. 그것은 기도와 훈련으로 충분히 할 수 있는 귀하고 중요한 일인 것입니다. 할렐루야.

20. 무엇보다 중요한 것은 본인 자신의 의지입니다

그리스도인들 가운데는 영적 지도자나 다른 사람을 지나치게 의지하고 의존하는 경향을 가지고 있는 이들이 많이 있습니다.
그러한 이들은 자신의 의지로 무엇을 하려고 하지 않습니다. 오직 다른 이들의 조언이나 인도를 구하고 기다리며 모든 결정을 스스로 하지 않고 다른 이들이 해주기를 기다리곤 합니다.

목회자를 '주의 종님'으로 깍듯이 대하면서 모든 일에 사사건건 어떤 지침을 내려주기를 원하는 이들도 있습니다. 누구랑 결혼해야 하는지, 자식은 어느 대학에 보내야 하는지, 진로는 어느 쪽으로 잡아야 하는지.. 일일이 물어보고 싶어합니다. 물론 그러한 자세는 바람직하지 않습니다. 주님은 우리에게 자유의지를 주셨으며 우리가 자신의 인생을 스스로 선택하고 결정하기를 원하십니다.

주님은 우리를 자유로운 인간으로 창조하셨지 맹목적으로 다른 이들을 따라가는 기계적인 존재로 만드신 것이 아닙니다.
사역자는 성경적이고 영적인 어떤 원리를 제시하고 가르칠 수 있습니다. 그러나 개인의 삶에 이래라 저래라 할 수는 없습니다. 그것은 오직 주님만이 하실 수 있는 것이며 개인적인 적용은 각자가 스스로 기도하면서 해야 하는 것입니다.

마귀를 대적하고 악령들을 쫓아내는 것도 마찬가지입니다. 중요한 것은 각 사람의 의지입니다. 각자가 자기의 약점과 문제점을 발견해야 하며 자신의 삶에 개입하여 공격하고 있는 악한 영들을 스스로 발견하고 대적하여 쫓아내야 합니다. 어떤 이들은 오직 사역자가 그것을 해주기 원합니다. 자기 안에 무슨 문제가 있는지 물어보고 무슨 악령이 있는지 물어보고 그것을 다 사역자가 판단하고 결정하고 해결해달라고 하는 이들도 있는데 그것은 좋지 않은 것입니다.

자기에게 가장 고통스러운 것이 무엇인지는 본인이 가장 잘 아는 것입니다. 그리스도인들은 여러 영적인 원리에 대해서 알아야 하고 마귀의 전략과 원리에 대해서 배워야 합니다. 그러나 그것을 적용하는 것은 개인적으로 해야 합니다.

어떤 이들은 조금만 문제가 생겨도 그 악한 영을 쫓아내 달라고 사역자를 찾아갑니다. 하지만 어떤 영적인 사역자도 그렇게 할 수 없습니다. 왜냐하면 그들이 혼자서 해결하는 방법을 배우지 못하면 사역자가 그들의 옆에서 24시간 동안 같이 살면서 문제를 해결해주어야 하기 때문입니다. 그것은 가능한 일이 아닙니다.

강력한 영적인 힘을 가지고 있는 사역자가 어떤 이를 기도해주어 자유롭게 해주었다고 합시다. 그러나 그 사람의 가치관이나 삶이나 생각이 바뀌지 않았다면, 그의 안에 여전히 악한 영들이 좋아하는 먹이가 가득하다면 그들은 다시 돌아옵니다. 중요한 것은 그 사람의 삶의 중심인 것입니다.

우리는 일시적으로 악한 영들을 대적하고 쫓아낼 수 있습니다. 그러나 더 중요한 것은 사후의 처리입니다. 계속적으로 변화된 삶을 살아야 합니다. 예전의 삶의 습관으로 돌아간다면 악한 영들은 다시 돌아옵니다. 그러므로 가장 중요한 것은 어떤 영적인 사람의 능력적인 기도가 아니라 본인의 의지인 것입니다.

그 사람이 자신의 의지로 악을 미워하고 지속적으로 죄를 대적하며 마귀가 좋아하는 모든 것들을 멀리하겠다는 마음이 있어야 합니다. 그러한 결단은 다른 사람이 해줄 수 없는 것입니다. 그것은 부모가 해줄 수 없고 배우자가 해줄 수 없습니다. 그것은 오직 본인 자신의 의지에 달린 것입니다.

어떤 이들은 세계적인 유명한 집회에 참석을 하고 영적으로 널리 알려진 사역자에게 안수를 받고 예언을 받으면 자신의 삶이 극적으로 바뀔 것이라고 생각합니다.

그러나 그것은 오해입니다.

그것은 아주 공부를 못하는 학생이 공부를 잘 하기로 유명한 학생을 찾아가서 만나서 악수를 하게 되면 갑자기 천재가 되어 그 다음부터는 자신도 공부를 잘하고 성적이 확 뛰어오를 것이라고 믿는 것과 똑같습니다.

그것은 피아노를 잘 치고 싶지만 잘 치지 못하는 사람이 세계적인 피아니스트와 악수를 하면 자신도 놀라운 피아니스트가 될 것이라고 믿는 것과 같은 것입니다.

당연히 그것은 가능한 일이 아닙니다. 공부를 잘하고 피아노를 잘 치는 이들은 그들의 삶 속에서 많은 시간을 들여 공부를 하고 피아노를 연습했기 때문에 그러한 능력을 얻게 된 것입니다. 그들은 끊임없이 연습을 하고 훈련을 한 결과 어느 정도의 위치에 이르고 기능을 얻은 것입니다. 그러니 그와 같은 삶을 살지 않으면서 그들과 잠시 같이 있었다고 그들과 같아질 것이라고 생각하는 것은 오해입니다.

물론 그러한 이들과의 접촉을 통해서 자극을 받을 수는 있을 것입니다. 아, 나도 저렇게 공부를 해야겠다, 아, 나도 저렇게 피아노를 쳐야겠다.. 하고 도전을 받을 수는 있을 것입니다. 그러나 그러한 자극을 실천으로 옮기는 것은 본인 자신입니다. 그렇게 실천에 옮기지 않으면 변화되는 것은 아무 것도 없습니다.

나는 세계를 돌아다니며 유명한 집회에 참가하고 훈련을 받은 것을 아주 자랑스럽게 여기고 말하는 이들을 많이 보았습니다. 어디에서 얼마큼 장기 금식을 했고. 그런 자랑을 하는 이들을 더러 보았습니다.
하지만 그렇게 말하는 이들의 영을 살펴보면 별로 열려있지 않고 어두움이 많고 자유롭지 않은 것이 보통이었습니다.
그렇다면 그들의 그러한 외적인 경력은 아무 의미도 없는 것입니다. 중요한 것은 지속적인 훈련과 적용을 통해서 변화 성장되어 가는 것입니다. 한번의 경험으로는 충분하지 않습니다. 다른 사람의 도움으로는 충분하지 않습니다. 그것은 잠깐의 자극일 뿐입니다. 그 후에는 오직 자신의 의지가 필요합니다. 자신의 의지로만 사람은 변화될 수 있기 때문입니다.

예수님께 치유를 받았던 열 명의 문둥병자가 있었습니다. 주님의 능력이 그들에게 임하였고 그들의 몸은 기적적으로 회복되었습니다.
그러나 한 명을 제외한 아홉 명의 문둥병자들은 주님께로 오지 않고 제 갈 길로 가버렸습니다. 주님의 능력이 부족해서일까요? 주님의 영성이 모자라서일까요? 그들에게 임한 주님의 은총이 부족해서일까요?
아닙니다. 그것은 그들 각자의 선택입니다. 그들은 병이 나은 것으로 만족했으며 더 이상 주님을 구하고 따르려고 하는 마음은 없었던 것입니다. 그들은 주님 자신보다 육체의 강건함을 더 소중하게 생각하였습니다. 그것은 각자가 결정하는 문제인 것입니다.

자신의 의지로 주님을 선택한 사람만이 계속적으로 주님을 따르며 지속적으로 변화될 수 있는 것입니다. 한번의 충격적인 경험은 그 사람의 지속적인 의지가 없는 한 부족하며 그것으로 끝납니다. 아무도 그 사람의 의지를 대신 사용하고 판단하며 대신 결정해줄 수 없습니다.

다른 사람이 아니라 오직 자신만이, 자신의 의사와 결정과 선택만이 자신의 삶과 인생을 변화시킬 수 있다는 것을 기억해야 합니다.
어떤 이들은 자신의 의지를 사용하지 않고 계속적으로 남에게 기대하고 의존하려고 합니다. 이러한 이들은 변화되고 성장할 수 없으며 다른 이들의 짐이 되고 다른 이들을 원망하게 됩니다.
나는 어느 청년이 아버지가 자기에게 돈을 주지 않기 때문에 자신이 돈이 없다고 불평하는 것을 보았습니다. 그는 20대 중반 정도의 나이였는데 그것은 별로 좋은 고백이 아니었습니다. 그 나이에는 자신도 아르바이트를 할 수 있기 때문입니다.
그렇게 남에게 책임을 돌리고 원망하는 이들은 성장하기 어렵습니다. 그러한 이들은 남을 의존하는 사람들입니다.
어렸을 때부터 부모가 자녀들에게 모든 것을 해주고 그것을 당연하게 여기는 것은 자녀를 피동적이고 기계적인 사람으로 만드는 것입니다. 그것은 좋은 교육이 아닙니다.

자신의 삶에서 악한 영을 대적하고 쫓아내어 온전한 자유와 승리를 경험하고 싶다면 다른 사람들을 지나치게 의존하며 찾아다니는 것은 별로 좋지 않은 것입니다. 교제는 필요하지만 의존은 좋지 않습니다.

어떤 영적인 사람도 어떤 가까운 사람도 당신을 온전히 도울 수는 없습니다. 마귀는 당신이 혼자 있을 때 공격할 것입니다. 어떤 사람도 영원히 당신이 혼자 있지 못하게 할 수는 없습니다.

인간은 근본적으로 혼자이기 때문입니다. 인간은 혼자 태어나서 혼자서 죽습니다. 그러므로 혼자 있을 때에 마귀를 부수고 이기지 못한다면 당신은 온전하게 승리할 수가 없습니다. 혼자 있어서 불행한 사람은 둘이 있다고 해서 별로 달라질 것이 없습니다. 당신은 오직 스스로 강해져야 합니다. 자신의 삶은 자신의 선택에 의해서 결정된다는 것을 기억해야 합니다.

다른 이들의 영력으로 당신의 승리를 얻으려고 하지 마십시오.

그들은 한번 시계추를 건드릴 수는 있습니다. 그러나 그 한번으로는 충분하지 않습니다. 시계의 추는 지속적으로 움직여야 합니다. 그리고 그것은 당신의 몫입니다.

자신의 의지로 악을 미워하는 것을 선택하십시오.

자신의 의지로 습관을 바꾸십시오.

자기 안에 있는 악령들의 먹잇감들을 대적하고 버리십시오.

그것을 하루 이틀 하고 포기하지 말고 지속적으로 죽을 때까지 하십시오.

그렇게 자신의 의지로 지속적으로 투쟁할 때 당신은 반드시 자유와 해방을 얻게 될 것입니다. 스스로 의지를 사용할 수 있을 때에만 당신은 진정한 자신감을 얻고 온전한 승리를 경험할 수 있게 될 것입니다. 할렐루야.

21. 반성과 회개는 아주 중요합니다

많은 그리스도인들이 영적인 무지 때문에 마귀의 통로가 됩니다. 그들은 자기의 마음속에서 일어나는 악한 영의 충동을 따라 행동함으로 넘어지고 실수하며 다른 이들에게 상처를 주고 피해를 입힙니다.
자, 이러한 경우에 그 사람은 죄가 없는 것일까요? 책임이 없는 것일까요? 그 모든 것은 마귀가 한 짓이고 자신은 모르고 속고 한 일이기 때문에 책임이 없는 것일까요?
간단하게 말해서 그렇지 않습니다. 악한 일의 근원이 마귀라고 해도 그에게도 역시 책임이 있습니다. 그가 모르고 했다고 해서 그의 책임이 사라지는 것은 아닙니다.
아래의 말씀은 이에 대한 지침을 줍니다.

"주인의 뜻을 알고도 예비치 아니하고 그 뜻대로 행치 아니한 종은 많이 맞을 것이요 알지 못하고 맞을 일을 행한 종은 적게 맞으리라" (눅12:47,48)

즉 알고 행한 자는 많이 맞고 모르고 행한 자는 적게 맞습니다. 그러므로 모르고 했다고 해서 책임이 면제되는 것은 아닌 것입니다. 알고 행한 자보다는 적게 맞지만 그래도 그들에게 책임이 인정됩니다.
마지막 심판 날에 주님께서 믿지 않는 자들에게 '너는 왜 나를 믿지 않았느냐?' 하고 물으셨을 때 그들이 대답하기를 '주님, 저는 주님이 하나님이신 줄 몰랐습니다. 알면 왜 안 믿었겠습니까?' 한다면 그들의 책임이

면제될까요? 주님께서 '아, 그랬었구나. 몰랐었니? 나는 네가 아는 줄 알 았어..' 그렇게 대답하실 까요? 아마 그렇지 않을 것입니다. 그들은 몰라서 악을 행했지만 그렇다고 그들의 책임이 면제되는 것은 아닙니다.
우리는 영적 무지로 인하여 마귀들에게 속습니다. 그리고 그들의 제안을 받아들입니다. 악령들은 우리 안에서 두려움을 일으키고 분노를 일으키며 음란을 일으키고 시기와 질투를 일으킵니다. 우리는 그들에게 속아서 남을 미워하게 되며 자신이 대단한 존재라고 생각하며 교만한 마음을 가지게 됩니다. 죄를 짓는 모든 자는 마귀에게 속고 있는 자입니다.

우리가 해방을 얻기 위해서 중요한 것은 그것이 내가 아니라 마귀가 우리 안에서 그렇게 장난치고 역사하고 있다는 것을 깨닫는 것입니다. 그러한 악들의 근원이 우리가 아닌 것을 알면 우리는 진정한 전쟁을 시작하게 됩니다. 그래서 죄와 싸우며 마귀와 싸우는 거룩한 전쟁을 하게 되는 것입니다.
그 전쟁에서 중요한 것은 우리의 적이 마귀이며 죄를 짓게 하는 것이 내 속에 거하고 있다는 깨달음입니다. 그러므로 나와 그들을 분리시켜야 합니다. 죄가 내 것이라고 생각하면 죄책과 열등감과 좌절에 빠지거나 그것을 합리화시켜서 영이 마비되거나 할 뿐입니다. 그러나 그들이 내가 아닌 것을 알면 그 악을 나와 분리하고 대적해서 쫓아낼 수 있습니다.
문제는 이미 여태까지 속아서 행한 행동들입니다.

우리가 마귀에서 속아서 한 생각이나 행동 중에서 그 피해가 나 자신에게만 있는 것은 문제가 안됩니다. 예를 들어 우리 안에 열등감이나 좌절이나 죄책감이나 자학과 같은 것은 자신에게 피해를 입히는 것입니다. 마귀의 공격으로 인하여 자기만 눌리는 것입니다.

물론 자신의 그러한 눌림을 통하여 남들에게 피해를 전혀 주지 않는다고 할 수는 없지만 그래도 중심의 피해자는 자신입니다.

그러나 우리가 마귀에게 속아서 행동한 것이 다른 사람들에게 피해를 주었다면 문제가 조금 복잡해집니다.

예를 들어서 마귀가 우리에게 다른 이에 대한 오해와 미움과 분노를 심었습니다. 그래서 우리가 그것을 그 사람에게 터뜨렸습니다.

다른 이들에게 우리가 마귀의 충동을 따라 화를 내고 미워했으며 상처를 주었습니다. 자, 이러한 것은 우리의 무지로 인하여 남들에게 피해가 된 것입니다.

여기에는 책임이 없을까요?

우리는 '아, 그것은 내가 한 짓이 아니었어. 그러니 나는 아무 잘못이 없어.' 이렇게 생각하면 그만일까요?

그것은 옳지 않은 것입니다. 아무리 우리가 마귀에게 속았다고 해도 그 책임은 우리에게 있습니다. 인간의 조상은 마귀에게 속아서 죄를 지었지만 그 벌이 면제되지 않았습니다. 고의가 아니었다고 하더라도 행위에는 항상 책임이 있는 것입니다.

마귀가 우리에게 속임수를 썼다고 하더라도 그것을 받아들인 것은 우리 자신입니다. 우리는 그 사실을 인정하고 책임을 져야 합니다.

그러므로 우리는 다른 이들에게 피해를 끼쳤을 때에 그 사실을 인정하고 사과해야 하며 그들에게 용서를 받아야 합니다. 그렇지 않으면 우리의 잘못된 행실은 영원히 우리에게서 사라지지 않습니다. 우리는 한 평생 그 책임을 져야 하며 악한 영들이 우리에게 역사할 수 있는 권리를 줍니다. 마귀는 자기가 한번 사용한 사람은 계속 사용할 수 있기 때문입니다.

과거의 실수는 어쩔 수 없는 일입니다. 과거의 무지도 어쩔 수 없습니다. 이제 와서 그것을 돌이킬 수는 없습니다.
그러나 지금 과거의 잘못을 알았다면 거기에는 반성과 회개가 있어야 합니다. 그것도 철저한 반성과 회개가 필요합니다. 그렇지 않고는 마귀에게서 벗어날 수 없는 것입니다.
나는 사람들이 한번의 실수나 죄를 계속 반복하는 것을 수 없이 보았습니다.

예를 들어 한 교회에서 사역자를 비난하거나 대적하고 문제를 일으키고 나간 사람들이 있습니다. 그 중에 어떤 이들은 얼마간의 시간이 지나면 자신의 행동을 후회하면서 다시 돌아옵니다.
하지만 나는 그러한 사람들은 거의 예외 없이 다시 비슷한 행동을 하고 나가는 것을 알게 되었습니다. 사역자를 비난하고 대적하게 만들었던 영들이 다시 그에게 들어가 역사하기 때문에 그들은 다시 비슷한 행동을 반복하게 되는 것입니다.

이것은 다른 죄에도 마찬가지로 적용됩니다. 한번 교활한 행동을 하고 사람을 이간질하는 이들은 깨닫고 다시는 하지 않겠다고 결심을 해도 나중에 비슷한 일을 계속 반복하는 경향이 있습니다. 거짓을 말하는 이들은 역시 그렇지 않겠다고 결심을 하지만 비슷한 일을 반복합니다. 거의 평생 동안 사람들은 비슷한 죄를 계속 짓습니다.
그 이유는 무엇일까요?
그것은 자신이 한번 저지른 실수와 죄에 대한 통렬한 반성과 회개가 없기 때문입니다.
사람들은 죄를 지은 다음 그 죄로 인하여 고통이 오게 되면 죄에 대한 벌을 무서워할 뿐이지 그 죄 자체에 대한 반성과 회개를 별로 하지 않습니다. 그저 징벌만 피하고 싶어 할 뿐입니다. 그러므로 죄를 짓고 잘못된 행동을 한 후에 얼마 동안 삶이 고통스러우면 자신의 일을 후회하지만 상황이 나아지면 다시 비슷한 죄를 지으며 동일한 악령을 불러들이게 되는 것입니다.

대부분의 사람들은 잘못과 실수를 하고도 자신의 과오에 대해서 대체로 너그럽습니다. 그저 잘 몰라서 그랬을 뿐이라고 생각하며 그러한 잘못을 대수롭게 여기지 않습니다. 그러한 이들이 같은 실수를 하지 않는 것은 거의 불가능한 일입니다. 그들은 대부분 동일한 행동을 반복하게 됩니다. 죄를 지긋지긋하게 미워하고 증오하고 대적하지 않는 한 죄란 그리 쉽게 물러가는 것이 아닙니다. 마귀도 그리 쉽게 우리를 떠나려고 하지 않습니다.

사람의 변화는 그리 쉬운 것이 아닙니다. 변화되는 사람은 많지 않습니다. 다만 간절하게 변화를 구하는 사람만이 변화됩니다. 과거의 자기의 잘못과 무지와 죄를 반성하고 지속적으로 끊임없이 투쟁하는 이들만이 변화 성장할 수 있습니다.

가장 비극적인 사람은 자신의 잘못을 인정하지 않는 사람들입니다. 자기의 책임을 인정하지 않으며 자신의 실수와 죄와 무지를 합리화시키고 변명하는 사람들입니다.

처음에는 사실은 그렇지 않다고 말하다가, 사실이 드러나도 그 때는 그럴 수밖에 없었다고 변호하고 사실 내 마음은 그게 아니라고 말하고.. 이런 식으로 여러 가지로 복잡하게 변명하고 돌려서 말하는 이들은 거의 변화될 가능성이 없습니다.

그 이유는 그러한 변호와 합리화가 그 사람과 귀신들을 깊이 연합하게 만들어주기 때문입니다. 악한 영들은 사람들을 속이고 들어오지만 그 사람이 악한 영들이 주는 충동과 죄를 즐기고 변호하면 귀신들도 즐거워하며 그 사람과 깊이 연합하게 되어 그 악한 영들의 성품이 그 사람의 성품이 되고 운명이 되고 영원이 됩니다. 그러므로 그렇게 깊이 결속되었을 때 사람은 결코 변화될 수 없는 것입니다.

그러므로 반성과 회개는 얼마나 중요한지 모릅니다.
우리는 결코 자신을 변호해서는 안됩니다. 어린아이처럼 솔직하고 순수해야 합니다. 이것을 말할 때 내 위신이 어떻게 되고 나에게 불리해지는 것이 아닐까.. 이런 식으로 복잡하게 생각하는 이들은 변화되기 어렵습니다. 변화와 해방을 위해서는 주님 앞에서 주님의 빛 앞에서 순수하고 단순하고 솔직한 것이 필요합니다.

자신의 과거의 무지로 인하여 마귀에게 속아서 사람들에게 피해를 주었다면 그는 진지한 마음으로 사과해야 합니다. 상대방의 용서를 얻어야 합니다. 그래야만 그를 따라다니는 재앙의 기운이 사라질 수 있습니다. 사람은 알지 못하지만 영계에는 비밀이 없습니다. 죄를 짓고 남의 마음을 상하게 한 사람들은 항상 그의 뒤에 악령들이 따라다닙니다. 사과와 반성과 용서받음은 그 재앙의 영들을 쫓아버리는 것입니다. 썩은 냄새가 사라지면 까마귀도 같이 사라지게 됩니다.
나는 과거의 문제를 이야기하면 '그 때는 내가 그런 것 알았나..' 하면서 가벼이 넘기는 이들을 많이 보았습니다. 그러한 이들은 변화될 가능성이 없습니다. 그들은 자신의 안에 있는 어둠들을 버리려고 하지 않습니다. 그것들을 합리화합니다.

그러한 이들은 그러한 상태에서 죽게 될 것이며 영원히 후회를 계속하게 될 것입니다. 살아있을 때는 반성과 성장과 변화가 가능하지만 육체가 사라진 후에는 더 이상 성장과 반성이 가능하지 않습니다.

우리는 하나를 깨달았으면 항상 바르게 적용해야 하며 반성을 해야 합니다. 항상 자기의 안을 점검하며 반성과 회개를 해서 영혼을 정화시켜야 합니다. 그것이 다가오는 재앙을 막는 것입니다. 검은 구름은 비를 담고 있듯이 마음속에 어두움이 있으면 재앙의 비가 오게 됩니다.
마귀는 나쁜 놈입니다.
하지만 그들에게 모든 책임을 다 돌려서는 안 됩니다.
그들의 제안을 받아들인 사람도 잘못입니다.
마귀가 옆에서 '누구는 나쁜 놈이다. 그에게 복수해라. 그를 미워해라. 너는 지금 아주 많이 억울하니까 누구에게 전화 걸어서 하소연해라. 더 이상 참지 마라. 이렇게 해라. 저렇게 해라..' 그렇게 끊임없이 이야기하고 있을 때 그것을 듣고 '아멘' 하고 순종한 사람은 당신 자신입니다. 당신은 그 마귀의 속삭임이 자신의 성품과 기질에 맞았기 때문에 수긍한 것입니다. 당신이 가지고 있는 성품과 성향과 생각의 파장이 마귀와 맞았기 때문에 악한 영들이 당신에게 올 수 있는 것입니다.

그러므로 당신은 자신의 책임을 인정하고 그것을 반성하며 회개해야 합니다. 그리고 나서 마귀를 저주하며 대적해야 합니다.
정말 당신이 마귀를 미워하고 죄를 증오한다면 마귀는 당신에게 올 수 없습니다. 정말 당신이 주님을 마음 중심으로 간절하게 사모하고 마음과 뜻과 성품을 다하여 사랑하고 사랑한다면 주님은 당신에게 가까이 오십니다. 그것이 영계의 법칙입니다. 주님은 아무도 편애하시지 않습니다.

그러므로 자신을 억울한 희생양으로 생각하지 마십시오.
귀신들은 아무에게나 자기 마음대로 들어갈 수 있는 존재가 아닙니다. 그들은 영들이며 영계의 법칙을 따라 움직입니다. 먹을 것이 없는 곳에 그들은 가지 않습니다. 그들에게 동조하지 않는 곳에 그들은 갈 수 없습니다. 오직 그들을 받아들이고 틈을 주는 사람에게 그들은 들어가며 역사할 수 있습니다.

그러므로 부디 반성하고 회개하며 자신의 마음을 정화시키십시오.
마귀가 올 수 없는 마음을 만드십시오.
거룩하고 정결하여 오직 주의 영이 임하시고 편안하게 거할 수 있는 성전이 되십시오.
진지한 반성과 회개 속에서 우리는 온전한 승리를 누릴 수 있게 될 것입니다. 할렐루야.

22. 영적 전쟁에 있어서의 기도와 금식의 의미

주님의 제자들이 귀신들린 아이에게서 귀신을 쫓는 데에 실패한 후에 주님이 그 아이에게 붙은 귀신을 쫓아내시자 제자들은 조용히 와서 왜 자기들은 실패했느냐고 물었습니다.

그러자 주님께서는 기도 외에 다른 것으로는 이런 유가 나갈 수 없다고 말씀하셨습니다. (막9:29) 다른 사본에서는 '기도와 금식 외에는' 이라고 '금식' 이 첨가되어 있습니다.

기도와 금식.. 이것은 영적 전쟁의 중요한 무기이며 준비입니다. 경험적으로 이러한 사역을 주로 하는 사역자들은 많이 기도하며 주기적으로 금식을 한다고 합니다.

기도와 금식, 그것은 영적 전쟁에서 어떤 의미가 있을까요?
우리는 단지 우리의 믿음과 우리의 영력과 힘으로 마귀를, 악한 영들을 쫓아내는 것이 아닙니다. 그것은 주님이 십자가에서 이미 이루신 승리와 우리에게 허락하신 주님의 이름과 권세를 통해서 할 수 있는 것입니다.
그러나 그러한 동일한 권세가 우리에게 있고 믿음이 우리에게 있다고 해도 그 권세와 나타나는 능력은 사람마다 각각 다 다릅니다. 어떤 이들에게는 좀 더 강력한 능력과 힘이 나타나고 어떤 이들에게는 약간의 능력만이 나타납니다.
그것은 주님 당시의 제자들도 마찬가지였습니다.
오늘날 우리들도 동일한 주의 이름과 권세를 받았으며 동일한 하나님의 영을 받았지만 각 사람의 믿음과 영력은 다 다릅니다.
기도의 의미는 바로 각 사람의 영력을 충만케 하는 것입니다. 그것은 일종의 충전입니다. 영적인 충만함을 입는 것, 그것이 바로 기도입니다.
우리는 어떤 때 아주 피곤합니다. 영적인 공격이 있고 싸움이 있지만 아주 피곤하고 지쳐서 싸우고 싶지도 않고 다 귀찮습니다. 우리는 싸울 엄두가 나지 않습니다. 누가 와서 도와달라고 도움을 요청하고 기도를 요청해도 과거에 엘리야가 그랬던 것처럼 우리는 다 집어치우고 도망가버리고 싶어집니다. 위대한 하나님의 선지자도 그럴 정도이니 우리는 말할 것도 없습니다. 그런 때에 우리는 영적인 에너지를 다 잃어버린 탈진 상태에 있는 것입니다.

그러나 우리는 얼마간 휴식을 하면서 주님께 나아가 기도합니다. 그리고 다시 성령의 충만함을 입습니다. 그리고 나면 마음이 다시 바뀝니다. 우리의 마음에 자신감과 용기가 충만하게 됩니다. 그 상태에서 마귀가 우리를 건드리면 우리는 그들을 박살을 내 버릴 것입니다. 그와 같이 주님의 이름은 영원하고 그 보혈의 권세는 영원히 변치 않는 능력이지만 우리는 자신의 영적인 상태에 따라서 무기력해지기도 하고 강건해지기도 하는 것입니다.

기도는 영적인 충전입니다. 그러므로 우리는 기도하고 또 기도할 때 영적으로 강건해집니다. 그리고 우리가 이미 알고 있고 가지고 있는 능력과 권세들을 사용할 수 있습니다. 하지만 우리에게 기도의 에너지가 떨어지고 힘이 없어진다면 우리는 우리가 알고 있는 많은 진리와 우리에게 주어진 권세가 그저 시큰둥하게 느껴집니다. 우리는 그 때 충전이 필요한 것입니다.

그러므로 우리는 강력한 악령들과 대적할 때 충분한 기도가 필요한 것입니다. 충분히 기도하지도 않고 자신은 많은 것을 알고 있다고 함부로 전쟁에 뛰어들어서는 안 됩니다. 우리에게는 충분한 기도가 필요합니다. 충분한 영적 충전이 필요합니다. 우리는 주님께 나아가서 영적인 힘과 에너지를 충분히 얻어야 합니다. 그렇게 할 때 우리는 효과적으로 악한 영들을 깨뜨릴 수 있습니다.

그렇다면 금식은 어떤 의미일까요?
그것은 기도와 비슷합니다. 그러나 약간 다른 의미를 가지고 있습니다. 기도가 마귀와 싸우기 위한 적극적인 준비라면 금식은 소극적인 준비입니다. 기도가 공격적인 것이라면 금식은 방어적인 것입니다.
마귀는 인간의 육체를 통하여 역사하는 것입니다. 이것은 뱀들이 흙을 먹는다는 말로 상징적으로 표현됩니다. 마귀들은 흙, 즉 육신적인 사람들을 사로잡을 수 있는 것입니다.
그러므로 육성이 강한 이들은 마귀를 이기기 어렵습니다. 육체의 정욕을 사랑하고 추구하는 이들은 마귀를 이기기 어렵습니다. 그러므로 전쟁에 있어서 육체는 오히려 싸움에 방해가 될 수 있습니다. 그래서 금식은 이 육체를 제어하는 도구가 되는 것입니다.

육성이 강해서 육적인 정욕에 자주 사로잡히는 이들에게는 금식이 아주 유용합니다. 예를 들어서 혈기가 너무 많거나 음란성에 쉽게 사로잡히는 사람들은 거기에서 벗어나는데 금식하는 것이 도움이 됩니다.
금식이 음란과 혈기를 순식간에 소멸시키는 것은 아니지만 일시적으로 약하게 만듭니다. 음식을 통해서 육체가 강해지고 그러한 정욕도 같이 강해지기 때문에 육체를 일시적으로 약하게 하는 금식이 영적 승리에 도움이 되는 것입니다.
금식은 모든 사람들에게 좋은 것은 아닙니다. 어떠한 사람들에게는 그리 좋지 않을 수도 있습니다.
금식이 필요한 사람들은 혈기가 많고 육성이 강한 사람들입니다. 그들은 육성을 죽여야 하기 때문에 금식을 하면 좋은 것입니다.

마귀에게 눌리는 것과 마귀에게 사로잡히는 것은 다릅니다. 그것은 전혀 다른 증상입니다.
마귀에게 눌리는 증상은 우울증, 낙심, 좌절, 열등감, 무기력감 등등입니다. 즉 사람이 눌리는 것입니다. 생기를 잃어버리고 침체되는 것.. 그것이 마귀에게 눌리는 것입니다.
마귀에게 사로잡히는 것은 이와 반대입니다. 흥분하고 분노하고 미워하고 공격적으로 되는 것이 마귀에게 사로잡히는 것입니다.
전자는 마귀에게 눌리는 것이며 후자는 마귀에게 사로잡혀 마귀의 도구가 되는 것입니다.
전자는 자신이 스스로 피해자가 됩니다. 그러나 후자는 남들에게 피해를 줍니다. 그러므로 약한 자는 마귀에게 눌리고 강한 자는 마귀에게 쓰임을 받는 것입니다. 대체로 내성적이고 나약한 사람은 마귀에게 눌리며 성품이 강하고 지배적이고 활동적인 사람은 마귀에게 쓰임을 받습니다.

금식은 마귀에게 눌리는 어둡고 나약한 사람들에게는 별로 좋은 것이 아닙니다. 그들은 금식하고 묵상하고 조용히 있는 것보다는 큰 소리로 기도하고 외치고 승리를 선포하며 춤을 추고 영을 표현하는 것이 좋습니다. 그들은 고요히 있지 말고 움직이고 활동해야 합니다. 그래야 영의 묶임과 눌림에서 벗어나게 됩니다.

그러나 활동적이고 성품이 강한 이들은 금식하고 묵상하며 조용히 있는 것이 좋습니다. 그들은 부르짖어 기도하는 것보다 조용히 침묵으로 기도하고 묵상하고 움직이지 말며 가만히 있는 것이 좋습니다.
이런 면에서 그들은 육성을 죽이는 금식이 필요한 것입니다.

금식을 하면 일시적으로 육성이 잠잠해지기 때문에 육체의 힘이 사라져 마귀가 그를 사로잡고 역사하기가 어렵습니다. 물론 그것은 일시적이기 때문에 금식이 끝나면 다시 육성이 살아납니다. 그렇기 때문에 금식을 하면서 좀 더 깊은 자기반성과 성찰과 깨달음이 있어야 합니다.
기도는 영을 충만하게 하기 위한 것이며 금식은 육성을 제어하고 죽이기 위하여 필요한 것이라는 사실을 기억하십시오.
금식은 육성을 일시적이지만 제어합니다. 그러므로 너무 지나치게 하지 않으면 이것은 좋은 것입니다. 혈기가 많은 이들은 자주 하는 것이 좋고 무기력하고 소극적인 이들은 가끔 아주 조금씩만 하는 것이 좋습니다.

금식과 비슷한 효과를 내는 것이 호흡기도 중의 정지호흡입니다.
또한 의식의 정지입니다.
생각과 호흡은 사람에게 생명을 줍니다. 그러므로 생각을 멈출 수 있고 호흡을 멈출 수 있으면 아주 일시적이라고 하더라도 마귀의 공격을 멈추게 할 수 있습니다.

나는 나의 저서 〈의식의 깨어남을 사모하라〉에서 의식과 생각을 일시적으로 정지시키는 훈련에 대해서 언급한 바 있습니다. 그러나 보통의 사람들이라면 생각을 멈추는 것이 쉽지 않을 것입니다. 거기에는 고도의 훈련이 필요합니다. 다만 성공할 수 있다면 그는 마귀의 공격에서 많이 벗어날 수 있습니다.

마귀는 생각을 통해서 사람을 속이고 혼란스럽게 합니다. 그러나 많은 이들은 그러한 생각들을 멈출 수가 없습니다. 만약에 일정한 훈련을 통해서 생각을 정지시킬 수 있다면 그는 자유롭게 될 것입니다.

물론 생각의 정지는 아주 잠깐 동안만 하는 것이 좋습니다. 계속 생각을 멈춘 상태로 있는 것은 좋은 것이 아닙니다.

호흡의 정지도 이와 비슷합니다. 나의 〈호흡기도〉에 이것을 부분적으로 기술했는데 이것은 일시적으로 생명의 동작을 멈추게 하는 것입니다.

그래서 갑자기 혈기가 마구 치솟고 화가 나고 분을 참을 수 없고 불안하거나 심한 염려가 있을 때 호흡을 정지하고 고요한 마음으로 주를 부르면 마귀의 공격이 멈추게 됩니다. 갑자기 분노가 중단되고 두려움이 중단됩니다.

그것은 호흡이 정지되었을 때 육체도 활동을 정지하므로 마귀가 공격할 수 있는 터전이 사라져 버리기 때문입니다. 이처럼 마귀의 공격이 극심할 때 '정지 호흡기도' 나 '의식 정지의 기도' 에 대해서 경험하고 알고 있는 이들은 그들의 공격에서 벗어날 수 있을 것입니다.

이와 같은 정지 호흡기도나 의식정지 기도와 같은 것도 근본적인 의미에서 금식이라는 것을 이해하시기 바랍니다.

즉 음식을 먹지 않는 것이 음식의 금식이라면 숨을 멈추는 것은 숨의 금식이며 생각을 멈추는 것은 생각의 금식이기 때문입니다. 물론 침묵처럼 언어의 금식도 있지만 그것이 효과를 보려면 시간이 많이 필요합니다. 그러나 정지호흡이나 의식정지와 같은 기도법은 즉시로 육체가 중단되며 영혼이 활동하기 때문에 당장 자유함과 해방감을 경험하게 됩니다.

이 훈련과 기도에 익숙한 이들은 많지 않을 것입니다. 다만 금식이 육체를 제어함으로 마귀와의 전쟁에서 이기는 데에 도움이 된다는 것을 이해하는 것으로 충분할 것입니다.

부디 이 기도와 금식을 통해서 당신의 영을 강건하게 하십시오. 영력을 강화시키며 정화시켜서 마귀와의 전쟁에서 승리하도록 하십시오.
끊임없는 기도, 그것만큼 우리의 영혼을 충만하고 강하게 하는 것도 없을 것입니다. 말씀으로 충만하고 주님과의 교제로 충만하고 기도를 통해서 영혼을 충만하게 만들고.. 그렇게 할 때 우리는 이 험한 세상 속에서도 승리와 자유를 지속적으로 경험하고 누리며 살아갈 수 있을 것입니다. 할렐루야.

23. 자신의 안에 터를 잡은 악의 진을 깨뜨리십시오

사람들은 자신들의 안에 많은 악과 죄와 어두움들을 가지고 있습니다. 그리고 그러한 어두움의 배후에 악한 영들이 있습니다. 그러므로 사람들은 자기 안에 많은 악령들을 가지고 있는 것입니다.
그런데 사람들은 그로 인하여 고통을 느낄까요?
자기의 안에 죄와 더러움과 온갖 추잡한 악이 있기 때문에 그것으로 인하여 고통스러워할까요?
아닙니다. 그렇지 않습니다. 사람들은 자기의 안에 있는 악으로 인하여 고통을 받지 않습니다. 그것이 일반적인 법칙입니다.
왜 그럴까요? 그것은 자신이 항상 그러한 악으로 인하여 살아가고 있고 거기에 익숙해 있어서 그것을 악으로 느끼지 않기 때문입니다.
거짓말하는 자들은 거짓말에 익숙합니다. 미워하는 자는 미워하는 것에 익숙합니다. 교만한 자는 교만한 말과 행위에 대해서 익숙합니다. 그러므로 그들은 그러한 악에 대해서 고통을 느끼지 않습니다. 그들은 그 안에 살고 있기 때문에 아무런 느낌이 없습니다. 그것은 사람이 항상 숨을 쉬면서 공기를 느끼지 못하고 물고기가 물에서 살면서 물을 인식하지 못하는 것과 같습니다.

그러면 우리는 어떠한 악에 대해서 고통을 느낄까요? 그것은 내 안에 있는 악이 아니라 다른 사람의 안에 있는 악에 대해서입니다. 악이 우리 안에 들어와 있을 때 우리는 그것에 대해서 무감각해지고 마비되지만 그것이 우리가 아닌 다른 사람의 안에 있고 다른 사람의 언행에서 흘러나온다면 우리는 그것을 느낄 수 있습니다. 그리고 고통을 느끼게 됩니다. 그러므로 사람들은 자신이 하는 거짓말에는 고통을 느끼지 않지만 다른 사람이 하는 거짓말에는 고통과 불쾌감을 느낍니다. 자신이 말하는 교만한 말과 원망의 말에는 고통을 느끼지 않지만 다른 사람들이 그렇게 말하고 표현할 때 고통과 불쾌감을 느끼게 됩니다. 그렇기 때문에 사람들은 자신의 죄는 잘 보지 못하지만 다른 사람들의 죄와 악은 잘 보고 분별하는 것입니다.

사람들은 어떠한 죄로 인하여 고통을 느낄까요? 어떠한 악으로 인하여 아픔을 느끼게 될까요?
그것은 각 사람에 따라 다릅니다.
그것은 각자의 기질과 성향과 영의 상태에 따라 다른 것입니다.
정확하고 양심적인 사람이 있다고 합시다. 그는 다른 사람에게 빚을 지는 것을 싫어합니다. 만약 그가 다른 이에게 잠시 돈을 빌렸다면 그는 가능한 한 빨리 그것을 갚고 싶어할 것입니다. 돈을 갚은 후에야 그는 마음이 놓이게 될 것입니다.
그러나 어떤 이들은 그것에 대해서 전혀 고통을 느끼지 않습니다. 그들은 일부러 돈을 떼어먹고도 전혀 아픔을 느끼지 않습니다. 오히려 그것을 자기가 이겼다고 생각하며 즐거움을 느끼기도 합니다. 이와 같이 무엇에 고통을 느끼는가 하는 것은 그 사람이 가지고 있는 성향과 영에 달려 있는 것입니다.

어떠한 사람은 음란한 이야기를 들으면 고통을 느낄 것입니다. 그러나 어떠한 사람은 그것을 즐거워할 것입니다.

어떠한 사람은 다른 사람에게 사랑과 축복을 고백하면서 즐거움을 느낄 것입니다. 그러나 어떤 사람은 그러한 소리를 들으면 역겹다고 느낄 것입니다.

어떠한 사람은 어쩌다 남을 비난하면 고통을 느낄 것입니다. 그러나 어떤 사람은 남을 하루 종일 욕하고 비난하면서 전혀 고통을 느끼지 않습니다. 그것은 그가 비난의 영을 많이 가지고 있으며 비난하는 영들이 그의 성향과 맞아서 비난에 대해 마비되어 있기 때문입니다.

사람이 악에 대해서 고통을 느끼느냐, 아니냐 하는 것은 자신의 안에 어떠한 영이 있느냐에 달려 있는 것입니다. 자신의 안에 이미 어떤 영이 있을 때 그들은 그것에 대해서 고통을 느끼지 않습니다. 오히려 편안함을 느낍니다. 자기 안에 그 성향이 있기 때문에 그것을 오히려 고향같이 느끼는 것입니다.

어떤 유명한 여배우가 음란한 영화의 주연을 맡게 되었습니다. 성적인 불륜과 악으로 가득한 영화입니다. 그녀는 어떤 신문에서 인터뷰를 하였는데 자기가 오래 전부터 맡고 싶은 역이었다고 아주 좋아했습니다. 그러면서 이런 말을 덧붙였습니다. '여자로서 꼭 한번 해보고 싶은 역이었어요'

자기가 그런 짓을 하고 싶으면 자기가 하고 싶은 것이지 왜 모든 여자들을 끌어 들여서 여자들은 다 그런 짓을 하고 싶다고 생각하는 것일까요. 사람을 타락시키는 음란하고 더러운 역할이었는데 왜 그녀는 그 역할을 그렇게 좋아했을까요. 그것은 그녀가 자신의 안에 그러한 영을 가지고 있었기 때문입니다.

TV에서 일본의 성문화를 취재한 적이 있었습니다. 여성 전용 술집에서 일하고 있는 남자를 취재했는데 그는 부끄럽지도 않은지 얼굴에 모자이

크 처리도 전혀 하지 않은 채 당당히 얼굴을 드러냈습니다. 기자가 왜 이런 일을 하게 되었느냐고 묻자 이렇게 대답했습니다. '남자로서 꼭 해보고 싶은 일이었어요.'

그는 아마 모든 남자들은 다 그런 짓을 하고 싶다고 생각했는지도 모릅니다. 아무튼 그와 같은 더러운 일을 그는 아주 즐거워하고 있었습니다. 그것은 그가 자신의 안에 그러한 영을 가지고 있기 때문입니다.

사람들은 진리를 기뻐하는 것이 아니라 자기의 안에 있는 영과 성향이 같은 것을 기뻐하고 즐겁게 느낍니다. 예를 들어서 복수의 영을 가지고 있는 이들은 항상 그 마음속에 복수의 염이 타오르고 있으며 잔인하게 복수를 할 때 가장 큰 기쁨을 느낍니다. 그래서 복수를 위해서는 어떤 희생도 아끼지 않습니다.

어떠한 사람이 이간질의 영을 가지고 있다면 그는 이간질을 시킬 때 가장 행복합니다. 어떤 사람이 거짓의 영을 가지고 있다면 그는 바른 말을 할 때 고통을 느끼며 거짓을 말할 때 행복감을 느낍니다.

그러므로 중요한 것은 내 안에 어떠한 영이 있느냐 하는 것입니다.
내 안에 어떤 악의 영이 없다면 사람은 그 악한 영에 대해서 고통을 느끼게 됩니다.

자, 어떤 사람이 있습니다. 그는 음란한 영을 가지고 있으나 미움의 영은 가지고 있지 않습니다. 그는 미워하는 사람을 보면 이해할 수가 없습니다. 그런 사람을 판단하며 싫어합니다. 하지만 음란한 사람을 보면 그럴 수도 있다고 생각합니다.

어떤 사람이 교만한 영을 가지고 있습니다. 그러나 음란한 영은 가지고 있지 않습니다.

그럴 때 그는 음란한 영에 잡힌 이들을 더럽다고 정죄하고 미워합니다. 자신에게는 그 영이 없기 때문입니다. 이처럼 사람은 자신의 안에 있는 악한 영에 대해서는 고통을 느끼지 않지만 타인이 가지고 있는 악에 대해서는 고통을 느끼며 괴로워하게 됩니다.
그렇기 때문에 혈기가 많은 사람들은 음란한 영이나 유혹하는 영을 가지고 있는 사람이 느끼한 이야기를 하면 '우웩' 하고 구토하려고 합니다. 자신에게는 그 영이 없기 때문에 고통을 느끼는 것입니다.

그러므로 사람들은 끊임없이 서로 판단하는 것입니다. 소경은 절뚝발이를 욕하며 앉은뱅이는 말더듬이를 욕합니다. 벙어리는 소경을 손가락질하며 귀머거리는 다른 이의 약점을 보고 손가락질합니다. 그 모든 이들이 어두움 속에 있기 때문에 자신을 보지 못하고 자신의 모습을 보지 못하기 때문에 남들을 비난하고 판단하는 것입니다.

중요한 것은 이미 내 안에 들어와 있는 것입니다. 새로운 악한 기운이 다가오면 그것은 느낄 수 있습니다. 내 안에 없는 악한 영이 가까이 오면 그것은 느낄 수 있으며 고통스럽게 느낍니다. 그러나 이미 내 안에 있는 것에는 고통이 느껴지지 않습니다. 그들은 이미 우리 안에 자리를 잡고 있기 때문입니다. 뱀이 또아리를 틀고 있듯이 그 악은 우리 안에서 하나의 취향과 성향을 형성하고 있기 때문입니다.

비뚤어진 사람은 언제 어디서나 모든 것을 항상 비뚤어지게 보고 판단합니다. 하지만 자신은 알지 못하며 자신의 시각이 옳다고 생각합니다. 대적하는 사람은 어디서나 대적하고 교만한 사람은 어디서나 교만하고 비아냥거리는 사람은 어디서나 항상 비아냥거리고 비꼬면서 웃습니다. 그러나 자신은 그러한 행동을 통해서 자신의 안에 있는 흑암의 기운이 밖으로 나오고 세상을 더럽히는 것을 알지 못합니다. 자신이 그 안에 사로잡혀 있기 때문입니다.

주님은 사람들에게 악한 영들을 절도와 강도로 묘사하여 설명하셨습니다.

"내가 진실로 진실로 너희에게 이르노니 양의 우리에 문으로 들어가지 아니하고 다른 데로 넘어가는 자는 절도며 강도요" (요10:1)

이 도적이며 강도인 마귀가 하는 짓은 어떤 일이었을까요? 주님은 설명하십니다.

"도적이 오는 것은 도적질하고 죽이고 멸망시키려는 것 뿐이요 내가 온 것은 양으로 생명을 얻게 하고 더 풍성히 얻게 하려는 것이라" (요10:10)

그렇다면 이 악한 존재들은 언제 온 것일까요? 말씀은 분명합니다.

"예수께서 다시 이르시되 내가 진실로 진실로 너희에게 말하노니 나는 양의 문이라 나보다 먼저 온 자는 다 절도요 강도니 양들이 듣지 아니하였느니라" (요10:7,8)

예수님은 양의 문이며 생명이십니다. 그는 우리가 그를 영접할 때 우리의 마음 안에 들어오십니다. 그러나 주님보다 먼저 우리 안에 있는 존재들이 있었습니다. 우리가 예수님을 받아들이기 전에 우리가 태어날 때부터 가지고 있는 악과 죄의 성향들이 있었습니다. 그것이 무엇일까요? 그것은 주님이 우리 안에 오시기 전에 먼저 우리를 사로잡고 있었던 악한 죄와 성질이었습니다. 악한 영들은 전부터 우리 안에서 자리를 잡고 있었던 것입니다.

하나님은 구약에서 이스라엘 백성에게 가나안 땅을 약속하셨습니다. 그러나 이스라엘 백성이 애굽에서 나와 광야를 거쳐 가나안 땅으로 들어가려 했을 때 가나안 땅에는 이미 일곱 부족이 살고 있었습니다. 그 땅은 약속의 땅이었지만 이미 다른 이방인에 의해서 점령되어 있었던 것입니다. 이것이 상징하는 것이 무엇일까요? 그 일곱 부족은 상징적으로 사람의 마음 안에 있는 일곱 귀신, 일곱 악령들입니다.

그러므로 우리는 우리의 마음이 주님께 정복되기 전에 이미 악한 영들, 악한 죄들이 우리를 점령하고 있었다는 사실을 알아야 합니다. 그러므로 이스라엘 백성이 가나안 땅에 들어와서 모든 이방의 족속을 멸하고 그 약속의 땅을 차지했듯이 우리도 우리 안에 있는 모든 악과 죄와 더러운 영들을 쫓아내고 오직 주님이 우리를 지배하고 다스리게 해야 하는 것입니다.

많이 알려지고 사용되어 왔던 '박군의 마음' 이라는 전도지가 있습니다. 박군이라는 청년에게 전도를 하는 내용인데 박군의 마음속에 있는 일곱 가지 악한 성향, 죄를 짐승으로 묘사하고 있습니다.

모든 사람의 안에 그 일곱 가지의 영들, 죄들이 있는데 그것을 짐승으로 표현하여 보여줍니다. 그 일곱 짐승이 차지하고 있는 마음을 주님이 온전하게 들어오심으로 일곱 짐승이 다 나가고 아름답고 선한 마음이 되는 것을 설명한 전도지입니다. 영적 전쟁을 아주 쉽고 간단하게 묘사하고 있는 데 아마 이 전도지를 처음 만든 사람은 영적으로 많이 열려진 사람일 것입니다. 그 일곱 가지 짐승의 마음은 다음과 같습니다.

첫째 말이 많은 영입니다. 이것은 개구리의 형상으로 묘사되어 있습니다. 말이 많은 사람은 그 사람의 안에서 개구리가 쉬지 않고 개굴개굴 하고 울어대고 있는 것입니다. 성경에도 개구리는 입에 관련된 것으로 설명됩니다.

"또 내가 보매 개구리 같은 세 더러운 영이 용의 입과 짐승의 입과 거짓 선지자의 입에서 나오니" (계16:13)

말이 많은 사람은 절제하지 못하고 수 없는 말들을 입에서 쏟아냅니다. 그리하여 영적 에너지를 잃게 하고 주변에 악한 기운으로 가득하게 만듭니다. 이러한 이들은 침묵을 배우고 입술로 주님을 찬양하고 높여야 합니다.

두 번째 영은 교만의 영입니다. 그림에서는 공작새의 모습이 나옵니다. 공작새가 그 날개를 활짝 펴서 자랑을 하듯이 교만의 영을 가진 이들은 자신의 아름다움을 드러내고 자랑하고 싶어합니다. 자기가 선하고 지식이 많으며 영적이라고 자랑하고 싶어합니다. 이러한 이들은 회개하지 않으면 멸망할 수밖에 없습니다.

세 번째 영은 간교한 영입니다. 그림은 뱀의 형상으로 그려집니다.
말씀에도 "하나님의 지으신 들짐승 중에 뱀이 가장 간교하더라" (창3:1)로 기록되어 있습니다.
이 영을 가지고 있는 이들은 간교합니다. 지혜가 많고 머리가 좋아서 말을 잘 하며 사람들을 잘 속입니다. 잘못을 해도 상대방이 그것을 추궁하면 교묘하게 변명하여 오히려 상대방이 잘못한 것으로 만들어버립니다.

이 영은 배신의 영과도 연결되어 있으며 유혹의 영과도 연결되어 있습니다. 이들은 강자 앞에서 약하며 약자 앞에서 잔인합니다. 영안이 열린 이들에게 이들은 뱀의 형상으로 보이게 됩니다.

네 번째의 영은 음란한 영입니다. 그림에서는 염소의 모습을 하고 있습니다. 염소는 성적으로 더러우며 정욕이 강하다고 합니다.

다섯 번째는 혈기의 영입니다. 화를 내는 영입니다. 그림은 호랑이나 사자와 같은 모습을 하고 있습니다. 말씀에는 "마귀가 우는 사자 같이 두루 다니며 삼킬 자를 찾나니" (벧전 5:8)라고 합니다. 속에서 수시로 폭발적인 분노와 혈기가 일어나는 이들은 속에 호랑이나 사자가 으르렁거리고 있는 것입니다. 이 영을 가지고 있는 이들은 성질이 강하고 사나워서 가까이 하기 어려운 사람들입니다.

여섯 번째는 탐욕의 영입니다. 그림에서는 돼지의 형상이 나타나 있습니다. 이 영을 가지고 있는 이들은 끊임없이 욕심을 부리며 그 욕망으로 인하여 멸망합니다. 이들은 아무리 가진 것이 많이 있어도 남들에게 자기가 가진 것을 주려고 하지 않으며 더 많이 얻으려고 합니다.

일곱 번째는 게으른 영입니다. 그림에서는 느림보 거북이가 보입니다. 이 영을 가지고 있는 이들은 항상 나태하고 게을러서 모든 것을 미루며 일하는 것을 싫어합니다. 이러한 이들은 사명을 받았어도 제대로 감당하지 아니하므로 언젠가는 주님으로부터 "악하고 게으른 종아" (마 25:26)하는 책망의 말씀을 듣게 될 것입니다.

죄의 종류와 마귀의 역사는 수도 없이 많지만 이 죄들은 사람의 안에 자리를 잡고 있는 대표적인 일곱 악이라고 할 수 있습니다.
나는 청년 시절에 서해안에 있는 아주 작은 섬에 여러 번 간 적이 있습니다. 그곳에서 기도의 용사인 할머니 전도사님을 만난 적이 있습니다. 그녀는 정말 기도의 용사였습니다. 기도하는 것마다 응답을 받았고 주님과 깊은 교제의 기도 속에 들어간 사람이었습니다.

그녀는 근처에 있는 작은 섬에 십 여 개의 교회를 세웠습니다. 그 섬 지역에는 우상의 힘이 강하고 무당의 능력이 강하여 전도가 되지 않는 곳이었습니다. 그러나 할머니 전도사님은 강력한 영권이 있었기 때문에 무당들은 다 회심하고 예수를 믿게 되었습니다. 할머니가 기도하고 선포한 것은 그대로 다 이루어졌기 때문입니다. 이 할머니는 아주 영안이 밝아서 사람의 속을 그대로 들여다보고 있었기 때문에 사람들이 할머니를 아주 두려워했습니다.

지금은 하늘나라로 가신지 오래 되었지만 나는 섬에서 그 할머니와 대화를 하면서 많은 것을 배웠습니다. 그 중 한 가지가 이 전도지에 대한 것이었습니다.
할머니는 전도지 '박군의 마음'에 나오는 이야기가 다 맞다고 했습니다. 할머니는 사람의 마음을 보면 실제로 이 일곱 가지 동물의 형상이 보인다고 했습니다. 어떤 사람에게는 커다란 호랑이가 있고 어떤 사람에게는 돼지가 있으며 어떤 사람에게는 뱀이 있다고 했습니다. 사람에 따라 뱀들이 우글거리는 사람들도 있고 큰 뱀이 있는 사람도 있었고 아주 작은 새끼 뱀이 있는 사람도 있다고 했습니다.
그것들은 다 사람의 안에서 살고 있는 귀신의 영이며 주님이 그 중심에 있는 사람들은 그 동물들이 다 나가서 깨끗한 마음이 되고 예수님이 중심에 빛처럼 보인다고 하였습니다. 그것은 전도지에 있는 내용과 같은 말이었지만 직접 들으니 신기하기도 했습니다. 할머니 전도사님의 말씀은 그 내용을 확인해준 것이었습니다.

이스라엘 백성이 가나안 땅에 있는 일곱 부족과 끊임없는 전쟁을 벌이고 있는 것처럼 우리들도 우리 안에 있는 악한 영들의 세력과 전쟁을 벌이고 있는 것입니다. 이스라엘 백성도 전쟁에서 승리하기는 했지만 이방족속은 완전하게 사라지지 않았습니다. 그리하여 이스라엘이 하나님을 떠나고 영적으로 타락하고 돌아서게 되면 그들은 바로 반격을 개시하여 그들을 사로잡았던 것입니다.
우리에게도 같은 전쟁이 있습니다. 우리 안에도 악한 영들의 거점이 있습니다. 우리 안에도 아직 그러한 요소들이 남아 있습니다.
그러므로 우리는 이 전쟁에서 방심해서는 안 됩니다.
우리는 우리 안에 있는 거점들을 발견해야 합니다.
나에게 속한 것들이 어떤 것들이 있는지 분별해야 합니다. 그리하여 그들을 공격하고 쫓아내어야 합니다. 이것이 바로 이방족속을 진멸하는 것입니다.

기억하십시오. 우리 안에 있는 것들에 대해서 우리는 고통을 느끼지 않습니다. 오래 그렇게 살아왔었기 때문입니다. 그러므로 우리는 주의하여 이 영들을 밝혀내야 합니다. 그리고 대적해야 합니다.
오늘날 대부분의 사람들은 자기의 안에 이 일곱 가지의 악을 어느 정도 가지고 있습니다. 하지만 그러한 악에 대해서 별로 고통스럽게 느끼지 않습니다. 그것은 그 악들이 이미 우리 안에서 자리를 잡고 우리의 일부가 되었기 때문입니다. 그 악은 우리의 성향이 되고 기질이 되었고 우리의 즐거움이 되었기 때문입니다.

악이 사람의 안에 터를 잡고 오래 있을 때 그 악들은 그 사람에게 즐거움을 줍니다. 거짓에도, 욕심에도, 음란에도, 분노와 복수에도 즐거움이 있습니다. 그것은 지옥으로부터 오는 쾌락이며 즐거움입니다. 우리가 그 악으로부터 오는 즐거움을 누리면 누릴수록 우리는 점점 더 지옥에 가까운 사람이 되는 것입니다.

우리는 우리의 안에 있는 이 악을 대적해야 합니다. 그리고 그 진을 무너뜨려야 합니다. 당신이 당신의 안에 있는 악으로 인하여 고통을 느끼지 못한다면 당신은 이미 그 악에 사로잡혀 있는 것입니다.

당신이 거짓말을 하면서 고통을 느끼지 못한다면 당신은 이미 거짓의 영으로 가득한 것입니다. 당신이 자신을 높이며 인정받기를 원하면서도 거기에 고통을 느끼지 못한다면 당신은 교만한 영으로 가득한 것입니다.

당신이 음란하고 더러운 농담을 하면서 그것을 즐기이 여긴다면 당신의 안에는 이미 그러한 영이 가득해 있는 것입니다. 당신이 원망을 하고 남을 쉽게 판단하고 비난하면서도 가슴이 답답한 것을 느끼지 못한다면 당신의 영은 마비되고 죽어있는 것입니다.

부디 당신의 안에 있는 악의 거점들을 공격하십시오. 그리고 그것들을 무너뜨리십시오.

당신 안의 동물의 영들을 소멸하십시오. 오직 거룩한 하나님의 영만이 당신을 지배하시도록 하십시오. 그 영들의 진이 무너지고 소멸될수록 당신은 악에 대해서 고통스럽게 느끼게 되며 진정한 하늘의 기쁨이 무엇인지 알게 됩니다.

악의 고통을 느끼지 못하는 이들은 하늘의 영광과 기쁨을 느낄 수 없습니다. TV드라마가 마냥 즐겁고 감동이 되는 사람은 주님의 임재와 영광이 무엇인지 알 수 없습니다. 사람은 누구나 지옥에 대해서 닫혀 지면서 천국에 대해서 열려지게 됩니다. 자신의 한쪽 발을 지옥에 두고 있으면서 다른 발이 천국을 디딜 것으로 생각해서는 안 됩니다.

우리의 안에 있는 악한 거점을 공격하고 그 동물의 영들을 대적하고 쫓아내면 어떠한 일이 일어날까요?
그 영들을 대적하면 일시적으로 구토와 어지러움 등 여러 현상이 나타납니다. 그것은 악한 영들이 일시적으로 힘을 잃으며 도망가는 현상입니다. 하지만 그것은 끝이 아닙니다. 악한 영들은 그렇게 한두 번, 몇 번 정도 대적했다고 해서 완전히 사라지지는 않습니다. 심령 깊은 곳에서 진정으로 죄를 미워하고 악을 싫어하고 마음을 다해서 꾸준하게 끝없이 악을 대적할 때 그들은 오랜 시간에 걸쳐 서서히 사라지게 됩니다. 우리의 의지가 꾸준하고 지속적이고 분명하다면 그들은 더 이상 버틸 수 없습니다.

그리고 나면 어떤 일이 생길까요? 우리의 성품은 새로워집니다. 그리고 죄와 악에 대해서 고통을 느끼기 시작합니다.
전에 당신은 쉽게 남을 판단했을지 모릅니다. 그러나 이제 그러한 말을 하려고 하면 갑자기 숨이 막히는 것 같이 느껴지게 됩니다.
전에 당신은 더럽고 음란한 말을 쉽게 했을지 모릅니다. 그러나 이제는 더 이상 그러한 말을 할 수 없으며 다른 사람들이 그러한 말을 하면 속이 메슥거리고 심령이 고통스러워하는 것을 느끼게 됩니다.
전에는 쉽게 자기 자랑을 했었지만 이제는 자신을 높이려고 하면 온 몸이 물에 젖은 솜처럼 힘이 빠지는 것을 느끼게 됩니다.

그렇게 악에 대해서 고통을 느끼고 민감해지는 것, 그것이 변화의 열매들입니다. 자기를 높일 때 힘이 빠지고 무기력해지는 것은 이 사람이 더이상 지옥의 힘으로 살지 않고 천국의 힘으로 살아가기 때문에 자기를 높이는 순간 천국의 에너지가 끊어지므로 힘이 빠지게 되는 것입니다.

고통이란 물론 그 자체는 좋은 것이 아닙니다. 그러나 고통은 우리 자신을 방어해주는 역할을 합니다. 그러므로 죄에 대해서 고통을 느끼는 사람들은 그 죄와 악이 자신에게 들어오는 것을 싫어하게 됩니다. 그러므로 그는 지속적으로 자신을 성결하게 지킬 수 있으며 더욱 더 아름답고 놀라운 천국의 영광과 거룩함 속에 들어가기를 원하게 되는 것입니다.

부디 이 땅에 사는 동안 당신의 안에 있는 악의 진들을 허무십시오. 동물의 영들, 악의 영들을 소멸시키십시오. 그들을 대적하여 깨뜨리십시오. 심령이 성결해질수록 우리는 주님의 임재에 가까워지며 실제적인 천국의 기쁨을 경험하고 알아가게 됩니다. 모든 더러움을 싫어하고 고통을 느끼며 아름답고 성결한 것에 즐거움과 행복을 느끼게 됩니다.
부디 그 천국의 거룩한 기쁨과 행복을 기뻐하고 사모하십시오. 정화되고 새롭게 될수록 우리는 이 땅에서 살면서도 천국의 빛 가운데 거할 수 있게 될 것입니다. 할렐루아.

24. 은혜와 감동이 있을 때 주의하십시오

영적인 집회에 참석하거나 개인적인 기도를 하는 가운데 주님의 깊은 임재와 은총을 경험할 때가 있습니다.
그것은 참으로 즐거운 경험입니다. 그럴 때는 심령 깊은 곳에 말할 수 없이 감미로운 기쁨과 행복이 느껴지기도 하고 놀라운 사랑과 평화를 느끼기도 합니다. 그러한 영적 상태를 경험하면 세상의 쾌락이나 즐거움들이 너무나 하찮고 낮은 것임을 느끼게 됩니다.
그는 너무 즐겁고 행복한 상태에 있습니다. 그는 천국의 향취를 맛보고 느끼고 있는 것입니다. 그는 주님이 아주 가깝게 느껴집니다.
자, 이것은 아주 좋은 상태입니다. 아마 많은 그리스도인들이 이러한 상태를 원하고 사모할 것입니다.
하지만 조심해야할 것이 있습니다. 이 상태는 행복하고 좋은 상태이기는 하지만 위험한 상태라는 것입니다. 이러한 때에는 아주 조심하는 것이 필요합니다.

이렇게 깊은 은총 속에 들어가 있을 때 그의 영은 강한 상태가 아닙니다. 그의 영은 아주 예민하고 약한 상태에 있습니다. 그럴 때에 그가 갑자기 바깥세상의 세계에 접하게 되면 어떻게 될까요? 그는 쉽게 충격을 받고 상처를 받게 될 것입니다.
그것은 이러한 상태에 있는 영은 깊고 부드럽지만 강하지 않기 때문입니다. 그러한 상태에서는 흡수성이 많아지게 됩니다.

그것은 이러한 이치와 같습니다. 누구나 마음이 강퍅한 상태에 있고 긴장한 상태에 있을 때는 마음이 잘 열리지 않으며 어떤 것에 대해서든지 잘 흡수가 되지 않습니다. 긴장하고 있을 때 어떤 대상을 보고 매혹되거나 사랑에 빠지는 일은 없을 것입니다.
그러나 마음이 부드럽게 열린 상태에서는 쉽게 어떤 대상이나 상대방을 받아들이게 됩니다. 소리가 딱딱한 벽면에 부딪치면 소리는 튀어나오지만 천과 같이 부드러운 것은 소리를 흡수해버립니다. 이처럼 자연의 이치는 강한 것은 흡수하는 힘이 부족하고 반발하는 힘이 강하며 부드러운 것은 흡수를 잘 하지만 반발하는 힘은 부족한 것입니다.

은혜와 감동이 임한 상태는 영이 아주 예민해지고 부드러워진 상태입니다. 그러므로 이 때는 영에 대해서 흡수성이 높아지게 됩니다. 주님의 영도, 세상의 영도 같이 영의 속성을 가지고 있기 때문에 그렇게 부드러운 상태에서는 세상의 영도 같이 흡수하게 되는 것입니다.
그러므로 그 상태에서 바로 세상과 접촉을 하고 세상에 속한 사람과 접촉을 하게 되면 세상의 영과 악한 영들의 기운이 그의 심장 깊은 곳까지 들어오게 됩니다. 그러므로 그의 심령은 상처와 충격을 받을 수 있는 것입니다.

기도원이나 집회에서 기쁨과 은혜를 경험한 사람이 즐거운 마음으로 집에 돌아왔을 때 경험하게 되는 느낌이 이와 비슷합니다.
그는 지금 마음이 아주 행복하고 즐겁습니다. 그런데 집에 들어오는 순간 그는 전혀 다른 영적인 대기를 느낍니다. 가족들에게서 자기와 전혀 다른 영적 분위기를 느끼게 되는 것입니다.
그는 지금 자신이 느끼고 있는 즐겁고 행복한 감정들, 자기가 깨달은 감동을 가족들에게 이야기하려고 합니다. 그러나 가족들의 반응은 차갑습니다. 이 사람이 왜 이렇게 들떠있고 흥분하고 있나 하고 못마땅한 반응을 보입니다.

그럴 때 이 사람은 충격을 받고 상대방의 말과 태도에서 느껴지는 악한 기운이 심령 깊은 곳에 박히는 것을 느끼게 됩니다. 그리고 그는 그 순간에 심령이 막혀버리는 것을 느끼게 됩니다.

그는 순간적으로 집회에서 얻었던 은혜와 감동을 다 잃어버리게 됩니다. 그리고 오히려 심령에 깊은 상처가 생기게 됩니다. 그리고 그렇게 상한 심령이 회복되는 데에는 많은 시간이 필요하게 됩니다.

이러한 일은 흔하게 일어나고 있는 일입니다. 아마 이러한 경험이 반복되면 자신이 은혜를 받고 감동을 받았더라도 그것을 지키고 유지하는 것은 쉽지 않으며 입을 꾹 다물고 있어야 그것을 유지할 수 있다는 사실을 알게 될 것입니다.

은혜를 받고 나면 더 상처를 받기가 쉬워집니다. 그 이유는 무엇일까요? 평소에는 그냥 지나갔던 말들이 은혜를 받고 좋은 상태에서는 깊이 찔리게 됩니다. 그 이유는 무엇일까요? 그것은 은혜를 받고 감동했을 때 그 마음의 중심이 활짝 열리기 때문입니다.

어떤 여성이 사랑에 깊이 빠졌다고 합시다. 그 때에 그녀는 사랑의 기쁨에 잠기게 되지만 동시에 쉽게 상처를 받을 수 있습니다. 마음이 활짝 열린 상태이기 때문입니다.

그녀가 평소에는 전혀 상처를 받는 사람이 아니라고 해도 상대를 사랑하고 상대방에게 마음을 열었을 때는 그녀는 깊이 상처를 받을 수 있습니다. 그녀의 사랑이 깊을수록 상처도 깊을 것입니다. 영성에도 이와 비슷한 원리가 적용되는 것입니다.

깊은 은혜에 잠기게 되면 영이 부드럽고 약해져서 흡수성이 높아집니다. 영들이 쉽게 들어오고 나갈 수 있는 것입니다. 그러므로 이 때에 세상의 영을 접하게 되면 그 기운이 깊이 침투할 수 있습니다.
그러므로 깊은 은혜 가운데 있을 때 자기의 영을 지키기 위해서 조심해야 하는 것입니다. 이 때는 악한 영이 쉽게 침투할 수 있습니다. 그러므로 자기의 영을 잘 방어해야 합니다. 이 때는 아주 보호가 필요한 상태입니다.

나는 집회를 성공적으로 인도하고 탈진한 상태에 있을 때에 아주 조심합니다. 그것은 그러한 상태에서 나의 영을 잘 보호하지 않았을 때 힘들었던 경험을 많이 했었기 때문입니다.
집회에 주님의 임재와 감동이 충만한 상태에서 끝이 나면 몸은 탈진하지만 심령에는 꿀이 흐르는 것 같은 달콤하고 행복한 느낌이 임하는 것이 보통입니다. 주님의 임재는 너무나 가까워서 곁에 손을 내밀면 바로 만져질 듯이 선명하게 느껴집니다.
그런데 이럴 때 TV의 소음을 듣게 된다든지 하면 너무나 가슴이 아프고 고통스러웠습니다. 잠깐만 세상의 음악에 접촉을 하여도 너무나 고통스러웠습니다. 다른 때에는 그리 아프지 않았던 것이 그러한 상태에 있을 때는 아주 아프고 괴로웠습니다.

나는 그 이유에 대해서 궁금했습니다. 그러다가 알게 되었습니다.
구약의 성전에서 바깥뜰에는 이방인들이 들어올 수 있었습니다.
그러나 성소에는 이방인들은 들어갈 수 없었으며 지성소에는 대제사장만이 들어갈 수 있었습니다.
그리고 지성소에서는 대제사장이라고 하더라도 준비 없이 함부로 들어갔다가는 죽임을 당할 수도 있었습니다. 지성소에서는 거룩하신 하나님의 임재가 있었기 때문입니다. 아무나 함부로 지성소에 들어가면 죽임을 당하는 것이었습니다.

기도 중에 집회 중에 주님의 은총에 깊이 잠기게 되는 것은 지성소에 계신 하나님의 임재에 가까이 가는 것과 같습니다. 그것은 그의 영혼이 거룩한 공간에 가는 것입니다.

물론 많은 사람들이 참석하는 집회에서는 깊은 지성소의 영계에까지 이르는 것은 쉽지 않을 것입니다. 대다수의 그리스도인들은 세상적이고 육적인 상태에 있으며 별로 맑은 영을 가지고 있지 않기 때문입니다. 다만 집회에서 임하는 은총은 지성소에 비교적 흡사하고 가까운 은총이라고 할 수 있을 것입니다.

아무튼 함부로 바깥뜰에서 지성소에 들어가면 죽음을 경험하는 것과 마찬가지로 지성소의 거룩한 상태에 있다가 바깥뜰에 갑자기 나가게 되면 죽음에 가까운 고통을 겪을 수 있는 것입니다. 그것이 영적으로 충만한 상태에서 세상과 접하는 것이 위험한 이유입니다.

그러므로 이 사실을 주의하고 조심해야 합니다.

기도나 집회 중에 깊은 은총 속에 들어간 사람은 함부로 바깥 세상에 접해서는 안 된다는 것입니다. 그러한 상태에서는 함부로 사람을 만나거나 세상문화에 접해서는 안 됩니다. 그렇게 할 때 악한 영들이 침입하게 되며 영혼이 깊은 상처를 입게 됩니다.

그러한 상태에서는 충분히 휴식을 해야 합니다. 영적으로 깊은 은총이 있을 때에는 심령에는 깊은 기쁨이 있지만 몸에는 힘이 빠지고 움직이기도 어려운 상태가 됩니다.

그럴 때에는 움직이지 말고 충분히 쉬어야 합니다. 영적인 권능이 많이 임했을수록 그는 충분한 휴식을 가져야 합니다. 그는 하루든, 이틀이든 충분히 휴식을 취함으로 몸이 회복될 때까지 기다려야 합니다. 몸이 회복되면 다시 세상과 접촉하며 세상 사람과 접촉을 해도 몸이 강건한 상태에 있으므로 영을 방어할 수 있게 됩니다.

많은 사역자들이 오해하고 있는 것도 이러한 것입니다.
사역자들은 집회를 인도하기 전에 영적으로 아주 강하고 담대한 상태가 되어있어야 합니다. 그들은 부르짖고 강한 소리로 기도하여 강하고 충만한 영의 상태로 집회에 나아가야 합니다. 그래야만 집회에 오는 악한 영들을 제압할 수 있으며 집회 가운데 주님의 영광과 풍성함이 임하는 집회를 인도할 수 있습니다.
그런데 이러한 원리를 알지 못하는 많은 사역자들은 집회 이전에 조용히 깊이 묵상하며 영이 약하고 민감한 상태로 나가는 것입니다.
그것은 자기 자신 혼자만을 생각해서는 좋은 상태입니다. 그의 심령에는 기쁨이 있고 달콤함이 있습니다. 그러나 그것은 예배와 집회를 인도하기에는 좋은 상태가 아닙니다. 그는 예배를 인도하는 데에 몹시 힘이 들것입니다. 그의 영적 상태는 부드러운 상태이며 강한 상태가 아니기 때문입니다.

예배를 인도하면서 청중을 사로잡고 이끌어가려면 부드러운 상태로는 아주 어렵습니다. 그는 강하고 충만한 영으로 나아가야 합니다. 많은 사역자들의 문제점은 그들이 내면적인 충만, 아름답고 달콤한 충만과 외면적인 충만, 강하고 담대한 충만의 차이점을 잘 알지 못한다는 것입니다.
집회의 전에는 내적인 충만 상태보다 강하고 능력이 넘치는 외적인 강건함과 충만함의 상태가 필요하다는 것, 이 한 가지만 사역자들이 잘 인식할 수 있고 훈련할 수 있다면 그가 인도하는 예배와 집회에는 감동과 기쁨과 전율이 충만하게 될 것입니다.

이 사실을 잘 이해하는 것이 꼭 필요합니다.
당신의 영이 내적으로 열리게 되었을 때 당신은 안에서 꿀같이 흐르는 달콤함과 기쁨을 경험하게 될 것입니다. 하지만 그 상태는 아름다운 상태이기는 하지만 내적인 상태이며 약한 상태라는 것을 이해할 필요가 있습니다.
우리가 살고 있는 곳이 천국이며 천사들만 가득한 곳이라면 아무런 문제가 없을 것입니다.
그러나 우리가 살고 있는 곳은 마귀가 우글거리는 곳입니다. 악한 영들이 우리를 괴롭히고 깨뜨리기 위하여 항상 돌아다니고 장난치는 곳입니다. 그러므로 우리는 살아있는 한 우리의 영혼을 지키기 위하여 전쟁을 해야 합니다.

그렇게 부드럽고 달콤한 상태는 연약한 상태이며 전쟁을 할 상태가 아닌 것을 기억하십시오.
그 때 당신은 세상과 접하지 말고 특히 강퍅한 이들을 상대하지 말고 혼자 조용히 쉬어야 합니다. 주님과 같이 쉬면서 달콤한 교제 속으로 들어가야 합니다. 교제와 전투는 다른 것입니다.
당신이 휴식을 마치고 세상으로 나오려고 할 때는 그러한 내면적이고 부드러운 상태에서 벗어나 다시 외적으로 충만하고 강한 상태가 되는 것이 필요합니다. 그래야만 세상에서 악한 영들을 제압하여 자유롭고 승리하는 삶을 살 수 있는 것입니다.

부디 이러한 영적 원리를 잘 이해하고 기억하시기를 바랍니다.
당신의 영이 달콤하고 부드러울 때 자신의 영을 잘 보호하십시오.
은혜와 기쁨이 넘친다고 너무 즐거워서 이 즐거움을 다른 이들에게도 나누어주려고 하지 마십시오. 그것을 먹을 수 있는 사람은 세상에 그리 많지 않습니다. 오히려 당신이 악한 영들에게 치명적인 공격을 당할 수 있습니다. 당신은 아직 방어자세도 되어 있지 않은데 말입니다.
부디 기억하십시오. 당신의 영이 부드럽고 달콤할 때 안식하며 주님의 지성소에서 머물러 계십시오.
조심하기만 한다면 그 경험은 당신의 영혼을 아름답고 풍성하고 깊게 만들 것입니다.
부디 그 은총을 잘 누리고 유지하고 관리하십시오. 그렇게 할수록 당신은 주님의 실상과 천국의 실제에 좀 더 가까이 나아가게 될 것입니다. 할렐루야.

25. 파장과 성질이 영의 통로임을 기억하십시오

악한 영들은 영적인 존재이며 영의 특성을 가지고 있습니다.
영들은 육체와 다릅니다. 그들은 영의 고유한 특징과 성향에 따라서 움직입니다. 파장에 따라 움직이며 성질에 따라서 움직이는 것입니다.
육체는 혈연이 중심입니다. 다른 사람에게 부탁할 때 '우리 자식이니 잘 봐 주십시오' 합니다. 성향이 다르고 삶의 가치관이나 목적이 달라도 '그래도 우리 가족이니 잘 부탁합니다' 라고 합니다. 하지만 영들은 혈연에 의해서 연결되지 않고 성질에 따라서 연결이 됩니다.

어떤 이들은 '가계에 흐르는 저주' 에 대한 이야기를 하면서 조상의 저주나 나쁜 기운이 후손에게 전달되지 않느냐고 반문할 것입니다.
물론 그것도 사실입니다. 부모와 조상이 가지고 있는 어떤 영적 기운은 그것이 좋은 것이든 나쁜 것이든 자손들에게 영향을 끼치는 것이 사실입니다. 그러나 그러한 영향도 모든 자손에게 다 미치는 것이 아닙니다. 자손 중에서도 비슷한 성질을 가지고 있는 이에게 그러한 영향이 가는 것입니다.

예를 들어 아주 악하고 공격적인 성품을 가지고 있는 어머니가 있다고 합시다. 그녀의 자식은 어머니와 똑같이 악하고 공격적인 성품을 가지게 될까요? 그것은 꼭 그렇지는 않습니다.
어떤 자녀는 어머니의 악하고 공격적인 기질을 그대로 이어받습니다. 그러나 어떤 자녀는 어머니의 기질과는 반대로 선하고 아름다운 성품을 가지기도 합니다. 이처럼 한 가족이라고 해도 같은 성향을 가지는 것이 아니라 각자가 다른 성질을 가지고 있는 것입니다. 그러므로 한 가족이라도 성질은 다 다르며 같은 성질을 가지는 이들만이 부모로부터 동일한 영적 영향력을 받게 되는 것입니다.

질병도 마찬가지입니다. 부모 중의 한 사람이 암으로 죽었을 경우에 어떤 자녀는 비슷한 기운의 영향을 받을 수 있습니다. 그러나 모든 자녀들에게 다 그러한 부모의 증상이 이어지는 것은 아닙니다. 전혀 다른 체질을 가지고 그러한 영향을 받지 않는 자녀도 있습니다. 역시 그러한 기운의 이어짐도 개인의 성질에 따라 다른 것입니다.

사람들은 이 땅에 살면서 항상 육체 중심, 혈연 중심으로 관계를 가지며 모이게 됩니다. 명절이 되면 같은 성질을 가지고 같은 성향을 가진 이들끼리 모이는 것이 아니라 흩어진 가족끼리 모입니다. 좋든 싫든 혈연과 가족들은 모입니다.

그러나 영들은 그렇지 않습니다. 영계에서는 그렇지 않습니다.

영들은 한 가족이냐 보다는 서로가 같은 성질을 가지고 있느냐를 중시합니다. 영들은 그가 비슷한 혈연을 가지고 있느냐에 따라서 들어오고 나가는 것이 아닙니다. 영들은 그가 어떠한 성질을 가시고 있느냐, 어떠한 파장을 가지고 있느냐에 따라서 관련을 맺게 됩니다.

영이 발달할수록 사람들은 혈연적인 접촉보다는 마음이 통하고 영이 통하는 이들을 선호하게 됩니다. 순수하고 선한 마음을 가지고 있는 이들은 가족이라고 하더라도 악하고 남을 비난하며 자신을 높이는 이들과 같이 있게 되면 고통을 느끼게 됩니다. 그는 혈연이 전혀 섞여 있지 않다고 하더라도 비슷하게 선하고 순수한 이들에게 마음이 끌리게 됩니다.
늙어갈수록 영이 발달할수록 사람은 점점 혈연이 영원한 것이 아니며 진정한 연합을 이루는 것이 아닌 것을 깨닫게 됩니다. 그러므로 같은 영, 같은 성향을 가진 이들에게 더 많은 애착을 가지게 되는 것입니다. 그리하여 주를 사랑하며 순결해지기를 원하는 영혼들은 물리적으로, 혈연적으로 가까운 사람들보다 같이 주를 사모하며 순결하게 주를 추구하는 이들에게 더 깊은 애정을 느끼게 됩니다.

사람이 어렸을 때는 혈연적인 가까움과 물리적인 거리감이 아주 중요시됩니다. 많은 이들이 가족에 대한 집착에 가까운 애정을 가지고 있으며 어린 시절을 함께 보내고 학창 시절을 같이 보낸 이들에 대한 그리움과 추억을 가지고 있습니다.
그러나 시간이 흐르고 세월이 흐르고 영혼의 감각이 생기고 발전하고 육체가 서서히 스러져 가면서 사람의 성향은 바뀌게 됩니다. 물리적으로 혈연적으로 가까운 것보다 각 사람이 가지고 있는 영의 성질을 주목하게 되는 것입니다.

물리적으로 혈연적으로 가까워도 마음의 성향이 서로 다르다면 그들은 가까이 있고 함께 있어도 서로 기쁨을 얻지 못합니다. 몸은 가까이 있지만 마음은 서로 멀리 있는 것입니다. 한 사람은 이것을 좋아하며 다른 사람은 다른 것을 좋아합니다. 한 사람은 이것에 기쁨을 느끼며 다른 사람은 다른 것에 기쁨을 느낍니다.
한 사람은 겸손함과 거룩함과 아름다움을 추구하며 악을 미워합니다. 다른 사람은 교만함으로 자기를 높이며 더러움 속에서 만족하며 선을 미워합니다. 이러한 경우에 그들은 몸은 가까워도 같이 있음으로 해서 서로

간에 고통을 느끼게 됩니다. 그들의 영은 각자 다른 영들과 교통하며 서로 다른 곳에 있기 때문입니다. 그들은 혈연적으로 가까우나 영적으로 멀리 있는 것입니다.

이것을 부디 기억해야 합니다. 이 세상에 살 동안에는 혈연 중심으로, 물리적인 거리 중심으로 모이고 가까워집니다. 그러나 이 육체가 사라지게 되면 영계는 다릅니다. 영계는 같은 성질과 파장을 따라 가까워지고 멀어짐이 형성되는 것입니다.
이와 같이 영들은 성질과 파장을 따라 움직이고 모여들기 때문에 우리는 영적인 성장과 발전을 위해서 우리의 성질과 파장을 바꾸어야 합니다. 악령들이 좋아하는 파장을 버리고 하나님의 영이 좋아하는 파장으로 바꾸어야 하는 것입니다.

악한 영은 악한 사람을 좋아합니다.
더러운 영은 더러운 사람을 좋아합니다.
음란한 영은 음란한 사람을 좋아합니다. 사람의 어떠한 특질은 그러한 영을 담는 그릇이 되는 것입니다.
미움의 영은 미워하는 사람을 좋아합니다.
선한 영은 선한 사람을 좋아하며 가까이 옵니다.

하나님의 영은 그 중심에 주를 사랑하고 마음을 다하여 뜻을 다하여 간절하게 주를 추구하는 이들에게 가까이 오십니다.
영들은 항상 그 중심의 성향을 따라서 사람에게 옵니다.
그러므로 우리는 거룩하신 주의 영에 사로잡히기 위해서 우리의 중심 성향을 바꾸어야 하는 것입니다.

이 세상에는 위선자가 많습니다. 외식하는 이들이 많이 있습니다.
이들은 세상에서 신앙이 좋은 자로 인정되고 선한 자로 인정됩니다. 그러나 그 마음속에는 더러움과 악함과 이기심이 있습니다.
그러한 이들은 사람의 눈은 속일 수 있으나 영들을 속이지는 못합니다. 영들에게는 사람의 외모가 보이지 않기 때문입니다.
영들은 성향과 냄새로 사람을 분별합니다.
속에 악을 가지고 있는 이들은 썩은 냄새가 나기 때문에 그 썩은 냄새를 좋아하는 악령들이 가까이 오게 됩니다.
그 중심에 아름다운 향기가 있는 이들은 주님이 가까이 임재하시며 선한 천사들이 주님의 명령을 받고 오게 됩니다.
그러므로 그것을 막을 수 있는 방법이 없는 것입니다.

어떤 이가 썩은 냄새를 가지고 있어서 악령들이 오는데 그것을 어떻게 쫓아낼 수 있겠습니까? 썩은 생선이 있는 한 파리는 계속 옵니다. 파리채를 휘둘러서 잠시 보낼 수는 있지만 그들은 다시 올 것입니다. 그러므로 썩은 생선 자체를 쓰레기통에 버려야만 파리는 오지 않습니다. 마찬가지로 사람은 그 중심의 악한 성향을 버려야만 악한 영들이 그 냄새를 맡지 못하며 가까이 오지 않는 것입니다.

어떤 이들은 하나님이 특정한 사람을 편애하신다고 생각합니다.
자기는 아무리 기도해도 오지 않으신다고 불평합니다.
그래서 하나님을 원망합니다.
그러나 그것은 착각입니다.
하나님은 아무도 편애하시지 않습니다.
다만 하나님은 영이시며 영의 특성을 따라 운행하기를 원하십니다.

그리고 영은 그 중심의 성향을 따라 운행하는 것입니다.
그러므로 누구든지 그 중심에 간절하게 주를 구하면 그분은 그 사모함을 보시고 오시게 됩니다.
악한 영들도 이와 같이 성질과 파장을 따라 움직이기 때문에 우리는 우리의 중심을 바꾸어야 합니다.
사람에게 잘 보이려고 외식하는 사람들은 악한 영들로부터 자신을 전혀 지킬 수가 없습니다.
사람들은 그의 외식에 속지만 악한 영들은 전혀 속지 않기 때문입니다.
그러므로 그러한 이들은 세상에 살 동안은 사람들에게 사랑과 칭찬과 인정을 받고 살지만 사후에는 비참한 처지에 빠지게 되는 것입니다.

영들이 파장과 성질을 따라 움직이기 때문에 우리가 악한 영으로부터 근본적인 해방을 얻기 위해서는 반대의 성질을 가져야 합니다. 즉 우리는 어두움의 영이 싫어하는 성질을 가져야 하는 것입니다. 어두움의 영이 싫어하는 것은 빛의 성질입니다. 그러므로 우리는 빛의 성질을 가져야 하며 끝없이 그 빛을 받아들이고 훈련해야 하는 것입니다.

부디 악한 영들과 반대되는 성질을 가지십시오. 악한 영들이 당신의 기질과 냄새를 아주 싫어하도록 하십시오.
분노를 이기는 것은 더 큰 분노가 아니라 사랑입니다.
미움을 이기는 것은 더 큰 미움이 아니라 사랑과 용서입니다.
당신이 그처럼 어두움과 반대되는 빛의 성향으로 충만해질 때 당신은 악령의 세력이 감히 침범하지 못하는 주님의 사람으로 더욱 더 자라가게 될 것입니다.

26. 밝은 마음으로 사십시오

악한 영을 물리치는 것은 반대의 정신, 반대의 영입니다.
같은 성질은 상대방을 이길 수 없습니다.
어두움은 어두움을 이길 수 없습니다.
더 강한 어두움이 약한 어두움을 이기는 것이 아닙니다.
어둠을 물리치려면 빛이 필요합니다.
강력한 빛이 어두움을 소멸시킵니다.
작은 빛은 작은 어두움을 없애며 강한 빛은 깊은 어두움을 소멸시킵니다.
촛불은 작은 방을 밝게 할 수 있을 뿐입니다. 하지만 광명한 태양 빛은 온 세상의 어두움을 없앨 수 있는 것입니다.

악한 영들은 어두움의 속성을 가지고 있습니다. 어두움의 성질, 어두움의 성향을 가지고 있습니다.
그래서 그들은 어둡고 우울한 사람을 좋아합니다.
생각이 어둡고 말의 고백이 항상 어둡고 부정적이며 마음이 어두운 사람은 악한 영들의 밥과 같습니다.

표정이 어둡고 삶을 염세적으로 보며 두려워하고 불신하고 의심하고 근심하고 염려하는 것.. 그 모든 것들은 어두움의 영들을 끌어당깁니다. 항상 푸념을 하고 근심 어린 말을 하며 신세한탄을 하고 있는 사람들은 말을 하면 할수록 더 깊이 마귀에게 사로잡히게 됩니다. 그들은 그러한 어두움의 말과 행동을 마귀가 좋아한다는 사실을 잘 알지 못하고 있는 것입니다. 아니면 알기는 알아도 피상적으로 알고 있기 때문에 실제의 삶에는 적용을 하지 못하는 것인지도 모릅니다.

그리스도인들은 항상 밝게 살아야 합니다. 우중충하게 세상의 모든 고뇌를 짊어지고 있는 모습으로 살아서는 안 됩니다.
그리스도인들은 기쁘게 살아야 합니다. 힘차게 웃고 즐거워하고 감사하고 기뻐하며 살아야 합니다.
그리스도인들의 모임에는 장난이 있고 농담이 있고 웃음이 있고 노래와 춤이 있어야 합니다. 그리스도인들은 항상 모든 상황에서 축제와 같이 파티를 하듯이 살아야 합니다.
그것은 돈의 문제가 아닙니다. 환경의 문제가 아닙니다. 그것은 영의 문제이며 마음의 문제입니다.

바울과 실라는 감옥에서 파티를 열었습니다. 음식도 없었고 음악도 없었고 전혀 파티를 할 만한 상황도 아니었지만 그들은 찬양을 부르면서 기뻐했습니다. 천사들이 그 파티를 구경하고 있다가 파티에 같이 동참을 하는 바람에 지진이 일어나 감옥 문이 열려 버렸습니다. 그리스도인들의 찬양과 감사의 파티에는 어두움과 모든 결박을 박살내는 힘이 있는 것입니다.

나의 아내는 참 밝은 사람입니다. 청년 시절 나는 많은 영적 전쟁을 하다가 지쳤습니다. 악한 영들에게 시달리는 어둡고 우울하고 복잡한 스타일의 사람들을 상담하고 도와주다 보니 많이 지쳤습니다. 그런데 아내를 보니 그녀는 기질적으로 아주 밝아서 악한 영들이 잘 찾아오지 않았습니다. 그래서 나는 그녀의 밝음에 반해서 그녀와 결혼을 하게 되었습니다. 그리고 지금까지 행복하게 살고 있습니다.

그녀는 툭하면 웃는 사람입니다. 결혼해서 20년 가까이 살아오고 있지만 날마다 아침부터 밤까지 그녀의 얼굴에는 웃음이 끊어지지 않습니다. 그녀는 아주 사소한 일에 웃음을 터뜨리고 한참 동안을 배를 잡고 웃습니다. 내가 조금만 장난을 치고 농담을 해도 그녀는 뒤집어져서 웃습니다. 20년을 살면서 날마다 적어도 한 번 이상 크게 웃고 즐거워하는 그녀의 모습을 보지 않은 적은 거의 없었던 것 같습니다.

그녀는 마음이 아주 밝고 환합니다. 그녀는 항상 즐겁고 재미있게 사는 것을 좋아했습니다.

하지만 현실의 삶에 있어서 그녀에게 항상 행복한 일만 있었던 것은 아닙니다. 오히려 나와 같이 살면서 고생만 엄청나게 했습니다.

많이 가난한 편이었기 때문에 대낮에도 깜깜하고 습기가 차서 모든 것이 썩어 들어가는 지하의 방에서 살다가 천식이 와서 여러 번 응급실에 실려 갔으며 몇 번은 이제 죽나보다 하고 생각하기도 했습니다. 하지만 다시 회복되고 난 후에 그녀는 여전히 감사하며 웃었습니다.

나도 많이 아파서 일어나기가 어려운 적이 여러 번 있었습니다. 그러나 그럴 때도 그녀는 간호를 하면서도 웃었습니다. 나는 지치고 힘들 때도 그녀와 이야기를 나누면 곧 힘을 얻고 생생해지곤 했습니다. 그것은 그녀가 가지고 있는 밝음의 힘이었습니다.

돈이 다 떨어져서 먹고 살 길이 막연한 때도 한 두 번이 아니었습니다. 하지만 그래도 그녀는 항상 웃으면서 살았습니다.

한번은 돈이 다 떨어져서 전 재산이 1000원 뿐이었습니다. 그녀는 그 중에서 500원을 가지고 과자를 사서 먹었습니다.
내가 어처구니가 없어서 그녀를 쳐다보자 그녀는 깔깔 웃으면서 말했습니다.
"돈이 없으니까 먹고 싶은 것이 참 많네.. 우와. 너무 맛있다!"
그녀는 정말 기쁜 듯이 웃었습니다.

이렇게 밝은 사람에게 악한 영들은 가까이 오기 어렵습니다. 그것은 그러한 밝음이 그들의 파장과 도무지 맞지 않기 때문입니다. 악한 영들은 밝고 환한 곳에서 움직이는 것이 아주 어렵습니다. 그것은 바퀴벌레가 햇볕 아래서 움직이는 것이 어려운 것과 같습니다. 그것은 그들의 속성과 맞지 않기 때문입니다.
그리스도인들은 밝은 삶을 살아야 합니다. 그래야만 안전하고 행복하게 살 수 있습니다.
햇볕이 쨍쨍 내려 쬐는 아스팔트에는 이끼가 생기지 않습니다. 병균이 생길 수 없습니다. 그러나 햇볕이 닿지 않는 음습한 곳에는 벌레가 생기며 부패하며 썩습니다. 햇살은 모든 것을 치유하기 때문에 햇살 앞에서는 병균이 죽습니다. 가끔 가다 이불을 햇볕에 말리는 것도 햇살이 병균을 죽이기 때문입니다. 밝은 마음은 그러한 햇살과 같아서 마귀의 세균을 죽이는 것입니다.

그리스도인들은 항상 인생에 대해서 감사하며 즐기면서 살아야 합니다. 마음을 바꾸고 생각하는 방향을 바꾸면 죽어가면서도 얼마든지 웃을 수 있으며 고통스러운 삶의 여건 속에서도 얼마든지 감사하며 즐거워할 수 있습니다.
그리스도인들은 밝은 가치관을 가져야 합니다. 자신은 참으로 아름다운 사람이며 하나님은 참으로 선하신 분이시고 사랑이시고 좋으신 분이시며 인생은 참으로 행복하고 아름다운 장소라는 인식을 가지고 있어야 합니다.

그리스도인들은 살아있는 것이 행복이라는 것, 살아서 여러 가지 훈련을 받고 영적으로 성장해가며 천국을 향해서 나아가는 것이 놀라운 은총이며 축복이라는 인식을 항상 가지고 있어야 합니다.

그러니 툭하면 십자가 어쩌구 하면서 징징거리지 마십시오.

고난이 어쩌구 하면서 갖은 푸념을 하지 마십시오.

죽으면 죽고 살면 사는 거지, 그게 뭐 대단한 거라고 징징거리고 난리를 칠 필요가 없는 것입니다. 별것도 아닌 일을 가지고 온갖 푸념과 한탄을 하고 신세타령을 하는 사람은 자신이 악한 영들을 가까이 끌어당기고 있으며 그러한 삶의 자세는 재앙을 가져올 뿐 아무런 유익이 없다는 것을 깨달아야 합니다.

십자가는 천국입니다. 십자가란 저주도 아니며 두려운 것도 아닙니다. 그것은 천국으로 이끄는 훈련이며 문입니다. 고난도 그리 나쁜 것이 아닙니다. 그것은 우리 안의 악한 속성을 소멸시켜서 주님께로 천국에로 이끄는 것입니다. 인생이란 행복이며 신앙이란 행복입니다. 그렇게 믿는 자들에게는 그렇게 되며 그러한 삶이 이루어지게 됩니다.

그러한 밝고 행복한 마음 위에 마귀는 가까이 오지 못합니다. 그들은 빛을 싫어하며 빛으로 인하여 고통스러워하기 때문입니다.

그러므로 근본적인 승리를 위하여 밝고 맑게 행복하게 사십시오. 그렇게 살려고 애쓰십시오.

어려운 일이 있어도 감사하십시오. 하나님을 찬양하십시오. 모든 것을 그저 무조건 좋게 해석하십시오. 해석하기 어려운 상황이 생기면 무조건 그것을 좋게 해석하는 것이 가장 좋은 해석입니다. 그러면 그 어려운 상황은 다시 유익한 상황으로 바뀝니다.

어떤 상황에서도 감사하고 즐거워할 수 있는 거리를 찾으십시오. 무엇이든지 감사하고 즐거워하면 그것은 당신에게 은총으로 바뀌게 되는 것입니다.

계속적으로 그렇게 살아갈 때 당신의 영적 파장은 바뀌는 것이며 당신의 승리는 지속적이고 온전한 것이 되는 것입니다. 그리하여 당신은 밝고 행복한 사람이 되며 마귀에게서 벗어나 좀 더 천국에 가까운 삶을 살아갈 수 있게 될 것입니다. 할렐루야.

27. 사랑의 고백은 마귀를 깨뜨립니다

악령들은 악한 영입니다. 그들은 악한 존재입니다.
그러므로 그들은 남들을 미워하고 공격하는 것에 즐거움을 느낍니다. 남들이 잘 되는 것은 보지 못하며 시기하고 질투하고 괴롭힙니다. 그러한 성향의 사람들은 다 악령들에게 속아서 악령들의 도구로 사용되는 것입니다.
집회에서 누가 은혜를 받으면 깊이 상처를 받는 사람이 있습니다. 그들은 '나는 뭔가?' 하고 생각합니다. '왜 누구만 은혜를 받고 나는 못 받는가?' 하고 그들은 생각합니다. 그들은 하나님이 공평하지 않다고 원망합니다. 물론 그러한 것들은 악령들이 일으키는 생각입니다.
악한 영들은 항상 미움과 시기와 질투와 분노를 일으킵니다. 그들은 남을 넘어뜨리고 파괴하고 비난하는 것에서 만족을 얻습니다.

주님을 알지 못하는 이들 가운데 선하게 보이는 이들도 있습니다.
이들은 다른 이들을 도와주는 것을 좋아하며 베푸는 것을 좋아합니다. 그들은 일견 선하게 보입니다.
그러나 그러한 이들 중에는 자기 의에 사로잡혀 있는 이들이 많이 있습니다. 그것은 '나는 선하다', '나는 옳다' 라는 마음입니다. 그것은 바른 생각인 것 같아 보이지만 악이고 교만이며 자신을 높이는 것입니다. 거기에는 반드시 다른 이들에 대한 정죄가 따라오게 됩니다. 그들은 다른 사람들이 자기처럼 선하게 살지 않고 악하게 산다고 은근히 판단합니다.

그것은 선이 아니고 악입니다. 그것도 아주 심각한 악입니다. 그러므로 이러한 사람들은 겉으로는 선하게 보이지만 속으로는 별로 선하지 않습니다. 그들 역시 속에 악한 영이 심어주는 교만과 판단과 악으로 채워져 있는 것입니다.

악령들은 기본적으로 악하기 때문에 사람의 마음속에 미움의 파장을 일으킵니다. 시기, 질투, 원한을 맺음, 용서하지 않음, 복수심, 혈기, 분노.. 이와 같은 것이 다 악함에서 나오는 것입니다. 이러한 기질과 감정을 가지고 있는 이들은 수시로 악령들이 가까이 다가오며 그들의 머리 위에서 따라다닙니다.

이들을 이기는 것은 반대정신이며 반대의 영입니다.
미워하고 분노하는 이들은 용서하며 온유하고 친절한 영들에게 약합니다. 그것은 물의 성분이 타오르는 불길을 잡는 것과 같습니다. 그러한 이들은 친절하고 유순하며 겸손한 이들 앞에서 같이 부드리워집니다.
이것이 바로 영적 전쟁입니다. 악령에 속한 사람들은 빛에 속한 이들을 미워합니다. 그래서 악령에 속한 자들이 이기면 그들은 서로 미워하게 됩니다. 빛에 속한 이들도 상처를 받고 같이 미워하게 됩니다.
그러나 빛에 속한 이들이 승리하게 되면 그들은 서로 사랑하게 됩니다. 마귀의 영이 소멸되면 악한 영들도 화를 내고 미워할 수 없습니다. 그 에너지는 마귀로부터 공급이 되기 때문입니다.

악한 영들은 악의 파장을 가지고 있기 때문에 악한 사람들에게 다가올 수 있으며 그들의 안에서 안식을 누립니다. 같은 파장을 가지고 있기 때문에 그들은 평화롭게 그들의 안에서 거할 수 있는 것입니다.
그러나 그 사람의 안에 반대 정신이 들어오면 그들은 몹시 고통을 느낍니다. 그들은 사랑의 분위기나 용서의 분위기에서 몹시 고통을 느낍니다. 그러한 분위기가 계속 되면 그들은 머물러 있기 어렵습니다.
오래 전에 어떤 목사님에게서 이러한 이야기를 들은 적이 있습니다.
그 목사님은 주로 신유 은사에 대한 것을 가르치고 은사적인 사역을 하시는 분이었습니다.

어느 날 그 목사님에게 어떤 부인이 찾아왔습니다. 그녀는 몸과 마음이 지치고 혼미한 딸을 데리고 왔습니다. 딸은 20대 중반 정도의 나이였습니다.
그녀는 딸이 귀신들렸다고 말했습니다. 이상한 영이 들어온 것 같다고 했습니다. 그래서 딸에게 붙은 귀신을 쫓아내려고 수 없이 많은 기도원에 돌아다녔다고 합니다. 기도에 능력이 있다고 하는 온갖 유명한 목사님들과 기도원 원장님들을 찾아다녔다고 합니다.
그런데 그렇게 1년을 딸을 데리고 수 없이 많이 기도를 받았으나 딸은 전혀 나아지는 기미가 보이지 않았고 오히려 점점 더 상태가 나빠지는 것 같다는 것이었습니다.

목사님은 그녀의 이야기를 들은 후에 이러한 처방을 내렸습니다. 딸의 상태는 그리 심각한 것이 아니며 오히려 지나치게 귀신이 들어왔다고 공포심을 불어넣고 1년 간 헤매고 다니면서 상태가 나빠진 것 같다고 말했습니다.
그러면서 더 이상 기도원으로 다니지 말고 누구 한 사람이 이 자매의 곁에서 떠나지 말고 오직 사랑을 해주고 격려해주라고 말했습니다. 그 역할을 어머니가 해주시는 것이 좋을 것이라고 조언했습니다.
그리고는 간단하게 마귀의 세력을 결박하는 기도를 한 후 그녀에게 축복기도를 해주었습니다.

그리고 나서 목사님은 그 일을 잊어버렸습니다.

그리고 1년이 지난 후에 목사님은 우연히 어떤 예식장에 가게 되었는데 이제 막 결혼식을 거행하려고 하는 어떤 신부가 그를 보더니 소리를 지르면서 껴안고 우는 것이었습니다. 신부는 목사님을 붙잡고 우는 바람에 눈의 화장이 지워져서 눈이 시커멓게 되고 말았습니다.

목사님은 놀라서 그녀를 떼어놓고 누구냐고 물어보았지만 아무리 생각해도 그녀를 본 기억이 나지 않았습니다.

그러자 그녀는 자기를 모르겠냐고, 1년 전에 거의 폐인이 되어서 어머니와 같이 목사님을 찾아갔다가 축복기도를 받고 돌아간 사람이라고 했습니다. 그런데 그녀가 이제 완전히 회복되어서 결혼을 하고 새 인생을 시작하게 된 것이었습니다.

목사님은 그제야 그녀를 알아볼 수 있었습니다. 1년 전에는 그녀가 고생을 많이 해서 얼굴의 색깔도 시커멓고 몸도 빼빼 마른 상태였는데 1년 동안 집에서 쉬면서 살도 찌고 얼굴도 환해져서 아주 미인이 되어 있었습니다. 그래서 목사님은 그녀를 알아보지 못했던 것입니다.

어떻게 그녀는 폐인 가까운 상태에서 그렇게 회복될 수 있었을까요?

그것은 바로 사랑의 힘이었습니다. 그녀의 어머니가 한 순간도 떠나지 않고 지속적으로 그녀를 돌보아주며 사랑을 표현하고 용기를 불어넣어 주었을 때 악한 영들은 그러한 분위기를 견디지 못하고 도망가버린 것이었습니다.

마귀는 주의 이름으로 대적할 때 그 순간 떠나게 됩니다. 그러나 아직도 그 사람의 안에 먹을 것이 남아있으면 다시 돌아옵니다. 그렇기 때문에 마귀가 싫어하는 영적 분위기를 형성하는 것이 중요합니다. 그런데 사랑하고 섬기는 그러한 분위기는 마귀가 다시 돌아오기 어려운 여건을 형성하게 되는 것입니다.

그런 면에서 사랑은 아주 강력한 무기이기도 합니다. 사랑을 고백하고 용서를 고백하며 서로 포옹하는 것은 강력한 무기입니다.

사랑의 고백 가운데는 사랑의 하나님이 임재하십니다. 사랑이 있는 곳에 주님이 오시고 주님이 계신 곳에는 사랑이 있습니다.

그래서 나는 예배를 드리며 사랑을 고백하는 것을 좋아합니다. 사람들에게 사랑한다고 고백하고 표현합니다. 그리고 서로 사랑하도록 고백하게 인도합니다. 그것은 매우 아름다운 모습이며 그 공간에는 놀라운 영의 풍성함과 주의 임재가 나타나게 됩니다.

나는 서로 오랫동안 미워하고 마음의 벽을 쌓고 있던 이들이 서로 용서하고 화해를 하도록 인도한 적이 많이 있었습니다.

상처를 받고 오래 동안 불편한 관계에 있는 이들을 화해시키는 것은 쉬운 일이 아닙니다. 거기에는 사랑과 지혜와 주님의 은총이 필요합니다. 대부분의 경우 당사자들은 스스로의 힘으로는 그러한 관계를 해결하는 것이 어렵습니다. 그러므로 거기에는 중재자가 필요합니다.

나는 중재자의 역할을 하면서 기도하고 권면의 말씀을 전하며 서로의 감추어진 마음을 나누게 하며 용서와 사랑을 고백하게 합니다. 그리고 시간이 흐르면 서서히 그들은 마음을 열고 서로에 대해서 진실한 이야기를 하기 시작합니다.

나는 그러한 모습을 많이 보았습니다.

그것은 참으로 아름다운 장면이었습니다. '언니 미안해' '내가 잘못했다. 그 동안 힘들었지.. 용서해 줘..' '아니에요. 내가 잘못했어요.' 한

동안 그러한 대화들이 오고 갔습니다.
그들은 울고 또 웁니다. 서로 사랑한다고 고백하면서 포옹한 채 웁니다. 그것은 거룩한 장면이었습니다. 그 공간에 하나님이 임하신 것을 나는 느꼈습니다.

어떤 부부들은 서로에 대해서 독화살과 같은 말을 쏘아대곤 합니다. 그리고 그러한 말들은 서로의 가슴에 깊은 충격을 주면서 스며들게 됩니다. 오래 전 한 밤중에 어떤 부부가 자기 집에 온 부부를 중재해달라고 부탁을 해온 적이 있었습니다. 나는 밤중에 그들의 집을 찾아갔습니다.
하지만 상황은 쉽지 않았습니다. 아내 되는 자매는 남편에 대해서 공격적이고 분노가 가득한 말을 계속 쏟아냈습니다. 남편은 몸이 건강하지 않은 편이었는데 그녀의 공격에 쩔쩔매고 있었습니다.

우여곡절이 있었지만 기도와 설득을 통해서 나중에 상황은 바뀌게 되었습니다. 그녀는 기도하면서 울었습니다.
"이 사람이 이렇게 아픈 것은 다 나 때문이야.."
그녀의 말과 함께 그 공간은 울음바다가 되었습니다. 서로가 자기의 죄를 고백하며 용서를 구하고 사랑을 고백하기 시작했습니다. 그 곳은 바로 천국이었습니다.
그 모습을 보고 중재를 요청했던 부부도 같이 자신들의 잘못을 고백하게 되었습니다. 그것은 너무나 인상적이고 아름다운 장면이었습니다.
용서의 고백과 사랑의 고백은 마귀에게 폭탄을 던지는 것과 같은 것입니다. 그것은 마귀에게 고통을 줍니다. 그들은 그러한 분위기에서 견딜 수가 없기 때문에 도망갑니다.
하지만 마귀는 그러한 분위기를 깨뜨리기 위해서 노력합니다. 그들은 쉽게 호락호락 물러나려고 하지 않습니다.

언젠가 한 부부를 회복시키고 있는 중이었습니다. 화해의 분위기가 무르익고 한 사람이 과거에 잘못한 것을 사과하며 용서를 구하고 있는 순간에 상대방이 말했습니다. '당신, 지금 정말 사과하는 거예요? 가식 아니에요?' 거기에는 공격성이 있었습니다. 그것은 마귀의 장난입니다. 악한 영들은 어떻게든 그러한 분위기를 깨뜨리고 싶어합니다. 그러한 마귀의 장난에 말려들면 다시 모든 것이 허탕이 됩니다.

하지만 압도적인 사랑이 흐르게 되면 그들은 달아납니다. 그들은 그것을 견딜 수 없기 때문입니다. 간신히 그러한 위기를 극복하게 되자 큰 울음과 포옹과 감격의 순간이 있었습니다. 마귀가 사라지면 하나님의 사람들은 천국을 경험하게 되는 것입니다.

부디 이 사랑의 분위기에서 사십시오. 사랑을 고백하며 표현하며 살아야 합니다. '나는 그런 말은 못해' 해서는 안 됩니다. 그러한 이들은 마귀를 이기지 못합니다. 그는 마귀를 물리칠 수 있는 중요한 무기를 가지고 있지 않고 있는 것입니다. 사랑의 고백은 마귀를 초토화시키는 원자 폭탄과 같은 것인데 그러한 무기를 가지고 있지 않으며 사용하는 데에 서투르다면 그것은 곤란한 일입니다.

사랑의 고백과 표현은 마귀의 진을 허물어버립니다. 다만 이것을 알아야 합니다. 마귀의 진이 견고하다면 그 진은 순식간에 무너지지 않고 좀 더 시간이 오래 걸릴 수도 있습니다. 거기에 낙심을 해서는 안 됩니다.

사랑의 고백을 듣는 것은 좋은 일입니다. 하지만 이것을 기억하십시오. 악한 영들은 그것을 좋아하지 않습니다. 그들은 그러한 분위기에서 쫓겨나가야 하기 때문입니다. 그렇기 때문에 그들은 그러한 고백 속에서 당황하고 어색해하고 불편해합니다. 악한 영을 많이 가지고 있는 사람일수록 그러한 고백은 그 사람을 불편하게 하는 것입니다.

사랑의 영을 가지고 있는 사람은 상대방이 '사랑합니다' 하고 말하면 얼굴에 미소를 띠며 '감사합니다. 저도 사랑합니다' 하고 대답할 것입니다. 그것은 그에게 자연스러운 일입니다.

그러나 그 안에 분노와 미움의 영을 가지고 있는 사람들은 그러한 고백에 익숙하지 않습니다. 그들은 대답할 것입니다. '갑자기 무슨 놈의 사랑 타령? 밥이나 줘요'

가정 세미나와 같은 곳에서 흔히 시키는 숙제가 있습니다. 집에 가서 남편을 칭찬해주고 그 반응에 대해서 보고하는 것입니다. 그러면 아내는 기대를 품고 집에 와서 남편에게 사랑을 고백하며 칭찬을 합니다. 그러면 남편은 어떻게 반응할까요? '이 여자가 미쳤나' 하는 것이 보통입니다. 그렇게 되면 기껏 용기를 냈던 아내는 화가 치밀어 오르게 되어서 '아이고, 내가 미쳤지.. 저런 인간에게..' 하게 됩니다.

하지만 남편의 그러한 반응은 하나도 이상한 것이 아닙니다. 집회에서 은혜를 받고 그 감동을 실천하려고 준비하고 있는 아내의 마음 상태와 바깥에서 긴장된 삶을 살다가 지치고 탈진되어서 집에 온 남편의 마음 상태는 같지 않습니다.

그리고 사람의 안에 살고 있는 악한 영들, 악한 기운들은 사랑과 따뜻한 분위기에 일단 불편함을 느끼게 됩니다. 사랑의 고백과 친절한 태도는 악한 영들을 쫓아내지만 그것은 한 두 번의 전쟁으로 쉽게 이루어지는 것이 아닙니다. 바깥에서 조금 배워 가지고 와서 한두 번 써먹는 그러한 정도로 악한 기운이 나가는 것이 아닙니다.

악한 영을 쫓아낼 정도가 되려면 사랑의 고백과 표현이 그 사람의 중심에서 나와야 하며 그 사람의 사고방식과 삶의 자세와 태도가 아주 바뀌어야 합니다.

사랑하고 상대방을 중심으로 섬기기를 원하며 상대방에 대해서 중심으로 격려하고 칭찬하고.. 이러한 모습이 삶의 중심에서 자연스럽게 흘러나올 정도가 되었을 때 악한 영들은 그렇게 항상 지속되는 사랑의 분위기를 견디지 못하기 때문에 달아나고 소멸되는 것입니다.

악한 영들에게 진정한 승리를 하기 위하여 당신의 중심, 당신의 기질이 사랑하는 삶, 선한 삶이 되게 하십시오.

감사하고 사랑하며 억울한 일을 겪어도 원망하지 않고 모든 이들에 대해서 친절하고 선하게 대해주십시오. 그것은 당신의 파장을 마귀로부터 아주 멀어지게 하는 것입니다.

그렇게 당신의 마음 중심 속에서 사랑이 샘솟듯 할 때 마귀는 당신을 아주 멀리 떠나게 될 것입니다. 그들은 그러한 것을 너무나 싫어하기 때문입니다. 그들은 사랑의 분위기에서 에너지를 잃어버리며 활동하는 것이 너무나 어렵기 때문입니다. 당신이 그렇게 충만한 사랑의 사람이 아니라면 당신은 아직 마귀에게 완전하게 승리한 것이 아닙니다.

부디 그러한 사랑의 사람이 되십시오. 그것이야말로 당신이 마귀의 저주와 공격에서 벗어나 승리하고 주님과 천국의 사람이 되는 중요한 방법이며 비결이 되는 것입니다. 할렐루야.

28. 거짓을 미워하고 단순하게 진실을 말하십시오

마귀는 거짓의 아비입니다. (요8:44) 그는 처음부터 거짓을 말하며 거짓으로 인류를 속이고 타락하게 만들었습니다.

그들은 거짓을 즐거워합니다. 거짓은 그들의 힘을 증가시킵니다. 거짓을 말하는 이들은 마귀에게 속하며 그들의 안에서 악한 영의 기름부음이 증가됩니다.

거짓의 성질과 거짓의 파장은 마귀를 즐겁게 하며 강하게 합니다. 그는 거짓을 좋아하는 사람과 거짓을 쉽게 말하는 이들에게 가까이 다가옵니다. 그것은 그들이 서로 통하기 때문입니다. 그러나 진실은 그들의 힘을 약화시킵니다. 진리는 그들에게 고통을 줍니다.

예수는 왕이며 진리입니다. 주님은 이 우주와 만물의 주인이십니다. 이것은 진리입니다. 주님은 길이며 진리이며 생명이십니다. 이것을 고백할 때 마귀는 고통을 느낍니다. 왜냐하면 그것은 진실이며 진리이기 때문입니다. 그들은 진리 앞에서 약해지고 고통을 겪습니다.

마귀는 이와 같이 진실을 싫어하고 거짓을 좋아하며 거짓을 통해서 힘을 얻고 강해지기 때문에 거짓을 좋아하는 이들은 마귀에게서 벗어날 수 없습니다. 악령들은 언제나 그러한 이들을 사로잡을 수 있으며 그러한 사람들을 그들의 종으로 사용합니다.

교활하며 거짓말을 잘하는 사람들이 있습니다. 그들은 상황이 자기에게 불리해지면 거짓말을 합니다. 진실을 말할 때 자기에게 불리한 상황이 오게 되는 경우라면 그들은 진실을 말하지 않습니다. 그들은 거짓을 말하며 자기를 변호합니다.

그들은 자기의 입장을 옹호하기 위해서 하지 않았던 것을 했다고 말하며 했던 일을 하지 않았다고 말합니다. 그 순간 그들의 영혼은 파괴되기 시작하며 마귀는 그들의 안에서 자리를 잡게 됩니다.

그들은 그러한 거짓말로 인하여 상대방으로부터 추궁을 당하지 않게 될 것입니다. 그러나 그 대가로 그들의 영혼은 마귀에게 속하게 됩니다. 그들의 양심은 점점 더 마비되며 나중에는 자기가 하는 말이 거짓말인지 참말인지에 대해서도 헷갈리게 되며 무감각해지게 됩니다. 나중에는 거짓말을 하면서 자신도 그 말을 믿어버립니다. 자신도 자신에게 속게 되는 것입니다. 이것이 양심에 화인을 맞은 상태입니다.

논쟁을 할 때 어떤 이들은 자기의 약점을 숨깁니다. 그리고 상대방의 허점을 공격합니다. 자기의 불리한 부분은 철저하게 감추며 시인하지 않습니다. 그것이 바로 거짓입니다. 그들은 이기기 위해서 거짓을 행하는 것입니다. 논쟁에서 승리는 하지만 그 대가로 그들의 영혼은 마귀에게 속하게 됩니다.

단순한 사람들은 거짓말을 하기가 어렵습니다. 거짓말을 하려면 머리가 좋아야 하며 자기가 했던 거짓말을 다 기억하고 있어야 합니다. 그러한 모든 거짓말들이 일관성이 있어야 하기 때문에 빈틈없는 기억력과 논리를 가지고 있어야 합니다. 그것은 단순한 사람은 할 수 없는 것입니다. 그것은 머리가 복잡한 사람이어야 가능한 것입니다. 그것이 바로 뱀이 주는 지혜이며 간교하고 교활한 거짓의 영인 것입니다.

거짓에 속한 이들은 자기가 한 말이 진실이냐 아니냐에 관심이 있는 것이 아니라 어떤 말을 할 때 자기의 입장이 유리한가 불리한가에 더 관심이 있습니다. 그들은 자신의 명예에 더 관심이 있습니다.

그리고 상대방이 어떻게 생각할 것인가에 대해서 더 관심이 있습니다. 그러므로 그들은 자신의 입장이 불리해지는 말은 하지 않게 됩니다. 그것이 바로 거짓입니다.

거짓이 무서운 것은 그것이 점점 더 정신과 영혼을 마비시키기 때문에 나중에는 영적인 감각이 거의 다 사라져버린다는 데에 있습니다. 그렇기 때문에 거짓말을 자주 하는 사람들은 영적 감각이 없습니다. 그들은 나중에는 무엇이 사실인지 거짓인지, 무엇이 진리인지 아닌지도 알 수 없습니다. 그들은 영을 분별할 수 없으며 머리가 혼란으로 가득 차게 됩니다. 그들은 멸망이 가깝고 자신의 영이 깊은 어둠 속에 있어도 이에 대해서 전혀 알지 못하게 됩니다. 거짓은 그처럼 영혼을 마비시키는 기능을 가집니다.

많은 이들이 착각하고 있습니다. 형편없는 믿음을 가지고 있으면서도 자신의 신앙이 대단한 줄 압니다. 남들에게 피해를 주면서도 오히려 자기가 남들에게 상처를 받았다고 생각하며 용서하지 않습니다.

이러한 착각이 어디에서 오는 것일까요? 그것은 거짓의 영들에게서 오는 것입니다. 거짓을 말하고 그 영에 사로잡히게 되면 모든 것을 아전인수격으로 해석하게 됩니다. 전혀 엉뚱한 해석을 하며 그것이 옳다고 생각합니다. 그것은 그들이 거짓의 영을 받아들인 것으로 인하여 그들의 머리가 혼미함으로 가득 차버렸기 때문입니다.

이러한 혼미함은 참으로 무서운 것입니다. 그들은 주님을 십자가에 못박으면서도 자신이 주님을 위하여 십자가를 진다고 생각합니다. 그들은 성령을 훼방하면서도 자신이 주님을 사랑한다고 생각합니다. 지도자를 대적하고 핍박하면서도 자신이 교회를 지킨다고 생각합니다. 그 모든 것들은 거짓과 혼미의 영이 일으키는 것입니다.

어떻게 그들은 그렇게 영이 혼미해지고 망가진 것일까요? 어떻게 거짓의 영들은 그들의 마음과 생각을 사로잡게 된 것일까요?

그것은 아주 사소한 작은 거짓말로부터 시작이 된 것입니다. 그들은 작고 사소한 거짓말을 하는 것을 무섭게 여기지 않았을 것입니다. 그들은 그러한 거짓이 그의 머리와 영혼을 마비시키고 마귀에게 속하게 하는 것을 알지 못했을 것입니다. 하지만 그렇게 들어온 작은 악과 거짓이 점차 그를 거짓의 사람으로, 혼미한 사람으로 만들어가게 되는 것입니다.

어떻게 그러한 악에서 벗어날 수 있을까요?

물론 거짓에 대한 철저한 회개가 필요합니다. 하지만 이 영에 붙들린 이들은 혼미함에 가득 차 있기 때문에 무엇을 어떻게 회개해야할지 전혀 알지 못할 것입니다.

중요한 것은 단순하고 정직하게 사는 것입니다.

지금 이 순간부터 절대로 거짓말을 하지 않기로 결심하는 것입니다.

그들은 자신을 잘 살펴보아야 합니다. 자신이 하는 사소한 말들이 사실인지 아닌지, 조심스럽게 객관적으로 관찰해야 합니다. 거짓의 영으로부터 벗어나는 것은 결코 쉬운 일이 아닙니다.

그는 분명한 결단을 해야 합니다. 바른 말을 할 때 정직하게 말할 때 자기에게 불이익이 오더라도 그렇게 말하기로 작정해야 합니다. 자기가 손해를 보더라도 바른 말을 해야 합니다. 정 그것이 어렵다면 차라리 입을 벌리지 말아야 합니다. 거짓을 통하여 약간의 이익을 보고 영혼을 마귀에게 파는 것보다는 바른 말을 하고 입장이 난처해지고 명예가 훼손되더라도 천국에 속하는 것이 좋을 것입니다.

거짓의 영을 가지고 있는 이들은 교활한 사람들입니다. 그들은 항상 자신을 변호하며 거짓과 변명을 늘어놓습니다. 사람들이 그들을 추궁하면서 한 마디를 하면 그들은 두 마디 세 마디를 합니다.

사람들은 그들이 잘못했다는 것을 알고 느끼지만 그들의 말을 당해내지 못합니다. 마귀가 그들에게 지혜와 간교함을 주었기 때문입니다. 나중에 사람들은 그들의 말을 믿지 않게 됩니다. 그리하여 그들과 거리를 두게 됩니다. 말을 해봤자 소용이 없기 때문입니다.

그러면 그들은 억울하다고 생각하게 됩니다. 왜냐하면 그들은 실제로 자신이 한 짓을 모르며 자기가 항상 옳다고 착각을 하면서 살기 때문입니다. 이처럼 거짓과 교활한 영은 착각을 일으키고 혼돈함 속에 빠지게 하는 것입니다.

어떤 부인은 말을 아주 잘 했습니다. 자신이 불리한 입장에서도 그녀는 언변을 통해서 그 상황을 자신이 유리한 쪽으로 바꿀 수 있었습니다. 그녀는 자신의 자녀가 무엇을 잘못해서 상대방이 따지러 왔다가도 상대방이 그녀의 언변에 휘말려 오히려 사과를 하고 가게 만드는 사람이었습니다.

하지만 과연 그것이 말을 잘 하는 것일까요? 그렇지 않습니다. 본인이 잘못했을 때는 거짓으로 말을 돌려서 상황을 유리하게 만드는 것이 좋은 것이 아닙니다. 그 때는 잘못했다고 인정을 하고 사과를 하는 것이 순수하고 좋은 것입니다. 그것이 단순하고 행복한 삶입니다.

지금 당장은 언변을 통해서 자신이 유리해지는 것 같아도 진실하지 않은 행동은 결국은 좋지 않은 열매를 맺게 됩니다.

나는 나중에 그녀가 뇌졸중으로 인하여 고통을 겪는다는 이야기를 들었습니다. 그것은 그렇게 복잡하게 머리를 사용하는 사람들이 나중에 흔히 겪게 되는 증상입니다.

현실적인 이익을 위하여 복잡하게 머리를 쓰고 거짓된 생각이나 지혜를 사용하는 이들은 서서히 머리 안에 어두움의 기운이 자리를 잡게 되며 그것이 쌓이게 되면 나중에는 실제로 머리에 심한 두통이나 병의 증상이 나타나게 됩니다. 그러므로 머리의 건강을 위해서도 복잡한 생각, 진실이 아닌 생각과 꾀는 결코 좋지 않은 것입니다.

어린아이들은 거짓말을 잘 할 줄 모릅니다. 그러므로 그들은 천국에 속하여 있는 것입니다. 그러나 그들도 나이가 들면서 자기의 입장과 유익을 위해서 거짓말을 하게 됩니다. 그렇게 타락이 시작되어 그들은 차츰 지옥의 영들과 가까워지게 되는 것입니다.

악한 영들의 파장과 멀어지기 위해서, 거짓의 영을 근본적으로 단절하기 위해서는 교활하게 머리를 사용하지 말고 단순해져야 합니다.

이 생각, 저 생각에 사로잡히지 말고 단순하게 생각하고 단순하게 사는 것입니다. 명예와 위신을 생각하고 상대방에게 잘 보이려고 거짓말을 해서는 안 됩니다.

예수님에게 어떤 사람이 자신을 잘 보이려고 영적인 질문을 하였습니다. 그는 그러한 문제에 대해서 아무 관심이 없었습니다.

"이 사람이 자기를 옳게 보이려고 예수께 여짜오되 그러면 내 이웃이 누구오니이까" (눅10:29)

그는 이웃이 누구인지 전혀 알고 싶은 마음이 없었습니다. 그러나 그렇게 질문을 하면 그가 신앙이 좋고 옳은 사람이라고 예수님이 생각하실 것 같았습니다. 그러한 마음이 바로 거짓의 마음입니다. 그것이 곧 외식하는 것입니다. 남에게 잘 보이기 위해서 마음에 없는 말과 행동을 하는 것입니다.

나도 그와 같은 일을 많이 겪었습니다. 내가 사람들에게 어떤 영적 원리들을 가르치면 사람들은 이에 대해서 여러 가지 질문들을 하곤 했습니다. 그런데 어떤 질문들은 아주 혼미한 것들이었습니다. 사람들이 질문을 할 때 그들에게서 어둡고 침침하며 혼란스러운 영이 흘러나왔습니다. 질문의 내용도 명확하지 않았고 무엇보다 상대방들은 질문을 하면서도 그 질문에 대해서 관심이 없었습니다.

나는 그러한 질문을 하는 이들은 답을 알고 싶은 것보다는 다른 이들에게 자신을 영적으로 보이고 싶어하며 나의 관심을 끌려고 하는 것임을 알게 되었습니다. 그러한 동기로 말을 하게 되면 혼미함과 속이는 영들이 오는 것을 알게 되었습니다.

영적으로 보이고 싶은 것은 악한 것입니다. 선한 사람으로 보이고 싶은 것도 악한 것입니다. 옳은 사람으로 보이고 싶은 것도 악한 욕망입니다. 그것은 교만에서 나오는 것입니다. 자기 사랑에서 나오는 것입니다.

거기에는 주님이 거하실 곳이 없습니다. 그것은 자신을 바라보는 것이며 자신을 높이는 것입니다. 그러한 욕망으로 가득하게 될 때 마귀에게 사로잡히게 됩니다.

그러한 것이 외식입니다.

외식이란 곧 거짓입니다.

예수님께서는 세리와 창기에 대해서 비난하지 않으셨습니다.

그러나 바리새인과 서기관들에 대해서는 격렬한 어조로 저주를 퍼부으셨습니다. 마태복음 23장은 처음부터 끝까지 그들에 대한 꾸짖음이 있습니다.

"화 있을 찐저 외식하는 서기관들과 바리새인들이여 잔과 대접의 겉은 깨끗이 하되 그 안에는 탐욕과 방탕으로 가득하게 하는도다" (마23:25)

"화 있을 찐저 외식하는 서기관들과 바리새인들이여 회칠한 무덤 같으니 겉으로는 아름답게 보이나 그 안에는 죽은 사람의 뼈와 모든 더러운 것이 가득하도다" (마23:27)

왜 주님은 그렇게 심하게 그들을 꾸짖으셨을까요? 그것은 그들이 외식했기 때문입니다. 곧 거짓 가운데 있었기 때문입니다. 그들은 겉으로 경건한 척 했습니다. 그러나 그들의 속에는 온갖 더러움과 악이 가득해 있었습니다. 그들은 자기의 속을 감추었습니다. 그것이 거짓입니다. 그들은 그렇지 않은 척 했습니다. 그것이 외식이며 거짓입니다. 그들은 긴 옷을 입고 경건한 어조로 말하며 영적으로 보이고 사람들의 존경을 받기 위해서 길게 기도했습니다. 그것이 거짓이며 외식입니다.

그들은 이 세상에서 인정을 받고 존경을 받았습니다. 사람들은 그들의 속마음을 볼 수 없었기 때문에 그들을 존경했습니다. 그러나 그것은 주님께 통하지 않았습니다. 그래서 주님으로부터 혹독한 꾸짖음을 당한 것입니다. 외식은 거짓입니다. 그것은 일반적인 악보다 나쁜 것입니다. 세리는 탐욕과 잔인함으로 가득한 악인이었습니다. 창기는 더러움과 음란함으로 가득한 악인이었습니다. 그러나 그들은 위선을 하지 않았습니다. 자신을 감추고 속이지 않았습니다.
그들은 죄인들이었지만 그들 자신을 감추는 데에는 서툴렀습니다.
그들에게는 외식하는 영이 없었습니다. 그들은 자신이 죄인인줄 알았습니다. 그래서 사람들에게는 멸시를 당했지만 주님께 나아왔습니다.

그들은 자신들이 사람들에게 존경을 받을 것이라고는 꿈도 꾸지 않았습니다. 그러나 바리새인과 서기관들은 사람들에게는 존경을 받았지만 주님께는 인정받지 못했습니다. 그들은 사람을 속일 수 있었습니다. 하지만 주님은 속일 수 없었습니다. 그것이 거짓에 속한 자들의 특성이며 운명입니다.

거짓에 속한 자가 되는 것은 무서운 일입니다. 머리가 좋은 사람들일수록 거짓에 속하기 쉽습니다. 그들은 영리하기 때문에 자기의 속마음을 감춥니다. 속에 있는 분노와 원한을 은근하게 감춥니다. 속이 불쾌한 것이 있으면 은근하게 돌려서 말합니다.

그러나 단순한 사람은 그것이 어렵습니다. 그들은 화가 나면 바로 얼굴에 드러납니다. 그래서 속이기가 어렵습니다.

우리가 천국에 속하며 마귀로부터 벗어나고 싶다면 거짓을 두려워해야 합니다. 사소한 것에도 진실을 말해야 합니다.

계산하지 말고 단순하게 말해야 합니다. 이것을 말할 때 내게 유익이 올지 어떨지, 상대방이 어떻게 생각할지를 떠나서 단순하고 솔직하게 말해야 합니다. 그것이 빛에 속하며 천국에 속하고 주님께 속하는 방법입니다. 주님은 나다나엘이 자기에게로 오는 것을 보시고 이렇게 말씀하셨습니다.

"보라 이는 참 이스라엘 사람이라 그 속에 간사한 것이 없도다" (요1:47)

그것은 그가 중심이 거짓이 없이 진실하다는 것입니다. 그처럼 주님께서는 속이 단순하고 진실한 사람을 원하셨습니다. 베드로, 안드레, 야고보, 요한.. 등 주님의 제자인 어부들은 지식이 많지 않았으나 단순하고 진실한 사람들이었습니다. 그들은 간사하지 않았습니다. 생각이 복잡하지 않았습니다.

마귀는 거짓을 좋아합니다. 거짓을 보고 힘을 얻으며 즐거워합니다.

그러므로 거짓을 말할 때 그 사람은 마귀에게 속하게 됩니다. 그 사람의 안에 있는 마귀의 기름부음과 능력은 강해집니다. 그 영혼은 파괴되기 시작합니다.

그러므로 우리는 진정한 승리를 위해서 마귀와 아주 멀리 떨어진 파장을 가지기 위해서 항상 진실을 말해야 합니다.

진실을 생각하고 진실만을 고백해야 합니다.

마음에 없는 이야기를 해서는 안 됩니다. 그러면 복잡해집니다.

마음에는 그것이 없는데 몸이 그런 고백을 하게 될 때 몸과 마음이 서로 멀어지게 됩니다. 조화를 잃어버리게 되고 몸과 마음이 서로 싸우게 됩니다. 갈등이 생기고 모순이 생깁니다. 그런 식으로 해서 서서히 영혼이 마귀에게 기울어지게 되는 것입니다.

부디 단순하게 사십시오.

단순하게 말하십시오.

거짓을 대적하십시오.

거짓을 미워하십시오.

거짓을 말함으로 인해 얻어지는 어떠한 이익도 취하지 마십시오.

거짓으로 인하여 얻어지는 이익은 당신을 향한 마귀의 선물입니다. 거기에는 절대로 공짜가 없습니다.

오직 진실을 말하십시오.

주님은 진리입니다.

오직 주님께 속하여 진실만을 말하십시오.
그렇게 거짓을 미워하고 진실을 사랑할 때
당신은 좀 더 천국의 빛에 가까워지게 될 것입니다.
거짓은 어둠입니다. 그것은 마귀에게 힘을 줍니다.
진실은 빛입니다. 진리는 빛입니다. 그러므로 그것은 마귀를 파괴하고
깨뜨립니다.
순수함과 순결함과 진실은 마귀를 깨뜨리는 강력한 무기입니다.
그러므로 당신이 진실을 사랑할 때
마귀는 당신에게 가까이 오지 않을 것입니다.
왜냐하면 마귀는 거짓의 영이며
빛을 싫어하고 진실을 미워하기 때문입니다.

29. 자신이 아닌 주님께 집중하십시오

흙으로 만들어진 육체는 마귀의 먹이입니다. 마귀들은 육체의 정욕과 육체 중심의 의식을 통해서 사람을 지배하고 속이고 누릅니다.
육체와 물질 자체가 악한 것은 아니지만 육체는 영혼을 표현하는 지체이며 그가 주인이 되어서는 안 되는 것입니다.
그런데 그 육체가 영혼의 지배에서 벗어나 독립적으로 움직이고 오히려 영혼을 지배하려고 할 때 마귀는 그것을 이용하는 것입니다. 육체가 영혼으로부터 독립하고 주인이 되어서 영혼이 육체의 정욕의 종노릇을 하게 된다면 그것은 이미 타락된 것이며 영적 질서가 무너진 것입니다.
육체와 함께 마귀의 먹이 노릇을 하고 있는 것이 바로 자아이며 이기심입니다. 바로 '나'인 것입니다. '나'에 집중하고 '자기'에 몰두하는 이들은 마귀로부터 자유롭게 풀려날 수 없습니다.

주님을 의식할 때 천국이 시작됩니다. 그리고 나를 의식할 때 지옥이 시작됩니다. 천국의 근원은 주님이시며 지옥의 근원은 나입니다. 나를 의식하고 나를 바라보며 나에 대하여 집중하고 있는 이들은 참된 천국의 실상을 경험할 수 없습니다.
나 자신에게 집중하는 사람은 주님 보다 자신의 욕망에 더 관심이 있습니다. 주님께 기도한다고 해도 주님 자신을 알고 교제하며 주님을 주인으로 모시며 순종하는 것보다 주님을 통하여 자신의 소원과 욕망을 이루는 것을 좋아합니다. 이러한 이들은 오래 신앙생활을 해도 욕심과 번뇌와 지옥에서 벗어나기 어렵습니다. 그들은 참 신앙의 기쁨이 무엇인지 알지 못합니다.

나 자신에 집중하는 이들은 주님보다 자신의 감정이나 입장에 더 많은 관심을 기울입니다. 이들은 주님이 자신을 사랑해줄 때만 주님을 좋아합니다. 만일 주님이 자신보다 다른 사람을 더 사랑하신다고 느끼면 그들은 주님께 대하여 분노할 것입니다. 그들은 삶의 주인이 주님이 아니고 자신이기 때문에 자신을 소홀히 대하는 자는 인간이든 주님이든 다 대적하고 미워하게 됩니다.

천국은 주님을 모든 것의 주인으로 모시는 이들이 경험하는 것입니다. 그러나 이들은 모든 것의 중심에 자신이 있기 때문에 그 천국을 경험하지 못합니다. 오래 기도하고 오래 신앙생활을 해도 이들은 천국의 기쁨이 무엇인지 모릅니다.

주님을 의식하지 않고 자신만을 의식하는 이들은 기도를 한 후에 다른 사람들에게 자기의 기도가 영적으로 멋지게 들렸을 지에 대해서 관심을 기울입니다. 자기의 기도를 주님께서 기뻐하셨을까 하는 데에는 별로 관심이 없습니다. 그들의 관심은 자신의 입장과 명예이며 주님의 마음은 그들의 관심이 아니기 때문입니다.

오늘날 교회 안에 많은 갈등과 싸움들이 있습니다. 많은 서운함이 있습니다. 그러나 그러한 갈등과 서운함 중에 주님을 위한 것은 별로 찾아보기 어렵습니다. 자기를 인정해주지 않고 자기에게 관심과 사랑을 베풀지 않는 대상에 대해서, 자기를 오해하는 이들에 대해서 그들은 분노하고 서운해하는 것입니다. 그것은 자기중심인 것이며 주님과는 아무 관련이 없는 것입니다. 그것은 결코 주님과 천국에 속한 신앙생활이 아닙니다.

많은 이들이 신앙에 열심을 냅니다. 적지 않은 경우 그것은 사람에게 칭찬과 인정을 받기 위한 것입니다. 이들이 그들의 열심을 통해서 그가 바라는 칭찬과 인정을 받지 못할 때 그러한 열정이 분노와 상처와 울분으로 바뀌는 것은 오늘날 어디서나 쉽게 흔히 볼 수 있는 일입니다.

 이와 같이 나, 나의 지위, 나의 입장, 나의 체면, 나의 감정, 나, 나, 나, 오직 나에게 집중할 때 사람은 자유를 얻을 수 없습니다. 그들은 마귀에게서 벗어날 수 없습니다. 마귀는 '나'를, '나의 입장과 체면'을 두려워하지 않습니다. 그들은 오직 만유의 주되신 주님을 두려워합니다.

어떤 이들은 남들이 자신을 어떻게 볼까 하는 의식에 지나치게 사로잡혀 있습니다. 이렇게 말하면 상대방이 어떻게 나를 볼까 하는 의식에 지나치게 사로잡혀 있습니다. 그것이 바로 묶임입니다. 자기에게 지나치게 민감한 사람은 자유를 얻을 수 없습니다. 그들은 노예입니다.

어떤 이들은 자신을 너무 자랑스러워합니다.

어떤 이들은 자신을 너무 비하하고 좌절합니다.

어떤 이들은 자신을 너무나 불쌍한 비련의 주인공처럼 생각합니다.

그 모든 것들이 다 너무 자신에게 집중해있는 것입니다.

우리가 선하다고 해도 그것은 대단한 것이 아닙니다.

우리가 악하다고 해도 그것은 그리 대단한 것이 아닙니다.

어떤 이들은 자기의 죄에 집착하여 아주 심하게 울고 고통하며 좌절하고 비통해합니다.

죄에 대해서 아파하는 것은 좋습니다. 하지만 우리는 자신의 죄에 집중하는 것보다는 주님의 사랑과 은혜에 집중하는 것이 좋습니다. 자기의 약점이나 죄에 지나치게 집중하는 것도 일종의 자기 의가 될 수 있으며 주님을 바라보지 않고 자신을 바라보고 있는 것이기 때문입니다.
성 프란시스코와 한 제자가 산길을 걷고 있는데 숲 속에서 샘물이 맑게 소리 내면서 흐르는 것을 보고 제자가 말했습니다.
"스승님, 제가 저 샘물처럼 순결한 마음을 가지고 있으면 얼마나 좋을까요.."
그러자 프란시스코는 대답했습니다.
"자신의 순결함이나 더러움에 너무 집착하지 마십시오. 형제의 의식을 높이 올려 주님을 바라보십시오. 주님만이 온전하게 순결하십니다. 형제는 그것으로 기뻐해야 합니다. 그것으로 충분합니다. 주님이 순결하시며 그분이 우리의 주님이시라는 것, 그것을 바라보는 것으로 충분한 것입니다."

지나치게 자신을 의식하는 것은 자유가 아닙니다. 그것은 묶임입니다. 거기에서 벗어나지 못하고 나를 초월할 수 없다면 우리는 진정한 자유와 안식을 얻을 수 없습니다.
우리가 자신에게 집중할 때 우리는 오직 우리를 사랑하는 사람만을 좋아하게 될 것입니다. 그 사람이 주님을 좋아하든 싫어하든 그와 상관없이 우리에게 잘해주는 사람을 좋아하게 될 것입니다. 자신을 초월하지 못할 때 그러한 감정에 묶이게 되는 것입니다.
나는 주님께 대한 사랑을 간절하게 고백하고 많은 시간동안 기도하는 처녀들이 이상하게도 쉽게 불신자들과 사랑에 빠지는 것을 보고 많이 놀랐습니다.
어느 날 나는 그러한 자매에게 상대방은 믿지 않는 사람인데 왜 사랑하느냐고 물었습니다. 그러자 자매는 대답했습니다. 자기를 진정으로 사랑해준다는 것이었습니다.

나는 그러한 자매들은 주님을 중심으로 사랑하는 것이 아니라 자신을 중심으로 사랑한다는 것을 알게 되었습니다.
그녀는 주님이 사랑을 받는 것보다 자기가 사랑 받기를 원했습니다. 그녀가 볼 때는 자기에게 잘 해주는 사람은 다 좋은 사람이었습니다. 그것은 당연한 것 같고 본능적인 것이지만 진리적인 애정은 아닙니다. 그러한 이들은 아직도 자기 자신에게 묶여 있는 것입니다.

천국의 관점은 모든 것이 주님의 관점입니다. 이것을 주님이 기뻐하시는가, 주님의 의에 맞는가 하는 것입니다. 천국의 주인은 주님이시기 때문입니다.
그러나 나에게 잘해주는 사람은 좋은 사람이고 나를 무시하는 사람은 악한 사람이라고 느낀다면 그 사람의 영혼은 아직 천국에 있는 것이 아닙니다. 그 영혼은 아직 어두운 곳에 있습니다. 그 곳에는 아직 천국의 빛이 비칠 수 없습니다. 주님 중심은 천국이며 자기중심은 곧 지옥이기 때문입니다.

애인이 다른 사람을 쳐다볼 때 사람들은 흔히 분노합니다. 배우자의 마음이 다른 데에 있을 때 사람들은 절망하고 분노합니다. 하지만 주님의 고독에 대해서 아파하고 느끼는 이들은 찾기 어렵습니다. 그들의 마음은 아직 주님의 마음과 멀기 때문이며 그들의 감정은 자기 자신으로 꽉 차 있기 때문입니다. 나 때문에 절망하고 화를 내는 사람은 많지만 주님 때문에 낙담하고 분노하는 사람은 찾기 어렵습니다. 그것은 아직 많은 사람들이 영적인 어두움 속에서 헤매고 있는 것을 보여주는 것입니다.
어떤 이들은 많은 권리 의식을 가지고 있습니다.
그는 자신이 당연하게 사랑 받아야 할 권리가 있다고 생각합니다.

어떤 이들은 우리는 사랑 받기 위해서 태어난 사람이며 그것은 우리의 당연한 권리라고 생각합니다.
우리는 행복하게 살아야 할 권리가 있다고 생각합니다. 그리고 하나님은 우리를 행복하게 만들어주실 의무를 가지고 있다고 생각합니다.
그는 당당하게 하나님께 그들의 권리를 요구합니다. 그러다가 그의 요구를 하나님이 들어주시지 않았다고 느끼면 그는 화를 냅니다.
그의 가치관에 있어서 주인은 누구입니까? 바로 자신입니다. 그에게 있어 하나님은 그를 위해서 존재하는 것입니다.
그러한 가치관은 그의 영혼이 아직 어두운 곳에 있음을 보여주는 것입니다. 그는 아직 천국과 멀고 먼 곳에 있습니다.

우리는 권리가 없습니다. 우리는 세상을 창조하지 않았습니다.
우리는 우리 자신을 창조하지 않았습니다.
우리는 권리가 없습니다. 우리는 아무 것도 요구할 수 없습니다.
주님이 우리에게 무엇을 주신다면 그것은 주님의 은총이며 사랑입니다. 그러나 안 주신다면 그것은 그만입니다.
그것이 자유입니다. 그것이 순종입니다. 우리는 주님 앞에 엎드려 있는 작은 종에 지나지 않습니다.
자기 뜻대로 되지 않으면 원망하고 불평하고.. 그것은 아직 자신을 벗어나지 못한 것입니다. 어두움을 벗어나지 못한 것입니다.
거기에는 마귀의 역사가 있습니다. 자기중심의 사람들은 마귀에게서 벗어날 수 없습니다.
모세는 미리암에게 비난을 받을 때 자기변호를 하지 않았습니다. 그는 주님께 속한 사람이었기 때문에 하나님을 위해서는 방어하기를 원했지만 자기 개인을 위해서는 방어하고 싶지 않았기 때문입니다. 그러자 하나님께서 직접 미리암을 치셨습니다. 이것은 자기에게 속하지 않고 하나님께 속한 사람은 어떻게 행동하는 가를 잘 보여주는 것입니다.

오늘날 사람들은 자기의 위신과 자존심을 아주 중요하게 생각합니다. 주님보다 그것을 더 우선시 합니다. 자기의 감정을 건드리면 참지 않습니다. 겉으로 표현하기도 하고 속으로 오래 동안 분노를 가지고 있기도 합니다. 그것은 아직도 자신에게서 나에게서 해방되지 못한 것을 보여줍니다. 아무리 많은 능력과 지식을 가지고 있다고 하더라도 아직 자신을 벗지 못했다면 그것은 아직 온전한 승리가 아닙니다.

육체가 있는 곳에 마귀는 따라다니면서 시험을 합니다. 육체는 마귀의 먹이입니다. 또한 나와 자아는 마귀의 먹이이며 공격의 재료입니다. 마귀는 사람들이 주님께 집중하지 않고 오직 나 자신에게 집중하는 것을 기뻐합니다. 그렇게 할 때 마귀는 사람에게 모든 무기를 사용할 수 있기 때문입니다.

나에 집중할 때 마귀는 억울한 마음을 일으킬 수 있습니다. 분노를 일으키고 시기를 일으키며 서운함을 일으키고 헛된 욕망을 일으킬 수 있습니다. 그러나 어떤 사람이 오직 주를 바라보며 주만을 구한다면, 자기를 초월하여 자기가 죽든지 살든지 칭찬을 듣든지 욕을 먹든지 관심을 가지지 않는다면 마귀는 그를 해할 방법이 없습니다. 그는 육과 자아에 대해서 죽었고 오직 주님에 대해서 살았기 때문에 죽은 사람에게 마귀는 역사할 방법이 없는 것입니다.

진정한 승리는 자신을 버리는 것입니다. 나를 초월하는 것입니다. 오직 모든 일에 주를 바라보며 주를 구하고 주님의 마음을 느끼고 주님의 입장을 구하며 주님을 알고 주님만을 드러내기 원하는 것입니다. 그러한 동기의 순수함이 있을 때 마귀는 가까이 오지 못합니다.
교만도 교활함도 거짓도 위선도 오직 나에 대해서 집착하고 집중하고 있을 때 찾아오는 것입니다.
그러므로 나를 버리고 오직 주를 바라볼 때 우리는 진정한 승리를 누리게 됩니다.

지옥의 시작은 바로 나입니다.
천국의 시작은 바로 주님입니다.
지옥의 중심은 바로 나입니다.
천국의 중심은 바로 주님이십니다.
그러므로 우리는 언제나 어디서나
오직 주님만을 바라고 구해야 합니다.
주님의 의가 나의 의이며 주님의 은총이 우리의 재산입니다.

사람들이 우리에게 선하다고 할 때 우리는 대답합니다.
"우리는 선하지 않습니다. 오직 주님이 선하십니다."
사람들이 우리가 옳다고 할 때 우리는 대답합니다.
"우리는 옳지 않습니다. 오직 주님이 옳습니다."
사람들이 우리에게 능력이 있다고 말할 때 우리는 대답합니다.
"우리는 힘이 없습니다. 모든 능력은 오직 주님께로부터 옵니다."

주님이 모든 것입니다.
주님이 모든 선과 아름다움과 능력과 지혜와 부의 근원입니다.
우리가 이 사실을 잊지 않고 항상 주만을 바라볼 때
우리는 마귀의 모든 공격을 능히 물리칠 수 있을 것입니다. 할렐루야.

30. 대적기도의 열매들

오래 동안 신앙생활을 해온 신자라고 하더라도 대적기도에 대해서 이해하고 적용하는 신자들은 그리 많지 않습니다.

그들은 막연하게 마귀와 사탄이 존재한다는 사실을 듣고 알고 있지만 그들에게 있어서 그러한 존재들이나 영적 전쟁이란 현실의 삶과는 거리가 먼 문제입니다.

흔히 마음에 들지 않는 사람이나 자신을 괴롭히는 사람, 악한 행동을 하는 사람을 '저 마귀 같은 사람' 이라고 생각을 하고 가끔 심각한 어려움이 있으면 마귀가 시험을 하고 있나보다 하고 생각을 하지만 그다지 실제적인 위험을 느끼는 것은 아닙니다.

'귀신이 들렸다' 는 것은 아주 특별한 현상이며 정신이 완전히 미쳐 버린다든지 아니면 초인처럼 갑자기 힘이 세져서 이상한 행동을 한다든지 하는 것으로 생각합니다. 이것이 보통 그리스도인들의 마귀나 악한 영들에 대한 인식일 것입니다. 그들이 마귀에 대해서 반응하는 것은 예배 때에 대표 기도자가 기도하면서 '이 시간에 악한 원수 마귀 일절 틈타지 않게 하여 주시옵시고' 할 때 그저 '아멘' 하는 정도일 것입니다. 그저 별 생각 없이 습관적으로 말입니다.

그러나 실제로 영적인 현상과 실제를 이해하고 경험하게 되면 삶에서 많은 변화들이 일어나게 됩니다.

흔히 일상의 삶에서 경험하고 있었던 우울한 마음의 상태나 자꾸 해야할 일을 나중으로 미루게 되는 것, 갑자기 일어나는 분노나 미움, 좌절, 침체 등이 악한 영들의 공격이라는 것을 알게 되면 그들의 삶은 달라지는 것입니다. 그 뿐 아니라 갑자기 불편해지는 친구와의 관계, 벽이 생기는 배우자와의 관계, 비뚤어지는 자녀들, 여러 질병이나 몸이 약해지는 것 등.. 많은 문제들의 배후에 악한 영들의 공격과 장난이 있다는 것을 알게 될 때 생활 전반에 있어서 정말 많은 변화가 생기게 되는 것입니다.

놀라운 것은 이러한 대적기도를 사용했을 때의 효과입니다.
처음에는 그저 반신반의하면서 예수의 이름으로 악한 영들을 대적하는 기도를 시도하게 되지만 차츰 그 기도의 결과로 나타나는 효과를 경험하게 되면 대부분의 그리스도인들은 정말 놀라게 됩니다.
대적기도를 한 후에 많은 일들이 일어나게 되는 것입니다.
갑자기 통증이 사라집니다. 갑자기 속에서 이상한 반응이 생깁니다. 마치 먹은 것을 체한 것처럼 트림이 마구 올라오기도 하고 구역질이 나기도 합니다. 온 몸에 전율이 일면서 무엇인가가 나가는 것이 느껴지기도 합니다. 이런 현상을 처음 느끼는 사람이 깨닫게 되는 것은 아, 뭔가가 있구나 하는 느낌입니다. 악한 영들이 정말 역사하는 구나. 그것은 저 멀리 있는 사건이 아니고 지금 내 곁에서 이루어지고 있는 것이구나.. 하는 깨달음입니다.

그렇게 악한 영들이 몸에서 나가게 되고 몸과 마음이 자유와 해방감을 경험하면서 그러한 인식들은 점점 더 깊어지게 됩니다.
그렇게 인식이 깊어지고 대적기도를 좀 더 적용하게 되면 삶에서 더 많은 긍정적인 변화들이 일어나게 됩니다.
불편했던 인간관계가 이상하게 부드러워집니다.

도저히 용서할 수 없었고 생각만 해도 원한이 치밀어 오르던 사람에 대해서도 대적기도를 하고 나면 이상하게 그러한 마음이 씻은 듯이 사라져 버립니다. 불평과 원망이 끊어지지 않던 사람들도 그 영들을 대적한 후에는 그러한 습관이나 충동이 사라지게 됩니다. 이러한 일들을 계속 경험할 때 느끼는 감정은 정말 여태까지 속고 살았구나.. 하는 것입니다.
영적 전쟁은 저 멀리에 있는 것이 아니며 아주 그렇게 영화처럼 극적인 것도 아니고 작은 마귀들이 사소한 사건들을 통해서 계속 속이고 괴롭히고 고통을 주는 것이라는 사실을 깨닫게 됩니다.

영적으로 점점 맑아지면서 악한 영들의 움직임과 장난에 대해서 점점 더 많이 인식하고 느끼게 됩니다. 나중에는 아주 사소한 것을 통해서 움직이는 그들의 계략을 알게 됩니다. 영이 맑아질수록 수시로 악한 기운이 침투하려고 할 때 그것을 느끼고 방어하게 됩니다. 영감이 발달할수록 어떠한 말을 하면 마귀가 좋아하고 공격하며 어떠한 말을 하면 그들이 약해지고 사라진다는 것도 수시로 느끼게 되며 어떠한 장소에 악한 영들이 많이 있고 어떠한 장소는 비교적 안전하다는 것을 감지하게 됩니다. 영적 전쟁에 대해서 대적기도에 대해서 알게 되면서 생활이 전반적으로 바뀌게 되는 것입니다.

그러한 결과의 열매는 어떤 것일까요?
그것은 무엇보다도 자신감입니다. 악한 영들의 활동과 장난을 발견하고 대적기도를 알고 우리에게 주어진 영적 권세를 사용하는 방법을 알게 되면 우리는 조금씩 일상의 삶에서 승리를 경험하게 됩니다.
그리고 전에는 할 수 없었던 일을 할 수 있게 됩니다.
우리는 살아가면서 수없이 무력감에 빠지고 한계에 부딪치는 일이 있습니다. 그런데 그 배후에 악한 영들의 방해공작이 있음을 알게 되고 그 방해를 예수 이름으로 대적하여 제거하게 될 때 우리는 곧 무력감을 회복하고 자신감을 얻을 수 있게 되는 것입니다. 거의 무한한 자신감이 일어나게 됩니다. 이제는 뭐든지 할 수 있다는 마음이 생기는 것입니다.

또 하나의 열매는 해방감입니다.
우리는 많이 묶여 있었습니다. 그래서 자유롭지 않았습니다.
하고 싶은 것을 하지 못하고 하기 싫은 것을 억지로 노예처럼 해야 했습니다. 하지만 많은 경우에 우리는 자신이 묶여 있었다는 사실조차 알지 못합니다. 그저 세상이란 이런 것이라고 생각하고 살았을 뿐입니다.
그러나 이스라엘 백성이 바로에게서 벗어나듯이 우리는 원수들을 알게 되고 대적함으로 그에게서 벗어나 해방을 얻게 됩니다. 그 때 우리는 진정한 자유, 진정한 해방이 어떤 것인지 알고 누리고 경험하게 되는 것입니다.

이제는 가고 싶은 곳에 갈 수 있습니다. 하고 싶은 것을 할 수 있습니다. 생각하고 싶을 때 생각하고 잠을 자고 싶을 때 잠을 잡니다. 예전에는 생각을 멈출 수 없었고 잠을 이룰 수 없는 적이 많이 있었으며 그러한 것을 악한 영들의 공격에 따른 증상이라고 생각하시 않았을 것입니다. 그래서 기껏 할 수 있는 일이 잠이 오지 않으면 수면제를 먹는 것뿐이었을 것입니다. 그러나 이제는 자유입니다. 잠을 방해하는 영을 쫓아내 버리면 언제든지 원할 때 잠을 잘 수 있습니다. 문제의 근원을 알게 되면 처방이 가능하고 그리고 해방되는 것입니다.
불편했던 인간관계에서도 자유와 해방을 누리게 됩니다. 다른 사람들에게 묶이거나 눌리지 않게 됩니다. 자신이 원하지 않고 싫은 것에 대해서는 자유롭게 거절할 수 있으며 용서하고 사랑하는 좋은 관계를 형성하게 됩니다.

전에는 용서하고 싶지만 그것이 되지 않았고 사랑하고 싶고 사랑을 표현하고 싶었지만 그것이 쉽지 않았습니다. 그러나 이제는 그러한 것에 어려움을 느끼지 않게 됩니다. 그것이 다 악한 영들이 초토화되어 쫓겨난 후의 현상입니다.

더 이상 사람에게 매이지 않고 묶이지 않으며 눈치를 보지 않고 자유롭고 당당하게 살아가게 됩니다.

악한 습관에서 점점 벗어나게 되며 자신의 의지로 많은 것을 선택할 수 있게 됩니다. 전처럼 억지로 끌려가는 일들이 사라지게 됩니다.

많은 이들이 말합니다. '죄를 끊는 것이 그렇게 간단하냐, 그것이 가능한 것이냐.' 물론 쉽지 않습니다. 하지만 그 배후에 있는 대적을 발견하게 되면 우리는 충분히 전쟁에서 승리할 수 있는 것입니다.

대적기도를 통하여 우리는 심령에 많은 열매를 경험하게 됩니다. 전에 느낄 수 없었던 마음의 평화를 느끼게 됩니다. 심령 깊은 곳에서 사람들을 향한, 영혼들을 향한 순수한 사랑이 일어나는 것을 느끼게 됩니다. 우리는 좀 더 천국의 실상을 가까이 경험하기 시작합니다.

우리는 수많은 근심에 더 이상 얽매이지 않습니다. 마귀가 우리의 마음을 짓누르고 근심을 넣어주면 우리는 그것을 느끼고 순식간에 그들을 부숴 버리고 쫓아내고 마음의 자유와 평화를 얻게 됩니다. 우리 마음에 그들의 접근을 허용하지 않는 것입니다.

악한 영을 대적하는 것 한가지로 모든 문제가 해결되고 만사 형통하게 되는 것은 아닙니다. 우리는 지식이나 경험이나 사랑이나 많은 면에서 더욱 더 자라가야 합니다. 하지만 단순히 대적하는 것만으로도 너무나 많은 부분에서 자유가 시작됩니다. 더 깊은 분별은 대적기도에서 좀 더 발전해가고 영의 감각과 분별력이 자라갈수록 가능하게 될 것입니다.

아직도 많은 이들에게 나는 할 수 없다고 느끼는 부분이 있을 것입니다. 나는 죽어도 용서할 수 없다고 느끼는 대상이 있을 것입니다.
나쁜 줄 알면서도 끊을 수 없다고 생각하는 죄와 습관이 있을 것입니다. 그것은 아직 해방이 충분하지 않은 것입니다.
그러나 그것도 곧 가능해질 것이며 정복할 수 있을 것입니다. 우리는 승리의 열쇠를 가지고 있기 때문입니다.
많은 이들이 신앙생활을 하는 것이 정말 어렵고 힘들다고 생각합니다. 그들은 고통스러워합니다. 그들은 아직 승리의 무기에 대해서 충분히 알고 있지 않은 것입니다. 우리가 충분히 깨닫는 다면 대적은 여전히 공격하고 문제는 여전히 있을지라도 우리는 싸워 가는 가운데 능력과 승리를 계속 얻어가게 됩니다. 그리하여 신앙생활은 행복이며 은총이며 영광의 과정이라는 것을 깨닫고 경험해가게 되는 것입니다.

전쟁은 아직 진행 중입니다. 그것은 아직 끝나지 않았습니다. 하지만 우리는 한가지씩 배우며 조금씩 승리하면서 한 걸음씩 계속 나아가고 있는 중입니다. 우리가 도중에 포기하지 않고 계속 걸어간다면 우리는 더욱 더 많은 승리의 전리품을 얻게 될 것입니다.
부디 이 전쟁을 계속적으로 수행해나가십시오. 당신의 무기를 사용하십시오. 당신은 점점 더 많은 열매를 경험하게 될 것입니다.

31. 대적기도의 적용이 잘 되지 않는 이들에게

나는 독자님들로부터 나의 책을 읽고 삶과 신앙이 달라졌다는 수많은 간증을 들었고 메일을 받았습니다. 가정이 회복되었고 불편한 인간관계가 새로워졌으며 무기력한 삶에서 자유와 자신감을 얻게 되었다는 고백을 많이 들었습니다. 주님을 새로이 알게 되었으며 더욱 더 깊은 간절함과 사모함을 가지게 되었다는 고백도 많이 받았습니다. 그러한 고백과 간증들을 일일이 언급하려면 몇 권의 책으로도 부족할 것입니다.

하지만 소수이기는 하지만 잘 적용이 되지 않는다는 이들도 있었습니다. 더러 부작용을 느끼는 이들도 있었습니다. 예를 들어 호흡기도를 하다가 여러 증상들, 일종의 무기력과 같은 증상이 나타나자 놀라서 전화를 걸어온 분도 있었습니다. 그것은 변화의 과정에서 일어나는 현상들 중의 하나인데 그에 대한 지식이 충분하지 않으면 놀랄 수도 있을 것입니다. 또한 표현하지 않았어도 어떤 이들은 많은 변화를 경험하였을 것이고 어떤 이들은 별다른 변화를 느끼지 못할 수도 있을 것입니다.

아마 이 책을 읽고 적용하려고 하시는 분들 중에서도 '나는 이것이 잘 되지 않는다' '남들은 다 되는데 왜 나는 안 될까' 하는 분들이 있을 것입니다. 나는 그러한 분들을 위해 이 장을 쓰고 싶습니다.
대적기도는 모든 믿는 자들에게 다 적용이 되고 사용할 수 있는 기도입니다. 예수님을 영접하고 거듭난 경험을 한 적이 있는 그리스도인이라면 누구나 예수 이름의 안에 있는 권세를 사용할 수 있으며 자신을 괴롭히는 악한 영들을 발견하고 쫓아낼 수 있습니다.
만약 어떤 이들이 '나에게는 잘 적용되지 않는다'고 느낀다면 나는 그분들에게 다음과 같은 조언을 주고 싶습니다.

첫째로 다시 처음으로 돌아가서 천천히 내용을 음미하며 읽어보시기를 바랍니다. 나는 그러한 이들은 내용의 중요한 부분을 잘 이해하지 못하고 넘어간 것이 있을 것이라고 생각합니다.
특히 대적기도 시리즈 2권에 가서 구체적으로 악한 영들을 대적하고 깨뜨리는 방법과 원리를 다시 읽어보실 것을 권하고 싶습니다.
만약 충분히 제대로 그 내용을 이해할 수 있다면 당신에게는 여러 가지 반응이 나타나게 될 것입니다.

가장 처음에 나타나는 일반적인 반응은 깨달음입니다. '아. 내가 지금까지 이렇게 속고 살았구나..' 하는 인식이 일어나게 됩니다.
그 다음은 분노입니다. 자기를 속이고 지금까지 괴롭힌 마귀들, 악령들에 대해서 분노가 치밀어 오르게 됩니다. 정말 기가 막히고 억울해서 화가 치밀어 오르게 됩니다. 이 나쁜 놈들을 박살내고 여태까지 당한 것을 갚아주어야겠다는 마음이 마구 일어나게 되는 깃입니다.
그 다음에는 자신감입니다. 확신입니다. 주님께서 그 이름과 권세를 우리 모든 믿는 자에게 주셨으며 나도 그것을 사용할 수 있고 이제 자유와 승리를 얻을 수 있다는 확신이 생기게 됩니다. '이제 나는 해방되었다! 길을 찾았다! 다시는 이렇게 비참하게 살지 않을 것이다!' 그런 자신감이 일어나게 됩니다.
만약 당신이 이러한 반응을 느끼지 못했다면 아마 당신은 메시지를 충분히 깨닫지 못했을지 모릅니다. 어쩌면 당신은 메시지를 이해하기는 했지만 그것이 당신의 안에 충분히 스며들지 않았을 지도 모릅니다. 바로 깨닫고 이해했으면 그러한 반응을 느끼는 것이 정상이기 때문입니다.

아직 그 메시지가 충분히 당신에게 스며들지 않았다면 당신은 좀 더 그 메시지가 당신 안에 깊이 뿌리를 내리도록 그 메시지를 음미해야 합니다. 아직 실감이 나지 않는다면 당신은 그것을 크게 외치는 것이 좋습니다.

"나에게 권세가 있다!"
"나에게 권세가 있다!"
"나에게 주님이 주신 권세가 있다!"
"나에게 놀라운 권세가 있다!"
"나는 더 이상 마귀에게 눌릴 필요가 없다!"
"나는 마귀에게 빼앗긴 모든 것을 다 찾아올 수 있다!"

그렇게 충분히 힘차게 외치고 선포한다면 당신은 좀 더 그 메시지에 사로잡힐 수 있게 될 것입니다.

메시지의 내용을 바로 이해하고 깨달았다면 당신에게는 놀라운 기쁨과 자신감과 흥분이 오는 것이 당연한 것입니다. 여태까지 무지하고 속아서 쓸데없이 눌리고 당하고 고통을 받으면서 살아왔는데 일거에 그 모든 것을 부수고 깨뜨릴 수 있는 권리가 있으며 그것을 사용할 수 있다는데 무덤덤하다면 그것이 오히려 이상한 것이 아닙니까? 그러므로 이 메시지가 당신의 안에 좀 더 충분하게 스며들 때까지 당신은 그것을 받아들이고 외치고 흡수해야 할 것입니다.

아직 감동이 별로 없다면 그것은 기본적인 원리를 아직 이해하지 못한 것입니다. 메시지의 중심은 첫째로 마귀가 나의 많은 부분을 속이고 빼앗아 갔다는 것이고 둘째는 주님의 이름과 권세로 그 모든 것을 다시 찾아올 수 있다는 것입니다. 그러므로 이것을 바르게 충분히 깨달으면 기쁨과 흥분이 오게 됩니다. 나에게 권세가 있으며 나는 이제 자유하며 나는 이제 마귀의 진을 허물고 초토화할 수 있다고 선포하고 또 선포하고 또 외치고 외치면 기쁨과 흥분과 자신감으로 가득해집니다. 그것이 정상입니다. 그렇지 않다면 아직 충분히 깨달은 것이 아닙니다. 그러므로 다시 기본으로 돌아가 이 원리를 확인해보십시오. 그 메시지가 당신의 안에 깊이 스며들게 하십시오.

둘째로 당신은 책을 읽으며 메시지를 받아들이는 과정에서 자신의 안에 어떤 부정적인 의식이 있지 않은지 살펴보아야 합니다.
어떤 이들은 항상 '나는 안될 거야' '모든 사람이 되어도 나는 안될 거야' 하는 마음을 가지고 있습니다. '과연 나와 같은 사람도 될까?' 하는 마음을 가지고 있습니다. '이게 정말 맞는 말일까? 과장이나 거짓이 아닐까?' 하는 마음도 생길지 모릅니다.
그러한 것들은 악한 영들이 심어주는 두려움이나 의심에 불과한 것입니다. 마음속에 의심이나 두려움이나 부정적인 생각을 가지고 있으면 그것은 메시지의 능력이 스며들지 못하게 방해합니다.

나는 청년 시절부터 목회사역을 하던 20여 년의 기간 동안 많은 이들이 성령의 세례를 받고 방언을 말할 수 있도록 일대 일로 상담하고 기도하며 도와주었습니다. 그들에게 영의 임재와 나타남에 대해서 가르치고 설명하여 주었습니다.
그렇게 해서 방언을 하지 못하게 된 사람은 수 백 명의 사례 가운데에서 단 한 사람도 보지 못했습니다.
그런데 재미있는 것은 내가 만나고 도와주었던 거의 대부분의 사람이

'나는 안 될 거야.' '나는 더러워서 주님의 영이 임하지 않으실 거야' '모든 사람이 다 되어도 나만은 안 될 거야' 하는 마음을 가지고 있었던 것이었습니다. 악한 영들이 그들에게 그러한 두려움을 심어주었던 것입니다. 방언은 주님을 믿는 사람이라면 누구든지 다 할 수 있는 것입니다. 그러나 기질적으로 표현을 하는 것에 익숙하지 않은 사람들은 주님을 속에 모시고 있어도 그것을 드러내지 않으므로 주님의 영이 흘러나오는 것을 제한하게 됩니다.

그러므로 그들이 방언을 하지 못하는 것은 하나님께서 그들에게 방언을 주시지 않은 것이 아니라 그들 스스로 하나님을 제한했던 것입니다. 하지만 이러한 원리에 대해서 알지 못했던 그들은 대부분 '나는 믿음이 부족하기 때문에, 또는 다른 이유로 하나님이 나에게 방언을 주시지 않았다'고 생각했습니다. 그리고 '나는 방언을 받을 수 없을 것이다' 하고 두려운 마음을 가지고 있었던 것입니다.

나는 그들에게 영성의 원리를 설명하며 더 이상 주님을 제한하지 말고 의심하지도 말고 두려워하지도 말고 주님께 나아오라고 했습니다.
충분히 이해한 후에 그들이 두려움을 떨치고 주님을 신뢰하며 구하였을 때 그들은 모두 다 주님의 임하심과 주님의 선물을 경험할 수 있었습니다. 문제는 그들의 무지였지 주님이 그들을 차별하신 것이 아니었던 것입니다.
그러므로 우리는 우리 안에 메시지를 방해하는 두려움이나 염려를 대적해야 합니다. 그것은 악한 영들이 방해하는 것입니다.
우리는 단순하게 생각하고 단순하게 적용해야 합니다. 주님은 우리에게 자유를 주셨으며 마귀를 대적하고 쫓아내는 원리는 결코 복잡하고 심오한 것이 아닙니다. 그것은 아주 단순한 것입니다.

주님은 모든 이들을 사랑하시고 축복하시며 자기에게 나아오는 자들을 결코 물리치시지 않습니다. 주님은 우리 모두에게 동일한 권세와 능력을 주시기를 원하십니다. 그러므로 우리는 우리 안에서 일어나는 이러한 의심의 영과 두려움의 영들을 주의 이름으로 대적하고 물리쳐야 합니다.

"그래도 저는 안 되는 데요. 그래도 저는 안 될 거예요.."

"그거야 목사님들이 하시는 것이지 저는 아직 믿음도 없는 데요."

이렇게 말하고 생각하고 있는 이들은 아직도 속고 있는 것입니다. 계속 대적하여 그러한 생각과 속임을 물리쳐야 당신은 주님의 유능한 군사가 될 수 있으며 마귀에게 승리할 수 있습니다.

셋째로 대적기도를 적용하며 영적 전쟁을 시작하였을 때 우리는 꾸준함을 유지해야 합니다.

한두 번 시도하고 하루 이틀 시도한 후에 당장에 커다란 효과가 나타나지 않으면 바로 좌절하고 포기하는 식으로 해서는 안 됩니다. 적용에는 항상 꾸준함이 필요합니다. 주님께 나아가는 데에 있어서 필요한 두 가지는 간절함과 꾸준함입니다.

오래 동안 악한 습관을 가지고 있었다면 그 습관의 배후에는 좀 더 강력한 악한 영이 있습니다. 그것은 어려운 싸움입니다. 그러므로 처음 전쟁을 시작할 때는 가볍고 작은 문제와 증상부터 시작하는 것이 좋을 것입니다. 그렇게 작은 것에서 승리할 때 우리의 믿음은 강해지게 될 것입니다. 그리고 우리의 믿음이 자라고 영력이 강화될수록 우리는 좀 더 많은 승리와 성취를 거둘 수 있을 것입니다.

어떤 사람은 대적기도를 시작하자마자 놀라운 변화들을 경험하기 시작할 것입니다. 대체로 정서적인 기질의 사람들이 그렇습니다.

그러나 어떠한 사람들은 그다지 큰 변화를 경험하지 못할 지도 모릅니다. 그들의 변화는 속에서 일어나고 있으며 그러한 변화들이 외적으로 나타나려면 어느 정도 시간이 필요할 수도 있습니다.
또한 일시적으로는 대적기도를 시작한 후에 오히려 고통스럽게 느껴지게 될 지도 모릅니다. 악한 영들은 반격을 가할 수도 있기 때문입니다. 우리가 비록 모르고 그랬다고 할지라도 오래 동안 그들과 동업자의 역할을 해왔다면 그들은 그들의 거점을 쉽게 포기하지 않으려고 할 것입니다. 이 때에는 과거의 잘못에 대해서 좀 더 반성하는 것이 필요할 것입니다.
분명한 것은 지속적인 승리와 변화를 위해서는 꾸준한 전쟁이 필요하다는 것입니다. 포기하지 않는 열정이 필요합니다. 몇 십 년 간 하나의 악이 형성되었다면 그것이 하루 이틀 사이에 완전히 사라지기를 기대하는 것은 성급한 것입니다.

아마 대체로 이러한 이유들로 인하여 어떤 이들은 대적기도의 효과를 잘 경험하지 못하고 있을 것입니다. 첫째 깨달음의 부족, 둘째 악한 영들의 방해공작, 셋째 꾸준함의 부족으로 인하여 말입니다.
그러므로 부디 포기하지 말고 다시 시도해보시기를 바랍니다.
충분히 다시 읽고 충분히 깨달으며 악한 영들을 대적하며 꾸준하게 한 걸음씩 날마다 걸으며 메시지를 적용해보십시오.
자신의 삶을 관찰하며 그 동안 속이고 있었던 악한 영들의 영역을 발견해보십시오. 짧은 시간에 변화와 승리의 열매들이 나타나지 않아도 지속적으로 반복하여 기도하고 적용하며 벽에 부딪치게 되면 주님께 기도하여 지혜를 구하십시오. 당신은 나아지게 될 것입니다. 그리고 분명하게 자유를 얻게 될 것입니다. 다시 시도해보십시오. 당신은 승리할 수 있을 것입니다. 그 길은 결코, 그리 어려운 길이 아닙니다. 할렐루야.

32. 대적기도의 적용을 확장하십시오

대적하는 기도를 발견하고 사용하게 되면서 우리는 점점 더 자유로운 세계를 발견하게 됩니다. 우리의 삶은 바뀌어 지며 우리의 영적 감각은 점점 더 선명해집니다. 그러면서 우리가 대적기도를 발견하고 사용하는 영역은 점점 더 확장되게 됩니다.

처음에 대적기도를 발견하는 영역은 주로 개인적인 것이며 신체에 오는 여러 가지 고통의 증상과 같은 것입니다.

처음에 대적하는 기도를 발견하여 신체적으로 아프거나 불편한 부분에 적용하게 될 때 우리는 신선한 변화를 얻게 됩니다. 갑자기 깨어질 듯이 아픈 두통이 사라지게 된다든지 답답하던 가슴이 시원해지는 것을 느끼게 됩니다. 대적기도를 사용할 때 나타나는 온몸이 부르르 떨리는 전율이라든지 속에서 일어나는 구토나 트림 등의 현상을 경험하면서 우리는 이 영적 전쟁이 정말 개념이 아닌 현실이라는 것을 느끼게 됩니다.

그러면서 우리의 인식은 더욱 더 확장됩니다. 여태까지는 알지 못하였으나 수시로 어두운 생각에 사로잡히고 두려움과 불안과 염려에 사로잡히고 분노나 미움에 사로잡히던 것이 사실은 내가 아니라 악한 영들이 장난치고 있었다는 사실을 깨닫게 됩니다. 그리하여 그 영들을 대적하게 되고 그 순간 우리를 괴롭히던 생각과 감정은 사라져버립니다. 이것만으로도 우리는 충분히 놀라게 되며 자유함을 맛보게 됩니다.

우리의 인식과 깨달음은 여기에서 멈추지 않고 더욱 더 확장됩니다. 이제는 수시로 일어나는 일상의 여러 고통스럽고 복잡하게 꼬이는 일 가운데 악한 영들의 장난이 많이 있는 것을 느끼게 됩니다. 경제적인 어려움, 갑자기 불편해지는 인간관계 등의 배후에 악한 영들이 개입되어 있는 경우가 많다는 것을 알게 됩니다.

그리하여 우리는 대적기도를 이러한 부분에서도 적용하게 됩니다. 개인적인 육체의 질병이나 정서적인 문제에만 적용하는 것이 아니라 그것을 확장해서 가정에 적용하고 인간관계에 적용하며 일상의 사건에 적용하게 됩니다. 그 결과 모든 것에 대적기도가 효과적인 것은 아니지만 어느 경우에 놀라운 변화를 일으키는 것을 알게 됩니다. 그렇게 적용하는 과정에서 어떤 때에 대적기도를 사용하고 어떤 때에 회개가 필요하며 어떤 때에는 다른 방법이 필요한 지를 분별하고 인식하는 능력이 발전하게 됩니다.

우리의 대적기도에 대한 인식과 확장은 계속됩니다. 우리는 근본적으로 마귀가 우리의 영혼이 주님께 나아가는 것을 방해하는 것을 실제적으로 느끼게 됩니다. 신앙생활을 방해하고 우리의 영감과 영적인 열정을 마비시키고 메마르게 하는 배후에 마귀가 있음을 느끼게 됩니다. 그리하여 그 영들을 대적함으로서 우리의 영혼이 맑아지고 새롭게 회복되는 것을 경험하게 됩니다.

또한 교회와 사역 가운데 많은 대적들의 방해와 투쟁이 있음을 알게 됩니다. 그리하여 영혼을 전도하고 주님께로 이끌고 교회의 사역이 부흥과 풍성함을 누리기 위해서는 반드시 대적기도가 필요함을 깨닫게 됩니다. 이것은 정말 실제적인 영적 전쟁인 것입니다. 교리 속에만 있고 성경의 속에만 있다고 생각했던 하나님의 나라와 세상 왕국의 투쟁이 아주 실제적으로 오늘 우리의 삶 속에서 진행되고 있는 것을 실감하게 되는 것입니다.

이러한 대적기도의 영역확장은 거기서 그치는 것이 아닙니다. 대적기도를 통하여 생생한 영적 전투를 경험하고 영의 감각이 깨어난 이들은 이 세상의 모든 것들의 배후에 있는 어두움의 주관자들을 느끼게 됩니다. 대부분의 사람들은 아무 생각 없이 그저 본능적으로 이 세상에서의 성공과 출세를 위해서 서로 경쟁하고 노력하고 살아가지만 영의 눈이 뜨여지면 그 배후에서 그들의 영혼에 영향력을 행사하고 지배하고 관리하는 영적 존재들이 있음을 선명하게 깨닫게 되는 것입니다.

악한 영들은 나라를 지배하며 정치와 경제와 교육과 문화의 모든 부분들을 다스리고 지배합니다. 그들은 유행을 창조하며 새로운 형태의 문화를 계속하여 만들어갑니다. 사람들은 그저 기계적으로 그 흐름에 따라서 흘러갑니다.

이제 대적기도를 발견하고 영이 깨어난 그리스도인들은 그 배후에 있는 존재를 결박하고 깨뜨려서 이 세상의 구조를 바꿀 수 있는 그러한 전쟁에까지 부르심을 받은 것입니다. 우리는 그렇게 세상에 영향을 행사할 수 있습니다. 그리고 행사해야 합니다.

어떤 이들은 마귀에 대한 두려움을 많이 가지고 있습니다. 그래서 그들은 자신들이 마귀를 건드리게 되면 그들에게서 복수를 당하지 않을까 걱정합니다.

그것은 어리석은 생각입니다. 우리가 주님을 영접하고 주님께 속하는 그 순간부터 우리는 마귀들과 원수입니다. 우리는 마귀와는 다른 왕국에 속해 있습니다. 마귀를 두려워하는 이들은 이미 그들의 삶이 묶여 있는 것을 보여주는 것입니다.

어리석고 두려워하는 이들은 자신의 문제에 안주하고 싶어합니다. 그래서 다른 이들을 도와주려고 하지 않습니다. 그들은 남의 문제에 개입하는 것은 복잡하고 두려운 일이라고 생각합니다.

하지만 그렇다고 그들이 안전한 것은 아닙니다. 숲 속에 사자가 한 마리 있고 그 사자가 자기가 아닌 사람을 먹어 치우고 있다면 그 순간 자신은 안전할지 모르지만 사자가 그 사람은 먹어치운 후에는 다른 사람을 공격할 것이며 언젠가는 자신도 사자의 목표가 될 것입니다. 우리는 모두 주님께 속해 있으며 공통의 처지에 속해 있습니다. 우리는 마귀와 싸우고 그들을 패주시키는 만큼 안전합니다.

썬다싱의 유명한 예화에 이런 이야기가 있습니다. 썬다싱이 아주 추운 겨울날에 눈으로 뒤덮인 산을 친구와 같이 가고 있을 때 눈 위에 쓰러져 있는 사람을 보았습니다. 그 사람을 가만히 내버려두면 그는 얼어 죽게 될 것이었습니다.

썬다싱은 친구에게 그 사람을 내버려 둘 수 없으니 같이 데리고 가자고 말했습니다. 하지만 친구는 거절하며 지금 이렇게 추운데 남을 돌아볼 여유가 어디 있느냐고 하면서 혼자 살겠다고 도망을 쳤습니다.

그러나 썬다싱은 누워 있는 사람을 업고 산길을 가기 시작했습니다. 그 사람이 너무나 무겁고 힘들어서 온 몸에 땀이 나기 시작했습니다.

그러자 몸의 온기 때문에 얼어서 기절한 상태에 있었던 그 사람이 깨어나게 되었습니다. 그 사람은 썬다싱에게 말했습니다.

"당신 때문에 내가 깨어났고 살아나게 되었습니다. 그런데 지금은 당신이 너무나 힘들어 보이니 이제는 내게 업히십시오. 당신이 나를 도와준 것처럼 나도 당신을 도와주겠습니다."
그래서 그 두 사람은 서로 의지하면서 산을 넘었습니다. 그리고 그렇게 길을 가다가 얼마 전에 혼자 살겠다고 도망한 썬다싱의 친구가 길에서 얼어 죽어 있는 것을 발견하였습니다. 이것은 아주 유명한 예화입니다. 남을 돕고자 하는 자는 살며 자기만을 생각하는 자는 오히려 죽게 된다는 진리를 분명하게 보여주고 있는 것입니다. 이러한 원리는 영적인 전쟁에도 같이 적용됩니다.

그리스도인들은 주님과 주님의 왕국에 속한 사람입니다. 우리는 동일한 전쟁에 부름을 받고 있습니다. 그것은 사탄의 왕국인 세상 왕국과의 싸움입니다. 이것은 혈과 육에 속한, 물질에 속한 싸움이 아니며 영적인 싸움입니다. 이것은 믿음과 기도와 예수 이름의 권세와 보혈을 의지해서 싸우는 싸움입니다.
우리는 우리에게 주어진 영역에서 이 싸움을 해 나가야 합니다. 마귀를 대적하고 쫓아냄으로써 주님이 통치하시는 하나님의 왕국을 이루어나가야 합니다.

우리는 우리들의 교회가 하나님의 왕국이 되도록 싸워야 합니다.
교회 안에 있는 모든 악한 영들, 이간질의 영, 세상 사랑의 영, 분파의 영, 물질 사랑의 영, 세속 주의의 영 등.. 그 모든 것들을 쫓아내고 실제적인 주님의 왕국, 천국이 이루어지도록 싸워야 합니다.
우리는 우리의 가정이 하나님의 왕국이 되도록 해야 합니다. 오직 주님이 통치하시는 곳이 되도록 해야 합니다. 주님의 통치를 방해하기 위해 활동하는 모든 악한 영들의 움직임을 발견하고 쫓아내야 합니다.
우리는 또한 우리의 사업장에서 직장에서 움직이는 악한 영들을 대적하고 쫓아야 합니다.
또한 우리는 우리가 몸을 담고 있는 이 나라, 사회, 교육, 문화 등 모든 것의 배후에 있는 악한 세력들을 주의 이름으로 결박해야 합니다.

우리는 세상의 모든 영들을 다 완전하게 초토화시키고 하나님의 왕국이 완전하게 임하게 할 수는 없을 것입니다. 그것은 각 기관을 대표하고 있는 사람의 자유의지에 달려 있는 것이기 때문입니다. 예를 들어서 우리가 다니는 회사의 대표가 주님께 속한 사람이 아니라면 우리는 아무리 기도해도 그 회사의 안에서 역사하는 악령들을 완전하게 쫓아낼 수는 없습니다. 그것은 이 사회나 정치계나 모든 분야에 대해서도 마찬가지입니다.

하지만 그럼에도 불구하고 우리는 기도하고 중보함으로써 이 세상의 배후에서 역사하는 악한 영들의 세력을 결박하고 그들의 활동을 제한할 수는 있습니다. 그들의 움직임에 제동을 걸 수는 있습니다. 그렇게 하면서 우리는 악한 영들에 속한 이들이 구원을 받고 주님의 나라에 속하도록 복음을 전하며 싸움을 해야 합니다.
이러한 영역의 확장이 우리에게 주어진 일입니다.

나와 아내는 나라의 중요한 문제가 있을 때마다 배후에 있는 악령들 대적하면서 간절하게 기도합니다. 얼마 전에 북한의 핵무장 문제로 인하여 언론마다 긴박한 소식을 전하고 있었을 때도 우리는 기도했습니다. 우리는 기도하면서 영적 어둠을 느낄 수 있었고 그것은 아주 심각한 것이었습니다. 하지만 그 영들을 대적하며 결박할 때 우리는 어느 순간에 긴박감이 사라지며 평안과 기쁨이 임하는 것을 느낄 수 있었습니다. 그러한 승리의 경험 후에 신문의 뉴스를 보면 우리는 항상 긍정적인 변화가 나타난 것을 볼 수 있었습니다.

그것은 다만 우연이었을까요? 하지만 우리는 비슷한 우연을 많이 경험하였습니다. 그것은 대적기도와 함께 하는 중보기도가 실제적인 능력이 있음을 보여주는 것입니다.

나는 이 책을 쓰면서 재정적인 면에서도 많은 악령들의 공격이 있음을 느꼈습니다. 그래서 나를 위해서 중보기도하는 이들에게 이를 위해서 기도해줄 것을 요청하였습니다. 그리고 그들이 재정을 어렵게 하는 영들을 결박하고 기도하는 그 순간에 비록 그리 큰 액수는 아니었지만 여기저기서 조그만 도움들이 오기 시작했습니다. 이러한 경험들은 너무나 실제적이고 분명한 것이기 때문에 경험한 사람은 그것을 의심하기가 어렵습니다.

나는 이 땅의 그리스도인들 가운에 대적기도의 능력을 경험하고 아는 사람이라면 그들이 기도하고 마귀를 결박함으로써 이 사회의 많은 부분에 놀라운 변화를 일으킬 수 있다고 믿습니다. 정치에도 교육에도 사회에도 많은 변화들이 일어날 수 있을 것입니다. 그들은 기도하면 기도할수록 우리의 기도가 마귀에게 치명타를 먹일 수 있다는 사실을 확인할 수 있게 될 것입니다. 우리는 주님으로부터 받은 능력과 권세를 정말로 소유하고 있는 것입니다!

우리는 그러한 능력과 권세를 사용해야 합니다.
우리는 우리 개인의 승리로 만족하고 있어서는 안 됩니다. 우리가 얻는 작은 승리의 경험으로 만족하고 있어서는 안 됩니다. 우리의 믿음과 활동과 기도는 더욱 더 확장되어 나가야 합니다.
우리는 내면적으로 변화하고 성장해야 하지만 바깥으로는 세상과 환경의 변화를 위해서 여전히 싸워야 할 의무를 가지고 있습니다.

어떤 그리스도인들은 주님을 사모하고 영적이기는 하지만 너무나 소극적입니다. 그래서 그들은 자기만의 조그만 상자 속에 들어가서 나오려고 하지 않습니다.

하지만 그것은 너무나 소극적인 것입니다. 우리는 우리 자신이 상자 속에 들어가 있는 것보다 마귀를 잡아서 그 상자 속에 넣어버리는 것이 낫습니다. 마귀를 완전하게 멸할 수 없는 한 우리는 그들이 함부로 활동하고 돌아다니지 않게 조그만 상자 속에 넣어버리는 것이 좋을 것입니다.

이것이 바로 영역의 확장입니다. 그리고 하나님 왕국의 확장인 것입니다. 우리는 이 왕국의 확장을 위해서 부름을 받았습니다.

마귀가 완전하게 소멸되기 전까지 이 세상의 악함이 사라지지는 않을 것입니다. 마귀의 왕국은 여전히 존재할 것입니다. 우리는 육체를 가지고 살아있는 동안에는 끝없는 투쟁을 해야 합니다. 영원한 고향에 도착했을 때 그 때 비로소 싸움은 끝날 것입니다. 그 때 우리는 비로소 갑옷을 벗어 던지게 될 것입니다.

이 땅에 살아있는 동안 우리는 더욱 더 영을 강화시켜야 하며 발전시켜야 합니다. 그리고 우리가 있는 영역을 주님께 드려서 천국의 영역이 되도록 해야 하며 이 세상의 왕국과도 투쟁해야 합니다.

우리는 우리가 접한 모든 곳을 정복하고 다스려야 합니다. 그렇게 해서 그 영역을 주님께 올려 드려야 합니다. 그 전리품을 주님께 드리면서 주님께서 모든 것을 지배하시고 통치하시게 해야 합니다. 영적 전쟁은 우리 기분이 좋고 우리가 행복하게 되기 위한 것이 목표는 아닙니다. 그것은 주님의 영광을 위한 것입니다. 그리고 그것이 바로 천국의 확장인 것입니다.

그것은 쉽지 않은 전쟁입니다. 하지만 조금씩 승리를 경험할 때마다 우리는 그 전리품을 얻게 될 것입니다. 우리는 이 세상이 변화되는 것을 보게 될 것입니다. 우리는 더 큰 기쁨과 승리를 얻게 될 것입니다.

당신이 지금 어느 영역에서 승리를 얻었든 지금 그 수준에서 만족하지 마십시오. 우리는 우리의 영역을 더 넓혀가야 합니다.

세상이 망하든 말든 나만 행복하면 된다고 생각하지 마십시오. 주님은 우리에게 온 세상을 다스리고 정복하라고 하셨습니다. 우리는 우리의 영역을 발전시켜야 합니다.

부디 더 충만하고 넓고 강건해져서 더 많은 영역을 차지하십시오. 주님이 우리에게 주신 땅을 얻으십시오. 주님이 우리에게 맡기시는 영역에서 하나님 왕국을 더욱 더 확장하십시오.

대적기도는 당신에게 놀라운 해방과 승리를 줄 것입니다.

그 적용의 범위를 더욱 더 넓혀 가십시오. 그럴수록 당신의 승리와 해방의 범위는 확장될 것입니다. 할렐루야.

33. 오직 주님을 구하는 것이 근원입니다

신앙의 중심은 무엇입니까? 그것은 주님을 아는 것입니다. 주님을 경험하는 것입니다. 주님을 사랑하고 주님께 예배하며 주님과 연합하는 것입니다.

주님은 천국의 중심입니다. 주님은 천국 자체입니다. 주님은 모든 향기로움과 아름다움과 지혜와 능력의 근원이십니다. 천국의 모든 것이 주님을 통해서 나옵니다. 그러므로 주님을 아는 것은 천국을 실제로 누리고 경험하는 것과 같은 것입니다.

우리가 마귀를 대적하고 악령들을 쫓아내고 모든 묶임에서 벗어나 승리와 자유를 경험하면서 분명히 알아야 할 것이 있습니다. 마귀를 대적하고 귀신을 쫓아내는 것은 신앙의 과정일 뿐이며 그 자체가 목적이 아니라는 사실입니다.

여기에 꿀물을 담으려는 그릇이 있습니다. 아주 향기가 나고 맛이 좋은 꿀물을 그릇에 부으려고 합니다. 그런데 보니까 그릇 속에 벌레들이 우글거리고 있습니다. 그릇을 잘못 관리한 것입니다. 그 상태에서는 그릇에 꿀물을 부을 수가 없습니다. 벌레가 섞여서는 안 되기 때문입니다. 그래서 그릇을 청소합니다. 물로 씻어서 벌레를 깨끗이 없애버립니다. 하지만 그것으로 끝일까요? 아닙니다. 벌레를 씻어내 버린 것은 그릇을 청소하기 위한 것입니다. 그것은 과정입니다. 목적이 아닙니다. 그릇에는 원래의 목적대로 꿀물을 부어야 합니다. 그러므로 벌레를 없앴다고 해서 그릇의 목적이 이루어진 것은 아닌 것입니다. 그릇은 깨끗한 것이 목적이 아니라 충만함이 목적입니다. 꿀물로 가득 채워지는 것이 목적인 것입니다.

신앙은 주님을 아는 것입니다. 마귀를 쫓아내는 것이 목적이 아닙니다. 그것은 목적을 위한 하나의 방편일 뿐입니다.
어떤 이는 가르치기를 하나님께서 인간을 창조하신 것은 마귀를 진멸하기 위한 것이라고 합니다.
하지만 그러한 가치관과 사고방식에는 문제가 있습니다. 하나님은 인간을 사랑하시고 교제하기 위해서 만드신 것이지 마귀를 없애기 위한 도구로 만드신 것이 아닙니다. 그것은 인간을 기계로 여기는 것입니다.

사람이 결혼을 해서 사랑하는 사람과 같이 사는 것은 단순한 현실적인 목적에서만은 아닙니다. 밥을 해줄 사람이 필요하고 빨래를 해줄 사람이 필요해서 결혼을 한다면 그것은 삭막한 삶입니다. 사람은 서로를 사랑하고 교제하면서 영적 성장을 이루어가게 됩니다. 사랑이 목적이 아니고 상대를 이용하는 것이 목적이라면 그것은 비극적인 삶입니다.
마귀를 대적하고 쫓아내는 것은 그들이 주님과의 교제를 방해하기 때문입니다. 그러므로 우리는 그들의 방해를 깨뜨리고 주님께 나아가기 위해서 그들을 대적하는 것입니다. 마귀는 우리의 목적이 아니며 우리의 목적은 오직 주님입니다.

오늘날 오래 동안 신앙생활을 하고 교회에 다니면서도 주님을 아는 것이 천국이며 모든 복의 근원임을 알고 추구하는 이들은 그리 많지 않은 것 같습니다. 하지만 그러한 진리의 기초가 부족한 이들은 오래 믿어도 별로 변화되지 않습니다. 주님을 개인적으로 잘 모르는 이들은 변화되지 않습니다. 그들은 천국과 멀리 있습니다. 사람들에게 인정을 받아도 그는 죄에서 해방되지는 못하며 심령의 깊은 은총과 기쁨도 맛보지 못합니다. 주님은 천국 자신이며 보화입니다.

참된 보화를 아는 이들은 전 재산을 팔아서 그 보화를 구하는 것입니다. 진리에 눈을 뜬 이들은 오직 목숨을 다하고 성품과 뜻을 다해서 오직 주님을 사랑하고 알기를 원합니다.

주님 안에 천국의 모든 영광이 있습니다. 무한한 기쁨, 무한한 사랑, 무한한 평화, 영광, 거룩함, 진리가 주님 안에 있습니다. 주님께 가까이 나아가는 것은 천국의 중심에 가까이 나아가는 것입니다.

그러므로 우리는 악령들을 대적하고 쫓아낸 후에 그 비워진 상태로 만족해서는 안 됩니다. 그것은 오히려 위험합니다. 한 마리를 쫓아낸 상태로 만족하고 가만히 있으면 그들은 일곱 마리를 더 데리고 돌아올 것입니다. 그러므로 우리는 악한 영들이 나가고 비워진 공간에 오직 주님의 임재로 채워야 합니다. 주님의 풍성하심으로 채워야 합니다. 중요한 것은 깨끗이 비워지는 것이 아니고 주님으로 충만하게 되는 것입니다.

그러므로 부디 대적을 한 후에 주님으로 충전하십시오.

마귀를 대적하고 그들을 쫓아낸 것으로 온전하지 않다는 것을 기억하십시오. 대적하여 악령들을 쫓아낸 것은 '-' 입니다. 그것은 자동으로 '+' 가 되는 것이 아닙니다. 그것은 단지 나쁜 것을 버리는 것입니다. 좋은 것을 채우는 것이 아닙니다.

그러므로 '-' 인 대적기도를 한 후에는 '+' 인 충전의 기도를 해야 합니다. 그것은 살아 계신 예수 그리스도, 그 거룩한 영으로 충만하게 되고 충전되는 것입니다.

당신의 안에 두려움의 영이 있었다면 그 영들을 쫓아낸 후에 당신의 배에 평강의 왕이신 주님의 기운이 충만하도록 구하십시오. 채워지도록 구하십시오.

가슴에 불안함이 임해서 그 영을 쫓아내었다면 이제는 그 비워진 공간에 주님의 능력이 채워지도록 구하십시오.

당신의 마음에 미움이 있었다면 그것을 쫓아낸 후에 만족하지 마십시오. 그 비워진 공간에 주님의 사랑이 가득 채워지도록 구하고 기다리십시오.

당신의 머리에 혼미한 상념이 임해서 머리가 아파 그 영들을 대적해서 쫓아냈다면 그것으로 만족하지 마십시오. 당신의 머리에 주님의 빛과 진리와 지혜가 임하도록 구하십시오. 기다리십시오. 그렇게 구하고 기다릴 때 주님으로부터 충전이 이루어집니다.

악한 영을 대적하여 쫓아낸 후에 주님으로 충전되는 것은 너무나 중요한 것입니다. 우리는 호흡으로 주님을 마심으로 충전할 수 있으며 믿음의 기도로 상상의 기도로 충전할 수 있습니다. 주님으로 충전되는 경험은 아주 실제적인 것이며 우리는 그 순간에 자유와 기쁨과 평안을 얻게 됩니다. 마귀가 주는 고통이 실제적인 것처럼 주님이 주시는 기쁨과 평화도 아주 실제적으로 우리에게 임하는 것입니다.

그러므로 악한 영들을 대적해서 그 영들이 사라지고 비워졌을 때는 주님을 모실 수 있는 영역이 더 넓어진 것이라고 이해하십시오. 영적 영역에는 공백이 없으며 어떤 비워진 곳에 주님의 임재가 충전되지 않으면 그곳에는 다시 악령들로 채워지게 됩니다. 그러므로 대적 기도를 한 후에는 항상 주님의 충전이 이루어져야 하며 그렇게 주님께 가까이 나아가는 도구로 대적기도를 사용해야 하는 것입니다.

부디 이 기본적인 진리를 기억하십시오.

모든 것의 근원은 바로 주님이십니다. 대적기도의 목적과 본질은 바로 주님을 아는 것이며 경험하는 것이며 주님께 가까이 나아가는 것입니다. 그것을 위해서 방해자인 마귀를 제거하는 것입니다.

오늘날 많은 그리스도인들의 영적 감각이 너무나 어둡고 메마르며 마비되어 있습니다. 그리하여 주를 구하는 기쁨과 주님과 친밀하게 교제하는 영광에 대해서 잘 알지 못하며 현실의 문제로 인하여 고민하고 있을 뿐 주님께 대하여는 별로 많은 갈급함을 가지고 있지 않습니다.

그러나 당신이 마귀를 대적함으로 악령들이 쫓겨나가고 영혼의 감각이 눈뜨기 시작할 때 당신은 주님 자신에 대한 강하고 간절한 사모함을 가지게 될 것입니다.

당신은 주를 구하는 것이 이 세상의 그 어떤 것보다 아름답고 귀하고 영광스러운 것이라는 사실을 알게 될 것입니다. 당신은 세상의 어떤 것보다도 오직 주를 구하게 될 것입니다. 주님의 사람이 되기를 사모하게 될 것입니다.

그것이 바른 영적 상태입니다. 건강하고 정상적인 영적 상태입니다. 그것이 바른 그리스도인의 상태인 것입니다.

천국에 속하고 주님께 속한 그리스도인들은 그렇게 갈망하며 주를 구하게 됩니다. 주님은 천국 자체이며 우주에서 가장 놀라운 보화이시기 때문입니다.

오직 주를 갈망하십시오.

온갖 마귀의 유혹을 물리치고 주님의 은총의 세계에 가까이 가십시오.

마귀는 오직 한 가지 당신이 주님께 가까이 가지 못하도록 방해하고 있는 것입니다.

마귀는 낮은 영역에서 우리 영혼이 주님께 올라가지 못하도록 불화살을 날리고 있습니다. 그래서 조금 사모하고 추구하며 나아가던 많은 그리스도인들이 그 불화살에 맞고 낮은 영역으로 떨어집니다.

하지만 사모하는 영혼들은 굴하지 않고 더욱 더 주님이 계신 높은 영역으로 올라가려고 할 것입니다. 그리고 좀 더 높이 올라가게 될 때 그 곳에는 아래에서 올라오는 마귀의 불화살이 미치지 못할 것입니다.

부디 마귀를 넘어서 세상과 육체와 자아를 넘어서 주님에게로 나아가십시오.

주께 속하고 그를 얻은 이들은 세상의 그 어떤 것들도 더 이상 구하지 않게 될 것입니다.

왜냐하면 주님은 모든 아름다움의 근원이시며

바로 천국 그 자체이시기 때문입니다. 할렐루야.

34. 전쟁을 통한 영혼의 균형과 성장

한 가지 더 생각하고 싶은 것이 있습니다. 그것은 영적 전쟁의 의미입니다. 도대체 왜 이런 싸움이 있는 것일까요? 신앙생활에서 이런 싸움이 없으면 안 되는 것일까요?
어떤 온순한 자매가 내게 이런 질문을 한 적이 있습니다.
"마귀고 뭐고 다 주님께 맡겨버리고 그냥 주님만 추구하면 안 될까요? 너무 피곤한 것 같아서요"
나는 그것은 우리의 선택이 아니라고 대답했습니다. 우리가 좋든 싫든 세상에는 싸움이 있습니다. 우리가 좋아서 하는 싸움이 아닙니다. 우리가 아무리 평화를 사랑하더라도 상대방이 공격을 하고 있다면 우리는 거기에 맞서야 합니다.
그러나 우리 중의 누구도 그러한 질문을 하고 싶을 것입니다. 현실적으로 싸울 수밖에 없지만, 도대체 왜 전지전능하신 하나님은 그것을 우리에게 허용하신 것일까? 다른 방법은 없는 것일까? 하고 말입니다.

악한 영들과 싸우는 것은 피곤한 일입니다. 승리를 얻고 기쁨으로 가득할 때도 있지만 그 싸우는 과정이 지치고 피곤할 때도 있습니다.
나는 이 책을 쓰면서 악한 영들의 많은 공격을 받았습니다. 몸은 아프고 탈진하였습니다. 한 가지씩 악한 영들의 구체적인 계략을 밝힐 때마다 공격이 있었습니다. 그 싸움은 장난이 아니었습니다. 분명히 그들과 맞서 싸우는 것은 피곤하고 어려운 과정입니다.

하지만 아이러니하게도 우리는 그들과 싸우면서 많은 유익을 얻을 수 있습니다. 어떤 면에서 그들은 우리를 도와주고 있는 것입니다.

그 전쟁은 우리의 강건함을 위한 것입니다. 우리 영혼의 충만함을 위한 것입니다.

마귀의 공격이 무조건 저주라고 할 수는 없습니다. 일시적으로 그것은 저주나 재앙으로 보일지 모릅니다. 만약 무지로 인해서 계속 그들에게 눌리는 삶을 살게 된다면 그것은 재앙입니다.

그러나 우리는 주님의 은혜로 인하여 그들과 싸우게 됩니다. 그리고 승리하게 됩니다. 그리고 그 과정에서 강건해지게 됩니다.

씨름을 하는 선수들은 시합에서 이기기 위해서 힘든 훈련을 합니다. 그리고 그 훈련을 하는 과정에서 근육이 생기고 힘이 강해집니다. 그들은 시합을 통해서, 전투를 통해서 단련되는 것입니다. 전투를 싫어하는 이들은 강해질 수 없습니다.

전투는 하나의 과정입니다. 하지만 우리는 그것을 두려워하거나 싫어해서는 안 되며 부담을 가질 필요도 없습니다. 결국 전투는 우리 영혼의 균형과 성장을 위해서 필요한 것입니다.

우리가 많은 싸움을 경험하고 강해지고 그들을 깨뜨리는 권세와 힘이 강해질수록 우리는 성장하고 있는 것입니다. 천국의 실제적인 힘과 권세와 능력을 알아 가고 있는 것입니다.

영원의 차원에서 보면 마귀는 하나의 역할을 맡고 있는 지도 모릅니다. 우리를 강하게 하고 충만하게 하는 하나의 도구 역할을 하고 있는 지도 모릅니다. 어쩌면 하나의 배역을 맡고 있다고 볼 수도 있는 것입니다.

하지만 우리는 싸움 중이기 때문에 그들에게 주어진 역할이나 맡은 배역이 있다고 하더라도 그들에 대해서 동정하거나 싸움의 긴장을 늦출 수는 없습니다. 그들이 그들의 배역을 맡고 있다면 우리도 우리의 배역을 충실하게 해나가야 합니다. 그렇게 우리는 그들과 전투를 치르면서 천국에 가까이 나아가게 되는 것입니다.

마귀의 공격이 없을 때 우리는 평화롭고 행복하게 살 것 같지만 오히려 무기력해지고 약해집니다.

시험이 없을 때 우리는 더 믿음이 좋아질 것 같지만 오히려 약해지고 무기력해집니다.

영적 공격을 통해서 우리는 오히려 깨어나게 됩니다. 그리고 강해지게 되는 것입니다.

마음이 여리고 선한 사람들이 있습니다. 이러한 사람들은 사랑하는 것을 좋아하며 영혼이 아름답고 선하게 발전해 가는 것을 좋아합니다.

하지만 이들은 전쟁을 좋아하지 않습니다. 싸우는 것을 싫어합니다. 부당한 대우를 받아도 그것에 대해서 항의하고 싶어하지 않으며 공격을 받아도 시비를 가리는 것을 싫어합니다. 이들은 싸움을 생각하기만 해도 가슴이 뜁니다. 그들은 그러한 흙탕물에 빠지고 싶어하지 않습니다. 이들은 그저 조용하고 평화롭게 살고 싶어합니다. 이들은 그러한 자세가 자기부인이며 희생적이고 성숙한 태도라고 생각합니다.

하지만 그러한 성향은 균형을 잃은 것입니다. 그들은 선하지만 용기가 부족한 것입니다. 이러한 사람들은 다른 사람들에게 눌리게 됩니다. 그들은 그러한 고통을 인내하며 묵묵히 살아가겠지만 그의 안에는 고통과 억압이 자리를 잡게 될 것입니다. 그러한 어려움들은 암과 같은 질병으로 발전할 수도 있습니다.

이러한 사람은 삶에서 어떠한 일을 겪게 될까요? 그에게는 점점 더 많은 고통들이 준비되어 있습니다. 악한 영들은 점점 더 잔인하게 그를 괴롭힐 것입니다. 악한 영들은 사람들을 통해서 그를 누르고 괴롭힙니다. 주위에는 그에게 함부로 신경질을 부리는 사람들이 항상 있게 될 것입니다. 그에게 요구하며 괴롭히는 사람들이 항상 나타나게 될 것입니다. 그는 그저 상대방을 사랑함으로 그것을 극복한다고 생각하겠지만 그의 고통은 가중되기만 할 것입니다.

그가 깨닫지 못한다면 그는 그러한 고통 속에서 살다가 죽을 것입니다. 하지만 깨닫게 되면 그는 자신의 성향을 바꾸게 될 것입니다. 그는 전투를 배우게 될 것입니다. 그리고 전투가 없으면 영혼이 성장하지 못한다는 것을 알게 될 것입니다.

이처럼 심령이 약한 이들은 모진 고통을 겪게 됩니다. 그것은 영계의 한 법칙이며 섭리이기도 합니다. 그래서 심령이 어린 이들은 많은 공격을 받고 고통을 겪으면서 비로소 싸움을 이해하게 되고 강해지게 됩니다. 그들은 비로소 마귀에 대해서 영적 전투에 대해서 잔인해지며 독해지게 됩니다. 그리하여 그들은 영혼의 강건함을 경험하게 되는 것입니다. 그것이 바로 성장입니다.

영혼이 어린 사람은 오직 사랑에 능하거나 전투에 능할 뿐입니다. 그러나 훈련을 통해서 성장한 사람은 사랑에도 능하고 전투에도 능합니다. 그는 어떤 때는 아주 자비롭고 사랑과 온유함과 긍휼이 가득하지만 필요할 때는 아주 무섭고 강하며 잔인한 용사가 됩니다. 그는 부드러우면서도 강하며 여리면서도 무섭습니다. 그것이 곧 성장이며 영혼의 조화입니다. 진정한 사랑을 하기 위해서는 부드러운 것만을 가지고는 되지 않습니다. 강건하고 충만한 사람이 비로소 참된 사랑을 할 수 있는 것입니다.

무기력하고 약한 사람은 사랑이 아니라 굴종과 타협을 할 수밖에 없습니다. 그러므로 여리고 부드러운 기질의 사람이 악한 영들에게 오랜 동안 눌리고 고통을 겪으며 시달리는 것을 통해서 분노를 배우고 독함을 배워서 전쟁을 경험하게 되고 강건한 사람이 되어갈 때 그는 진정한 사랑의 사람으로 발전해가게 되는 것입니다.

마귀의 시험과 공격은 우리 중심의 동기를 순결하게 하기도 합니다.
그들의 공격과 시험은 우리를 반성하게 만듭니다. 우리 자신을 돌아보게 합니다. 우리 안에 주님께 속하지 않은 이기적이고 인간적인 동기가 있는지 살펴보게 합니다.
왜냐하면 중심의 동기가 순수하며 순결하지 않고는 아무도 마귀를 이길 수 없기' 때문입니다. 오직 순결한 이들만이 마귀와의 싸움에서 승리할 수 있습니다.
우리는 치열한 영적 전쟁을 통해서 마귀의 전략과 특성에 대해서 알게 됩니다. 그리하여 우리가 가지고 있는 죄와 악과 잘못된 마음이나 동기가 그들이 역사할 수 있는 근거가 되는 것을 깨닫게 됩니다.
그러므로 우리는 승리를 위하여 우리 자신의 마음과 동기를 순결하게 지켜나가기 위해서 노력하게 되며 죄와 악과 온갖 더러운 것들을 멀리하게 되는 것입니다. 그러므로 이러한 영적 전쟁은 우리의 마음과 동기를 순결하게 지켜주는 역할을 하게 됩니다.

또한 우리는 전쟁을 통해서 영적인 균형을 얻게 됩니다.
기질적으로 내적인 사람은 전쟁을 싫어하고 활동을 싫어합니다. 그는 오직 주님과 조용히 교제하는 것을 사모할 것입니다.
하지만 그러한 상태에서 그는 약해집니다. 그는 아름답고 부드럽고 사랑스럽게 되지만 동시에 아주 약해집니다. 그래서 마귀의 공격을 받게 되며 중한 병에 걸리기도 하고 깊은 침체에 빠지게 되기도 합니다.

그것은 그가 균형을 잃었기 때문입니다. 그가 너무 내적인 데에 빠지다가 외적인 공격을 받아서 겉 사람이 약해진 것입니다.

또한 기질적으로 어떤 사람은 고요함을 싫어하고 항상 움직이고 활동하는 것을 좋아합니다. 그는 비전을 품고 큰 뜻을 이루기 위하여 많이 기도하고 열심히 뛰고 또 뜁니다.

그러한 이들은 영혼이 바깥쪽으로 치우친 것이기 때문에 이제는 반대쪽에서 마귀의 공격을 받게 될 것입니다. 그는 점점 더 긴장되고 흥분되며 화가 나게 되고 미워하게 되며 불안해지며 강퍅해지고 혼란스럽게 될 것입니다.

그러므로 영적인 균형을 알지 못하는 이들은 한쪽에 치우쳐 마귀의 공격을 받게 됩니다. 내부에 치우쳐 외적으로 약해지든지 외부에 치우쳐 내적인 허무함을 느끼게 됩니다.

영혼의 성숙이란 곧 균형과도 관계된 것으로서 충분히 영이 자란 이들은 바깥에서 활동하면서도 깊은 곳에 있고 깊은 주님의 임재 속에 있으면서도 눌리지 않고 자연스럽게 활동합니다.

마귀의 영적 공격을 통해서 우리는 자신이 어디로 치우쳤는지를 알게 됩니다. 왜 어디서 실패했는지에 대해서 느끼게 됩니다. 그리고 그 부분을 보완하게 됩니다.

외적인 부흥에 치우쳐 뛰던 사역자들은 탈진한 후에 내적인 부분을 보완하게 되며 내적인 부분에 치우쳐 은사를 경험한 적도 없이 그저 지치고 힘들게 사역하던 이들은 외적인 강건함과 권능을 보완하게 됩니다. 결국 그러한 균형과 성장은 마귀의 공격으로 인한 반대 급부이기도 한 것입니다.

우리는 실패하면서 결국 영혼의 균형과 성장을 배우게 되는 것입니다.

결국 전쟁을 통해서 우리가 얻을 수 있는 것은 영혼의 강건함과 충만함이며 순결함이며 조화이며 균형입니다. 결국 우리는 영혼의 성장을 위해서 이러한 전쟁을 거치게 되는 것입니다.

어떠한 이들은 전쟁에서 승리하지 못하고 부분적으로 패배하는 이들도 있을 것입니다. 동기에 있어서 순수하지 않고 주를 간절히 구하지 않는 이들은 도중에 넘어지기도 할 것입니다. 균형이 부족하여 한 쪽에 치우쳤다가 넘어지는 이들도 있을 것입니다.

그러나 그것은 하나의 과정일 뿐입니다. 넘어졌지만 반성하고 다시 일어나 전장에 서는 자를 주님은 다시 세우실 것입니다.

이 땅에는 항상 전쟁이 있습니다. 어떤 이들은 그 전쟁으로 인하여 두려워하고 눌리고 많은 고통을 겪습니다.

그러나 우리는 그 전쟁을 통해서 많은 것들을 얻을 수 있을 것입니다. 천국의 능력을 발견하고 순결을 얻으며 우리 영혼의 변화와 성장을 경험하며 생명 되신 주님의 가치를 더 깊이 깨닫게 될 것입니다.

전쟁은 피곤하지만 아름다운 것입니다. 그것은 우리를 강하게 하고 순수하게 하며 균형 잡힌 주님의 사람으로 만들어줍니다.

주를 붙잡고 바라보며 포기하지 않고 이 길을 가는 이들은 점점 더 충만한 승리와 열매를 경험하게 될 것입니다. 놀라운 은총을 누리며 아름다운 주의 사람으로서 더욱 더 발전해가게 될 것입니다.

부디 이 길을 걸어가십시오. 마귀를 대적하고 그들의 방해를 물리치며 오직 주님 곁으로 가까이 나아가십시오.

당신이 이 여행을 계속해 나아갈수록 당신은 점점 더 많은 천국의 보화들을 경험하고 누리게 될 것입니다. 할렐루야.

2부

대적기도 경험자들의

간증

제가 운영하고 있는 [정원 목사 독자 모임] 카페에
회원들이 올린 대적기도를 적용한 경험과 소감을
정리하였습니다.
대적기도는 아주 쉽고 자연스러운 것이며
일상의 삶에서 직접 적용할 때
실제적이며 풍성한 열매를 가져온다는 것을
확인할 수 있을 것입니다.

1. 신앙생활 그리고 대적기도와의 만남 -S집사-

열여덟 살에 처음 주님을 알고 신앙생활을 하면서부터 나름대로 주님을 붙잡고 천국을 향하여 나아가기 위해 많은 노력을 하였지만 주님을 향해 나아가기보다는 항상 원치 않는 다른 길로 가고 있는 나 자신을 발견하게 되었습니다.

주님의 말씀과 진리 안에서 살아가야지 하면서도 어느덧 가다보면 세상의 어두움 속에서 헤매고 있고 열심히 기도하며 승리의 삶을 살아가야지 하면서도 하루 이틀 지나다보면 실패와 좌절 속에서 신음하고 있고.. 이렇게 살아오다가 문득 인생을 뒤돌아보니 남아있는 건 쌓여있는 어두움 뿐이었습니다.
어두움과 실패 그리고 좌절을 딛고 일어서고 싶었지만 어떻게 해야 하는 건지, 어디에서부터 시작을 해야 하는 건지 알 수가 없었습니다.

주님의 살아 계심과 나를 구원하시는 은혜와 능력에 대해서는 알고 있었지만 세상을 어두움을 상대하는 것은 정말 쉬운 것이 아니었습니다.
신앙생활을 하는 사람이었지만 세상을 살아가는 저의 삶의 자세는 언제나 초조하고 불안하며 긴장되고 뭔가가 무너져 내릴 것처럼 평안이 없었습니다. 그러면서 나는 불안한 마음에 주님께 호소하며 부르짖고 기도했습니다.
탄식하며.. 눈물을 흘리며.. 그러다가 더욱 지치고 탈진하곤 했습니다.

신앙생활이란 정말이지 내게는 너무나 힘든 여정이었습니다.
이렇게 엎어지고, 뒤집어지며 겨우 겨우 이끌어오던 나의 인생은
마흔의 나이가 다 되었을 때 새로운 빛을 발견하게 되었습니다.
내 안에 있는 초조와 불안, 긴장과 혼란, 약함과 탄식, 두려움 등..
이 모든 것들이 어두움의 장난이었으며 나는 이것들을 대적하며 싸워서
초토화 시켜야 된다는 것을 비로소 깨닫게 되었던 것입니다.

나를 파괴하고 영원한 지옥의 세계로 끌어가려던 원수마귀..
나의 가족과 형제와 이웃을 영원한 어두움 속으로 끌어가려던 원수들..
나의 모든 사는 날 동안 이 원수마귀를 대적하며 주의 이름으로 이기고
승리해야 된다는 것을 이제 알게 되었습니다.

대적기도!
예수님의 이름으로, 십자가의 권세로 오직 어두움의 세력을 대적하며 기도하자 그 동안 나를 그렇게 힘들고 비참하게 했던 그들은 이제 아무것도 아니라는 것을 알게 되었습니다.
정원목사님을 통해서 알게 되고 또한 깊이 인식하게 된 대적기도..
이제는 나의 모든 삶 속에서 어두움의 세력과 귀신을 대적하고 승리의 삶을 살아가럽니다.
예수님의 이름과 권세로, 주님의 말씀으로 무장해서 이제는 십자가의 용사답게 강하고 담대하게 대적하며 살아가럽니다.

이전에는 어두움의 세력들을 생각하면 무섭고 떨렸었는데..
'또 행패나 부리고 가지 않을까, 너무 힘들게 해놓고 가지 않을까' 라고
생각하며 겁을 먹었었는데..

이제는 원리와 방법을 배웠으니 아무런 걱정이 되지 않습니다.
아니, 싸움에 대한 자신과 확신이 있습니다.
원수마귀야! 이제 너희들은 죽었다!
대적기도 앞에, 십자가의 권세 앞에! 너희들은 끝장났다!

주님! 오직 주님의 무궁한 자비와, 긍휼로 내 영혼을 덮으소서.
그리고 대적기도를 통해서 이 땅에 사는 동안 주에 능력을 의지해서 어두움의 세력을 이기고 초토화시키며 승리케 하소서.
할렐루야!

2. 대적기도로 인간관계가 회복되다 -J 자매-

저는 미국에서 살고 있으며 직장 생활을 하고 있습니다.
인간관계 안에서 악한 영들이 장난치고 있다는 것을 최근에야 알게 되었는데 그 동안 너무 속고 눌렸다고 생각하니까 화가 나더군요.
그래서 사람의 배후에 있는 악한 영을 대적하는 기도를 시작했는데 많은 결과들이 있었어요.

먼저 옆집 가게 아줌마의 이야기입니다.
이분은 말을 직선적으로 하고 상당히 터프하신 분이에요.
이 아줌마를 안지 1년이 넘었는데 처음에는 사이좋게 지내다가
한 6개월쯤부터 저를 자기 기분대로 대하기 시작했어요.
제가 일하고 있는 빌딩은 한 빌딩 안에 가게가 네 개가 있는데 길이 연결되어 있어서 남의 가게여도 통로 통해 통과하게 되어 있거든요. 그런데 제가 지나갈 때마다 핀잔을 주거나 혹은 노골적으로 왜 그곳으로 지나가느냐 등등.. 공격적인 말을 하더군요.

아줌마 성질이 좀 괄괄하고 터프한데다 말도 직선적이어서 노골적으로 불만을 터트리는 때가 한두 번이 아니었지요.
그래서 같은 빌딩 안에 있는 사람들이 많이 싫어하고 그랬어요.
싸움도 자주 벌였는데, 처음에 저는 할 수 없이 지고 그랬죠. 안 그래도 말이 많은데 거기서 정면으로 대해봤자 어차피 먹는 욕을 두 배로 먹을

테니까요..
그렇게 지낸 게 거의 서너 달이 되는데 그러다 보니 나중엔 정말 화가 나는 거에요.
그래서 그 아주머니의 배후에 있는 악한 영들을 묶기 시작했어요.
그 아줌마를 생각하면서 상상으로 그 아줌마에게 역사하는 악한 영의 세력을 공격하는 기도를 하곤 했지요.

그런데 한 이틀이 지나니까 그렇게 성질이 대단한 아줌마가 너무 몸이 아파서 비실거리는 거에요.
전 그렇게 강한 아줌마가 약해져 있는 것을 상상도 할 수 없었어요.
그러더니 그 날 아침에 한시간만에 집으로 들어가시더군요.
그 다음날 오셨을 때 제가 사무실에 있던 몸살감기 약을 하나 주었지요.
그러면서 아주 친절하게 대해 주었어요.
그때부터 아줌마와 제가 친해지기 시작했어요.
예전처럼 그렇게 딱딱거리지 않고 저에게 속마음도 많이 털어놓고 머 자기 가게로 불러서 맛있는 것도 주고 그러더군요.
그렇게 대적기도를 통해서 아주머니와의 불편한 관계가 해결되었어요.

그 다음에 K 라는 한국인 남자가 있어요.
이 사람은 이유 없이 저를 만만히 보고 툭하면 제 앞에서 대놓고 소리 지르는 형제인데요.
제가 원래 잘 모르고 지나치는 부분이 많아서 그냥 무시하고 그러고 살았는데 나중엔 제가 하지도 않은 일을 제가 했다고 덮어씌우는 일까지 있었어요.
그 일이 있으면서 정신이 번쩍 들었지요.

아니.. 내가 그동안 뭐하고 있었지? 저건 악한 영들의 역사인데 말이야..
이런 문제 하나 제대로 처리하지 못하고 말야.. 하면서요.
저를 함부로 대하는 태도들을 계속 받아주었더니 나중에는 저를 심하게
무시하고 계속 무례하게 구는 데다 제 나름대로 예의 바르게 대해주면
되려 아주 누르려고 들어서 안되겠다 싶었지요.

그래서 일단 거리를 두게 되었어요.
별로 상대를 하지 않으면서 시간이 날 때마다 이렇게 결박했어요.
K에게 역사하는 악한 영들아! 예수의 이름으로 명한다.
묶일 지어다!
그렇게 한지 열흘쯤 되었는데 조금 나아지는 것 같아요.
물론 아직도 대놓고 상대하지는 않지만
뭐랄까 분위기가 좀 바뀐 것 같아요.
예를 들면 예전에는 좁은 통로에서 서로 마주치면
그 형제는 아주 매너 없이 길도 안 비켜주고 했는데
(미국에선 대부분 남자는 여자에게 매너를 잘 지키는데)
최근에 대적기도를 한 이후로는 저를 잘 비켜서 다녀요
원래 그 형제가 저를 부를 때 무례하게 소리를 지르면서 부르는데
요즘은 "미스 J-" 하면서 예의바르게 부르더군요.

그 다음에 리키라고 하는 멕시칸 친구도 비슷한 문제가 있었는데 대적기
도를 통해서 잘 해결이 된 것 같아요. 이 친구가 최근에 너무 불평을 해
대서 귀를 막고 살수도 없고 참 피곤했었거든요. 그런데 결국 잘 해결되
었어요.
최근에 대적기도를 사용하고 어느 정도 효과를 보면서 배우게 된 중요한

교훈이 있어요.
그것은 마귀를 이기는 가장 중요한 요건은 물론 예수님의 보혈을 의지하는 것이지만 그것을 적용하는 중요한 방법이 바로 영적인 분노라는 것이에요. 악한 영들에 대해서 분노하는 것이 마귀를 이기는 힘의 원천이 되는 것 같습니다.
그리고 또 방향성이 참 중요한 것 같아요.
악한 영이 아닌 사람에게 분노를 하게 되면 문제가 많이 생기거든요.
아무튼 이 기도를 더 많이 적용해서 많은 자유를 경험하고 싶어요.

3. 대적기도로 경험한 삶의 열매들- H 자매-

대적기도를 실제의 삶에 적용하면서 많은 변화들이 있었습니다. 그 내용을 간략히 적어보겠습니다.

1.유치원에서
유치원에서 아이들을 가르칠 때 어떤 아이가 반항적인 태도로 눈을 치켜 뜨는 것이었습니다. 그래서 속으로 악한 영을 결박했더니 아이가 수그러졌습니다.
또 한 아이는 불안하고 늘 미간이 찡그려져 있었는데 악한 영을 결박하는 기도를 계속 했더니 차츰 얼굴이 밝아지고 미간도 활짝 펴지더군요. 그리고 점차로 좀 어두워 보였던 아이들이 많이 밝아지고 순해진 것을 느낄 수 있었습니다.
감사합니다! 할렐루야.

2. 친구와의 관계
대학을 아직 졸업하기 전이었는데 그 때 이상하게 저를 미워하던 친구가 있었습니다. 그 친구는 기독교 신앙을 아주 싫어해서 심지어 저를 저주하기도 하고 그랬는데 그러한 행동들이 악한 영들의 장난이라는 것을 깨닫고 난 후에 대적기도를 하게 되었지요. 그러자 그 친구가 점차 변하더니 나중에는 저를 너무 좋아하게 되었습니다.
그래서 예수님 이야기도 함께 나눌 수 있게 되었습니다.

3. 교수님을 위한 대적기도
저희 과의 교수님은 항상 마음의 상태가 불안하신 것 같았고 자주 화를 내시곤 했어요.
그래서 수업 도중에 화를 내실 때마다 속으로 대적기도를 했고 수업을 시작하기 전에도 악한 영들을 결박하는 기도를 했습니다.
이 경우에는 조금 긴 시간이 걸렸지만 나중에 교수님께서 웃으시는 모습도 보게 되었어요. 전에는 전혀 그런 적이 없었거든요.
그전에는 막 다그치시고 그랬는데 나중에는 그러한 빈도가 많이 줄었어요. 감사할 뿐입니다.

4. 감정의 변화
저는 마음속에 우울한 감정이나 두려움 등이 참 많았는데 결박기도를 통해 그러한 것들이 사라져 버렸습니다. 그래서 자유함을 누릴 수 있었습니다.
얼마 전에는 사소한 일에 분노가 치밀어 와서 힘들었는데 그 때 악한 영을 결박하는 기도를 하고 나니 분노가 그 순간 사라져버려서 너무 기뻤습니다.
대적기도를 통해 많은 영적 자유함을 누릴 수 있어서 정말 기쁘고 감사합니다. 할렐루야.

5. 자살의 충동이 사라짐
저는 카페에 오기 전에 우울증도 심했고 환경에 대한 도피심리도 많았으며 자살 충동도 자주 일어나서 고생하고 있었습니다.
사람들도 모두 무섭게 느껴지고 때로는 악한 형상들이 주변에 왔다 갔다 하는 것이 느껴지기도 하는 등의 여러 증상으로 많이 힘들었습니다. 그러다가 그러한 것들이 악한 영들이라는 것을 알게 되고 예수님의 이름과 권세에 대해서 깨닫게 되어 부르짖고 악한 영들을 대적하자 저를 오래 동안 괴롭혀왔던 우울증과 환경 도피, 자살충동 들이 점차로 사라지게 되었습니다. 할렐루야!

또한, 악한 이미지들이 떠오를 때마다 예수의 이름으로 부수고 대적하였더니 점차로 강도가 약해지고 나중에는 그런 좋지 않은 영상이나 상상을 자유롭게 바꿀 수 있게 되었습니다. 지금 저는 아주 자유롭습니다. 정말 주님께 감사를 드립니다.

6. 대학에서의 인간관계

저는 대학을 다닐 때 늘 선배들과 친구들에게 많이 눌려 있었습니다.
저희 학교는 선후배의 질서를 많이 따지는 편이라서 선배들은 비인격적인 말도 많이 하고 기합도 많이 주었습니다.
저는 이전까지는 항상 눌려 지냈지만 그 배후에 악한 영들이 있음을 알게 된 후에는 틈이 나는 대로 부르짖어 기도하고 선배들을 조종하고 있는 악한 영들을 결박하였습니다.
그리고 선의로 대하는 데도 이상하게 자꾸 친구들이 저를 오해하고 욕을 하는 경우가 많아서 이에 대해서도 부르짖고 결박하고 대적기도를 하였습니다.
그 이후에 선배들은 이상하게도 저에게는 꾸지람을 하지 않고 친구들도 저의 본심을 알게 되어 불편한 관계들이 사라지고 좋은 관계가 되었습니다.
대적기도를 하면서 선배들과 교수님들은 저의 윗분이시기에 이렇게 기도해도 될까 하고 굉장히 조심스러웠지만 이것은 사람에 대한 전쟁이 아니고 배후에서 방해하고 괴롭히는 영을 결박하는 것이라는 즉, 사람과 악한 영을 분리하여 과녁에 화살을 정확히 맞춰야 한다는 것을 알게 된 후 배후의 영들을 결박한 결과 교수님들도 선배님들도 아주 부드러워지고 교수님과 선배들로부터 칭찬도 많이 받고 사랑도 받게 되었습니다.

학교 내에 있으면서 분위기가 좀 좋지 않다고 느껴질 때에 대적기도를 하면 확실히 분위기가 밝아지고 선생님들도 화를 내다가도 부드러워지는 것을 많이 느낄 수 있었습니다. 그러한 일을 여러 번 경험하면서 대적기도가 확실히 악한 영을 제압하고 부순다는 것을 분명하게 알게 되었습니다.
또한 직접적으로 말로 대적할 수 없을 때에도 마음속으로 대적기도를 하면 곧 변화가 일어나는 것을 느낄 수 있었습니다.

7. 버스 안에서
버스를 타고 가게 될 때 거친 운전 기사님들은 화를 내거나 욕을 하기도 합니다. 택시를 타도 마찬가지구요. 그런 거친 말투를 들으면 마음이 참 불편합니다.
그럴 때 대적기도를 작게 해보았습니다.
그랬더니, 욕을 하던 아저씨들이 잠잠해 지고 나중에는 껄껄 웃으시며 농담도 하시는 것을 보았습니다. 그래서 정말 마음이 참 좋았습니다.

8. 저희 집은 방의 창문이 매우 크고 방음이 잘 안 되는 편이라 길거리를 지나는 사람들이 좀 큰 소리로 이야기하면 그 소리가 안방까지 들리기도 합니다.
어떤 때는 밖에서 큰소리로 싸우는 소리가 들립니다. 비록 밖에서 나는 소리지만 싸우는 소리를 들으면 마음이 괴롭습니다.

그래서 그럴 때는 악한 영들을 대적하고 결박하곤 했는데 그러면 곧 싸우는 소리가 그치곤 했습니다.

9. 악몽을 꾸었을 때
처음 대적하는 기도를 알게 되고 한참 기도를 할 때 귀신들이 귀찮게 구는 꿈을 자주 꾸곤 했습니다.
그래서 새벽에 벌떡 일어나서 카페에 빨간 글씨로
마귀들을 대적하는 글을 썼던 기억이 나네요.
그 때 대적기도를 하고 나서 많이 시원하고 자유로워졌습니다.

이 외에도 대적기도를 통해서 변화와 승리를 얻은 부분은 너무나 많이 있습니다.
악한 영들은 강한 것 같지만 우리가 깨어서 대적할 때 반드시 아무 힘이 없이 사라지게 됨을 경험하게 되었습니다.
우리들에게 이러한 권세와 능력을 주신 주님을 찬양합니다! 할렐루야!

4. 가전제품이 고쳐지다　－H형제－

오늘 있었던 재미있는 일을 함께 나누고 싶어 글을 씁니다.
아내와 함께 정원 목사님의 글 '대적기도 감상문에 대한 광고'를 읽고 대적기도를 해봤답니다.
아내는 목사님의 글을 읽고 무척 많은 기도제목들이 떠올랐던 모양입니다. 아내는 흰 종이를 가져다가 대적해야할 악한 영들의 목록을 만들고 예수님의 이름으로 결박하고 대적했답니다.
그런데, 아내가 열심히 대적기도를 하고 나서 쉬고 있었을 때, 갑자기 영문모를 짜증이 올라온다고 하더라구요.
저는 조금 이상해서 아내와 함께 기도를 했습니다.
기도를 마치고 저는 TV와 Video를 연결하고 있었어요.
아내와 함께 보고 싶은 비디오가 있었거든요.
근데 이상하게도 멀쩡하던 비디오가 잘 안나오는 것이었습니다.

참 이상했지요. 고장 한번 안 난 아주 잘 나오는 비디오였는데..
몇 번을 시도하고 비디오 클리닝을 해도 마찬가지였답니다.
저는 비디오를 고치려고 인터넷을 뒤져보았답니다.
근데 아무리 뒤져보아도 해답은 보일 기미도 없고..
그러다가 비디오가 안 나오는 게 혹시 대적기도의 영향일까? 라는 생각이 들었답니다. 우리가 자꾸 대적기도를 하니까 악한 영들이 이런 식으로 해코지를 하는 것은 아닐까.. 하는 생각이 들었어요.

어차피 밑져야 본전이니까.. 긴가민가하며 강하게 낮은 발성으로
대적기도를 하기 시작했어요.
대적기도를 한 후에 설마 하면서 웃으면서 비디오를 켰는데요.
아. 글쎄, 비디오가 너무나도 멀쩡해졌답니다.
오.. 할렐루야.
이런 일이 실제로 우리에게도 일어나다니 너무 놀랍고 주님께 너무나 감사했어요.

저는 큰소리로 아내를 불렀고 아내도 보더니 너무 놀라더라구요.
화면이 좀 전과 다르게 아주 깨끗했거든요.
그 후 아내와 저는 함께 더욱 강하게 대적기도를 했지요.
참 너무나 재미있었습니다.
우리의 삶에 실제로 함께 하시는 하나님..
우리의 사소한 기도도 들어주시는 하나님..
전지전능하신 창조자 하나님..
능력과 권능의 하나님..
오.. 주님!
당신만이 홀로 영광 받으소서.
할렐루야!

* 이러한 경험을 처음 하면 참 이상하게 느껴지겠지만 대적기도를 할 때 각종 전기제품에 문제가 생기는 일은 흔하게 일어나는 일입니다.
악한 영들은 영적인 존재인데 그들은 직접 물리적인 것에 영향을 끼치지는 못하지만 전기와 같은 것에는 어느 정도 영향을 행사하는 것 같습니

다. 이방세계에서 초능력을 행한다는 이들 가운데는 전기를 정신력만으로 켜고 끄고 하는 이들이 있다고 합니다.

그러한 초능력의 배후에는 악령의 능력이 있는 것이 보통이며 악한 영들이 사용하는 영적 에너지가 전기적인 힘과 관련이 있음을 보여주는 것입니다.

대체로 악한 영들을 대적하는 기도를 하고 나면 그 영이 소멸되고 나가는 과정에서 전자제품이 고장나곤 합니다.

이러한 경우 A/S가 필요한 때도 있지만 때로는 단순히 대적기도만 해서 제품이 멀쩡해지기도 합니다.

그저 이렇게 기도하면 됩니다.

"이 제품을 고장나게 한 악한 영아. 내가 주의 이름으로 명한다. 너는 여기서 손을 떼라. 그리고 사라져서 다시는 돌아오지 말아라!"

저도 이와 같은 경험을 많이 하였습니다.

어떤 경우에는 그 즉시로 제품이 멀쩡해 졌습니다.

어떤 경우에는 조금 시간이 지난 후에 회복이 되었습니다.

간혹 A/S가 필요한 정도로 심하게 고장이 난 적도 있었습니다.

아무튼 영적 전쟁의 와중에서 전기제품이 수난을 당하는 것은 분명한 것 같습니다.

5. 힘들었던 논문을 해결하다 -Y자매-

2001년부터 매 학기가 시작될 때마다 저는 극심한 논문 증후군에 시달려 왔습니다. 논문을 써야한다는 부담감이 항상 있었지요. 그러나 늘 주제를 잡는 데서부터 헤매기 시작해서 결국은 자료의 방대한 바다에서 헤엄치다 길을 잃고 포기를 하던 것이 벌써 몇 해가 되었습니다.

지난 해 이 맘 때에도 논문을 쓰겠다고 하다가 극심한 영적 침체를 겪으며 수많은 악한 영들에게 속고 얻어맞으며 정말 처절한 시간을 보냈습니다. 그러면서 확실하게 인식한 것은 모든 일에는 영적인 전쟁이 있다는 것이었습니다.

저는 대학원 진로를 결정할 때와 학업의 과정이 영적인 체험에 이은 극심한 영적 침체와 눌림, 자포자기의 과정과 맞물려 있었기 때문에 특히 논문을 쓰는 것이 영적인 회복과 강건해짐에 매우 실제적이고 직접적으로 연관되는 것 같았습니다.

우여곡절 끝에 이번 학기에 다시 논문을 쓸 마음과 상황이 마련되어서 요즘 차분히 월요기도모임을 참석하고 영적 훈련에 힘쓰면서 논문을 준비해 가고 있답니다.

그러면서 신기한 일들이 참 많이 생겼어요.

현재 화요일에서 금요일까지 일하고 있는 연구원에서 논문을 쓰는 데 중요한 도움이 되는 비싸고 좋은 자료를 무료로 사용할 수 있도록 허락해 준 데다가 논문위원회 구성이나 향후 논문 관련한 제반 사항들이 척척 잘 이루어져 나가는 거였어요. 몇 년 동안 항상 논문을 시작하려고만 하면 마음이 쫓기면서도 무엇부터 해야 할지 몰라서 허둥거리고, 두꺼운 원서들을 잔뜩 대출해 책꽂이에 꽂아둔 채 한숨만 내쉬다가 결국은 영화관으로 도망가거나, 친구를 만나거나, 돈 번다고 분주해지거나 기타 등등 수많은 이유로 논문을 저 뒤로 밀어 버렸었거든요.

아마 기도모임에 참석하면서 계속 부르짖고, 영이 강건해지고 있어서 그런지 외부적이 상황들은 스스로도 놀랄만큼 너무 잘 풀려 가고, 정말 좋은 자료와 좋은 조언자를 막 얻게되었지만, 막상 그 좋은 자료와 상황들을 이용해서 읽고, 구성하고, 써내려 가야 하는 제 자신은 여전히 도피하려고만 하는 것이었어요.

이런 제 자신이 제가 보기에도 참 이상해서.. 내가 왜 이럴까? 의구심을 갖기도 했지만, TV를 보기도 하고, 다른 처리할 일들을 먼저 하다가 자버리고.. 그러기를 벌써 3주정도 하고 있었습니다.

마음에는 또 점차 부담감이 오고 '내가 이렇지 뭐..' 하는 자포자기의 수준으로 가려고 하던 찰나..

(어제 퇴근하고 나서 자료 읽겠다고 다짐을 했는데 결국 TV보고 어영부영하다가 잠이 들어버렸지요)

오늘 아침에도 어제 밤의 여파로 찌뿌둥한 몸으로 일어나 보니 밖에 비는 주룩주룩 내리고.. 엄마는 아침부터 TV 틀어놓고 계신 것이었어요. 저도 별 생각 없이 TV를 보는데 어쩌면 하나같이 먹는 프로그램만 잔뜩 있는지.. 그래서 아침 겸 점심을 먹고 나니까 몸이 나른...

그런데도 마음 한 쪽에서 일어나는 경고의 음성이 들렸지요.

이러면 안 된다.. 안 된다..하는.. 그런데도 도저히 책상에 앉아지질 않았어요. 그러다가 카페에 들어와서 목사님 글을 읽게 된 것이었습니다. 그런데 글을 읽으면서 확 클로즈업해서 들어오는 부분이 있었지요.

[해야 할 일이 싫어질 때 - 이것도 귀신들의 기본 사역입니다. 학생이 공부하려고 마음먹으면 싫어지게 하고 논문 쓰려고 하면 못쓰게 하고 어떤 의무든지 하여간 못하게 방해합니다.
사랑의 고백도 하지 못하도록 어색하게 만들지요. 그런데 대적하면 그러한 것들이 사라지게 됩니다. 물론 완전히 사라지지 않고 잠시 도망갑니다. 그러니 이것은 계속 묶어야 합니다. 그리고 나면 하고 싶은 소원이 마구 생기지요.]

그 글을 읽은 후에 저는 그 즉시로 글을 읽고 있던 PC앞에서 한 번 악한 영을 결박해보았습니다.
"자꾸 논문 쓰기 싫게 만드는 영아! 결박되어라! 나는 너랑 상관이 없다. 떠나라!"
그런데 그 순간에 가슴과 배 주변이 뜨끈해 지는 것이었습니다.
'오.. 이거 제대로 되나봐..' 하는 마음이 들었지요.

그러면서 좀 더 하고 있는데 그때 어머니가 등장하시더니 TV를 켜시는 거였습니다.
저는 거실에 있는 PC를 쓰느라 바로 TV옆에 있었던 지라 TV를 꺼달라고 정중히 부탁을 드렸으나 어머니께서.. '야.. 좀 보자' 그러시는 것입니다. 좀 전에 제가 TV볼 때 '너 할 일 있다며. 안하고 TV보면 어쩌냐' 고 하시던 어머니가요!
저는 그 순간 '저 나갈게요.' 하면서 벌떡 일어나서 방으로 들어가 책가

방을 썼습니다. 밖에는 비가 주룩주룩 오는데 오후 2시가 다 된 시점에서 그렇게 발딱 일어나서 책가방을 챙기고 씩씩하게 도서관을 향해서 출발을 했던 것이었지요. 오.. 놀라워라!

그래서 은평구립도서관에 올라가서 3시부터 10시까지 앉아서 저녁도 안 먹고 (배가 고픈 줄도 몰랐어요) 스트레이트로 쭈욱- 자료를 읽었으며 논문의 아우트라인을 확 잡아버린 것이었어요.

그런데 읽는 내내 작년 이맘 때 논문 쓸 때 왔던 영들이 나의 집중력이 흐트러지게 하려고 다시 몰려오는 것이었습니다.

예전에는 결박을 할 때 부르짖거나 소리를 내야만 효과가 있을 것이라는 생각을 갖고 있었는데 오늘 읽은 목사님의 글 중에서 이 부분이 떠올랐어요.

[악한 영을 대적하는 방법은 아주 간단합니다. 악한 영의 이름을 부르며 (귀신아! 하는 식으로) 주의 이름으로 대적하면 됩니다. 나가라고 해도 되고 '내가 너를 결박한다' 이런 식으로 선포해도 되지요. 입으로 소리내서 해도 되지만 속으로 해도 됩니다.]

속으로 해도 된다는 것을 알고, 도서관에 앉아서 책을 읽다가 생각을 통해서 공격해오는 놈들을 모조리 대적과 결박의 선포로 묶어버렸습니다.

지난 주 목요일에 입수한 책이 있었는데 그 주 주말과 이번 주 중에 계속 읽어야 한다는 부담감만 갖고 잘 읽혀지지도 않는 걸 억지로 읽느라고 힘들거든요. 그런데 그렇게 속으로 대적기도를 하고 나니 어쩜 그렇게 잘 읽혀지던지요!

작년에는 정말 공상과 상상을 통해 침입하는 영들이 공격이 많았는데 이번에는 그런 영이 근처에만 오려고 해도 바로 차단이 되더군요.

그리고 엄청난 집중력 (예전 고등학교 때 공부하던 느낌)이 되살아 난 것 같았어요. 10시에 도서관에서 나와 돌아오는 버스를 탔는데 참으로 감회가 새로웠습니다.
저는 여태껏 논문이 안 써지고 자꾸 딴 짓을 하게 되고 그럴 때면 늘 마음속으로 이런 생각을 했거든요.
'아.. 내가 왜 이러지? 이러면 안 되는데..'
'아.. 해야되는데.. 해야되는데..'

그런데 단 한번도 '논문을 못 쓰게 하는 영아.. 자꾸 딴 짓을 하게 하고, 논문을 쓰기 싫어지게 하는 영아, 물러가라! 결박되어라!'
이런 기도는 정말 단 한번도 안 해봤다는 것을 깨달았어요.
그리고 목사님 글을 읽고 나서 바로 적용하고 난 그 이후 오늘 일어난 일련의 사건이 마냥 신기하고 신나게 느껴지는 거예요.
이걸 진작에 알았다면 그 동안 시간을 낭비하지 않았을 텐데..

정말 영적인 묶임도 실제이고, 그걸 풀고 악한 영을 대적하는 것도 너무 실제적이고 너무나 간단한 것이구나.. 하고 느꼈어요.
목사님 글에서 늘 악한 영은 아무것도 아니고 다만 속고 있을 뿐이기 때문에 꾸짖고 쫓아내면 다 울면서 도망간다고 하셨던 글을 많이 읽었음에도 불구하고 잘 적용을 못하고 있었어요. 오늘의 경험으로 앞으로 정말 많은 악한 놈들을 쫓아낼 수 있을 것 같아요.
그 동안 악한 영들이 속이고 눌러서 힘을 쓰지 못하게 만들었던 집중력과 지혜를 다시 되살리고 악한 영들에게 당했던 그만큼 돌려주는 강한 용사가 되도록 열심히 훈련을 하고 싶어요.
 오직 악한 영을 결박하고 쫓아낼 수 있는 권세는

주님께만 있습니다.
주님의 이 권세와 능력을
더 많이 맛보고 사용하여 악한 영들을 초토화시키겠습니다!
주님, 모든 영광을 주님께 돌립니다.
우와아! 할렐루야!

* 자매는 S대를 졸업하고 S대 대학원의 석사과정을 하고 있는 중이었는데 몇 년 동안 쓰지 못하고 미루고 있던 논문을 대적기도를 통해서 극복하고 잘 마칠 수 있게 되었습니다. 중간 중간에 여러 번 어려움이 있었고 고비가 있었지만 그 때마다 대적기도를 통해서 방해를 물리치고 좋은 열매를 맺을 수 있었습니다.

악한 영들이 구체적인 현실에서 우리의 의지를 억압하고 우리의 일을 방해한다는 것을 실제로 이해하는 이들은 많지 않습니다. 악한 영들이 논문을 방해한다고 하면 다들 제정신이 아닌 것으로 생각하겠지요. 하지만 그 영들의 존재를 알고 대적하는 이들은 실제적인 삶의 자유와 열매를 경험하게 되는 것입니다.

6. 대적기도로 억울한 상황을 극복하다 -Y자매-

어제 오랜만에 치과에 가게 되었습니다. 치아의 교정을 시작한지가 오래 되었는데 중간에 제가 사정이 있어서 한 2년여를 치료를 중단했다가 한 달 쯤 전에 다시 치료를 재개하게 되었지요.
그런데 다시 찾아갔더니 틀을 다시 만들어야 한다는 것이었습니다.
예전에 중간에 잠시 들렀을 때 만들어두었던 틀이 잘 맞지 않으니까 선생님이 그냥 벗어놓고 가라고 해서 벗어놓고 왔었지요.
이 교정은 처음에 계약을 할 때 일시불로 한꺼번에 돈을 주고서 마칠 때까지 돈을 받지 않겠다고 하고 시작했었습니다. 그런데 의사선생님이 아래 틀을 만드는 돈을 다시 내야한다고 완강한 태도로 계속 말하는 것이었습니다.

일단 그 날은 결정을 짓지 못하고 그 상태로 그냥 집으로 돌아왔어요.
그런데 집에서 계속 생각해봐도 그 비용도 적지 않지만 돈을 내는 것은 처음 계약과도 위반되니까 옳지 않다는 생각이 들었습니다.
그냥 어떻게든 돈을 마련해서 낼까하는 생각도 있었지만, 기도해보면 내는 것이 좋지 않다는 느낌이 계속 들었어요.
그렇다고 이 교정을 도중에 포기할 수도 없었지요.
그래서 기도를 하게 되었어요. 그 선생님이 처음 계약을 기억하고 있으면서도 시간이 많이 지났다는 이유로 자기는 이후에 돈을 안 받고 계속 치료해주겠다고 한 적이 없다는 말을 하는 것이 거짓말이고 거짓의 영이며 돈에 대한 욕심 때문이라고 느꼈어요. 그래서 그분이 가지고 있는 돈에 대한 욕심과 그 때문에 생긴 거짓의 영을 묶었어요.
그렇게 기도를 한 후 어제 치과에 갔는데 그분은 여전히 태도를 바꾸지 않고 있는 것이었습니다.
돈을 내야 틀을 만들어 주겠다고요. 그래서 저도 계속 버티었지요.
다른 환자가 오니까 저에게 좀 기다리라고 하시더군요.
그래서 홀에 앉아서 기다리면서 어떻게 해야 할지 기도했더니
배호흡 기도를 해야 한다는 마음이 들었어요.
그래서 저는 소파에 비스듬히 기대서 빠르고 강하게 배호흡을 하기 시작했어요.

그랬더니 뱃속에서 꾸르륵거리는 소리가 막 나고 트림도 많이 나오고.. 그러면서 제 안에 있는 좋지 않은 어떤 것들이 빠져나가는 느낌이 들었어요. 그러면서 윙윙거리는 전류와 같은 것이 계속 흐르는 기분이 들었어요. 저는 그러면서 마음속으로는 그 선생님 속에 있는 악한 영들과 그 기운들을 대적하고 묶었어요.
그러자 좀 전에 그분과 논쟁을 하는 과정에서 다소 불쾌했던 기분이나 찝찝한 기운들이 다 사라지고 아주 맑고 상쾌한 기분이 되었어요.

그리고 나서 조금 있다가, 그 의사 선생님이 홀로 나오더니
진료실로 들어오라고 손짓을 하는 거였어요. 그래서 따라 들어갔더니 돈을 받지 않고 다시 틀을 만들어주겠다고 하더라구요.
홀에서 비록 15분 정도 동안이었지만 강하고 빠른 호흡과 상상의 대적기도를 통해서 순식간에 상대가 제압되고 그 마음이 바뀌는 것을 보고 저도 참 신기했어요.

대적기도를 하더라도 현실 속에서 막상 마주쳤을 때 제 안에 호흡이 약하거나 하면 현실 속에서 잘 이루어지지 않는데 배호흡을 통해 배를 강하게 하고 권능이 임한 상태에서 대적기도를 하니까 마무리가 되는 것 같았어요.
저에게 나름대로 재미있는 경험이어서 올려봤습니다.
그리고 적지 않은 돈을 아낄 수 있게 된 것도 감사해요.
아마 그 돈을 내야했다면 오래도록 억울한 느낌이 들어서 피해의식 때문에 괴로워했을 것이 뻔하거든요.

대적기도와 배호흡..
정말 강력한 파워가 있는 것 같습니다.
일상의 삶에서 무기력하게 억울한 일을 당하지 않도록 하는 데 큰 도움이 되는 것 같아요.
감사합니다. 주님.

7. 대적 기도를 통한 삶의 승리들 -K집사-

대적기도에 대해서 배우고 적용을 한 이후에 나의 삶에 많은 변화와 자유함이 생기는 것을 느끼게 되었습니다. 그 몇 가지만 나누고 싶습니다.

1. 어머니와의 관계
오 년 전부터 어머님을 우리 집에 모시게 되었습니다.
어머님이 집에 오시고 나서 크고 작은 다툼이 일기 시작했습니다.
육 개월이 지나고 나서야 그것이 어머님 안에 있는 이간질의 영 때문인 것을 알게 되었습니다. 그래서 한동안 그 영들을 묶고 결박하고 대적하는 기도를 했습니다.
가끔 한번씩 어머님이 사소한 것으로 문제를 삼곤 하셨는데 그것이 배후에 있는 악한 영인 것을 안 후에는 어머님 안에 있는 놈들을 결박하면서 기도했습니다. 비슷한 일이 여러 번 반복되었으나 그때마다 어머님 안에 있는 세력을 결박하고 대적하고 난 후 관계는 좋아지고 가정에 평화가 오게 되었습니다.

2. 어머니가 가지고 있는 치매의 영
어머니는 다소 치매기가 있는데 가끔 어머니의 머리에 혼미한 기운이 움직이는 것 같은 느낌이 들었습니다. 이럴 때에는 어머니는 심각한 치매 증상을 보이십니다.
그래서 그럴 때마다 어머님 안에 있는 혼미한 영을 결박하고 부수는 기도를 하곤 했습니다. 그리고 나면 2-3일 내로 증상이 곧 좋아지는 것을 경험할 수 있었습니다.

3. 남편의 성격 문제
저의 남편도 다른 남편들처럼 쉽게 사소한 것으로 화를 잘 내는 편이었습니다. 그 배후에 영들이 있는 것을 안 후로는 남편이 화를 터트리려고 할 때마다 남편 안에 있는 분노와 혈기의 영을 묶고 대적합니다.
그러면 얼마 후 잠잠해집니다.
그리고 나면 분위기가 좋아지며 남편에게 상대방의 이야기를 들어 줄 여유가 생기게 됩니다. 이때 모든 상황에 대해서 차분하게 이야기하면 남편은 자신이 화를 내려고 했던 사실에 대해서 미안해합니다. 이러한 일이 반복되면서 지금은 남편이 화를 잘 내지 않게 되었습니다. 그래서 잦은 다툼이 있었던 부부사이가 좋아졌습니다. 딸아이도 '엄마 아빠는 참 재밌게 사는 부부인 것 같다' 고 이야기를 하곤 하게 되었습니다.

4. 딸의 문제
딸아이가 사춘기에 접어들면서 많은 혼란을 겪었습니다.
이 때 딸아이는 쉽게 화를 내고 짜증을 냈습니다.
권면을 하면 반발하고 가끔은 대드는 적도 있었습니다.
이때에 대적기도를 통하여 딸아이 안에 있는 악한 영들을 실컷 패주고 혼내주고 나면 딸아이는 언제 그랬느냐는 듯 밝고 환해지는 것이었습니다. 대적기도의 효과는 정말 놀랍습니다.

5. 아들 문제
아들은 최근에 많은 갈등을 겪고 있습니다.

사춘기에 접어들면서 급격하게 많은 혼란을 겪고 있는 것 같았습니다.
생각이 많은 아이라 더 그러한 것 같습니다.
아이는 자기 정체성에 대해 많은 생각을 하고 있었습니다.
나는 아들의 안에서 활동하고 있는 혼돈을 불러일으키는 영들을 결박하고 부수는 기도를 했습니다.
처음에는 한참을 기도해도 잘 되지 않는 느낌이었습니다. 그래서 상상하는 기도를 통하여 그 악한 영들을 묶고 그놈의 머리를 깨뜨리는 상상을 하면서 결박하고 쫓는 기도를 하고 나니 그제야 사라지는 것이 느껴졌습니다. 그래서 마음이 맑고 개운한 느낌이 되었습니다.
아들은 컴퓨터 게임을 종종 합니다. 아주 심하게 몰두하는 편은 아니지만 그래도 지나치게 자주 하는 경우에는 주의를 줍니다. 그러나 단순히 이야기만 해서는 말을 잘 듣지 않고 행동이 고쳐지지 않는 경우가 많은데 대적기도를 하고 나면 컴퓨터 게임을 하지 않습니다. 백 번의 이야기를 하는 것보다 한번의 기도가 능력이 있으며 확실한 효과가 있다는 것을 분명히 깨닫게 되었습니다.

6. 돈을 사용하는 문제
돈이 생기면 자꾸만 쓰고 싶은 생각이 밀려와서 그냥 홀랑 써버리는 경우가 종종 있었습니다.
오늘도 자꾸만 돈이 쓰고 싶어지는 것이었습니다.
이것도 먹고 싶고 저것도 사고 싶고…
목사님의 글을 읽고 나서 생각해보니 악한 영들이 장난을 치는 것이라는 생각이 들었습니다.
그래서 이놈들을 혼내주는 대적기도를 했는데 그러고 나니 생각이 싹 사라져 버렸습니다.

대적기도는 참으로 실제적인 것 같습니다.
참 감사할 뿐입니다.

7. 일하는 아주머니
함께 아르바이트를 하는 아주머니가 계십니다.
늘 불평과 불만을 품고 계시는 데, 입을 열면 대개가 남의 험담을 하거나 자신을 알아주지 않는다고 불평을 합니다.
아주머니는 참 순수하고 정이 많은 사람입니다.
그럼에도 불구하고 아주머니는 자주 불평을 털어놓습니다.
여기에도 대적기도를 적용하기로 했습니다.
아주머니가 불평을 털어놓으면 조용히 아주머님 안에 있는 불평의 영들을 결박하고 묶었습니다.
그런데 그렇게 기도를 하고 나면 신기하게도 조금 지나서 아주머니는 잠잠해 집니다.
한번은 아주머니가 아주 많이 화가 난 일이 있었는데 그 영을 결박하고 묶고 나니 밖으로 화를 표현하지 않고 잠잠해지는 것이었습니다.
뭔가 말을 하려고 하는 것 같은 데 말이 나오지 않으니 하지 못하는 것이었습니다. 그러다가 시간이 지나서 화가 풀어지고 말았습니다. 대적기도는 정말 효과적인 기도입니다.

8. 나를 미워하던 사람
언젠가 이유 없이 나를 무지 미워한 사람이 있었습니다.
그 사람은 공공연하게 사람들 앞에서 여지없이 내게 창피를 주곤 했습니다. 그래서 그 사람을 생각할 때마다 뭔지 모를 날카로움이 느껴졌고 불편했습니다.

그 사람과 나 사이에 뭔가 좋지 않은 영이 연결되어 있는 것 같았습니다. 그래서 그 사람과 나의 사이에 있는 연결의 끈을 끊는 상상과 함께 이간질하는 영을 대적하는 기도를 했습니다.

그리고 나자 사이가 회복이 되었습니다.

관계가 조금 불편한 상황이 몇 번 있었는데 그때마다 이 사람과 연결된 좋지 않은 끈들을 하나하나 잘라내는 기도를 했습니다.

그 사람이 나중에 미안해하며 화해를 청해 왔습니다.

그래서 그 사람과의 관계가 회복되었고 그 사람은 매번 내게 미안한 마음을 가지게 되었습니다.

9. 패배의식의 소멸

내 안에는 항상 패배 의식이 있었습니다.

내가 뭔가를 하면 잘 안될 것 같고 왠지 주눅이 들곤 했습니다.

그래서 패배 의식을 심어 주는 놈들을 대적하고 주님께서 내 안에 풍성함을 주시며 하는 모든 일을 풍성하게 하신다고 선포하는 기도를 했습니다. 그러자 이후에 하는 여러 가지 일들이 다 잘 되는 것이었습니다. 심지어는 가게에서 물건을 사도 꼭 덤을 더해서 받곤 하는 것입니다. 작은 일에 불과하지만 대적기도를 하며 주님의 풍성하심을 고백하며 선포한 후로 삶이 풍성해진 것을 느끼게 됩니다.

10. 가정의 영적 상태

가끔 가정이 혼미해지는 느낌이 들 때가 있습니다. 어머님이 원인이 되기도 하고 자녀들이 원인이 되기도 합니다.

이 경우에는 나도 같이 정신이 혼미해져서 무엇을 잊어먹기도 합니다.

얼마 전에도 그런 일이 있었습니다. 정신이 혼미해져서 집에서 구역예배를 드리는 것도 잊어먹고 무기력한 잠에 빠져 버린 것입니다. 온 몸이 늘어지는 것 같았습니다.

나는 정신을 차리고 악한 영들, 혼미한 영들을 대적하면서 우리 가정을 다시 주님께 올려 드렸습니다. 이 가정의 주인은 주님이시며 주님이 이 가정을 통치하신다고 선포했습니다.

고백을 하기 전에는 뭔가 어둠침침하고 눌린 듯한 기운이 있었는데 주님의 주인이심을 선포하고 난 후에 밝아지는 것을 느낄 수 있었습니다.

기도를 마친 후 내가 좋아하는 테리 맥알몬의 찬양 테이프를 틀었습니다. 찬양의 소리가 쏟아지는 신선한 빛처럼 맑고 밝게 들렸습니다.

찬양을 듣는 순간 온 집안이 순결하고 정결한 주님의 기운으로 감싸이는 듯한 느낌이 들었습니다.

주님을 경배하고 찬양하는 것이 순결하고 아름다워지는 비결임을 느끼는 순간이었습니다.

목사님의 글을 읽고 기도와 영의 세계를 알아갈수록 '그 동안 참 무기력하게 속고 있었구나' 하는 생각이 듭니다. 기도는 실제적인 것인데 전에는 좀 막연하게 생각하고 있었던 것 같습니다.

기도의 능력은 아주 실제적인 것이며 대적기도와 그 능력은 가까이 있는 것부터 조금씩 적용되기 시작하는 것이라는 것을 깨닫게 되어 참 기쁩니다. 모든 것에 주님께 감사와 영광을 돌리고 싶습니다.

주님. 감사합니다. 할렐루야.

8. 대적기도를 통한 아이들 다루기 -L집사-

저는 학습지를 통하여 어린아이를 지도하는 선생입니다.
제가 상대하는 아이들은 보통 초등학교 2학년부터 6학년들이지요.
그런데 그 중에 초등학교 2학년인 남자애가 하나 있었어요.
늦둥이라 버릇이 너무 없는 아이였습니다.
수업을 하려면 누워있고.. 장난치고.. 때리고.. 대답도 안하고.. 아무튼 수업 태도가 너무 불량한 것이었습니다.
그래서 저는 이 아이를 가르칠 때는 자를 하나 들고 같이 때리면서 수업을 했는데 그래도 너무 힘들더군요.
그래서 이거 안되겠다 싶고 이 아이의 속에서 악한 영들이 장난을 치고 있는 것 같아서 이 아이의 집에 가기 전에, 그리고 그 집에 가서도 속으로 마구 대적기도를 했습니다.
아이의 속에서 장난치는 악한 영들을 결박하고 대적하고.. 그랬지요..

그런데 어느 날 그 애가 믿을 수 없을 만큼 얌전해진 거예요.
정말 놀랬어요. 대적기도를 하기는 했지만 정말 이렇게 아이가 달라질 줄은 몰랐거든요.
아이는 자신도 놀라운지, 수업이 끝나고 엄마에게 '엄마, 나 장난안치고 내내 공부했어.' 그러는 거예요. 우와.. 정말 놀라워요.
그리고 아이가 말하기를 저랑 공부하는 게 좋다는 것이었어요. 얼마나 기쁜지.. 정말 할렐루야예요.

그리고 작년 일이지만 우리 딸이 6학년이었을 때 자기 반에서 왕따를 당하던 적이 있었어요.
그 때 딸에게 눈 기도와 배 기도를 가르치고 대적기도를 하게 했더니 딸아이를 주도적으로 왕따 시키는 두목 격의 아이가 반의 홈페이지에다 공개 사과를 하는 것이었어요.. 배후에 있는 악한 영을 결박했더니 그 영이 힘을 잃어버렸나 봐요.
역시.. 대적기도.. 정말 놀라워요.
주님의 능력은 정말 대단해요. 할렐루야!

그리고 이제는 공부 잘 안 하는 학생의 이름을 놓고 대적기도를 하고 있습니다.
아이들이 과제를 자꾸 밀리고 준비를 하지 않고 외울 것을 외우지 않고 하면 제가 힘드니까요.
대적기도를 하면서 힘들었던 아이들 가르치기가 많이 쉬워지고 정말 기대가 됩니다. 감사합니다. 할렐루야.

9. 딸아이가 새롭게 변화되다 - Y집사 -

정이 많고 눈물이 많아서 그냥 여리기만 한 줄 알았던 딸이 중학생이 되면서 서서히 바뀌어 가기에 이제 사춘기가 되면서 아이가 자라고 있구나 하고 생각하며 별걱정을 하지 않았습니다.

학교에서는 소위 불량학생이라고 하는 아이들과 친하고 교회에서는 다른 학교에 다니는 아이들하고 같이 어울렸는데 그중 가장 말을 잘하고 리더격인 아이하고 친했습니다.

그 아이를 집에도 데리고 오곤 했는데 집에 오면 딸의 방에 들어가서 방문을 닫고 속닥거렸습니다. 먹을 것을 준비해서 주려고 방에 들어가면 그 아이는 제 눈을 마주치는 것을 싫어했습니다.

왠지 느낌이 좋지 않아서 딸에게 '엄마가 이런 말을 해서 미안한데 저 아이하고는 친하지 않았으면 해..' 하고 말을 했더니 딸이 대답하기를 '엄마! 그 애랑 같이 있으면 이상하게 힘이나.. 나는 힘도 없고 약해서 싸움도 못하는데 그런 아이들은 나를 보호도 해주고 나한테 유리한 점이 많아..' 하는 거예요.

그러던 어느 날 저는 청천벽력 같은 소리를 듣게 되었어요. 주일날 예배를 드리고 교회를 막나오는 길이었는데 핸드폰이 울리길래 받았지요. 받으니까 'ㅇㅇ 어머니세요?' 하고 딸의 이름을 대더군요.

그래서 그렇다고 대답하니 '여기 문고입니다. 참으로 안됐습니다만 ㅇㅇ이가 친구들 몇 명과 같이 물건을 훔쳐서 지금 잡아놓고 있으니 와서 확인하시기 바랍니다.' 하는 것이었어요.
기가 막혀서 택시를 잡아타고 부랴부랴 달려갔더니 이 아이들이 교회에서 예배를 끝내고 4명이 그곳으로 가서 그 리더격인 아이의 진두지휘를 받으며 온갖 물건을 가방에 집어넣고 나가려다 붙잡혀서 그 훔친 물건들을 산더미처럼 책상에 쌓아놓고 부모들을 기다리고 있는 것이었습니다.
기가 막혀서 아이에게 어떻게 이런 짓을 했느냐고 물으니 아이가 대답하기를 '엄마 난 이상하게 그 애 눈빛만 봐도 힘이나.. 막 자신감이 생기더라고.. 그래서 들키지 않고 물건을 훔칠 수 있을 것 같았어..' 하는 것이었어요. 정말 어처구니가 없었습니다.

한번은 이런 일도 있었습니다.
어느 날 집으로 한 통의 전화가 걸려 왔지요.
'여기 파출소인데요 이곳으로 좀 와주세요' 하기에 가보았더니 우리딸 아이를 비롯해서 몇 명의 아이들이 패싸움을 했다는 거예요.
아이에게 물어보니 친구들이 불량 끼가 있다보니까 지나가면서 서로 어깨가 부딪치면서 시비가 붙었다는 것입니다.
그러면서 말하기를 '엄마 난 옆에 서서 있기만 했는데 붙잡혀 온 거야 파출소 아저씨가 넌 이름을 보니까 예수 믿는 아이 같은데 얼굴도 순하게 생긴 아이가 이름값도 못하고 얼굴값도 못한다고 하면서 다시는 이런 곳에 오지 말라고 했어. 아마 그 아저씨도 교회 다니나봐 금방 알아보는 것을 보면..' 하면서 철없이 웃는 것이었습니다.

정말 너무 기가 막힌 일이었지요.
저희 부부는 아이에게서 나쁜 친구를 떼어놓기 위해서 아이를 설득하기도 하고 매를 들기도 하고 별의별 방법을 다 썼지요. 하지만 아무 효과도 없었고 오히려 그럴수록 점점 더 상상을 초월하는 일이 생기고 아이와도 관계가 나빠지기 시작했습니다. 수없이 작정기도를 하고 금식기도를 하고 철야기도를 했지만 아무 응답이 없었고 주님이 외면하시는 것만 같이 느껴졌어요.

그러다가 정원 목사님의 〈문제는 주님의 음성입니다〉라는 책을 읽으면서 길이 보이기 시작했습니다.
그리고 카페에 와서 대적기도를 배우며 문제의 근원이 무엇인지 비로소 깨닫게 되었지요. 그때부터 딸에게 역사하는 악한 영의 존재를 알게 되었고 저는 대적기도를 하게 되었습니다.
저는 딸아이의 눈을 바라보며 마음속으로 '이 악한영아 내 딸에서 떠나라! 예수 이름으로 명한다! 이 더러운 영아! 나가라!' 하고 기도하곤 했습니다.
그리고 딸아이가 잠이 들 때 딸아이 방의 침대에 앉아서 '주님 이 공간을 예수의 보혈로 덮습니다. 성령의 불로 태웁니다.' 하고 기도하며 '어떠한 악한영도 침범하지 못한다!' 하고 대적하고 선포했습니다.

그런데 그러는 중에 딸이 말하기를
'엄마 속에서 어떤 음성이 느껴지는 데 자꾸 귀에다가 속삭여. 네 엄마를 약올리라고..' 이런 이야기를 하는 것이었습니다.
그래서 '아, 마귀가 안 나가려고 버티고 있구나' 싶어서 더욱 더 대적기도를 열심히 하였습니다.
그러더니 서서히 아이가 변화되기 시작했습니다. 점차로 반항하는 것도 줄어들고 친구도 선별하기 시작했으며 과외까지 붙여도 하지 않던 공부를 하기 시작하더군요.

그러더니 얼마 전에는 이런 말을 하는 거예요.
'엄마 내가 왜 공부를 안 했었는지 몰라. 그것이 정말 후회스러워..'
그러더니 점차 성적도 쑥쑥 올라가서 결국 우등상을 받게 되었습니다.
서울시장상도 받아 장학금도 타게 되었습니다. 얼마나 감사한지.. 할렐루야!
꼭 상을 받아서가 아니라 전에 그렇게 힘든 상황을 겪었는데 아이가 너무 너무 달라지는 상황에 정말 어리둥절해지더군요.

얼굴 모습도 전에는 두려움에 잡혀있어서 어두운 표정이었는데 지금은 악한 영이 떠나니까 환하게 웃는 얼굴로 바뀌었습니다.
대적기도를 모를 때는 기도는 많이 했지만 그냥 징징거리고 울면서 '하나님 도와주세요. 저희 죄를 용서해주세요' 그렇게 울고 하소연하기만 했는데 오히려 상황은 점점 더 나빠지더라구요.
혹 저와 같은 경우에 계신 분들 대적하는 기도를 꼭 실행해보세요. 상황이 역전된다니까요. 할렐루야!
대적기도가 책으로 나온다니까 더욱 기대가 됩니다. 더 많은 자유와 승리를 얻고 싶어요. 주님께 감사드립니다. 할렐루야!

10. 탐식의 욕구에서 벗어나다 -J집사-

저는 결혼 전에도 좀 통통한 편이긴 했지만 결혼 후 두 아이를 출산하며 몸무게가 무려 20kg 이상 늘어나서 제 나름대로 고민이 많았습니다. 다이어트를 여러 번 시도해 봤지만 번번이 실패하다가 호흡기도를 열심히 적용하며 5kg 정도 뺀 적이 있었어요.
그런데 그 뒤 다시 서서히 몸무게가 붙기 시작해서 2kg 정도가 원상복귀가 되어 가고 있었지요.
그러던 어느 날 어떤 자매의 글에 답글로 달아주신 목사님 글에서
살이 찌게 하는 데에는 비만의 영이 배후에 있다는 걸 알게 되었어요.
그 때가 마침 다시 다이어트를 시작하고 있던 중이기도 해서 저는 제 안에 있는 비만의 영과 탐식의 영을 대적하는 기도를 하기 시작했답니다.

어느 날은 그동안 빠진 몸무게를 훌쩍 올려놓을 정도의 기름진 음식을 세 끼 꼬박 챙겨 먹는 절 보며 잠시 잊고 있었던 탐식의 영을 다시 묶고 기도하기도 했어요.
내가 깨어 있지 않고 내 생각이 어디서 오는지를 분별하지 않은 때는
영락없이 이 탐식의 영의 포로가 되어 있었습니다. 산에 오르며 나를 묶고 있는 탐식과 비만의 영을 결박하고 돌아오면 저녁 식사를 감자 1개 정도로 간단히 먹어도 배고픔을 참을 수 있었습니다.
그렇게 해서 지금 6kg 정도를 뺐는데요.
앞으로도 꾸준히 해 보려고 합니다.

가끔씩 잊어버리고 소홀히 하는 것만 빼면 잘 할 수 있을 것 같은데.. 의식이 항상 깨어있었으면 좋겠어요.
그리고 더 다양한 부분에서 대적기도의 승리를 누리고 싶은 소망이 넘칩니다.
늘 주님 안에서의 풍성한 삶으로 인도해 주시는
목사님과 여러 가족들께 깊은 감사와 사랑을 전해요. 할렐루야.

11. 대적기도로 성공적인 강의를 하다 -J자매-

저는 한 대학의 교양중국어 시간강사입니다.
저는 수업을 맡기 전까지는 대학생들은 알아서 수업을 잘 들을 것이라고 생각했었어요. 오.. 그러나 그것은 너무나 큰 오해였습니다.
제 수업은 1학년들이 많이 듣는데, 얘들이 몸만 다 컸지 정신은 어린애들입니다. 얼마나 수업시간이 어수선하고 정신이 없는지.. 그래서 강의하기 전에 많은 기도를 하고 가지 않으면 수업이 엉망이 되는 것이었습니다. 잠시만 방심해도 여지없이 마귀에게 당하게 된다는 것을 저는 강의를 하면서 정말 너무나 여실히 느끼고 있습니다.
지금도 계속되는 대적기도!
기도를 하고 강의를 했을 때, 그리고 기도를 하지 못하고 강의를 했을 때.. 우와.. 그 차이란 경험해 보지 않은 분은 느끼기 어려울 거예요.

요전번 강의하는 날 첫 교시 (저는 하루에 5개 반을 두 시간씩 강의합니다. 많이 힘들죠.) 아침부터 경미한 불안감이 있어서 (이럴 때는 항상 그 날에 뭔가 좋지 않은 일이 있더군요.) 열심히 배호흡을 하고 강의에 임했는데 그만 수업 분위기가 영 좋지가 않았어요. 학생들에게 당하는 느낌이었지요.
선생은 앞에서 수업하고 있는데 전화벨이 울리질 않나, 전화를 받으러 바깥으로 나가질 않나, 친구랑 떠들지 않나, 지각한 주제에 느릿느릿 양반처럼 들어오질 않나, 수업시작한지 30분도 더 지났는데, 헐레벌떡 뛰어오더니 가방을 의자에 휙 던지면서 '스트라이!' 하지를 않나.. 너무나 화가 나서 단호히 말했지요.
"공부하기 싫은 사람은 다 나가세요!"
그런데 나름대로는 세게 말한 것인데, 학생들은 계속해서 떠드는 것이었습니다.
뻘쭘해진 저는 일단 진정을 한 후에 수업시간에는 떠들지 말라고, 그것은 예의가 없는 행동이라고, 그럼 안 된다고 말했습니다.
그리고는 굳은 얼굴로 수업태도에 따라 점수를 깎겠다고 협박을 한 후에 수업을 마쳤지요.

수업을 마친 후에 저는 너무 속이 상해서 학생들이 다 나가자 황급히 배호흡기도를 마구 했고, 상상으로 부르짖는 기도를 했습니다.
그러니까 조금 시원해졌어요.
속에서 구토도 나오구요.
그리고 교실 내에 가득한 악한 영들, 수업을 방해하는 기운들, 무례한 영들을 대적하고 결박하는 기도를 했습니다.
정말 화가 나더군요. 기도 준비가 부족해서 악한 영들이 학생들을 통해서 나를 괴롭혔다고 생각하니 열이 났습니다. 그래서 악한 영들을 마구 대적하면서 공격하고 결박했지요.

한참을 그렇게 기도한 후에 '이 정도면 되겠지..' 하는 생각이 들어 강사 휴게실로 내려왔다가 다시 수업에 들어갔습니다.
그런데 이게 웬일인지!
애들이 너무너무 수업을 열심히 듣는 거예요!
저도 신이 나서 막 가르쳤지요..

정말 신이 났어요. 목이 아팠는데도 신이 나니까 너무 재미있더군요.
급기야는 여기저기서 학생들이 '나는 중국어가 너무 좋아!' '중국어 진짜 재밌어요! 또 해요!' 하는 것이었어요. 중국어로 노래도 가르쳤는데 모두들 아주 재미있어 하면서 따라 하구요.
허, 참 기가 막혔어요.
앞 시간엔 얼마나 괴롭던지 얼굴 붉히며 화만 내다가 왔는데,
이렇게 다를 수가 있나요?
똑같은 내용에 비슷한 아이들인데 말이죠!
정말 놀랍습니다!
이렇게 수업하면 하루 10시간 강의! 문제없답니다!
정말 항상 기도로 대적기도로 준비를 하고 강의를 해야겠어요.
감사드립니다.
할렐루야!

12. 대적기도로 아픈 허리가 치유되다 -D집사-

저는 7년 전 자궁에 물혹 수술을 했습니다.
레이저 수술이었기에 수술 후에도 별다른 증상은 없었는데 언제부터인지 오른쪽 허리 밑쪽으로 다리가 당기는 듯한 느낌이 들었고 그러더니 2003년 5월부터는 암이 아닌가 생각이 들 정도로 통증이 많이 있어서 무릎 꿇고 기도드리기가 어려웠습니다.
그 당시에는 대적기도에 대해서 잘 몰랐지만 2004년 대적기도를 알고 부터는 수시로 기도드릴 때마다 대적기도를 합니다.

저는 이런 식으로 대적기도를 했습니다.
"나의 오른쪽 허리를 묶고 있는 더러운 귀신아!
묶임을 놓고 물러갈지어다!
질병을 가져다주는 더러운 귀신을 나는 예수의 피로 묶는다!
성령의 불로 태운다!
너는 예수님이 지정하신 지옥으로 떠나가라!"

이렇게 선포하면서 악한 영들이 태워지고 없어지는 것을 마음으로 상상하면서 악한 영들이 물러갔다고 느껴지고 마음이 평안해질 때까지 반복 기도 드립니다.
그리고 나서는 축복기도를 반드시 드립니다.
"나의 아팠던 허리를 예수의 피로 덮고 성령의 불로 덮고 건강하게 될 것을 믿고 축복하노라.
예수님의 보혈이 나의 몸에 흐르는 것을 나는 믿는다."
이렇게 꾸준하게 반복하여 기도를 드렸는데 그동안 많은 영적인 공격으로 힘들고 실망할 때가 많았지만 꾸준히 기도를 드린 결과 7월말에 깨끗이 치료받게 되었습니다.
대적기도와 호흡기도 등도 함께 병행한 결과 나의 몸에 자리 잡고 있던 질병의 쓴 뿌리들이 빠져나갔다고 믿어집니다.
허리가 아프지 않으니 얼마나 자유로운지 그저 하나님께 감사를 드릴 뿐이며 부족함이 많은 저를 사랑해 주신 주님의 사랑에 눈물이 앞을 가린답니다. 할렐루야! 주님. 감사합니다.

13. 대적기도를 통한 작은 승리들 -C권사-

최근에 여러 가지로 은혜를 받으니까 악한 영들이 시기하며 많이 방해를 했습니다. 그동안 많은 일이 있었는데 대적기도를 통하여 승리한 것을 생각나는 대로 몇 가지만 적겠습니다.

1. 저희 남편이 성가대 대장인데 대원들 몇몇이서 단합을 해서 여러 가지 일을 만들고 저희 부부에게 많은 마음의 상처를 주었지만 절대로 교회에서 시끄럽게 해서는 안되겠기에 저희가 꼭 참고 기도로 대적하며 인내했더니 조용해지고 어렵지 않게 그 기간을 보내게 되었습니다.

2. 친정 동생이 많이 힘들게 하고 경제적으로도 부담을 많이 주었습니다. 혈육이 잘못되고 고통당하는 것이 늘 마음에 짐이 되고 눌렀는데 이것에 대해서 대적하고 기도했더니 제 마음의 고통이 사라졌습니다. 자나 깨나 생각을 통해 눌리고 시달리던 것에서 자유하게 되고 평안한 마음으로 동생을 위해 기도해줄 수 있게 되었습니다.

3. 남편이 직장에서 일하면서 많은 어려움이 있었습니다. 저는 대적기도를 하면서 남편을 모함하고 힘들게 하는 직원을 용서하고 그 배후의 영을 묶었습니다. 그 일은 아직 해결되지 않았지만 남편과 함께 매일 기도하고 있고 저희 부부는 두려워하거나 염려하지 않게 되었습니다.

4. 친정어머니를 모시는 문제로 정말 시끄러웠습니다. 올케가 힘들어할

때 그것을 인정해주고 함께 의논하고 제가 할 수 있는 것만 제 능력 되는 것만큼 경제적으로 부담하고 불평하는 마음이 제 마음에 생기지 못하도록 대적하고 하나님께 맡겼습니다. 그러자 어머니의 건강도 많이 좋아지시고 상황도 잘 풀려서 지금은 동생과 잘 살고 계십니다.

5. 이번 주일에 있었던 일입니다. 제가 다니고 있는 교회 담임목사님께 너무 실망하여 권사직, 성가대 대장직 다 사임하고 그동안 있었던 일을 따지려고 했었습니다. 그러나 그 순간 내가 나의 억울함을 주장해서는 안된다는 것을 깨닫고 마음의 평안을 되찾을 수 있었습니다. 부당한 대우를 항변하고 목사님께 따졌다면 저희는 귀신에게 속았을 것입니다. 제가 누리고 있는 기쁨과 평안을 놓쳤을 것입니다. 오늘 기도모임 때 찬양한 것처럼 주 안에 있는 보물을 빼앗길 뻔했습니다.
어제 밤에 남편이 제 옆에서 '당신, 사람을 보고 예수 믿어?' 하는데 그 한마디로 제 마음에서 그 문제를 내려놓게 되었고 그 순간 마음이 평안해져서 우리는 서로 위로하면서 집으로 돌아왔습니다. 우리는 '이 속이는 귀신들아 예수 이름으로 명하니 썩 물러갈지어다! 우리가 너한테 속을 줄 아느냐?' 하고 물리쳤습니다. 승리하게 해 주신 주님께 감사를 드립니다.

14. 대적기도를 통한 자유와 변화 -O전도사-

1. 아이가 공부를 하지 않고 게으름만 부리고 무기력한 상태에 있었습니다. 직접 이야기하면 효과가 없을 것 같아서 지적하거나 잔소리를 하지 않고 계속해서 대적기도를 했는데 일주일이 지난 후에 아들이 스스로 자진해서 공부를 잘 하고 싶다고 말하며 학원에 가겠다고 합니다! 할렐루야!

2. 투덜거리며 빈둥거리던 아이의 얼굴 표정을 보니 심술이 가득해서 아들이라도 밉게 느껴졌습니다.
하지만 대적기도 후 아들의 표정을 보니 너무 예쁜 모습으로 바뀌어서 바라만 보아도 사랑스럽고 예쁩니다. 우리 아들 참 예쁘네요!

3. 오래 동안 잊고 있었던 외로움이 찾아왔기에 휴~ 휴~ 하고 배출 호흡을 하고 '아니야, 나는 외롭지 않다!' 고 하면서 대적기도를 했습니다. 곧 주님으로 인한 기쁨이 내 안에 가득 채워졌습니다. 참 행복합니다.

4. 운전면허를 딴 지 15년이나 지났지만 너무 겁이 많아 '나는 운전은 못한다' 라고 포기하여 '장롱면허' 가 되어 있었지요. 그래서 이것을 이기기 위해서 운전대에 앉아 강하게 두려움을 대적했습니다. 그러자 스스로 놀랄 정도로 겁이 흔적도 없이 사라져버렸습니다. 오히려 평안과 담대함이 왔지요. 3일간 연수를 받은 후 이마트까지 혼자 '부앙~!' 하고 몰고 갔습니다. 운전이 아주 행복합니다. 할렐루야!

15. 눈병이 빠르게 회복되다 -K집사-

얼마 전에 제가 유행성 각 결막염이라는 눈병에 걸렸었답니다.
병원에 가보니 의사 선생님 말씀에 눈병의 종류가 두 가지가 있는데 하나는 아폴로라는 것이고 다른 하나는 유행성 각 결막염이라는 것인데 첫 번째 것은 비교적 빠른 시일에 치료가 가능하지만 두 번째 것은 첫 번째 것에 비해 치유되는 기간도 길고 부작용도 있을 수 있다고 하시더군요. 의사 선생님은 저를 보고 상태가 좀 심하다고 하시면서 치료를 하신 후에 이틀 뒤에 다시 오라고 하셨어요.
아마 처음에 잘 모르면서 식염수로 막 씻었는데 오히려 그것이 눈을 더 악화시켰나 봐요.
눈병이 생기고 나서부터 눈에 주님의 치료의 빛이 임하는 상상을 많이 했어요. 특히 잠을 자기 전엔 이 기도를 하고 잤지요.

낮엔 복도(저희 아파트 복도에선 산이 보여요)에 나가 산을 바라보며 눈에 주님의 치료의 빛이 임하는 것을 상상하는 기도를 했지요.
그러면서 눈을 막고 있는 악한 영들을 결박하고 대적하는 기도도 함께 했지요. 그렇게 악한 영들을 대적하다보니 그들에게 속고 있었던 것이 많았다는 것을 알게 되었어요.
영의 눈을 가리는 악한 영들을 쫓아내고 나니 제 안에 있었던 많은 어두움들이 드러나더라구요.
그래서 그 놈들을 실컷 두들겨 패줬더니 얼마나 시원한지!

그렇게 매일 훈련을 했는데,
어제 의사 선생님이 제 눈을 보더니 혼잣말로...
'빨리 나았네.. 아폴론가..' 그러시더라구요..
눈병이 생각보다 빨리 나으니 의사 선생님도 의아한가봐요.
제가 생각해도 참 빨리 나은 것 같아요.

눈병을 앓으면서 영적으로 맑은 눈을 가지고 유지하는 것이 참 중요하다는 것을 느끼게 되었어요.
항상 주님의 안약을 눈에 바르고 주님의 빛을 눈에 가득 채우면서 살고 싶어요. 그리고 악한 영들을 대적하고 혼을 내주고 나니 몸도 마음도 시원하고 질병에서도 빨리 회복되는 것 같아요.
감사드립니다. 할렐루야.

16. 이제 더 이상은 내 뺨을 어디서도 치지 말라 -Y전도사-

대적기도에 관한 글을 읽으며 저는 다시금 얼마나 평소에 제가 많이 속고 있는지를 깨닫게 됩니다.
맨날 기도하는 것이 마치 마귀에게 사정하는 것 같은 입장이었지요.
'부디 부디 사라져 주옵소서.. 제발 우리 자식들을 괴롭히지 말아 주세요, 네?' 뭐 이런 식의 기도였던 것입니다.

그런데 대적기도를 읽으며 마치 모기를 잡듯이 두 손바닥으로 그들을 때려잡으면 되고 깽깽거리는 강아지를 대하듯이 슬쩍 걷어차면 된다는 정원 목사님의 말씀을 읽고 충격을 받았습니다.
그 동안 내 안에 들어오는 모든 잡생각, 근심, 두려움.. 이 모든 것이 다 악한 영들의 속임수였음을 깨닫고 정신이 확 드는 기분이었지요. 물론 전에도 이러한 영적 전쟁에 대해서 몰랐던 것은 아니고 대적기도를 해보지 않은 것은 아니었지만 이날은 더욱 선명하게 마음에 다가왔습니다.

마침 그 글을 읽은 것은 개인적인 사역을 위하여 이박 삼일의 집회에 나도 한 사람의 사역자로 참석하여야 해서 짐을 싸고 있던 때였습니다. 내가 참석하는 그 모임은 한인 사회에서도 손에 꼽는 큰 교회였는데 지난 몇 년간 그 집회에 여러 명목으로 참석하면서 저는 그 집회를 인도하시는 리더 목사님과 별로 편안한 관계가 아니었습니다.
이번에도 그것이 마음에 걸려 참석을 망설이고 있었는데 어차피 영혼을 돕기 위해서 가는 거지 뭐.. 하는 마음에 짐을 싸며 목사님의 귀한 글을 읽게 되었습니다.
그런데 그 순간에 이런 생각이 들었지요.
아니 그러면 내가 사역을 하기 위해서 가려고 할 때 이렇게 마음에 오는 부담도 실은 뒤에 악한 것의 장난이 있는 것이 아닐까?
목사님과의 뭔가 불편하고 어색한 분위기가 느껴져서 망설여지는 것이 사역을 가로막는 마귀의 방해가 아닐까? 나는 그 교회의 교인이 아니기 때문에 가서 내 나름대로 회원들에게 상담과 워크숍을 진행하는 것이 불편했는데 그것이 실상이 아니라 악한 영들이 장난을 치고 있는 것이 아닐까. 하는 생각이 들었습니다.
그렇다면 내가 느끼고 있었던 부자연스러운 감정도 완전히 속고 있는 것인지 모르겠다는 생각이 들었습니다.
같이 주의 일을 하는 사람들인데 왜 예수 안에서 껄끄러워야 하는가? 그건 정말 이상한 일이었기 때문입니다.

컴퓨터를 켜 놓은 채 난 무릎을 꿇고 기도를 시작했습니다.
먼저는 내 스스로 이런 생각에 빠져서 섭섭한 마음이 들었던 것을 회개하고 관계를 분리시키고 이간질하는 악한 영에게 가차없이 예수의 이름으로 나가라고 명령했습니다.
그리고 그렇게 기도를 하면 할수록 내가 속고 있었다는 생각이 더 분명해지는 것이었습니다. 그제서야 몇 년 간의 껄끄러운 관계가 바로 마귀의 장난이었던 것이 깨달아졌습니다.
정말 이렇게 분할 때가 있을까요.
나는 완전히 회복된 감정과 자유한 마음으로 목사님과 사모님을 위해 기도하며 집회를 위한 축복의 기도도 할 수가 있었습니다.

드디어 집회의 날짜가 되었습니다. 꼬불거리는 산을 여러 시간 가서 한밤중 집회가 시작되었습니다.
막상 목사님을 뵈니 그저 눈인사만 하게 되었습니다.
내가 왜 이럴까.. 아니지. 난 악한 것을 다 묶었어. 이런 감정도 속고 있는 거야.
나는 자신을 일깨우며 발길을 목사님을 향했는데 목사님 쪽에서 발길을 돌려 다른 곳으로 가시는 것이었습니다.
전 같으면 그것을 민감하게 생각했을지 모르지요. 하지만 나는 슬쩍 내 뺨을 어루만졌습니다. 안 돼. 속지 말자. 마귀에게.

그리고 다음 날 아침에 다들 찬양을 드리는데 사모님이 옆에 앉으셨습니다. 우리는 의례적 눈인사를 하고 약간의 어색한 침묵이 흘렀습니다.
나는 속으로 기도했지요. 예수의 이름으로 우리의 관계를 분리시키는 악한 것은 물러갈지어다!
다시금 속으로 기도하고 깊이 숨을 들이 마셨습니다.
예수- 충만-

식사시간이 되었는데 참석자들과 함께 목사님과 리더 집사님, 그리고 내가 식사를 해야 했습니다.
그런데 자리 배열이 기가 막혔습니다.
내가 앉아야 하는 자리 바로 앞이 목사님이 계셨지요.
목사님과 마주 보고 밥을 먹어야 하는 자리.. 십 년 가까이 알고 지내지만 한번도 이런 가까운 자리에 앉지 않았었습니다.
그런데 다들 앉고 나니 남은 한자리는 바로 그 자리였습니다.
순간 난 주님이 인도하시는구나 생각이 들었습니다.

피할 일이 아니었습니다. 기도의 응답이었습니다. 목사님 맞은편에 앉아 눈인사를 하니 목사님이 웃으시며 말씀하셨습니다.

"오랜만이지요?"

"네 목사님 오랜만이에요."

얼굴은 웃고 있었지만 마음은 자꾸 긴장이 되려 했습니다.

아니지. 속으면 안 돼..

마음속에 계속 되뇌이며 올라오는 감정을 부인하고 마음속으로 기도를 했습니다.

조금씩 유머러스한 대화를 나누며 마음의 빗장이 풀려 가는 것을 느꼈습니다. 내가 던진 유머의 말에 목사님도 옆에 있던 집사님들도 다 웃고 말았습니다. 그러면서 나는 목사님과 나 사이에 아무 간격이 없음을 느꼈습니다.

그것은 유머로 인한 것만은 아니었습니다. 전에는 분명 서로 한 마디도 안하고 이박 삼일을 지냈었는데 이번에는 뭔가 느낌이 달랐습니다. 뭔가 복잡하지 않은.. 방해 전파가 없어진 것이 느껴지는 것이었습니다.

아.. 이거구나. 대적기도의 결과가.

지난 몇 년간 늘 껄끄럽게 생각되었던 그 마음이 없어져 있었습니다.

그것은 나뿐 아니라 목사님에게서도 느낄 수 있었습니다.

식사 후 집회에 다시금 사모님이 내 옆에 앉으셨습니다.

우연이었을까요?

함께 찬양을 드리며 축복송을 부르게 될 때 난 사모님의 두 손을 붙잡았습니다. 그리고 진심으로 그를 축복하였습니다.

마음속에 사모님의 차가웠던 표정들에 대한 섭섭함이 사라지고 사모로서 얼마나 힘들까.. 하는 사랑의 마음이 들었습니다.
찬양이 끝나고 사모님께 말씀드렸습니다.
"사모님 제가 이곳에 오기 전에 목사님과 사모님과 사이에 느끼던
간격이 있어서 기도했어요.
그런 생각이 들게 하는 악한 원수들을 묶는 대적기도를 하고 왔어요.
이렇게 사모님을 축복하며 제가 그 동안 속았다는 것을 알았어요.
사모님 제가 마음속에 거리를 두었던 것 용서하세요."

물론 아무 말도 하지 않아도 좋았겠지만 난 마귀에게 내 입술의 선포로
인해 확실한 믿음의 시인을 하고 싶었습니다.
아마 사모님도 같은 느낌이었는지 모릅니다.
우리는 서로 형식적으로 대하며 지냈으니까요.
그런데 이번에는 사모님도 그렇지 않았습니다.
진심으로 사랑의 마음을 전해 주었습니다.
나는 그것을 분명하게 느낄 수 있었습니다.
나와 목사님, 사모님 사이에 분리를 시키던 악한 영들은 예수의 이름으
로 대적할 때 박살난 것을 알았습니다.

아.. 바로 이것이 영적 원리이며 영적인 승리이구나..
마음에 가득히 기쁨이 왔습니다.
참으로 자유함이 느껴졌습니다.
갑자기 마음이 날아가는 것 같은 가벼움이 내 안에 들어왔습니다.
막힌 담이 헐리며 주의 평강이 내 마음에 들어왔습니다.
그동안 이 담으로 인해 나는 얼마나 많은 것을 놓치고 살았을까..
회원들을 공개적으로 상담하는 시간에 나는 그들에게 대적기도에 대한

이야기를 했습니다.
특별히 자녀에 대한 싱글 엄마들의 걱정과 근심은 대단한 것이라 더욱 그 말씀을 알려 주고 싶었습니다.
우리에게 주신 권세를 되찾아 이 모든 억눌림에서 자유하게 해 주고 싶었습니다.

예수의 이름으로 쫓고 물리치면 되는데 그들도 나처럼 얼마나 한강에서 뺨맞고 종로에서 화풀이하고 있었겠는가.
나는 마귀에게 큰 소리로 외치고 싶은 마음입니다.
이제 더 이상은 내 뺨을 어디서도 치지 말라!
내게는 예수 그리스도의 이름이 있다!
아멘..

17. 미적거리던 일을 마무리하다 —K집사—

대적기도에 대해서 배우면서 대적해야 할 것들에 대해 그냥 제 나름대로 적어 보았답니다.
우선 생각나는 것들을 하나하나 적어 보았지요.
그리고 그것을 프린트해서 거실 창에 잘 보이도록 붙여 놓고
기도 할 때마다 생각나는 것들을 대적했지요.
이것저것 생각나는 대로 적다보니 자그마치 25가지가 되더군요.
이것들 외에도 생각나지 않은 것들을 생각나게 해 주세요.. 하고
주님께 기도한 다음 여백을 남겨 두었지요.
나중에 생각나는 것들이 있으면 적어두고 함께 대적하려구요.
목록을 적어 놓고 비슷한 것끼리 한데로 묶어 놓았답니다.
이렇게 해서 생각 날 때마다 대적하고 결박하는 기도를 했는데
어떤 것에는 성공하고 어떤 것은 실패한 것도 있었어요.

그러다 제가 일을 하고 있다가 갑자기 다른 일이 생각이 나서
하던 일을 마무리를 못하고 다른 일을 하게 되었어요.
그러다 보니 먼저 시작한 일은 밤이 가까워 오는 데도 끝을 내지 못하고
있는 것을 보고 이것도 대적해 보아야겠다는 생각이 들었어요.
그래서 그것을 목록에 적어 놓고 대적기도를 했지요.
일을 하는 중간에 다른 것으로 눈을 돌리게 만드는 영을 묶고 결박한 후
나가라고 명령했지요.

그렇게 기도를 하고 난 뒤에 한동안 마무리짓지 못하던 일을 드디어 마무리하게 되었답니다.
그 날 이후로 일을 하다 중간에 다른 일을 보는 일이 없어졌어요.
참 신기했어요.
거의 매번 일을 잔뜩 늘어놓기만 하고 마무리를 짓지 못하고 밀어놓곤 했는데 이렇게 마무리를 하지 못하게 방해하는 놈들을 결박하고 나니
내가 언제 그랬느냐는 듯 다 해결이 되어버리니 말이에요.

일상의 사소한 일들에도 이렇게 많은 악한 영들의 공격과 묶임이 있었다는 것을 알게 된 후 이놈들을 더 신나게 패줄 일이 늘어나니까 신이 나요. 이놈들을 패주면 패줄수록 삶이 더 자유로워지는 것을 느끼게 돼요.
정말 시원해요.
역시 마귀를 부수는 것은 즐거운 일이에요.
주님 감사합니다..
당신의 이름의 능력으로 승리하게 하심을 감사합니다.
승리를 주신 주님께 찬양과 영광을 올려 드립니다.
할렐루야!
예수님 만세!

18. 한 밤중에 울던 아이가 평안해지다 -O사모-

저희 집에는 둘째아들인 7살짜리 아이가 있습니다.
그런데 이 아이가 어쩌다 간혹 밤에 자다 깨어서 울 때가 있었습니다.
8월말부터 9월초 즈음이었는데 아이가 자다가 갑자기 깨어서 울더니 나중에는 매일 밤마다 자다 깨어서 한밤중에 심하게 놀래서 우는 것입니다. 잠결에 무어라 알아들을 수 없는 말을 하면서요.
자꾸 말을 시켜봤지만 아이는 계속 웅얼거리는 말을 했기 때문에 그 말을 알아들을 수 없었어요.

어느 날은 제가 머리가 많이 아팠었는데, 그 날도 아이는 자다가 또 놀래서 어쩔 줄 몰라 마구 울면서 '엄마가 왜 바보 온달하고 같이 있냐구?' 뭐 그런 소리를 지르는 거예요.
그때 저는 소름이 돋으면서 무서운 느낌이 들더군요.
그 순간 저는 '이건 마귀다' 하는 느낌을 받았지요.
이제 내가 그것을 안 이상 너를 가만 두지 않겠다 결심하고 우리 목사님과 함께 대적기도를 하기 시작했습니다.

자기 전에 예배를 드리고 기도하고 아이가 자다 깨어 놀라서 울 때 대적기도를 했는데 그러기를 며칠, 9월 5일 주일 밤에 우리 집 목사님께서 성전에서 주무시다가 꿈을 꾸었답니다.
어떤 작은 꼬마 같은 두 명이 앞집 건물을 타고 기어올라 3층의 창문으로 넘어가더라는 것입니다. 그런데 그 건물 2층, 거기가 우리 집인 것 같았답니다. 그리고 그 꼬마 하나가 목사님을 정신없이 성가시게 굴면서 마구 똥침을 하고 야단인데 꼬마라서 마음이 약해져서 때릴 수도 없었다는군요. 그 무렵 목사님은 배가 아프다고 화장실을 자주 다니셨어요

우리는 꿈을 통해서 악한 영들의 정체가 나타난 것으로 생각했지요. 마귀들 꼬마악령들의 정체를 분명히 알게 되어 그들을 결박하고 대적했어요. 그 이후 아이는 밤에 잠을 지금까지 잘 자구 있습니다.
목사님의 배가 아프던 것도 없어졌구요.
저는 이 놈의 마귀들을 박살을 내고 속이는 영들을 다 때려 부수기로 작정을 하고 계속 부르짖기 시작했죠. 계속 승리의 깃발을 높이 들고 저는 목사님과 같이 열심히 기도를 하며 마귀를 박살내고 있습니다.
감사합니다. 할렐루야.

19. 행복을 지키는 대적 기도 -K집사-

저녁시간에 집에 있는데 갑자기 불안하고 쫓기는 마음이 들었습니다.
딸아이가 들어오고, 잠시 뒤에 남편이 들어왔습니다.
그런데 특별한 이유도 없이 마음이 불안하고 짜증이 나는 것입니다.
저녁 준비를 하는데 이런 생각이 들었습니다.
'이렇게 갑자기 불안하고 화가 나는 것은 자연스러운 것이 아닌 것 같아..'
그래서 조용히 속으로 이런 것들을 결박하고 묶는 기도를 했습니다.
남편과 딸아이의 상태가 좋지 않은 것 같았습니다.
아마도 밖에서 많은 시달림이 있었던 것 같았습니다.

이렇게 어두운 기운과 느낌들을 결박하고 대적하고 나니 마음이 다시 평화스러워졌습니다.
이내 콧노래가 나왔습니다. 그냥 기분이 좋아져서 말도 안 되는 노래를 지어 부르며 흥얼거립니다. 잠시 뒤에 남편도, 딸아이에게도 평화가 찾아오고 기분이 좋아진 것 같았습니다.
우리는 단란하게 저녁상에 둘러앉아 오순도순 대화를 나누며 맛있는 저녁을 먹었습니다. 우리 가정에 작은 평화와 행복이 다시 찾아 왔습니다.
대적기도는 일상의 작은 일에도, 아주 소소한 것에도 효과가 있으며 마음의 평화와 가정의 행복을 지키는 데에 아주 좋은 것 같습니다.
할렐루야.

20. 숨어있던 악한 영에서 해방되다 -H전도사-

이 글은 2002년 10월에 있었던 그러니까 오빠가 예수님을 처음 믿을 무렵의 이야기를 적은 글입니다. 벌써 2년이 지났네요.
그 동안에 놀랍게 변화된 오빠의 모습을 보면서 구원하시는 예수.. 그 분의 능력과 사랑이 얼마나 놀라운지를 실감합니다.
오빠.. 고마워.. 예수님.. 사랑해요..

처음에 오빠에게 복음을 전하고 구체적인 여러 기도의 방법들을 가르쳐 주면서 오빠는 많은 실제적인 주님의 역사를 경험하고 변화되어 가기 시작했어요.
오빠는 전에 무술이나 기 훈련과 같은 것에 관심을 가지고 있어서 어느 정도 영적인 느낌이 예민한 편이었고 또 그동안 세상적인 즐거움을 따라 살면서 허무한 느낌이 많이 있었던 지라 주님을 영접하고 간절하게 주님께 구하면서 급속도로 주님께 사로잡혀 갔던 것 같아요.

오빠에게 부르짖는 기도도 가르쳐 주었지요. 영혼을 자유롭고 풍성하고 강건하게 하고 악한 영들에게 승리하는 삶을 살기 위해서 부르짖는 기도가 꼭 필요하니까요. 그랬더니 오빠가 부르짖는 기도를 하긴 해야겠는데 부르짖을 장소가 마땅치 않다고 하는 거예요.
그래서 제가 '상상으로 부르짖는 기도를 해도 실제로 하는 것의 70-80% 정도 효과가 있대. 그러니까 회사에서 일하면서 틈날 때마다 속으로 부

르짖는 상상을 해봐.. 몸에도 힘을 주고..'
그렇게 얘기를 해 주었지만 오빠가 어느 만큼이나 실제로 기도를 하는지는 미지수였지요.
그런데 그 날 들어보니 저한테 얘기를 듣고 또 S자매에게 호흡기도에 대한 얘기를 들은 후에 계속해서 회사에서 꾸준히 기도를 했대요.
호흡기도를 할 때는 들이마시는 기도를 하면서 예수님의 이름을 부르면 예수님이 정말 들어오시는 것 같은 느낌이 들고 좋은데 내쉬는 기도를 하면 속에서 안 좋은 것이 함께 나가는 것 같은 느낌이어서 힘이 많이 들었대요.
회사에서 몇 번이나 구역질 할 뻔하고 그랬대요. 물론 그것은 악한 영이 나가는 과정이니까 좋은 것이지만 그 과정은 몹시 힘들었나 봐요.

그리고 상상으로 부르짖는 기도를 처음 시작했을 때는 처음엔 아주 광활한 광야에서 한 작은 꼬마 아이가 피를 토하면서 하늘을 향해 부르짖는 모습이 상상이 되더래요.
한참동안 그렇게 부르짖는 상상을 계속 하자, 광야에서 피를 쏟으며 기도하던 모습이 사라지고 언제부터인가 아주 우렁차고 힘있게 기도하는 장면으로 상상이 바뀌었는데 그리고 나서는 혼자가 아니라 저랑 K형제, S자매, 등도 같이 광야에서 부르짖는 모습이 보이고 그리고 나서 수많은 사람들이 그 주변에 둘러싸서 함께 하늘을 향해 부르짖는 모습이 보였다고 했어요.
그 주의 주일날이 되어 예배가 끝난 후 오빠는 교회에 와서 같이 부르짖고 기도하고 싶다고 해서 저희는 K형제, S자매와 함께 교회에 모였어요.
저희는 같이 대화를 좀 나누고 나서 기도와 찬양을 시작하였지요.
저는 제가 항상 기도하는 신디 옆자리에서 찬양을 조금 시작하는데 갑자기 어두움의 기운이 강력하게 몰려왔어요. 도저히 조용한 찬양을 해서는 그 어두움의 기운을 제압할 수가 없었지요.
그래서 마귀를 때려부수는 강력한 찬양을 힘차게, 신나게 불렀어요.
S형제는 드럼을 아주 열심히 두드려 패면서 찬양을 했지요. 한참 때려부수는 찬양을 하고 있는데 오빠가 갑자기 비명 같은 소리를 지르기 시작하더니 급기야는 바닥에 엎드리고 구르고 눕고 난리가 났어요.
몇 시간을 그렇게 기도하고 찬양하고 나서 나중에는 오빠도 차분해지고 정리가 된 거 같아서 방에 들어가서 같이 얘기를 나누고 전철 타고 오면서도 얘기를 나누었는데 재미있는 얘기가 많아서 조금 써 봅니다.

오빠 말로는 처음에 찬양을 시작할 때는 별 반응이 없었는데 조금 지나고 나서부터 구역질이 나더니 나중에는 왠지 몸을 오그리고 바닥에 엎어져야 된다는 생각이 들더래요.
그래서 몸을 오그리고 바닥에 엎어졌는데 갑자기 자기 입에서 아주 높은 어린애 소리로
"야, 내가 뭘 잘못했는데? 왜 그래?"
하는 소리가 나오더래요. 마귀를 대적하는 기도와 찬양을 하니까 속에서 숨어있었던 악한 영이 대응을 하는 거죠. 그 소리를 들으면서 '아.. 이건 내가 아니구나.' 싶었대요.

그러다가 갑자기 대자로 누워야겠다는 생각이 들어서 바닥에 대자로 누웠는데 왼쪽 팔목과 오른쪽 팔목에 갑자기 수갑이 채워지는 것 같은 느낌이 들더니 손을 움직이려고 해도 꼼짝달싹 할 수 없이 되어버리더래요. 그러면서 자신이 그 동안 악한 영들에게 결박되어있었다는 것을 알았대요.

그렇게 몸이 결박 된 상태로 조금 누워있는데 이번에는 아주 굵고 허스키하고 강력한 소리로
"내가 뭘 잘못했는데? 네가 원해서 온 거였잖아.."
하는 소리가 들렸대요.
오빠의 생각으로는 기, 무술에 관련된 영들인 것 같더래요. 전에 오빠가 그런 것들을 좋아하고 추구했었으니까요.

그런데 그 애들이 잘 나가려고 하지 않더래요.
그래서 오빠가 마음속으로 계속 '예수님.. 내 안에 있는 안 좋은 것들이 다 나가게 해 주세요.' 하고 기도하는데 갑자기 이렇게 누워있지 말고 일어나 앉아야겠다는 생각이 들더래요.
(그런데 누워서는 대적기도를 하기에 불리한가 봐요? 저도 그 전날 머리가 아팠을 때 너무 힘이 들어서 누웠을 때는 더 눌린 거 같았는데 나중에 열을 받아서 벌떡 일어나 앉아서 대적하니까 훨씬 빨리 해치울 수 있었던 것 같은 느낌이 있었거든요)

오빠가 일어나 앉아서 계속 예수님께 도움을 요청하는데 갑자기 등이 찢어지는 것 같은 느낌이 들더니 등에서 어떤 영이 일어나서 밖으로 나가더래요.
하나가 나가고.. 또 하나가 등에서 일어나서 나가고.. 또 하나가 나가고..
그렇게 차례대로 영들이 나가더래요.
아이 같은 높은 소리를 내는 그 귀신은 어깨에 달려있었는데
"내가 왜 가는데?"
하면서 소리를 지르자 그 굵은 소리를 내는 영이
"이젠 거기서는 못살아" 하면서 그 애기 같은 영을 데려갔대요. 아마 그

녀석이 두목이었나 봐요.
등이 쭉 째지고 다 나간 후에 어떻게 해야 할지 몰라서 상처가 난 등의 부분을 예수님의 피로 바르고 치료하는 상상을 했대요.
그런데 상처는 여전히 잘 아물지 않고 몸이 덜렁 덜렁 찢어진 채로 그냥 육체만 남아있는 것 같은 느낌이 들었대요.
뭔가 더 필요하다.. 아직 다 되지 않은 것 같다는 느낌이 들고 찝찝한 상태였는데 그 때 저희가 십자가에 대한 찬양의 후렴부분을 계속 불렀거든요. 그 때 오빠가 입에도 뭔가 붙어있는 거 같아서 입이 가는 대로 입을 막 움직였대요. 그랬더니 입 오른쪽에서 뭔가가 떨어져 나가는데 높은 소리로 슬피 울면서
"내가 대체 뭘 잘못했는데?"
이런 느낌이 나면서 뭔가가 떨어져 나갔대요.
역시 악한 영들은 억울한 게 많이 있는 모양이에요.
그리고 나서 입 왼쪽에서도 어떤 느낌이 나서 예수님께 도움을 요청하면서 떨구어 냈는데 그 영은 '나는 착하다' 라고 생각하는 영이었대요.
그러면서 오빠가 말했어요.

" '나는 착하다' 라고 생각하는 것이 나의 가장 깊숙한 곳에 있는 문제였던 것 같아. 마지막으로 그 영이 빠져나가고 나니까 이젠 다 됐구나.. 싶은 생각이 들더라."
하는 것이었어요.
오빠가 계속 울부짖고 고통스러워하면서 그 영들을 떨구어 내는 기도를 할 때 저는 그 모습을 지켜보면서 많이 울었어요.
마귀들이 한 사람을 어떻게 망가뜨리고 괴롭히는가를 생각하니 정말 치가 떨렸어요.

그리고 그 동안 오빠를 더 사랑하지 못하고 오빠가 악한 영에게 사로잡혀 했었던 여러 잘못에 대해서 그것을 오빠로 보고 오빠를 미워했던 것을 회개했어요.
그 더러운 영들에게 사로잡혀 고통을 당했을 오빠의 영혼을 생각하니 오빠가 얼마나 안쓰럽고 불쌍하게 보이는지 이루 말할 수가 없었어요.

오빠는 말했어요.
"정말 그 동안 내 정신으로 산 게 아닌 것 같아. 뭔가 이상한 것에 사로잡혀 휘둘려 살았지.
그 동안 호흡기도를 할 때, 내가 숨을 쉬는 것 같지 않고 숨을 내쉴 때마다 뭔가 이상한 게 나오는 거 같고, 편안하지 않았는데 아까 기도가 다 끝나고 누워서 숨을 쉴 때는 '아.. 이제 정말 내가 숨을 쉬고 있구나' 싶은 생각이 들었어."
오빠는 마음이 너무나 시원하고 후련하고 행복하다고 계속 감격하면서 감사를 드리는 것이었습니다.

오빠가 기도하는 동안 나와 K형제와 S자매는 계속 찬양을 불렀는데
(S자매는 찬양하며 춤을 추었지요.)
그 찬양 부르면서 통곡이 나왔어요.
"십자가 고통 당하사 버림받고 외면당하셨네.
짓밟힌 장미꽃같이 나를 위해 죽으셨네.. 나의 주.."
오빠가 악한 영들에게 휘둘리는 동안 제가 힘들고 괴로웠던 것은 정말 아무 것도 아님을 깨달았어요.
저는 그저 저의 죄 때문에 받는 대가에 불과하지만 예수님은 아무 죄도 없으시면서, 죄로 가득한 우리를 구하시려고 그 십자가의 고통을 당하셨

다는 것이 제 마음을 통곡으로 가득하게 했어요..
짓밟힌 장미꽃..
짓밟힌 사랑의 고백..
한 여자를 사랑하는 남자가 여인으로부터 이용당하고 거절당할 때의 고통보다 더 큰 고통을 지니신..
그 고통 가운데서도 한결같이 사랑하신..
순결한 연인.. 예수님..
오.. 주님.. 당신을 위해 살고 싶습니다.
주님께 너무나 감사드리며 오빠를 구원해주시고 자유롭게 해주신 주님께 나의 모든 사랑과 마음을 드립니다. 할렐루야.

* 이것은 아름다운 간증입니다. 한 영혼이 실제적으로 주님을 만나고 경험하고 온갖 악한 영들로부터 벗어나는 이야기들은 항상 우리의 마음에 감동을 주지요.
형제가 이처럼 악한 영들에게서 놓여나고 극적인 체험을 한 것을 보면 이러한 현상에 생소한 분들은 조금 놀랄지도 모르겠습니다. 특별하게 마귀에게 많이 잡혀 있었던 사람은 아닌가 생각하게 될지도 모르지요. 이러한 경험들은 그리 일반적인 것은 아니기 때문입니다.

그러나 형제는 아주 평범하고 정상적인 사람입니다. 중고등학생인 시절에도 항상 모범적이어서 거의 전교 수석을 하다가 S대에 입학, 졸업한 후 성실하게 직장 생활을 하고 있는 평범한 청년이지요. 형제가 특별하게 악한 영을 많이 가지고 있는 것은 아닙니다.
다만 형제는 영적으로 예민한 편이며 실제적인 주님의 임재와 역사에 접하다보니 모든 사람들의 안에 숨어서 움직이고 있는 악한 영들이 정체를 드러내고 도망가게 된 것이지요.

형제가 고백한 것처럼 '나는 잘 났다' '내가 잘 못한 게 뭐야?' '나는 너무 불행해. 억울해..' 이런 생각들은 보통의 사람들이 흔하게 하는 생각들이지만 사실 그것들은 악한 영들이 우리 안에서 고백하고 일으키고 있는 것입니다.

그런데 주님의 능력과 빛이 임하게 되면 그 속이는 영들은 비명을 지르며 사라지게 되고 그렇게 되어 사람이 변화되는 것입니다.

영적으로 예민해지고 맑아질수록 마귀가 우리 안에서 일으키는 어둡고 더럽고 악한 생각을 분별하게 되고 거기에서 고통을 느끼게 되어 그 영들에게서 벗어날 수 있게 됩니다. 그렇기 때문에 주님을 실제적으로 경험하게 되면 일상의 사소한 불평이나 판단, 미움과 같은 것에서도 많은 고통을 느끼게 됩니다. 그러므로 생각이나 습관이 다 달라지고 삶이 바뀌게 되는 것이지요.

위에서 잠깐 질문을 한 것에 대해서 대답하자면 누워있는 자세는 악한 영과 정면으로 싸움을 벌이고 대적하는 자세로는 그리 적합하지 않습니다. 누워있으면 영이 수동적이 되기 때문에 바른 자세로 앉아서 대적하는 것이 좋지요. 다만 속에 숨어있는 영을 드러내게 하기 위해서는 잠시 누워있을 수도 있습니다.

모든 사람들이 이렇게 실제적으로 예수님을 경험하고 악한 영들에게서 놓여나게 되면 사람들은 주님을 알고 신앙생활을 하는 것이 곧 영광이며 천국인 것을 알게 될 것입니다. 할렐루야.

21. 배의 통증이 사라지다 - W집사 -

며칠동안 몸이 찌뿌둥하고 영 컨디션이 좋지 못한 상태에서 목요일 저녁 식사를 잘 하고 났는데 조금 있으니 갑자기 윗배가 살살 아프기 시작하는 것이었습니다.

조금 있으면 괜찮아 지겠지 하면서 참아봤지만 시간이 갈수록 배가 더 아파오기 시작했습니다. 위통약을 하나먹고 남편이 배를 쓰다듬어줬지만 더 아프고 통증이 멈추질 않더군요..

밤이 되어 가족들은 다 잠들고 저도 잠을 청해봤지만 배가 너무 아파서 잠을 이루지 못했습니다.

거의 1시간 가량을 뒤척이다가 갑자기 머리 속에 이것은 마귀란 놈이 내일 시작하는 제자훈련공부를 방해하려고 하는 것이라는 생각이 들더군요. 그것을 깨달은 이상 그냥 놔 둘 순 없었지요.

저는 배에 집중해서 호흡으로 주님을 들이마시고 마귀를 쫓아내기 시작했어요.

깨닫고 나니 얼마나 화가 나던지.. 마구 속으로 소리를 질렀지요.
'이 나쁜 놈아! 죽어라! 감히 누굴 넘어뜨리려고.. 죽어! 나가!
우리 집에서 나가고.. 나에게서 영원히 떠나가!' 그렇게요.

그런데 정말 신기하게도 그렇게 아프던 배가 5분도 안 되어 통증이 깨끗하게 사라지는 거에요. 정말 얼마나 놀랍던지..

그래서 마음도 편안하게 몸도 편하게 푹 잘 수 있었구요...
다음날 성경공부도 은혜 충만 잘 마쳤답니다. 할렐루야!

22. 이사비용의 문제가 해결되다 —J집사—

대적기도를 통한 하나님의 풍성하심을 경험한 것을 조금 나누고 싶습니다.

제가 사는 집이 경매로 넘어가게 되어서 계약 기간 안에 이사를 가게 되었어요. 그런 경우에는 보통 낙찰자가 이사비용을 주게 되어있는데 그것은 위로금 정도일 뿐 법적인 권리가 아니기 때문에 새 집주인의 마음에 달려있다고 하더군요.

저는 이사 갈 집을 구해 놓고 집주인 연락만 기다리는 데 어느 날 걸려온 집주인 전화내용인 즉 한 푼도 줄 수 없다는 것이었어요.

저는 순간 울컥 화가 나서 잠시 평강을 잃었지요. 조금 후에 생각하니 돈 때문에 평안을 잃어버린 것이 창피하더군요.

하지만 조금 시간이 지난 후에 억울한 일을 당했을 때는 무조건 참는 것보다는 영적인 메시지가 무엇인지 생각해야 되고 또 배후에 있는 영들을 마음이 평안해질 때까지 두들겨 패주는 것이 좋다는 말씀을 들은 것이 생각나서 여기에 관련되어 있는 영들, 인색하게 구는 영, 욕심의 영 등을 마구 대적했어요.

대적기도를 하면서 내 안에 있는 물질 염려의 영을 보게 되었고 그 부분을 주님께 맡기게 되고 집주인을 긍휼히 여기는 마음이 생겼어요.

그 사람이 나를 통해 주님을 알 수 있으면 좋겠다 하는 생각에 나도 조금은 양보를 하지 하는 마음이 들더군요.

그런데 그리고 나서 며칠 후에 집주인이 왔다 갔는데 도리가 아닌 것 같다며 이사비용을 준다고 하는 것이었어요. 처음의 그 강퍅한 자세는 사라지고 아주 부드러워진 태도로요.

그분이 이렇게 변화되었다는 것이 믿어지지 않았는데 아마 좋으신 주님이 좋은 경험을 시켜주시려고 조금 드센 분을 만나게 하신 것 같아요. 대적기도의 능력과 좋으신 주님의 풍성하심을 선명하게 경험하게 되어 너무나 감사할 뿐입니다. 할렐루야.

23. 딸과 사랑의 관계로 회복되다 - S집사 -

대적기도를 통해서 경험한 변화와 승리를 조금 나누어보고 싶습니다.

1. 첫째가 6살짜리 딸입니다. 나름대로 태교도 열심히 하고 육아 책을 탐독하며 잘 키워보리라 결심을 했어요.
세 살이 될 때까지는 어느 정도 사랑스럽고 원만한 관계였지요.
그런데 자라면서 고집과 낯가림이 심해지자 그 동안 제 삶의 중요한 부분을 차지하고 있었던 딸에게 실망감이 쌓여갔어요.
급기야 딸만 생각하면 마음이 아프고 화가 나게 되었지요.
늘 부딪히고 돌아서면 후회하는 나날이었습니다.

그러다가 대적기도를 시작했지요.
처음에는 이유 없이 미워지는 미움의 영을 대적하였습니다.
그러면서 딸에게 함부로 대했던 제 모습을 반성하고 이것을 정죄하는 영을 계속 대적했습니다. 그리고 딸과 저의 사이를 이간질하는 영을 대적하였습니다.

대적기도를 하면서 시간이 갈수록 악한 영들이 묶여지면서 딸과의 관계가 회복되기 시작했습니다.
딸을 품안에 안아주면서 '내가 너를 사랑해..' 하는 사랑의 고백을 할 때 쑥스러움이 사라지고 아이도 정말 사랑스러운 딸로 돌아왔습니다.

그리고 저도 딸을 사랑하는 엄마로 돌아올 수 있었습니다.
결과적으로 딸의 정서가 많이 회복되었고 저도 딸의 내성적인 성향을 그대로 받아주는 여유가 생기게 되었습니다. 할렐루야!

2. 저는 게으르고 무기력한 사람이었어요. 그런데 이것이 대적기도를 해야 하는 문제인지 조차 모르다가 대적기도를 시작했어요. 대적기도를 하고 나니 놀랍도록 부지런해지고 깔끔해졌으며 생기 있는 사람으로 변했답니다. 할렐루야!

3. 남편이 참 잔소리꾼인데 대적기도를 한 후에 잔소리가 쏙 사라졌습니다. 그래서 참 편안한 관계가 되었어요. 대적기도를 통한 삶의 변화에 대하여 감사를 드립니다.

24. 대인관계가 풍성해지다 - P형제 -

직장 일로 지방에서 실습이 있었습니다. 한 주간의 실습을 마치고 서울로 올라오는데 마음이 편하지 않았습니다.
사람들과의 관계도 매끄럽지 못하고 기도도 잘 되지 않았고 그런 상태로 집에 왔는데 어머니에게도 사소한 일로 화를 냈습니다.
그리고 잠을 자려고 했는데 〈대적기도〉 1권 책을 읽다가 '분노의 영을 대적하라'라는 부분을 읽고 있는데 갑자기 마음의 평안이 왔습니다.
'아 내가 분노의 영에 휩싸였구나..' 하는 생각이 들었습니다.

한 주간의 실습 생활을 돌이켜보면 숙소에 머물면서 공장 실습도 하고 퇴근하고 나서 동기들하고 같이 놀기도 하면서 시간을 보냈는데 속상한 부분이 많았습니다.
우선 사람들의 노는 방식이 마음에 들지 않았고 그렇게 휩쓸려 갈 수 밖에 없는 것이 화가 나는 것이었습니다.
그래서 대인관계가 많이 힘들었습니다.
그런데 가만히 자신을 돌이켜보니 제가 사람들을 유심하게 관찰하면서 좋아하는 사람, 그렇지 않은 사람 나누게 되었고 좋아하는 사람 외에는 먼저 마음을 딱 닫아 버린 것을 느끼게 되었습니다.
한 친구는 다른 사람을 비하하면서 즐거움을 느끼는 것 같아서 접근을 아예 하지를 않았습니다. 그런데 식사시간에 우연히 옆자리에 앉게 되어서 같이 식사를 하는데 저에게도 비아냥거리는 식으로 이야기를 해서 화가 올라왔습니다. 그 때 제 마음이 평안했냐고 묻는다면 전혀 평안하지 않았지요. 많이 괴롭고 도망가고 싶고 그런 마음이었습니다.
집에서 쉬면서 그리고 잠을 자면서 어떻게 이 부분을 풀어 나갈지 기도했습니다.
우선 분노의 영을 대적하기 시작했습니다. 나도 모르게 내 안에 침투한 분노의 악령을 쫓아내는 것이 우선이라는 생각이 들었습니다.
그러다 보니 내가 그들을 판단했다는 생각이 들었습니다.
그래서 판단의 영도 같이 대적하기 시작했습니다.
그렇게 대적기도를 하면서 점점 마음에 평안이 오기 시작했습니다.

다시 울산으로 내려가면서 이상하게 축복송이 입술에 맴도는 것을 느꼈습니다. 저번과는 많이 다른 느낌이었습니다.
그들을 축복해주고 싶은 마음이 계속 생겼습니다.
그래서 사람들을 축복해 주었습니다. 나의 친구들, 동기들, 그리고 회사.. 그들은 나의 사랑하는 사람이며 지체라는 생각이 조금씩 올라왔습니다. 내가 사랑하고 또 사랑할 나의 한 몸이라는 마음이 드는 것입니다.
그러다 보니 마음에 기쁨이 넘치고 감사가 넘치고 사람들이 보고 싶고 그렇게 되었습니다.
그래서 내가 속해 있는 단체를 위해서 하나하나 기도했습니다.
교회를 가정을 회사를 그리고 카페에 대해서도 기도했습니다.

월요일에 출근을 해서 공장에서 실습을 하는데 같은 라인에 배치된 친구가 있었습니다. 이 친구는 기독교에 대해서 적대적인 사람입니다.
룸메이트인데 말은 하지만 마음은 서로 분리되어있는 느낌이 계속 있었습니다. 오랫동안 알고 있었지만 말입니다.

그런데 이상하게 이 친구를 위해서 축복해 주어야겠다는 마음이 들었습니다. 그래서 이 친구를 바라보며 '주님. 이 사람을 축복해주세요. 주님..' 계속 그러한 기도를 드렸습니다.
그러자 마음에 기쁨이 생기고 자유함이 오며 영혼의 묶인 것들이 하나씩 하나씩 사라지는 것을 느꼈습니다.
회개할 것을 회개하고 대적할 것을 대적하면서 계속 그를 축복해주었습니다. 그러고 있는데 이상하게 이 친구와 나 사이에 어떤 일치감이 생기는 것 같았습니다. 그와의 사이에 있었던 막이 조금씩 사라지는 것 같은 느낌이 들었습니다.

그러면서 복음을 전해야겠다는 마음이 계속 들었습니다.
주님의 도우심을 구하면서 이것저것 얘기하다가 복음에 대해서 이야기를 하게 되었습니다.
이 친구가 나에게 주말에 작업이 있었을 때 교회에 간다고 빠진 것에 대해서 안 좋은 감정이 있었다고 실토를 하는 것이었습니다.
그리고 예수를 믿는 것도 좋지만 우리 조의 화합도 중요하지 않느냐고 하는 것입니다.
나는 그에게 미안하다고 사과를 했습니다.

그리고 그때부터 우리의 사이가 많이 달라졌습니다.
이상하게 마음이 서로 통하게 되는 느낌을 받았고 서로 간에 배려해주고 서로 보고 싶은 느낌이 들기 시작했습니다.
이런 식으로 한 주 동안 내가 만나는 사람들을, 그리고 이야기를 나누는 사람들을 축복해 주었습니다.
축복하기 힘든 사람일수록, 더 밉게 느껴지는 사람일수록 마음속으로 상상으로 더 축복해 주었습니다. 그러다 보니 대인관계가 많이 좋아졌으며 새로운 것들을 많이 깨닫고 발견하게 되었습니다.

실습을 한 첫 주간은 정말 힘들었는데 두 번째 주간은 사람들을 축복해 주고 도와주려고 하니 참 행복했고 보람이 있었습니다.

악한 영들이 속일 때 잘 분별해서 대적기도를 하고 또한 사람들을 더욱 더 축복해주고 도움이 되는 사람이 되어서 주님의 복음을 잘 전해주고 싶습니다. 할렐루야.

25. 실제적인 영적 전쟁 -이혜명- (정원 목사의 아내)

몇 주 전 친정집에 갔었는데 부모님이 친척 분의 결혼식 비디오테이프를 보고 계셨습니다. 그래서 나도 별 생각 없이 같이 비디오를 보게 되었습니다.
비디오의 내용은 보통 흔히 볼 수 있는 것으로, 결혼 전에 하는 야외 촬영, 결혼식장, 폐백, 피로연, 신혼여행을 떠나기 전에 친구들끼리 공항까지 따라가서 환영하는 장면 등을 담고 있었습니다.

그런데 비디오를 끄고 점심을 먹으러니 갑자기 머리가 아픈 것이었습니다. 그때서야 '아이고, 정신을 차리고 내 영을 지켰어야 했는데 정신없이 보는 데에 빠져 있었구나..' 하는 생각이 들었습니다.
하지만 나쁜 내용이 있는 것도 아니고 보통의 평범한 결혼식인데.. 크게 악한 영이 온 것은 아니겠지.. 하고 생각하며 약간만 마귀를 대적하고는 그냥 넘어갔습니다.

식사와 대화를 마치고 집에 돌아가는데 전철을 타니 무척 졸려서 전철 안에서 조금 잠을 자다가 집에 도착을 했습니다.
그런데 집에 와서 저녁을 먹고 나니 갑자기 머리가 심하게 아프고 구토가 나고 어지러워서 죽을 지경이 되었습니다.
글을 쓰고 있는 목사님께 미안해서 어떻게든 혼자 해결해 보려고 안방에 들어와 찬양을 크게 틀어놓고 귀신을 대적하고 낮은 음성으로 부르짖으며 눈을 부릅뜨고 온갖 난리를 꾸미고 있었습니다.

목사님은 내가 집에 들어오는 순간 좋지 않은 영이 묻어온 것을 알고 있었지만 그냥 악한 영을 대적해서 쫓아내라고 말씀만 하고 책상에 앉아 글을 쓰고 있다가 내가 하도 난리를 치자 악한 영을 쫓아내려고 안방으로 들어왔습니다.

대충 이야기를 했더니 사치와 향락, 세상의 즐거움이 삶의 목표인 믿지 않는 사람들의 모습을 담은 결혼 비디오도 똑같이 악한 영의 통로가 될 수 있다며 왜 방심한 상태에서 비디오를 보았냐고 합니다.

악한 영이 처음에 침입했을 때의 증상은 머리가 아픈 것인데 그때 바로 쫓아버렸다면 이렇게 심해지지 않았을 텐데 그 때 대충 넘어갔고, 또 전철에서 잠을 자는 바람에 악한 영이 더 깊이 들어왔다고 합니다.

악한 영이 들어왔을 때 쫓아내지 않은 상태로 잠을 자면 그 영이 더 깊이 들어온다고 하는 것입니다.

그런데다가 영이 좋지 않은 상태에서 집에 와서 저녁까지 먹으니 더 나빠진 것이라고 합니다. 악한 영들이 들어와 있을 때 음식을 먹으면 그 놈들이 음식을 통해서 더 강건해지기 때문에 속에서 영이 견디지 못하여 구토가 나오는 것이라고 합니다.

악한 영들은 사람이 음식을 먹을 때 더 강해지고 그 안에서 역사할 수 있다고 합니다. 그래서 영적으로 좋지 않을 때에는 음식이 먹기 싫은 것이며 그래도 음식을 먹는 것이 습관이 된 사람은 영이 둔해지고 영적 감각이 마비된다고 하는 것입니다.

믿지 않는 자들은 세상의 악한 영의 기운이 그들의 안에 꽉 차 있기 때문에 온갖 더러운 영들이 들어와도 전혀 느끼지 못하며 오히려 음란하고 더러운 것들을 즐기며 기뻐한다고 합니다. 하지만 주님께 속하며 맑은 영을 가지고 있는 이들은 조금만 그러한 영들이 들어와도 가슴이 답답해지고 고통스러워지고 토하게 된다는 것입니다.

그렇기 때문에 마음이 정결한 사람은 마음이 더럽고 복잡한 사람의 곁에 가면 가슴이 답답해지며 생각이 순결한 사람은 생각이 복잡한 사람의 옆에 가면 머리가 아픈 것이라고 합니다. 원래 생각이 어둡고 많고 복잡한 사람, 마음이 더럽고 복잡한 사람들은 영의 감각이 마비가 되어 있기 때문에 그들 자신은 전혀 머리도 가슴도 아프지 않고 모른다는 것입니다.

목사님이 말하기를 당신은 이제 조금 영이 열렸기 때문에 그러한 악한 영들이 침투하면 그것을 곧 느끼고 고통스러워하는 것이며 대부분의 사람들은 그러한 영들이 이미 그들의 안에 형성이 되어 있어서 악한 기운이 들어오고 나가고 움직여도 전혀 모른다는 것이었습니다.

그러면서 내가 요즘에 좀 더 깊이 기도하고 심령에 기쁨을 많이 경험하고 있었기 때문에 악한 영의 침투를 더 민감하게 느끼게 되었으며 고통스러웠을 것이라고 하셨습니다.

그러고 보니 그런 것 같았습니다. 최근에 나는 기도와 찬양을 많이 한 편이었는데 영감이 충만한 테리 맥알몬의 찬양을 들으면서 기도하면 너무나 감미롭고 달콤하게 느껴졌었던 것입니다.

목사님은 그런 상태는 영이 부드럽고 민감한 상태이기 때문에 세상의 더러운 영들과 접촉하면 아주 힘들고 고통스럽다고 하십니다. 그래서 세상과 접하게 될 때는 영이 그처럼 부드러운 상태여서는 곤란하며 약간 달콤함은 사라지더라도 강건한 상태에 있어야 한다는 것입니다.

그것은 영감이 충만한 집회에서 깊은 은혜를 체험한 후에 그러한 달콤하고 민감한 상태에서 TV 등을 보는 것이 위험한 것과 같다고 합니다. 그것은 내 안에 가까이 임하신 거룩한 주님의 영과 세상의 더러운 영들을 같이 접하게 하는 것이기 때문에 고통이 임할 수밖에 없다는 것입니다.

악한 영들은 일정한 경로를 통해서 들어오고 자리를 잡는다고 합니다. 악한 영이 처음 들어왔을 때 첫 번째 징후는 머리가 아픈 것이며, 이때 계속해서 쫓지 않고 잠을 자면 그 다음에는 악한 영이 가슴까지 깊이 침투하게 되며, 그 후에 식사까지 하면 그 물질을 통해 악령들이 더 힘을 받으니 영이 고통을 심하게 느껴서 구토와 어지러움이 동반된다는 것입니다. 그런데 이런 상태에서도 이들을 대적하여 쫓아내지 않고 놔두면 나중에는 이 영들이 배속에서 집을 짓고 거주하게 되어 그 안에서 잠재된다는 것입니다. 그렇게 되면 영감이 죽고 영이 마비가 되어 고통은 없어지지만 그 악령이 자기의 성격이 되고 운명이 되어 계속 그 사람을 지배하게 된다는 것입니다. 영이 마비되어서 세상의 더러운 죄악들을 오히려 즐겁게 느끼게 된다는 것입니다. 그런 이야기를 다 듣고 나니까 정말 끔찍했습니다.

목사님은 이야기를 마친 후에 악한 영을 쫓아낸다고 계속해서 대적을 하면서 나의 머리를 두드려주었습니다. 그런데 머리가 너무 많이 아팠습니다. 눈이 뱅뱅 도는 것 같았습니다.
목사님은 손으로 살짝 두드리는데 머리가 깨지는 것 같이 아팠습니다.
구토가 나오고 어지럽고, 정말 미칠 것 같이 힘들었습니다.
누워도, 앉아있어도 머리가 뱅뱅 돌면서 너무너무 힘이 들었습니다.
목사님은 악한 영을 대적하면서 나에게 눈을 부릅뜨게 하고 호흡을 토하게 하고 소리를 내게 하며 여러 가지를 시켰습니다. 눈을 부릅뜬 상태에서는 악한 영이 나가기 쉬운 상태가 되니까요.
그러더니 머리 뒤쪽의 한 부분과 가슴 명치 부분을 건드리면서 이곳이 악한 영들이 옮겨 다니는 길목의 급소라고 하십니다.

그러면서 거기를 톡톡 건드리는데 어찌나 아픈지 정말 미치는 줄 알았습니다. 그곳을 통하여 악한 영들이 가슴에서 머리로, 가슴에서 배로 이동한다고 합니다. 조금 그렇게 하더니 이제 뿌리는 사라지고 거의 정리가 되었다고 하시며 다시 글을 쓰러 방으로 갔습니다.
나는 아직 악한 기운이 조금 남아있는 느낌이 들어서 계속 악한 영을 대적하며 부르짖었습니다. 그렇게 혼자 기도한 것이 10분 정도 되었을까.. 드디어 고통스러운 증상이 다 사라져 버렸습니다. 하지만 그 시간이 얼마나 길게, 천년같이 느껴지며 힘이 들었는지 모릅니다.

일단 그 증상이 사라지고 나니 정말 신기했습니다.
정말 이 증상은 영적인 것이 아니고는 설명할 수가 없는 것이었습니다. 조금 전까지 거의 미칠 정도로 아프다가 그것이 다 사라지고 난 후에는 손톱만큼도 아프지 않았던 것입니다.
목사님은 말하기를 보통 사람들도 흔히 이렇게 악한 영들이 들어오는데 그 때에 귀신을 쫓아내지 않고 진통제나 약을 먹기 때문에 감각이 마비되어 본인은 아픔을 느끼지 못하니까 아픈 것이 사라진 줄 알지만 귀신들이 깊이 들어가 자리를 잡아버린다고 합니다. 정말 끔찍한 일입니다.
저는 지금까지 이와 비슷한 작은 경험은 많이 했지만 이처럼 명확한 증상으로 아프고 고생한 것은 세 번입니다. 한번은 바닷가에서, 한번은 병원에서, 한번은 지금이었습니다. 그 때마다 목사님이 바로 옆에 있어서 분별하고 그 영을 쫓아내서 다행히 오래 가지 않고 곧 해결될 수 있었습니다. 목사님은 이런 힘든 영의 현상들에 대해서 수 십 년 연구하고 투쟁하고 했으니 얼마나 힘이 들었을까 하는 생각이 들었습니다.
제가 경험한 머리 아팠던 것과 같은 통증은 보통 흔히 겪는 증상이라고 합니다.
목사님은 수많은 사람들을 만나고 도와주는 과정에서 그들이 가지고 있는 영들을 흡수해서 비슷한 고통들을 많이 겪었다고 합니다.
심할 때는 머리에 톱니바퀴가 도는 것 같이 느껴지기도 하고, 차가 머리 위를 짓뭉개고 지나가는 듯한 느낌, 가슴이 터지는 것 같은 느낌이 들 때도 많았다고 합니다. 영적 전쟁의 과정에서 오는 고통에 비하면 일반적인 질병이나 고통들은 장난에 불과한 것이라고 합니다.
목사님은 인내심이 많은 편이지만 살아있는 것이 너무 끔찍하게 느껴지는 적도 많았다고 합니다. 그리고 그러한 과정을 통해서 영의 분별이 되기 시작했다고 합니다. 이야기를 들으며 영의 분별과 성장에는 정말 대가의 지불이 필요하다는 것을 느꼈습니다.

이 사건을 통해서 얻은 교훈을 생각해보았습니다.
앞으로 어떤 프로그램을 보든지 항상 정신을 차리고 사람을 만나고 대화할 때도 정신을 차리고 있어야 함을 느꼈습니다. 특히 흥분을 잘 하는 사람 앞에서는 영의 전이현상이 심하니 조심을 해야 한다고 합니다. 또한 약간 머리가 아프거나 느낌이 좋지 않을 때 바로 대적하고 쫓아내서 가슴깊이 침투하는 것을 막아야겠다는 마음이 들었습니다.
머리가 무겁고 깨지는 듯이 아픈 것도 힘든 것이지만 그 기운이 가슴까지 내려오면 거기에는 구토와 어지러움이 동반되어서 그건 정말 몇 십 배나 더 힘든 것 같습니다. 그렇게 힘들기 전에 초기에 빨리 해결하는 것이 중요하다고 느꼈습니다.

악한 영들이 침투했을 때의 영적 현상이란 직접 당해보니 너무 힘들었습니다. 예전에는 영적으로 조금 둔감한 편이어서 민감한 사람들이 참 부러웠었지요. 하지만 겪어보니 정말 고통스러웠습니다.

영적 분별은 정말 중요한 부분인 것 같습니다.

앞으로 영적인 분별을 잘 해서 함부로 악한 영이 들어오지 못하도록 조심하며 다른 사람들도 잘 분별해서 도와주고 싶은 마음입니다.

항상 내 영혼이 깨어있고 영적인 근원을 파악하는 사람이 되어 세상의 영을 조심하며 주님의 것이 아니면 받아들이지 않는 그런 사람이 되기를 소원합니다. 주님을 찬양합니다. 할렐루야!

* 영이 맑고 예민한 이들은 세상의 사악한 기운과 접하게 될 때 고통을 느끼는 것이 보통입니다. 그래서 어떤 이들은 그래서야 피곤해서 어떻게 사느냐고 말하기도 합니다.

하지만 그러한 전쟁과 고통이 있다고 하더라도 영의 감각이 맑고 깨끗한 것이 좋은 것입니다. 그리고 그러한 고통을 경험하는 것이 반드시 나쁜 것만은 아니며 그런 고통을 통해서 세상의 악한 기운이 자신의 안에 들어오는 것을 방비하게 되며 영혼을 아름답고 순결하게 지킬 수 있게 되는 것입니다.

영이 더러워지고 무감각해지면 영이 마비되어 그러한 고통을 느끼지는 않지만 영이 둔하고 때가 묻어있기 때문에 주님의 임재와 교통에 깊이 들어갈 수도 없으며 주님의 음성을 듣는 것도 어렵습니다. 즉 영계가 닫혀져 있는 상태이기 때문에 악한 영들에게 고통을 당하지도 않지만 또한 주님의 임재와 빛을 경험하지도 못하는 것입니다.

그러므로 그리스도인들은 주님과의 친밀한 사귐과 천국의 임재를 원한다면 그의 영혼을 맑고 정결하게 유지해야 합니다.
또한 전쟁과 악한 영들의 공격에 대해서 대비가 되어있어야 하며 영을 강하게 해야 합니다.

이 원리를 이해하는 것이 필요합니다. 그것은 영혼이 깊고 감미로운 상태가 있고 영혼이 강건한 상태가 있다는 것입니다. 이 두 상태는 다른 것입니다.
영혼이 맑고 깊고 감미롭고 아름다운 상태는 영이 주님과 천국의 깊은 은총을 경험하고 있는 상태입니다. 그리고 이 상태는 깊고 아름답지만 강하지 않은 상태입니다. 이런 상태에서 세상의 사람들이나 문화에 접하는 것은 위험합니다.
영혼이 강건하고 충만한 상태는 이와 다릅니다. 이것은 영이 그리 깊은 상태에 있는 것은 아니지만 강한 상태에 있기 때문에 세상의 사람들이나 세상의 영에 접해있어도 문제가 없습니다. 그 때에 세상의 영들은 함부로 들어오지 못하며 가까이 가기만 해도 그 영을 가지고 있는 사람들은 떨게 됩니다.
그러므로 어떤 때에는 영을 깊게 해야 하며 어떤 때는 영을 강하게 해야 합니다. 이러한 것을 잘 관리하고 조절할 수 있는 것이 영의 성숙이며 발전이라고 할 수 있을 것입니다.
그러므로 영이 성숙한 사람들은 때에 따라서 아주 깊고 진리에 속하며 아름답고 사랑스러운 사람이 되고 때에 따라서는 무섭게 견고하며 강한 사람이 되는 것입니다. 그와 같이 자유롭고 풍성한 영혼으로 우리의 영은 발전하여 나아가야 할 것입니다.

26. 실수와 혼돈의 영을 결박하다 —C자매—

저는 미국에서 정치학 박사 과정을 공부하고 있는 학생입니다. 공부를 하면서 저도 강의를 맡고 있지요.
요즘은 기말 고사 기간이라 저도 시험 준비에 바쁘고 제가 가르치는 애들도 정신없긴 마찬가진데 어제는 엄청난 실수를 저질렀습니다.
제가 TA하는 과목 시험이 다음주 월요일 20일 오전 10시로 잡혀 있는데, 주말 동안 제가 가르치고 있는 학생들이 하나 둘씩 이메일을 보내서 '그날 다른 과목 시험이랑 겹쳐서 안 되는데 다른 날 시험을 보는 방법이 없겠느냐' 고 물어오는 것이었습니다.

그런 애들을 위해서 그 다음날 Make-up Exam을 만들어 놓긴 했지요. 하나 둘씩 답장을 해 주다 보니 시간도 너무 많이 걸리고 내 일도 못 하겠다 싶어서, 제가 가르치는 반 전체에 메일링 리스트를 통해 '너희들 중에 다음주 월요일에 시험 보기 어려운 사정 있는 학생은 화요일에 Make-up Exam이 있으니까 가능한 한 빨리 교수님한테 연락해 봐라' 라고 통지를 했어요.
그리고 나서 저는 열심히 제 공부를 하다가 몇 시간 후에 혹시나 하고 이메일을 열어봤더니 난리가 나 있더군요. 사실은 아주 불가피한 사정이 있어서 월요일에 시험을 볼 수 없는 애들을 구제하기 위해서 만들어 놓은 건데, 제가 전체적으로 공고를 했더니 그렇지 않아도 시험 공부할 시간 없다고 찡찡대는 애들이 (기말 고사 기간 되면 한국이나 미국이나 다 그렇잖아요. 시험이 하루 뒤로 미뤄진다 그러면 얼마나 좋겠어요.) 얼씨구나 하고 나도 저도 교수님한테 이메일을 보내기 시작한 겁니다. 물론 cc로 보내니까 저한테도 동시에 날아오지요.

그런 것은 소수를 구제하기 위해 만들어 놓은 상비책이기 때문에 전체에게 공개하면 안 되는 것이었습니다. 급기야 그 교수님께서 저에게 메일을 보냈는데 메일 제목이 '너희 학생들'이었습니다. '오늘 저녁에 너희 학생들이 떼거지로 나한테 메일을 보내서 다 화요일에 시험을 보겠단다. 어떻게 할건지? 나는 교통정리 못하겠다.' 거의 이런 내용이었습니다.

순간 저도 아차 싶었습니다. 머리가 일순간 띵해졌지요.
기말 페이퍼에 집중을 좀 해 보려고 시간을 아끼려고 일일이 답장하느니 전체 공고를 때린 건데, 이런 파장이 있을 줄이야. 부랴부랴 다시 애들한테 협박성 이메일을 돌리고 '아무나 화요일에 시험을 보라는 소리가 아니라 진짜 불가피한 사정이 있는 애들을 위한 방안이다. 교수님한테 멜 보낸 애들 다시 한번 곰곰이 생각해 보고 나한테 다시 연락해.' 하고 연락을 했지요.

결국은 어젯밤 공부는커녕 다시 학생들과 교수님께 메일을 보내느라 시간 다 보내고 아픈 마음으로 잠자리에 들었지요. 내일 학교 가서 어떻게 하지 싶은 걱정 근심이 마구 들어오니까 잠도 잘 안 오지 않는 것이었습니다.
가만 생각해 보니 상식적으로 생각해봐도 그런 메일은 전체 공개로 돌리면 안 되는 거였는데 내가 어찌 그런 엄청난 실수를 저질렀을까 싶더군요. 마치 내가 잠시 정신이 없어진 것 같은 느낌이 들었습니다.

그런데 카페에 바로 전에 사모님께서 올리신 글이 생각나면서 어떤 경로를 통해서든 악한 영의 침입이 있을 수 있다는 생각이 떠올랐습니다.
사모님의 글을 읽고 다시금 생각해보니 어제 저녁에 오랜만에 어떤 친구가 이메일로 연락을 해 온 것이 생각났습니다. 영적으로는 별로 통하지 않는 친구로, 만나고 헤어지면 항상 뭔가 통하지 않는 아쉬움이 남아 있곤 했던 친구입니다. 이메일 상으로 별 심각한 내용은 없었고 그냥 안부 치레의 인사만 몇 마디 서로 주고받으면서 어제 저녁 동안 짧은 이메일을 몇 번 교환했지요. 내용상으로는 별 문제가 없는 평범한 메일 교환이지만, 사모님이 무심코 결혼 비디오 보시다가 나쁜 기운이 침투해서 어려움을 겪으신 것 같이 나도 아무 생각 없이 멜 교환하다가 혼란스러운 영들이 들어와 당한 것이 아닌가 싶었습니다.

그리고 예전에 Y자매가 올렸던 '실수의 영을 결박했다' 는 짧은 글도 기억이 나더군요.
그래서 아침에 일어나자마자 찬양을 크게 틀어놓고 열심히 '실수의 영'을 결박하고 이메일을 통해 들어온 '혼란의 영' 을 부쉈습니다. 그러자 마음이 평화로워졌지요.
그리고 나서 어떻게든 하나님이 해결책을 주시겠지.. 하고 생각하면서 아침 8시 30분쯤 이메일을 열어봤더니 교수님한테서 바로 1-2분전에 메일이 와 있었습니다.
교수님이 '너희 학생들이.' 어쩌고저쩌고 한 메일을 받고 제가 당황해서 엇저녁에 보낸 이메일에 대한 답장이었는데, 한층 누그러진 뉘앙스로 '네가 교통정리를 하겠다니까 알아서 할 수 있으면 OK.하고 다 자르지 말고 진짜 필요한 애들은 Make-up Exam 보도록 해라' 라는 내용이었습니다. 메일을 읽고는 안도의 한숨을 내쉬었지요.

오늘 학교에 갔더니 별 일은 없었고 어제 난리를 쳤던 애들을 반쯤은 처리하고 교통정리를 마쳤습니다. 어젯밤부터 한 바탕의 사건을 치르면서 제가 배운 것은 역시 어두운 생각이 들어왔을 때 어두운 생각에 짓눌리지 말고 사건의 근원을 살펴보아야 한다는 것이었습니다.

그리고 모든 좋지 않은 사건은 배후에 영의 세력이 있으며 그 악한 세력을 결박하고 부수면 된다는 것, 그리고 비디오도 조심해서 봐야 되지만 이메일도 조심해서 봐야 된다는 것, 이메일을 볼 때도 눈에 힘주고 배에 힘주고 아무 메일이나 생각 없이 열어보면 안 되겠다는 것 등등입니다. 간단한 사건이지만 저에게는 좋은 공부가 되는 경험이었습니다. 항상 영적으로 깨어있어서 악한 영들에게 속지 않고 풍성한 열매를 맺기를 원합니다. 할렐루야.

* 자매는 서울에서 S대학의 학사 석사 과정을 마치고 미국의 위스콘신대학에서 정치학 박사과정을 공부하고 있습니다. 선교 단체 출신으로 지적인 신앙생활을 하다가 부르짖는 기도, 호흡기도, 대적하는 기도 등의 실제적인 영성 훈련을 경험하게 되면서 주님의 임재와 영적 전쟁의 실체를 발견하게 되었고 많은 영적 변화와 승리를 경험해가고 있습니다.

27. 대적기도를 통한 승리의 경험 -K형제-

저는 지금 현역 군인으로서 비교적 편한 보직을 받고 군대 P.X에서 근무를 하고 있습니다. P.X는 군대 내부에 있는 매점과 같은 곳입니다. 과자, 빵, 음료수 등을 파는 곳입니다. 저는 여기서 판매와 관리를 담당하고 있습니다. 그동안 군 생활을 하면서 대적기도를 적용하고 경험한 사례들을 같이 나누려고 합니다.

1. 저에게 너무 심하게 대하는 고참이 있었습니다. 특별한 이유 없이 괴롭히며 좋지 않은 행동을 하는 것입니다.
하지만 군대에서는 졸병은 아무런 대책이 없지요. 그래서 이에 대해서 대적기도를 했어요.
그 고참의 배후에 있는 악한 영들을 결박하고 대적했습니다. 그러자 얼마 후부터 심한 행동을 그치는 것이었습니다. 지금은 저를 보며 웃기도 하고 미안하다고 말하기도 합니다.
대적기도의 효과는 정말 놀랍습니다.

2. 하루는 P.X에서 근무를 하는 데 배가 너무 고팠습니다. 하지만 돈이 없었지요. P.X에 먹을 것은 많지만 제가 함부로 먹을 수는 없습니다. 이 상황에서 대적기도를 하는 것이 적합한지는 모르겠지만 하여간 속으로 마구 부르짖으며 대적기도를 했습니다.

그런데 갑자기 고참들이 물건을 사러 쏟아져 들어오면서 한결같이 이렇게 말하는 것이었습니다.
"K, 너도 뭐 좀 먹어라. 내가 사줄게."
야호! 너무나 신이 났지요. 주님은 정말 좋으신 분이십니다!

3. 밤에 경계 근무를 설 때마다 몹시 피곤하고 졸려서 내 의지대로 내 몸을 가누기가 힘들었습니다. 하루 종일 근무했기 때문에 피곤하기도 했지만 여기에 어느 정도는 악한 영들의 공격이 개입되어 있는 것 같아서 근무할 때, 피곤할 때마다 꾸준하게 대적했습니다. 그렇게 3-4개월을 했더니 나중에는 졸지 않고 또렷한 눈망울로 근무를 설 수 있게 되었습니다. 할렐루야!

4. P.X에서 같이 일하는 고참이 종일 TV를 켜 놓고 있어서 아주 힘이 들었습니다. TV에서 나오는 소음이 너무 듣기가 싫었지요. 그렇다고 졸병이 뭐라고 할 수도 없고..
그래서 3-4개월 꾸준히 대적기도하고 속으로 'TV는 부서져라!' 하고 명령했더니 얼마 전부터 TV가 이상해지더니 스스로 꺼지기도 하고 켜 놓아도 지직거리게 되어서 결국 TV를 끄게 되었습니다.
TV가 고장이 나 버렸지요. 하하..

5. 군대의 내무반 분위기가 대부분 그렇겠지만 제가 있는 내무반도 항상 긴장되고 뭔가 불편한 그러한 분위기가 있었습니다. 그래서 내무반에 있는 악한 영들을 결박하고 대적하는 기도를 계속하여 드렸지요.
그 후에 불편하고 긴장되어 있던 내무실의 분위기가 바뀌었습니다.
산 위에 올라가 혼자 대적기도도 하고 찬양도 하고 그랬는데 그 이후에 내무반 안에 원래 있었던 괴롭히는 분위기, 긴장된 분위기가 사라지고 편안한 분위기로 바뀌게 되었습니다. 할렐루야! 저는 더 충만한 평화와 사랑이 넘치는 군대, 내무반이 될 그 날까지 대적기도를 쉬지 않고 계속 할 것입니다!

6. 말을 잘 듣지 않고 버릇이 없는 졸병이 있었지요. 이른바 신세대 사병이라 말이 잘 통하지 않았습니다. 화가 났지만 그래도 마음을 가라앉히고 그를 조용한 말투로 타이르며 속으로 그의 안에 있는 악한 영을 결박하고 대적하는 기도를 했더니 그는 아주 온순한 양이 되었습니다. 참 좋은 관계가 되었지요.

7. PX 내의 형광등 불빛이 너무 어두웠습니다. 조명이 어두우니 하루 종일 근무하는 데에 눈도 침침하고 기분도 좀 좋지 않았습니다.
그래서 기도를 드렸습니다.
'주님. 당신의 빛으로 이곳을 비춰주세요..' 하고 기도했지요.
그런데 그리고 나서 며칠 후에 온 부대 내에 형광등 교체 공사가 시작되었습니다. 그것도 필립스 삼파장 최고급 형광등으로요. 지금은 P.X가 환하게 밝아서 얼마나 좋은지 모릅니다. 할렐루야!

8. 정원 목사님의 문서 사역을 돕고 싶어서 후원회비를 많이 모으고 싶은데, 군대에서는 돈을 벌 수가 없었습니다.
그래서 막 부르짖고 부르짖었는데 얼마 후부터 고참들, 물건 가져다 주는 소매상 아저씨들, 심지어 후임까지도 먹을 것을 사주려 아우성을 치는 것이었습니다. 그래서 여기저기서 받은 넘치는 먹을 것들을 돈으로 환불해서 군대 안에서도 돈을 모을 수 있게 되었지요. 얼마 되지 않지만 저의 모은 월급과 함께 드릴 수 있으니 너무나 행복한 마음입니다. 기도하니 정말 별일이 다 생기는 군요. 할렐루야!

9. P.X. 안에서 물건을 구입한 후에 너무 요란하게 떠들면서 오래 머무는 고참들이 많이 있었습니다. 이런 경우 난처하지만 그렇다고 나가라고 할 수도 없어서 속으로 대적하는 기도를 했는데.. 갑자기 조용해지더니 다들 꿀 먹은 벙어리가 되어서 밖으로 나가는 것이었습니다. 정말 신기합니다.

10. 군대에 있으면서 사랑하는 사람들과 떨어져 있다보니 가끔 이유도 없이 어두운 마음이 들기도 하고, 서운한 마음, 외로운 맘, 우울한 마음, 소외감 등등이 올라오기도 했지요.
그러한 것들이 어두운 영들이 주는 감정들이라는 것을 깨닫고 그들이 나를 속이려 할 때 눈을 부릅뜨며 대적하고 꾸짖었습니다.
그랬더니 곧바로 그러한 어두움의 감정과 기운이 사라지고 생기발랄 하고 명랑한 모습으로 다시 돌아갈 수 있었습니다. 할렐루야! 정말 감사할 뿐입니다.

주님 사랑해요.
주님 보고 싶어요.
주님 감사해요.
그 이름의 능력!
찬양합니다!
주님께 모든 영광을 돌려 드립니다!
예수 나의 왕!
주의 주, 왕의 왕!

전능하신 주 이름
예수 이름 높여드립니다!
이상 간단하게 피돌이의 군 생활 대적기도보고를 마칩니다.
할렐루야!

* K형제는 오래 동안 주님을 믿고 있었지만 실제적인 주님을 경험하지 못했고 영적인 세계도 알지 못해서 삶에는 많은 묶임과 눌림이 있었습니다. 명문인 S대에 다니고 있었지만 공부도 거의 안 해서 학점도 엉망이었고 무절제한 소비생활로 빚도 적지 않았으며 마음먹은 것을 거의 하지 못하는 무기력한 삶의 연속이었습니다. 거의 폐인에 가까운 삶을 살기도 했었지요.

그러나 부르짖는 기도를 배우고 주님의 실제적인 임재를 경험하고 그를 평생 괴롭혀왔던 악한 영들을 대적하고 쫓아내게 되면서부터 모든 것이 바뀌기 시작했습니다. 두려움이 사라지고 자신감도 회복하게 되었고 도피 심리도 사라졌으며 열심히 일을 해서 빚을 모두 갚았으며 학점도 회복하기 시작했고 가는 곳마다 사람의 칭찬과 인정을 받게 되었습니다. 늦은 나이로 그 동안 계속 미루고 있었던 군대에 가게 되었는데 놀랍게도 PX로 발령을 받게 되었습니다. 하루 종일 혼자서 기도하고 찬양하며 편안하게 근무할 수 있는, 정말 군대 같지 않은 군대에 가게 된 것이지요.

그 동안 형제의 삶은 무엇을 하든지 항상 실패하고 안 되는 쪽으로만 진행이 되었는데 부르짖는 기도, 대적기도를 배운 후에는 무엇을 하든지 항상 일이 좋은 쪽으로만 진행이 되었던 것입니다. 전에는 지독하게 운이 없는 사람이었던 그가 이제는 무엇을 하든지 지독하게 운이 따르는 사람이 된 것입니다. 아니, 운이 아니고 주님의 은혜와 능력이 따르게 된 것이지요.

형제는 군대에 가기 전에 열심히 일을 해서 그 동안 지고 있었던 빚을 다 갚고 그 영수증을 가족 앞에서 보여주며 다 같이 울었다고 합니다. 형제는 지금 아주 명랑하고 유쾌한 개구쟁이로서 군대에서도 내무실의 즐거운 분위기를 주도하는 마스코트가 되었습니다. 이제는 가는 곳마다 기쁨과 웃음을 주는 행복의 전도사가 되었지요.

정말 놀랍게 변한 형제의 삶은 주님의 임재를 실제적으로 경험하는 것, 부르짖는 기도와 대적기도를 통해서 나타나는 주님의 이름의 능력이 얼마나 놀라운 것인지를 잘 보여주는 귀중한 간증이라고 할 수 있을 것입니다. 할렐루야.

28. 채무의 영에게서 벗어나다! -H형제-

얼마나 오랜 동안의 싸움이었는지.. 이제 후련합니다.
제가 실제적으로 예수님을 만난 날이 2002년 10월 22일이니까, 그 이전부터 받은 괴롭힘을 생각하면 정말 분노가 치밀어 오릅니다.
한사람의 삶을 옭아매고 저주의 구렁텅이로 끌고 가는 이 마귀새끼들!
이제 다시는 내 주변에 얼씬도 하지 못하게 할 것입니다.

예수님을 만나기 전에 저는 삶의 모든 부분에서 많은 묶임이 있었습니다. 재정에 있어서도 마찬가지였습니다. 그 당시엔 이게 묶임인지 조차 몰랐지요.
아버지가 편찮으시고 가정형편이 어려워진 상태에서 저는 장교로 군 복무를 하게 되었습니다. 집안에선 부모님과 동생들이 밥 한 끼를 먹는 것도 어려운 형편이었는데 저는 장교 복무를 하며 받은 월급으로 부대동료들과 어울려 회식하며 돈을 낭비했었습니다.
그 당시에 저는 마음과는 다르게 왜 사태의 심각성을 제대로 인식하고 대처하지 못했는지 다시 생각해봐도 마음이 아픕니다.

돈을 계획 없이 함부로 사용했고 그러다 보니 빚을 자꾸 지게 되었습니다. 하지만 그러면서도 별로 걱정하지 않았고 어떻게 되겠지.. 하는 마음이었지요. 이상하게 좋은 조건의 회사에 다니며 월급을 적지 않게 받으면서도 빚은 늘어갔고 나도 모르게 그러한 묶임에서 벗어날 수가 없었습니다. 그 때는 정말 제 정신이 아니었던 것 같습니다.
군복무를 마치고 직장생활을 시작하며 어려운 가운데 예수님을 알게 되었고 그 당시에 동생인 H전도사는 채무의 영을 결박하라는 이야기를 하며 저에게 이런 말을 해주었지요.
"오빠, 마귀들은 주님께서 주신 통로가 제대로 사용되지 못하게 사람을 속이고 괴롭히고 방해해.. 왜냐하면 그 통로가 바르게 주님을 위해 사용되면 자기들의 영역이 위축될 것이 무서우니까.. 그래서 자꾸 속여서 죄책감과 무력감을 심어주면서 사람을 누르는 거야. 재정 문제도 마찬가지고.. 오빠는 그들의 세력을 예수 이름으로 깨뜨리면 틀림없이 주님께서 재정문제를 회복시켜 주실 거야. 주님은 오빠에게 재정에도 권세를 주셨으니까.."

대충 그러한 이야기였습니다. 그래서 주님을 만나고 나서부터 저는 재정 문제를 위해서 빚의 문제를 위해서 과거의 잘못을 반성하고 회개하고 마귀를 대적하며 기도하기 시작했습니다. 기도하면서 철저하게 절약하고 아끼고 저축하면서 빚을 갚아나가기 시작했지요. 기도하면 할수록 제가 과거에 악한 영들에게 묶여서 살아왔었다는 것을 실감할 수 있었습니다. 그렇게 하기를 3년여.. 예수 이름으로 채무의 영을 결박하고 계속적으로 꾸준하게 대적기도를 적용한지 3년 만에 드디어! 바로 어제 2005년 1월 11일부로 개인 빚을 다 갚았습니다.
은행을 찾아가 받은 영수증(이자납입상환계산서)에 상환 후 대출 란에 '완제' 라고 써 있더군요.
그것을 보고 얼마나 마음에 감격이 되고 행복하던지!
은행 문을 나서는데 하늘이 그렇게 아름다울 수 없었습니다.
아.. 주님.. 너무나 감사합니다. 오직 주님께 영광을 돌립니다.

앞으로는 정말 모든 부분에서 마귀에게서 벗어나 온전히 주님의 도구로만 쓰이고 싶은 마음입니다.
목사님, 사모님 감사합니다. 그리고 H전도사에게도, 기도와 전쟁에 함께 해준 아내에게도 고맙다는 얘길 전하고 싶네요.
주님. 감사합니다. 사랑합니다. 할렐루야!

* 형제의 고백처럼 형제는 많은 부분에서 묶여 있었고 그렇게 묶여 있었다는 사실조차도 알지 못하였습니다. 그러나 주님의 만져주심을 실제적으로 경험하고 나서 형제는 아주 간절하게 주님을 구하게 되었습니다. 또한 사람을 파괴하고 괴롭히는 악한 영들이 있다는 사실을 알게 되면서 그는 전쟁을 시작하며 많은 승리와 자유를 경험하게 되었습니다. 예전에 그렇게 속고 정신 없이 살았었다는 것을 깨닫게 된 것이지요. 재정 문제의 회복은 그중 하나입니다. 형제가 3년 전에 주님을 처음 경험하고 나서 동생인 H전도사에게 이렇게 물었다고 합니다.
"H야.. 예수를 믿는 것이 이렇게 좋고 놀라운 것인데.. 왜 나에게 진작 알려주지 않은 거야?"
그녀가 대답했지요.
"오빠.. 전에도 내가 이야기를 했었고 오빠도 교회에 몇 번 나오더니 재미가 없다고 그만두었잖아. 그리고.. 나도 예수님을 경험하는 것이 이렇게 좋은 것인지, 믿는 것이 이렇게 신나고 재미있는 것인지 알게 된지 얼마 되지 않았단 말이야.."
형제는 지금 주님을 사랑하는 자매와 함께 천국의 가정을 꾸미고 살아가며 날마다 새롭게 경험하는 주님의 은총에 감격하며 살아가고 있습니다. 할렐루야.

29. 대적기도 실습 경험담 -H전도사-

월요 기도모임에서 대적기도를 시도해보기로 했습니다.
오전의 모임을 마치고 점심식사를 한 후에 악한 영을 대적하고 사람들의 안에 숨어있는 악한 영들의 존재를 드러내는 훈련을 해야겠다는 마음이 들었습니다.
모임에 처음 참여하는 분들이 있으면 사전 지식이 없는 상태에서는 조금 곤란하기 때문에 어떻게 할까 망설였는데 다행히 오전 모임이 끝나자 처음 오신 분들은 다 집으로 가셨습니다. 약 30명 정도가 남아있었지요. 그래서 좋은 기회라고 생각하고 목사님이 얘기해주신 대적기도에 대해 사람들에게 간단하게 설명해 주었습니다.
그리고 제가 혼자 기도하면서 경험했던 것들을 대충 나누고 편안하게 마음을 가라앉힌 후에 자신의 안에 있는 인격적인 어두움의 존재를 의식하면서 자신의 내부 느낌을 구석구석 살펴보라고 시켰습니다.
그리고 실습에 들어갔습니다.

처음에는 두 사람씩 짝을 지어서 한 사람은 편하게 눕고 다른 사람이 옆에서 조용하게 '귀신아.. 귀신아..' 하고 부르며 누운 사람은 자신의 상태를 살펴보도록 실습을 하려고 했었는데 그렇게 하니까 서로 신경을 쓰느라 집중을 잘 못하는 것 같았습니다.
그래서 그냥 전체의 사람들을 다 누우라고 하고 내가 전체적으로 '귀신아.. 귀신아..' 하고 불렀습니다.

어떤 반응이 있을까 주의해서 보았는데 나의 경험과는 달리 갑자기 펄떡 거리거나 극적인 반응을 보이는 이들은 없었습니다.
대체로 외적인 반응보다는 신체 내부에서 여러 부분에 통증이나 전율, 움직임을 느꼈다고 하였습니다.
나도 악한 영을 부르며 전체의 분위기를 이끌어 가는 과정에서 심장이 조여오고 목이 막혀오며 여러 부분에 통증이 오는 것을 느꼈습니다.
그래서 악한 영을 드러나게 한 후에는 엎드리라고 하고 소리를 내어서 속에 있는 나쁜 기운을 토해내는 기도를 시켰습니다.
그러자 사람들이 소리를 내고 구역질을 하면서 여기저기에 토설물이 가득하게 되었지요. 나쁜 기운이 나가면서 침, 가래 등의 더러운 것들이 나오는 것이었습니다.

목사님이 가르치신 대로 악한 영을 드러내고 쫓아낸 후에는 부드럽게 주님의 이름을 부르며 충전하는 기도를 하려고 조용히 '주님.. 주님..' 하고 부르도록 인도했는데 아직 정리가 다 안되었는지 뭔가 씨뿌둥하고 불편한 느낌이 남아있었습니다.
그래서 다시 '귀신아.. 귀신아..' 하고 악한 영의 이름을 부르며 쫓아내고 대적하는 기도로 전환을 하였습니다. 충전의 기도는 대적기도가 충분히 이루어진 후에 해야 하는 것 같습니다.

아직은 부드러운 방법보다 물리적인 방법을 동원하는 것이 더 좋을 듯해서 두 사람씩 짝을 지어 서로 머리와 등을 두드리고 어깨나 팔을 주물러 주면서 미진한 느낌을 내보내라고 했는데 사람들이 아주 즐거워하였습니다.
그렇게 한 후에 다시 찬양을 시작해 보았는데 우와.. 그 느낌을 어떻게 표현할 수 있을까요.

뭔가 막힌 것이 뻥! 뚫린 것처럼 전체적인 분위기가 너무 시원해졌습니다. 찬양이 너무나 감미롭고 행복하게 느껴졌지요. 대적기도를 통해서 악한 영들을 내보내고 나니 그 전과 후의 차이가 너무나 선명했습니다. 사람들에게 물어보니 다들 '귀신아..' 하고 부르고 나서 악한 기운을 토해내고 나니 찬양이 너무 시원하게 잘 나온다고 좋아하는 것이었습니다. 그래서 한 사람씩 돌아가면서 실습하면서 각자 느낀 점을 한마디씩 나눠보라고 하였습니다.

다음은 '귀신아..' 하고 부르면서 속의 느낌을 주의하였을 때 각자에게 나타난 느낌과 토하는 기도를 한 후 나눈 각 사람의 간략한 소감을 정리한 것입니다.

[K권사] 머리가 부르르- 진동하는 것을 느꼈습니다. 손과 팔에 압박감이 있었는데 토해내고 나니 시원해졌습니다.
[L전도사] 팔에 묵직하게 누르는 느낌이 있었습니다.
[K집사] 머리가 콕콕 아프고 심장이 조여오고 어깨에 압력이 느껴졌습니다. 토해내니 지금은 아주 시원합니다.
[O권사] 왼쪽 팔에 통증이 심하게 왔는데 지금은 아주 시원해졌습니다
[K자매] 배속이 꿀렁꿀렁하는 것을 느꼈습니다.
[J자매] 목이 딱딱하게 굳어졌다가 토하고 나니 나아졌습니다.
[C사모] 목이 눌리고 딱딱해지고 가슴이 조여오고 배의 오른쪽이 아팠습니다. 토하고 찬양하고 나니 지금은 괜찮습니다.
[C형제] 머리가 어지럽고 손뼈가 아팠습니다.
[O전도사] 왼쪽 가슴과 허리와 눈, 오른쪽 어깨 부분이 아팠습니다. 그 곳은 평소에도 아픈 부분입니다.

[K전도사] 특별한 느낌은 없고 턱이 약간 눌리는 듯한 느낌입니다.
[W집사] 가슴이 답답했습니다.
[P자매] 왼쪽 부분 전체, 그리고 눈이 아팠습니다. 부르짖는데 몸이 분리되는 느낌이 들었습니다.
[O사모] 뒷머리, 어깨, 목, 머리가 아팠는데 머리를 쳐주니까 너무 시원해졌습니다.
[W집사] 가슴이 조여드는 것이 느껴졌습니다.
[Y집사] 가슴 한 점에 통증이 느껴지며 슬픔이 올라왔습니다.
[M집사] 명치 있는 부분이 아팠습니다.
[Y집사] 머리의 표면이 아팠습니다. 지금은 괜찮아졌습니다.
[O권사] 하품이 많이 나고 어깨 결림이 느껴졌습니다. 등이 아팠습니다. 그 부분을 두드려주고 찬양하고 나니 지금은 아주 개운합니다.

이것은 아주 흥미 있는 훈련의 시간이었습니다. 대적기도를 하자 숨어있던 증상들이 나타나고 그것을 쫓아내고 토하면서 눌렸던 영이 자유스럽고 충만해지고 후련한 느낌을 대부분 가지게 되었는데 대적기도가 아주 실제적이고 쉬운 것이라는 것을 확인할 수 있었습니다. 할렐루야.

* 대적기도를 처음 접하는 이들은 '귀신' 소리만 들어도 무서워하거나 꺼림칙하게 느끼는 경향이 있습니다. 그들은 '귀신' 하면 공동묘지에서 하얀 소복을 입고 나오는 머리를 풀어헤친 귀신이나 영화 '엑소시스트'와 같은 것을 연상합니다. 그래서 이들은 '귀신'이라는 소리를 듣기만 해도 두려워합니다.
하지만 대적기도는 하나도 무섭거나 이상한 것이 아닙니다. 그리고 악한 영들이 사람을 괴롭히는 것은 아주 평범하고 자연적인 현상입니다.

누구나 신체의 연약한 부분을 가지고 있으며 질병을 가지고 있는데 그것에 대해서 두려워하거나 이상하게 생각하는 이들은 없을 것입니다. 영적인 증상도 이와 같은 것입니다.

악한 영을 부르고 대적하면서 자신의 신체에서 일어나는 반응을 주의 깊게 살펴보면 극적인 현상이 나타나는 사람들은 드물지만 대체로 속에서 어떤 현상이 나타나게 됩니다. 어느 부위가 아프다든지, 묵직하다든지, 불편하게 느껴진다든지.. 하는 느낌들이 일어나게 됩니다. 그러한 증상들은 그 악한 영들이 평소에 그 사람의 안에 숨어 있다가 그들을 불러내기 때문에 그 정체가 드러나는 현상입니다.

그렇게 악한 영을 불러낸 다음에 대적하고 나가라고 쫓아내면 그 느낌들이 사라지고 나가는 것이 느껴지게 되는 것이 보통입니다. 그러면 부분적으로 아주 시원하고 후련하게 느껴지며 몸도 마음도 아주 기쁘고 자유롭게 됩니다. 특히 영적인 감각이 아주 맑아져서 기도가 아주 잘 되며 찬양에도 기쁨과 달콤함을 느끼게 됩니다.

물론 이러한 몇 번의 대적기도를 통해서 모든 악한 영들의 증상이 100% 다 끝나는 것은 아닙니다. 그것은 자유함으로 가는 하나의 시작일 뿐입니다. 완전한 해방과 승리는 본인의 의지와 삶에 달려있는 것입니다.

만일 그 사람이 대적기도를 한 후에도 여전히 죄를 즐거워하고 세상의 쾌락을 좋아하며 악한 영들이 먹을 수 있는 요소를 가지고 있다면 그 사람은 아주 일시적인 승리만을 누리게 될 것입니다. 하지만 지속적으로 영적 전쟁을 하며 죄를 미워하고 아름답고 거룩한 삶을 추구하며 주님을 추구하고 순종해간다면 그는 더 깊고 풍성한 자유와 능력의 세계로 나아갈 수 있게 될 것입니다.

'귀신아!' 하고 부르는 것에 거부감을 가지고 있는 이들은 '악한 영들아!' 하고 부르든 '나쁜 놈아!' 하고 부르든 상관이 없습니다. 하지만 성경에 '귀신'이라고 부르는 것이 많이 등장하기 때문에 그렇게 부르는 것이 가장 쉽고 일반적인 방법이라고 할 수 있을 것입니다.
대적기도를 하면서 그들의 이름을 부르게 되면 숨어있던 영이 드러나면서 신체적으로 감정적으로 여러 증상들이 나타나는 것이 보통입니다. 그러나 아무런 느낌이 없다고 하더라도 악한 영들은 그 순간 힘을 잃어버리고 약해지게 됩니다.

어떤 사람이 방언기도나 소리를 내어서 하는 발성 기도를 자주 많이 해본 사람이라면 악한 영들은 쉽게 분리가 되고 그 정체를 드러내게 될 것입니다. 그러나 그러한 경험이 없는 이들은 아무래도 영적 감각이 발달되어 있지 않기 때문에 악한 영들이 여전히 숨어있거나 어떤 느낌이 적을 것입니다. 그러나 포기하지 않고 꾸준히 악한 영들을 대적한다면 그들은 반드시 나타나게 되며 결국 깨어지게 됩니다.
그것은 예수의 이름과 권세는 이 우주 안에서 가장 놀랍고 강력한 능력이며 권세이기 때문입니다. 그러므로 악한 영들은 더 이상 숨어있을 수 없습니다.

아무튼 직접 이 기도를 시도해보면 많은 전리품을 얻게 될 것입니다. 사역자들도 담대하게 주님을 신뢰함으로 대적기도를 사용한다면 고통과 눌림 속에 있는 많은 성도들에게 자유함과 기쁨을 나누어주는 도구가 될 수 있을 것입니다. 할렐루야.

30. 대적기도 경험자들의 간단한 보고 -H전도사-

대적기도를 모임에서 간단하게 가르치고 설명한 후에 회원들에게 숙제를 내주었습니다. 일주일동안 생활을 하면서 대적기도를 적용한 후에 일주일 후의 모임에서 그 경험들을 나누기로 한 것입니다.
일주일 후에 모임에서 서로의 경험을 나누어보니, 각자 집으로 가서 대적기도를 적용했을 때 한 사람도 예외가 없이 대적기도의 효과와 열매를 경험하였음이 확인되었습니다.
아직 충분히 승리하지 못하는 분들도 있었지만 대부분의 사람들이 다 놀라고 감격한 모습으로 개인적인 경험을 이야기하였는데 그 내용의 일부를 정리해보았습니다. 아래의 내용은 1주일 ~ 3주일 동안 대적기도를 적용한 결과의 정리입니다.

[H자매] 평소의 위축된 마음에서 자신감이 생겼습니다. 작품을 만들 때도 좀 더 재능이 발휘되는 것 같습니다.
[J자매] 학생들에게 강의를 할 때 좀 더 집중할 수 있는 것 같습니다. 두려움에서도 많이 자유롭게 되었습니다.
[K자매] 혼자 있을 때 가끔 갑자기 무서운 마음이 들곤 했습니다. 결박하고 대적했더니 좋아졌습니다.
[L집사] 남편이 아무 것도 아닌 일에 화를 버럭 내서 속으로 결박기도를 했는데 곧 좋아져서 남편의 분노가 풀리고 미안해 했습니다.

[K권사] 남편이 가끔 말의 꼬투리를 잡을 때 전에는 마음이 상했으나 대적기도를 한 후 여유가 생기고 편하게 대할 수 있게 되었습니다.

[J집사] 머리가 아플 때 대적기도를 하면 즉시로 좋아지지는 않아도 조금 후에 회복되는 것을 느낍니다. 내가 아무 것도 아니라는 생각, 무기력증에 시달렸는데 대적기도를 한 이후에 많이 좋아지는 것을 느낍니다.

[H사모] 9살 난 아들이 고집을 부리고 반항을 할 때 대적기도를 하니 좋아졌습니다. 돌이 지난 아이도 징징거릴 때 대적기도를 해 주면 곧 멈추고 좋아집니다.

[L집사] 중1된 아들이 컴퓨터 게임에 몰두하고 있을 때 대적기도를 하면 5분 안에 멈추곤 합니다.

[K집사] 제 안에 있는 분노의 영을 대적했으나 이 부분은 아직 잘 되지 않은 것 같습니다. 남편이 너무 TV에 빠져 있어서 대적기도를 했더니 그것에는 성공을 했습니다. 아직은 두려움이 있고 좀 더 기도를 해야 할 것 같습니다.

[O집사] 절망적인 마음이 들었을 때 대적기도를 했는데 그들이 사라지며 어두움이 떠나는 것을 느꼈습니다.

[J전도사] 평소에 두려움이 있었는데 그 두려움의 근원이 악한 영임을 깨닫고 대적하자 많이 좋아졌습니다.

[W집사] 시어머니와의 관계에서 고통이 심했는데 그 배후에 어두움과 묶임의 영들이 많이 있음을 알게 되었습니다. 이제 대적기도의 시작이지만 희망의 빛이 보이는 것 같습니다. (* 몇 주 후에 확인한 결과 많은 해방과 자유함을 누리게 되었다고 합니다.)

[C집사] 딸이 공부를 영 하지 않아서 걱정이 되었는데 대적기도를 하자 효과가 있어서 딸이 마음을 잡고 공부를 열심히 하고 있습니다.

[K집사] 대적기도를 통해서 허리의 고통을 고침 받았는데 다시 한 동안 악한 영이 공격을 했습니다. 대적기도가 잘 안되길래 한동안 주님의 주되심을 고백했고 그러자 평안과 자유가 오게 되었습니다.

[P집사] 장남 집안이라 우리가 제사를 담당해야 했는데 올부터는 제사를 안 지내려고 기도했습니다. 시동생에게 올해부터는 예배를 드리자고 이야기하고 형제들이 모여서 의논을 하게 되었는데 모임에 가면서 대적기도를 하고 갔습니다. 결국 승리했습니다. 제사를 드리고 난 후에 시동생 집안의 아이가 악몽에 시달린다고.. 그래서 결국 예배를 드리게 되었습니다. 할렐루야.

[B목사] 일을 하고 있을 때는 몰랐지만 쉬고 있을 때는 무기력감을 느끼곤 했습니다. 대적기도를 한 후에는 일이 없을 때도 편안합니다.

[K목사] 주일날 예배가 끝난 후에 외로움이 있었는데 그것이 회복되었습니다. 집회를 인도할 때 어두움이 물러가고 웃음이 터지며 영적으로 강건해진 것을 느낍니다.

[O목사] 선교 현장에서 믿지 않는 자들의 교만, 이기주의, 음주 등으로 인하여 힘들었지만 대적기도를 한 후에 많이 강해지고 정리가 된 느낌입니다. 좀 더 대적기도를 해야 할 것 같습니다.

[C전도사] 1. 설교와 기도가 회복되었고, 전에는 두렵게 느껴지던 대적자들이 뻥튀기 과자처럼 밟으면 부서질 것 같이 가볍게 생각됩니다.

2. 함께 기도하던 사람 중에 많이 눌려서 몇 달간 가족을 떠나와서 계속 눌리고 고통스러워하던 사람이 있었는데 대적기도의 결과 회복되어 오늘 집으로 돌아갔습니다.

3. 설교를 준비하고 글을 쓰려고 하면 항상 공격하던 영들

이 있었으나 이제 그것들이 박살난 것을 느낍니다.

4. 대적기도를 하니 악한 영들의 정체가 드러나면서 그들이 나를 공격함으로 뇌출혈이 나타나는 현상까지 갔으나 배기도를 한 후에 회복되었습니다.

[M자매] 결박하는 기도가 잘 될 때도 있지만 눌리기도 했습니다. 대적을 할 때 원하지 않은 생각과 감정이 자꾸 올라오는 것을 느낍니다. 몸 오른 쪽 부위에 무엇인가 막힌 것이 느껴집니다. 더 대적을 해야겠습니다.

[S자매] 가슴 쪽에 아픈 느낌이 있습니다. 대적기도를 통해서 그것을 빼내어도 힘이 듭니다. 추석 때 고향에 다녀오면서 사람들을 접하며 타격을 받는 것 같습니다. 생각을 차단하면서 대적기도를 해야겠습니다.

[Y자매] 대적기도를 시작하고 자유함을 느끼면서 악한 영과 자신이 분리가 되기 시작하였습니다. 과거의 왜곡된 기억들도 밝은 기억으로 바뀌고 주님이 일하신 것을 보게 되었습니다.

[K자매] 오랜 무기력의 묶임에서 벗어나게 되었습니다.

[J자매] 여러 가지 제사들이 추석 기간에 모두 겹쳐서 도저히 빠질 수 없던 상황에서 대적기도를 한 후에 마음이 약한 저를 주님께서 모든 상황을 벗어날 수 있도록 환경을 만들어주셨습니다.

[K집사] 세상적이고 심령이 막혀있는 동서 부부가 항상 집안 식구들의 답답한 문제였는데 대적기도를 하니 마음이 편안해졌고 긍휼히 여기는 마음과 사랑의 마음으로 변화되었습니다.

[D집사] 대적기도와 함께 [천국의 중심원리] 책에 나오는 주님의 주되심을 선포하는 기도를 통해 많은 응답을 경험했습니다.
아들이 재수를 하면서 담배를 피우게 되었는데 '담배의 영아

가라' 는 기도를 하면서 '제 아들을 주님께 올려드립니다. 주님
께서 통치해 주시고 왕이 되어 주십시오' 하고 기도를 한 후
아들이 담배를 끊고 신앙생활에 충실하게 되었습니다.
시어머님과 시댁 식구에 대한 주되심의 기도를 통해 주님께
모두를 각각 올려드린 후 모든 식구들이 변화되었습니다.
또한 명절 때도 여러 가지 힘든 상황에서도 불만스런 모든 것
을 주님께 올려드림으로 인해 마음의 평안을 얻게 되었습니다.

[K집사] 대적기도를 하니 내 안에 감추어진 부분이 드러나는 것을 느
꼈습니다. 어두움이 폭로되었습니다.

[O집사] 나를 객관화 시켜서 보게 되었습니다.
고질적인 우울함을 떨쳐버리게 되었습니다.

[K집사] 대적기도를 하니 내 안에 있는 분노와 열등감이 느껴졌습니다.
아직 충분히 극복하지 못했지만 더욱 더 싸워가려고 합니다.

[K전도사] 아들에게 무엇을 시키면 꼭 이유와 핑계를 대면서 하지 않
아서 마음이 잘 상했었는데 그 속에 있는 악한 영을 대적하
며 기도했더니 아들이 아주 온순해지면서 순종파가 되었습
니다. 아들이 밉고 보기 싫은 마음이 있었는데 이제는 너무
귀엽고 사랑스러워졌습니다.

[A자매] 1. 목소리를 들으면 두려워지고, 부담이 되는 친지 분이 있어
서 두려운 마음, 압박하는 영을 묶고 대적을 했습니다. 그리
고 나니까 만남이 점점 힘들지 않게 되었습니다.

2. 여동생과의 관계가 불편하고 늘 그에 대한 눌림과 두려움
이 있어서 곁에 오면 심장이 조여드는 것 같았습니다.
그래서 대적기도를 하며 관계 가운데 있는 어둠의 영을 결박
하고 내 속에 들어온 두려움과 죄책감의 영을 결박하고 저주

하고 상상으로 마귀를 마구 때리고 부수고 했는데 그리고 나서 맘이 많이 편안해졌습니다. 그리고 동생도 부드러워진 것 같습니다. 그렇게 대적기도를 하면 상대방이 밉게 보이던 마음이 사라지는 것을 느낍니다.

3. 길을 다니다가 사람들과 눈이 마주칠 때 마음이 불편하고 두렵고 했었는데 그럴 때 눈을 크게 뜨고 시선 피하지 않고 '예수님의 이름으로 악한 영을 저주하고 결박하노라!' 라고 속으로 선포하니까 그런 좋지 않은 느낌들이 사라지고 눈을 피하지 않게 되었습니다.

[A사모] 작은 딸이 총명한 아이인데 공부는 하지 않고 일본 만화(에니메이션)에 빠져서 기말고사 시험기간인데도 계속 컴퓨터로 만화보고 만화 동호회원끼리 핸드폰으로 문자 날리고. 그러는 거에요.. 그래서 참 속이 상했는데 대적기도를 하면서 대화를 했더니 핸드폰을 반납하고 한 주간동안 공부를 열심히 해서 시험을 잘 쳤어요. 그리고 얼굴도 밝아지고 부모 말에 순종을 잘하게 되었어요.

[J형제] 1. 어머니의 관계에서 불편하게 만드는 혈육의 영에 대해서 대적 했더니 뚫렸습니다.

2. 공부를 방해하는 영을 대적했더니 바로 공부하고 싶은 마음이 생기게 되었습니다.

3. 가난의 영을 대적했더니 심령이 뚫리는 것이 느껴집니다.

4. 어떤 사람에 대한 집착의 영을 대적했더니 환경이 바뀌어 관계가 자연스럽게 끊어지게 되었습니다.

5. TV를 자꾸 보고 싶은 마음이 있어서 대적했더니 그 마음이 사라져버렸습니다.

6. 식탐의 영을 대적했더니 식욕이 줄어들었습니다.

7. 어두운 마음이 들어올 때 대적했더니 사라졌습니다.

8. 음란한 마음이 일어날 때 대적했더니 그러한 마음이 곧 사라졌습니다.

9. 무기력해질 때 무기력한 영을 대적하니 그 기분이 사라지고 활기차게 되었습니다.

10. 목회자에 대해서 대적하고 비판하는 마음이 있었는데 그 영을 대적하고 회개하니 사라져버렸습니다.

11. 죄책감을 주는 영을 대적하니 그 마음이 없어졌습니다.

12. 이유 없이 나를 무시하는 사람이 있어서 배후에 있는 영을 대적하니 해결되었습니다.

[B자매] 1. 어두운 생각이 예전에 비해 많이 줄어들었습니다.

2. 웃음이 많아지고 서운한 생각, 내가 잘못하는 부분에 대한 자학 등이 많이 없어졌습니다.

3. 귀신에게 분노하는 법을 배운 후, '박살나라' '깨어질 지어다' 등의 말로 명령을 하면서 귀신에 대한 두려움이 싹 사라져버렸습니다.

4. 나에 대해 좋지 않은 감정이나 생각을 가진 사람에 대해서 배후에 있는 악한 영을 대적기도를 하자 상대방의 태도가 부드러워졌습니다.

5. 과거에 안 좋은 기억에 연결된 사람에 대하여 대적기도를 하면서 연결된 끈을 끊는 상상하자 생각이 잘 안 나게 되었습니다.

6. '늘 정결한 마음을 주세요! 주님 외에 다른 우상을 숭배하지 않게 해 주세요.' 하면서 현재 진행형으로 대적기도를 하고 있

습니다.

[C형제] 눈에 힘을 주고 눈 기도를 했더니 생각이 제어되는 것을 느꼈습니다. 앞으로 대적기도와 함께 더 열심히 눈 기도를 해야 겠습니다.

[A권사] 1. 대적기도를 한 후 온 몸이 아프고 몸살이 난 것 같습니다. 변화되는 과정일까요.

  2. 해결해야 할 문제가 있는데 그냥 걱정만 하다가 갑자기 대적기도 생각이 나서 대적기도를 하자 마음에 지혜가 떠오르면서 근심이 사라져버렸습니다.

[S자매] 1. 신랑에 대해서 나쁜 생각이 마구 나서 대적기도를 하니까 금방 회복되었습니다.

  2. 어떤 사람한테 꾸지람을 받고서는 가슴이 조금 아팠는데, 가슴 부위에 대고 대적기도 하고 눈으로 대적기도 하니까 나쁜 생각도 사라지고 가슴도 나아졌습니다.

  3. 친구에 대해서 서운함을 느껴서 대적기도를 하니까 금방 사라졌습니다. '내가 왜 그랬지?' 하는 마음이 드는군요.

  4. 나쁜 생각이 들어오려고 할 때 수시로 머리에 의식을 두고 대적기도를 하니까 들어오지 못하는 것을 느꼈습니다.

  5. 어쩔 수 없이 TV를 보게 될 때 눈으로 대적을 하면서 보니까 나쁜 내용이 안 들어오게 됩니다. 글을 통해서 안 좋은 내용을 접할 때도 눈을 부릅뜨고 대적하면 들어오지 않게 되었습니다.

  6. 심장이 아파서 두드리면서 대적하니까 통증이 사라졌습니다.

[L집사] 1. 아이가 자꾸 찡찡거릴 때 '엄마 눈 좀 볼래' 하고 아이의 찡찡거리는 영을 결박하고 대적기도를 하면 아이가 쳐다보지

않으려고 하다가 보고 나면 곧 찡찡거리는 것이 사라지며 아이가 웃고 좋아집니다.

2. 남편이 평소 컴퓨터를 즐겨하는데 적당히 하지 못하고 밤을 새가면서 할 때 중독의 영을 결박하고 박살내는 상상기도를 했습니다. 그러면 어떨 때는 성공하고 어떨 땐 하다가 잠이 들어버리기도 합니다.

3. 남편의 하는 일이 잘 안되고 수금이 안될 때, 그 관계와 재정을 묶는 영을 결박했을 때 상황이 잘 풀렸습니다.

4. 교회에서 맡은 영혼들을 위해서 기도할 때 배후에서 그들을 묶고 있는 영들을 결박하며 대적하자 달라지는 모습을 보게 되었습니다.

5. 어떤 때는 이런 저런 대적기도를 신나게 하고 나면 내가 강퍅해지거나 사나워지는 것 같아서 다시 '내 안에 있는 귀신아!' 하고 부르며 배출호흡을 하곤 합니다. 이럴 때는 힘이 빠지곤 합니다. 내가 약해서 그런 것인지, 권능이 없어서 그런 것인지 아님 대적기도 후엔 호흡으로 충전을 해야 하기 때문인지 잘 모르겠습니다. 대적기도가 어떨 땐 신나기도 하고 어떨 땐 힘들게 느껴질 때도 있습니다.

(* 내 안에서 혈기나 분노의 기운이 움직이고 있을 때 그것을 대적하면 힘이 쭉 빠지는 일이 흔히 있습니다. 그것은 악한 영이 소멸되는 과정에서 일어나는 일입니다. 그럴 때는 조용히 안식을 하면서 주님을 부르며 주님의 임재를 기다리면 영적 충전이 이루어지며 성품도 아름답게 되고 심령에 감미로운 주님의 임재와 사랑이 가득 채워지게 됩니다.)

[D자매] 1. 슬픈 생각이 들거나 눈물이 날려고 할 때 (옛날 생각을 한다든지) '귀신아! 까불지 말고 꺼져!' 하고 대적을 하면 감정을 컨트롤할 수 있게 됩니다. 상황에 몰입하지 않고 객관적으로 되는 것을 느끼게 됩니다.
2. 중독되어있던 부분이 있었는데 대적을 하니 행동으로는 하지 않게 되고 가끔 생각이 떠오르지만 곧 바로 대적하니 점점 자유롭게 되는 것을 느낍니다.
3. 서운한 감정이 들었을 때 회개하고 대적하고 나니까 같은 상황이 와도 더 이상 서운한 마음이 들지 않았습니다. '서운한 게 뭐였지?' 하는 마음이 들었지요. 오버인가요?
4. 제안에 남자 친구에게 대한 집착에 가까운 영이 있는 것 같았습니다. 상대를 너무 지나치게 생각하는 것이지요. 대적기도를 하면서 배출호흡을 하니까 생각도 별로 안 나고 사람에게서 자유해지는 것을 느꼈습니다. 상대방이 나를 대하는 태도가 어떻든 상관없이 마음이 편안해졌습니다.

[S자매] 저는 대적기도 뿐 아니라 대적기도, 부르짖기, 낮은 방언 들을 한꺼번에 같이 해서 이것이 순수한 대적기도인지 아닌지 잘 모르겠어요.
1. 무기력 : 무기력해서 아무 것도 하기 싫을 때, 힘이 없을 때 대적기도 후 배에 힘주고 낮은 방언하면 힘이 났습니다. 그래서 해야 할 일을 할 수 있었습니다.
2. 별 이유 없이 나빠진 관계 : 이상하게 생각되어 악한 영을 대적하였습니다. 친구와 회복되고 상대방이 잘 대해주게 되었습니다.
3. 어두운 생각 : 자기 비하나 어두운 생각이 오면 대적기도

후 반대적이고 진리적인 생각을 하였습니다. 옛날처럼 어둠의 나락으로 빠지지 않았습니다.

4. 마음이 어두울 때 : 어둠(슬픔, 우울 등)을 대적하면 곧 상태가 좋아졌습니다.

5. 두려움 : 두려움이 올 때 대적하면 곧 회복되는 것을 느꼈습니다.

6. 혼미해져서 실수할 때 : 백화점과 번화가에 갔을 때 정신이 혼미해서 실수를 하게 되었지요. 그러자 귀신에게 당한 것을 알고 그 날 더 실수하지 않기 위해 대적기도를 하였습니다. 그러자 곧 정신이 맑아져서 실수하지 않고 할 일 다 마치고 집으로 올 수 있었습니다.

[A자매] 1. 어두운 생각 : 어떤 사람을 생각할 때 의심이나 서운한 마음, 기타 등등의 어두운 생각들이 떠오르게 되면 예전에는 그 내용을 곰곰이 생각하면서 그것이 정말이면 어쩌나.. 그런 두려움에 사로잡히거나, 아니면 상대방이 나를 나쁘게 생각할 것 같고, 그런 두려움, 서운함, 억울함 등에 사로잡힐 때가 많았는데 대적기도를 배운 후 그런 것들이 모두 악한 영의 장난이라는 것을 깨닫고, 그런 생각이 오려고 할 때 처음부터 분별하여 마구 패주고 대적하게 되었습니다.

2. 더러운 영 : 꿈속에서 더러움에 끌려 다니거나 더러운 생각이나 느낌이 들어올 때가 있었습니다. 전에는 그런 것이 있어도 그냥 멍하니 있거나 어찌할 바를 몰랐는데, 배에다 힘을 주고 (뱃속에 집을 지은 악한 영들과 관련이 있다고 배워서) 부르짖어서 부수기도 하고, 특별한 대상이 생각나지 않을 때는 무조건 고개를 박고 '귀신아, 귀신아' 하고 부르며

대적하기도 했습니다. 그러면 구역질, 트림, 게거품도 많이 나오고 검은 물도 나오고 아주 역겨운 냄새들이 올라오기도 했습니다. 그러고 나면 마음이 개운해지는 것 같았습니다.
3. 해야 할 일을 방해하는 영 : 논문 쓸 때, 해야 한다는 부담은 많은데 막상 책상에 앉아서 글을 쓰는 것은 잘 안 되고 시간만 많이 흘렀습니다.

그 때 '방해하는 영아 결박되어라!' 했더니 바로 책상 앞에 앉아서 열심히 논문을 쓰고 있는 자신을 보게 되었습니다.
4. 부정적인 생각 : 논문을 써 놓았는데, 너무 보잘것없이 느껴지고, 안될 것 같고 그래서 포기하고 싶은 마음에 엄청 심하게 눌렸습니다.

다시 고개를 박고 '귀신아! 귀신아!' 한 다음에 (한 시간 동안) 탈진이 되어서 엎드러서 주님을 구했는데 주님이 머리를 만져주시면서 어두운 생각이 사라지게 되었습니다.

그 후에 똑같은 내용을 다시 보았더니 너무 괜찮게 보이면서 다음 해야 할 일들에 대한 아이디어가 팍팍 떠올랐습니다.

[L집사] 1. 서점에서 엄청 찡찡대는 아이를 속으로 대적기도하면서 악한 영을 결박했습니다. 세 번 정도 하자마자 아이가 뚝 그쳤습니다.

2. 게으름의 영에 대하여 : 나의 게으름을 대적했더니 갑자기 더러운 것들(예를 들어 집안 청소, 설거지 등)이 눈에 보이고 바로 치우기 시작했습니다. 그런데 안 했더니 다시 게을러지는 것 같네요. 완전히 바뀔 때까지 지속적으로 해야 하는 것 같습니다.

[B전도사] 1. 고향에 다녀오면서 여러 가지 염려와 어두운 감정들로

인해 마음이 눌렸습니다. 부르짖는 기도, 대적기도를 하면서 마음이 자유케 되었고 다시 주님을 바라보게 되었습니다.

2. 두려움과 죄책감이 밀려올 때가 많습니다. 죄책감을 심어 주는 악한 영을 대적하면 조금은 죄책감에서 벗어나게 됩니다.

3. 교회를 위해 기도할 때 어두운 영들을 대적합니다. 아직은 힘이 부칠 때가 많습니다. 전반적으로 부르짖는 기도, 대적기도의 분량이 부족해서 공격이 올 때 눌리거나 위축될 때가 많은 것 같습니다. 기도의 역량을 더 키워나가야 할 필요를 느낍니다.

[K자매] 1. 같이 사는 사람이 자꾸 힘들게 해서 결박기도를 했더니 얌전해졌습니다.

2. 일에 집중이 잘 안될 때 결박을 했더니 집중이 잘 되었습니다.

3. 다른 이가 내게 무례하게 대할 때 결박기도를 했더니 함부로 대하지 못하는 것이었습니다.

4. 어떤 사람이 이쁘게 보이지 않고 보이지 않는 거리감이 느껴질 때 내 안에 있는 상대방을 얄밉게 보는 영을 대적했더니 조금 편안해졌습니다.

5. 자꾸 불안한 마음이 들어서 한일을 다시 확인하고 또 확인하게 될 때 그러한 마음을 결박하는 기도를 하면 곧 차분해지게 됩니다.

6. 사람에게 사랑을 기대하여 그의 사랑을 잃지 않을까 두려운 마음이 들 때, 상대방을 소유하고 집착하고픈 마음이 들 때 그것을 결박하고 대적하니 마음이 편안하고 자유로워

졌습니다.
  7. 쓸데없이 우울한 생각이 들 때, 대적하니 기분이 좋아졌
     습니다.
  8. 상대가 화를 낼 때 분노의 영을 묶었더니 곧 조용해졌습니다

[D자매] 1. 사소한 일들도 대적하고 기도하니까 아이들도 '귀신아 나
     가!' 하는 기도를 따라합니다. 재미있게 느껴집니다.
  2. 친정엄마를 두려워하는 편이었는데 대적기도 이후에 많이
     편안해졌습니다.
  3. 혼미한 생각에 사로잡혔을 때, 대적했더니 몇 분 안되어
     생각이 환해짐을 경험했습니다.
  4. 목사님이 매우 무서워 눌렸었는데 밝은 생각으로 살려고
     노력하고 있고 좋아진 것 같습니다.
  5. 생활 속의 모든 일들에 대해 예민해져서 조목조목 악한
     영을 대적하고 또한 주님으로 충전하기를 되풀이하니 자유함
     을 가지게 되었고 예수 안에서의 삶을 더 갈망할 수 있게 되
     었습니다.

[L집사] 1. 아들이 밤늦게 온다고 남편이 화를 지나치게 내기에 마
     음 속으로 '예수님의 이름으로 명하노니 잔소리하고 화를 내
     게 만드는 영은 남편에게서 당장 떠나가라' 했더니 잠잠해졌
     습니다.
  2. 어느 아주머니의 옳지 못한 행동에 대해서 내 안에서 불
     쾌하게 여기는 마음이 있었는데 이것을 대적하니 그 아주머
     니를 불쌍히 여기는 마음이 생겼습니다.
  3. 어떤 부부동반 모임에 다녀왔더니 머리 무지 아프고 주님
     이 가깝게 느껴지지 않았습니다. 그래서 악한 영을 예수님의

이름으로 대적하니 속이 미식거리고 조금 후에 맑아진 느낌이 들었습니다.

[E집사] 8살짜리 아들이 감기가 걸려 목을 잡고 대적기도 하였더니 처음에는 어지럽다고 하더니 기침을 며칠 하는 것이었습니다. 계속 대적을 했더니 감기가 나았습니다. 한번 감기에 걸리면 병원에 2번 이상 가야만 괜찮았는데 대적기도로 승리하게 도와주신 예수님께 감사드립니다.

[K집사] 1. 인간관계에서 조금이라도 불편하게 느껴질 때 분리와 불화의 귀신 박살내고 꾸짖고 벽을 내리치고 부숩니다. 그러면 금방 관계가 회복되는 것을 기도 중에 느끼게 되며 실제로도 그렇게 됩니다.

2. 시부모님 댁을 위해서 기도하면서 어둠을 결박하고 대적하고 빛이 임하는 것을 상상하는 기도를 했는데 그 결과 부모님이 부드러워지셨습니다.

3. 아들을 위한 대적기도를 가끔 하는데 뚜렷한 사건이 있는 것은 아니지만 아들이 차차 속박에서 풀려나며 변화되는 것이 보이고 있습니다. 나 자신이 부모로서 영성이 발전하는 것과 연관이 된 것 같아서 나 자신의 기도를 주로 하고 있습니다.

4. 환경 자체보다 나 자신의 안에 있는 부분들을 가지고 대적하며 부르짖어 기도하니 저절로 시댁 식구들의 불화를 화평케 하는 도구로 내가 쓰이고 있는 것을 보게 되었습니다. 식구들을 미워하지 않게 되고 억울하게 생각되어지지 않고 큰 마음으로 품고 있는 나를 발견하게 됩니다.
내가 무너지면 시댁 전체가 분열되고 반목될 수밖에 없는 상황인데 모두를 품을 수 있는 마음이 되었습니다.

아직 온전하게 되지 않는 부분도 있지만, 마음에 요동 없이 편안하게 식구들을 대하는 나를 발견하고 몹시 기쁩니다. 더 발전하고 싶습니다.

[A집사] 1. 남편이 집에만 들어오면 TV를 틀어놓아서 늘 짜증이 났습니다. 어느 날 또 딸과 앉아서 TV를 보는 것이 너무 보기가 싫어서 TV에 빠지게 만드는 귀신을 대적했습니다. 그러나 반응이 없었습니다.

생각해 보니 내 자신이 화가 나 있는 상태에서 대적기도를 해서 효과가 없는 듯 했습니다.

그래서 다시 반성을 하고 내 속의 짜증내는 귀신들을 먼저 묶고 나서 대적을 했습니다. 곧 효과는 없었으나 며칠 후 갑자기 이유 없이 TV가 고장이 났습니다.

분명 다시 고치라고 할 줄 알았는데 두 달이 지나도록 아무 말도 없습니다. 아무튼 TV소리를 안 듣게 되니 참 좋습니다.

2. 남편이 세례까지 받았으면서도 신앙에 별로 관심이 없었고 하나님 얘기만 하면 화를 내곤 했습니다. 그래서 지속적으로 오래 하지는 못했지만 생각이 날 때마다 남편 안에서 역사하고 있는 하나님을 거역하는 악한 영들을 결박하는 기도를 했습니다. 그러나 당장은 어떤 변화가 보이지 않았고 오히려 더 술도 마시고 화를 내곤 했습니다.

그러던 어느 날 남편은 딸을 앞혀놓고 우리에게 말하기를 자기가 그 동안 잘못했다. 용서해 달라. 그러면서 미국에서 생활할 때 3번씩 죽을 고비가 있었는데 그 때마다 예수님이 구해 주셨다고 고백하며 앞으로 열심히 믿겠다고 하는 것이었습니다. 그 후부터 조금씩 변화가 일어나고 있습니다.

31. 대적기도를 훈련하고 적용하며 —H전도사—

저는 대학을 다닐 때에 처음으로 복음을 전해 듣고 주님을 영접하게 되었습니다. 그리고 선교 단체에서 훈련을 받고 활동하게 되었습니다.
그러나 많은 노력에도 불구하고 심령의 갈망과 갈증이 해결되지 않아서 괴로워하는 중에 글을 통해서 정원목사님을 알게 되었습니다.
그리고 정원목사님이 가르치시는 실제적인 훈련들을 통하여 주님을 가까이 경험하게 되었고 영적 세계의 실제성에 대해서 경험하고 깨닫게 되었습니다. 그로 인하여 오래 동안 소원하고 갈망하던 영적 실제에 접하게 되었고 삶과 가치관이 바뀌게 되었으며 신앙이란 참으로 기쁨과 자유와 풍성함의 세계라는 것을 경험하게 되었습니다.
영성이란 아주 실제적인 것이며 기도와 훈련을 통하여 주님을 구체적으로 경험하고 승리의 삶을 경험할 수 있다는 것을 알게 되었습니다.
대적기도를 적용하고 훈련한 것은 그러한 승리에 있어서의 중요한 부분이었습니다. 여기서 제가 그 동안 대적기도를 적용하고 훈련하면서 경험하고 깨달은 것들을 조금 나누려고 합니다.

1. 대적기도와 신체에 나타난 현상들

(1) 어두운 영의 침입이 있을 때 몸에 나타나는 증상들

저의 경우에 악한 영들이 침입하거나 억압할 때에 가장 많이 나타나는

증상은 눈이 피곤하거나 먹먹하거나 아픈 상태였습니다. 이럴 때에 거울을 보면 눈 색깔이 희미하고 초점이 없고 축 처져 있었고 눈을 크게 뜨는 것이 힘들었습니다.

배는 마치 체한 것처럼 더부룩하거나 미식거리고 답답하거나 심한 경우는 찌르는 듯한 통증이 느껴지기도 했지요.

머리는 뻑뻑하거나 따끔따끔하고 아프거나 멍~ 하면서 답답하거나 어지러운 경우가 많았고 저릿저릿하면서 불쾌한 전류가 흐르는 느낌이 들 때도 있었습니다.

심장은 답답해지거나 조여들어 오거나 싸늘해질 때가 많았습니다. 심한 경우는 숨이 턱턱 막히고 호흡이 곤란할 정도로 조여 들어와서 아에 심장 자체가 굳어버리는 것처럼 느껴질 때도 있었고 심장을 랩으로 여러 겹 둘둘 싸놓은 듯 답답하고 끈적거리는 느낌이 들거나 심장과 등 전체에 강한 압박감이 느껴져서 누워있기 힘든 경우도 있었습니다.

목은 칼칼하거나 재채기가 나거나 목 전체가 딱딱하게 굳어지는 것 같은 느낌이 주로 들었으며 허벅지와 팔다리가 딱딱하게 굳거나 저리고 아픈 경우도 있었고, 손목이나 팔목이나 무릎이나 발목 등등 연결 부위가 끊어질 것 같이 아프거나 뻑뻑하면서 통증이 오는 경우도 있었습니다. 관자놀이나 귓바퀴 주변에 찌르듯이 아프기도 하고, 소리가 잘 들리지 않을 정도로 귀가 멍멍해지는 경우도 있었습니다.

어떤 때는 단순한 육체적인 피로 이상으로 지나치게 몸에 힘이 빠지거나 쉽게 지치고 자꾸 졸리고 나른해져서 잠을 많이 자게 되곤 했는데 이런 때는 목에도 힘이 빠져 목소리를 내거나 말하는 것이 부담스러워지곤 했습니다.

영적인 원리와 지식을 잘 알지 못했을 때는 위와 같은 증상이 나타나도 그저 몸이 피곤해서 그러려니.. 하고 대충 넘어간 적이 많았습니다.

그러나 대적기도를 배우기 시작하면서 '귀신아~' 하고 단순히 몇 번 부르기만 해도 신체에 급격한 변화가 나타나고 그 즉시 혹은 짧은 시일 내에 통증이 사라지며 몸의 좋지 않은 상태가 바로 맑고 개운하게 회복되는 것을 여러 번 경험하면서 이러한 것이 악한 영들의 침입에 의한 것임을 알게 되었습니다.

그 이후로 영의 출입과 신체의 현상에 대해 점차적으로 조심스러운 주의를 기울이게 되자 어떤 경우에 어떤 통증이 오는지에 대해서 조금씩 분별하고 인식할 수 있게 되었습니다.

저는 원래 머리를 많이 쓰고 생각을 많이 하는 기질이고 영적인 감각이 둔한 편이어서 어두운 영들이 침입해도 그 순간에는 아무 느낌이 없다가 나중에 한참 지나 심각한 상태가 되고 나서야 겨우 발견하곤 하였습니다. 그러나 이러한 경험이 쌓이면서 영을 감지하는 속도나 민감성이 조금씩, 더디기는 하지만 꾸준히 발전해 가고 있는 것 같아서 아주 기뻐하고 있습니다.

예전에는 전혀 감지할 수 없었던 여러 느낌들.. 장소에서 느껴지는 영적 느낌이나, 사람의 분위기나 말에서 느껴지는 기운, 그러한 것들이 아주 조금이라도 느껴지고 감지된다는 것이 참 신기하고 놀랍고 감사할 뿐입니다.

특히, 예전에는 센티멘탈 해진다든지 애잔하고 슬픈 감정이 올라와도 그냥 기분이 우울할 뿐이지 몸에는 별 반응이 없었는데, 요즘에는 그럴 때면 가슴이 답답해지거나 심장에 끈적거리는 느낌이 들어서 그러한 느낌들이 악한 영들로부터 오는 것을 바로 알게 됩니다. 그러므로 감정의 근원을 분별하는 데 도움이 많이 되고 있지요.

사람을 만날 때도 어떤 경우에는 머리가 멍~ 해지면서 혼미해지거나 머리에 불쾌한 전류가 느껴지거나 혹은 갑자기 배에 찌릿하고 불쾌한 느낌이 들 때가 있는데, 그러면 곧 긴장하고 대적기도를 함으로써 영을 방어할 수 있어서 큰 유익이 되는 것 같습니다.

(2) 대적기도를 할 때 신체에 나타나는 현상들

대적기도를 배운 후에는 몸에 좋지 않은 느낌이나 악한 영들이 공격하는 느낌이 있을 때 곧바로 대적기도를 적용하게 되었습니다. 그리고 그렇게 대적기도를 한 경우에는 대체로 어떤 회복의 현상이 나타나는 것이 보통이었습니다.

몸에 통증이 있을 때는 대적기도를 하면 아프고 답답하고 먹먹하던 부분의 통증이 가라앉고 뚜렷한 호전을 보였습니다. 주로 머리는 시원해지고, 배는 뜨거워지고 심장이나 팔다리는 따뜻하고 포근해지곤 했습니다. 그러나 어떤 뚜렷한 현상이 나타나지 않더라도 대적기도를 하면 대체로 승리에 대한 자신감이 생기면서 기분이 좋아지고 즐거워지고 마음이 밝아지는 것을 느낄 수 있었습니다.

대적기도를 할 때 가장 많이 나타나는 현상은 속에서 뭔가가 올라오는 증상이었습니다. 하품이 나오기도 하고 (일반적인 하품과는 달리 아주 깊은 속에서 답답하고 불쾌한 기운이 올라오면서 입이 찢어져라 하품을 하는데 한번에 그치지 않고 보통 여러 번 연속적으로 하품을 쏟아놓곤 했지요.) 갑자기 재채기를 심하게 여러 번 하기도 하고, 트림이 많이 올라오기도 했습니다.

특히 부르짖는 기도나 낮은 방언과 함께 대적기도를 할 때는 속이 심하게 미식거리면서 구역질이 많이 나왔어요. '우엑! 우엑!' 하면서 속에서 뭔가 치밀어 오르는데, 게거품 같은 것이 울컥! 하고 올라오거나 금속성 냄새를 풍기는 찐득거리는 액체가 한 움큼씩 쏟아지곤 했지요.

처음에는 특별히 발성기도나 대적기도를 할 때만 속에서 구토와 침이 올라왔는데 나중에는 그냥 찬양을 부르거나 소리내어 성경을 읽을 때도 계속 속에서 뭔가가 올라왔습니다.
별로 유쾌한 경험이 아니기 때문에 계속 이러면 어쩌나.. 조금 걱정을 하기도 했는데, 일정 기간이 지나니까 점차 자연스럽게 그런 현상이 줄어들게 되었습니다.

그 다음으로 많이 나타난 증상은 진동이었습니다. 속에 집중을 하면서 '귀신아~' 외치고 대적하면 몸의 일부분 혹은 전체가 '부르르~' 진동하거나 '펄떡~!' 뛰어오르면서 뭔가 나간 느낌과 함께 그 부분이 시원해졌습니다. 눈의 경우는 심한 진동은 아니지만 먹먹하고 거북스럽게 느껴졌던 부분이 미세하게 떨리면서 이물질이 빠져나가는 것 같은 느낌과 함께 시원해지곤 했지요.

어느 날, 혼자 방안에 앉아서 마음잡고 집중적으로 대적기도를 실습한 적이 있었습니다. 겉으로 소리를 낸 것도 아니고 그저 속으로만 조용히 '귀신아~!' 하고 되뇌인 것뿐인데도 몸이 펄떡펄떡 뛰어올라서 깜짝 놀랐던 기억이 납니다.
그 날 밤, 내 속에 내가 아닌 다른 존재들이 살고 있으며 그들이 내 인생을 파괴해왔다는 사실을 선명하게 깨닫고 이에 너무 충격을 받아서, 열을 받은 김에 계속 귀신을 때려부쉈는데, 세상에.. 대적기도를 할 때마다 계속 진동이 오는 것이었습니다. 아마 그 날 하루만 해도 아마 족히 백 번은 넘게 펄떡거렸던 것 같습니다. 그 날 대적기도에 너무 맛을 들여서 밤이 새도록 작은 소리로 '귀신아~! 귀신아~!' 하고 끝없이 외쳤던 기억이 나네요.

2. 대적기도를 적용하는 방법과 전투를 통하여 배운 영적 원리들

목사님의 글이나 책에서 배운 대적기도의 방법들을 구체적으로 하나하나 적용해나갈 때 악한 영들이 실제적으로 드러나고 처리되는 것을 많이 경험할 수 있었습니다.

(1) 주의 깊게 인식하기

대적기도를 처음 배우고 적용해 보던 날, '귀신아~귀신아~' 하고 부르는 것을 계속 반복했는데 별다른 반응이 없었어요. 악한 영의 이름을 부르면 그들이 드러나게 된다고 했는데 나는 왜 반응이 없을까.. 생각해 보다가 '귀신아~' 하고 부를 때 그저 아무 의식 없이 건성으로 했기 때문이 아닐까 하는 마음이 들었습니다.
그래서 이번에는 악한 영들의 존재를 구체적으로 의식하면서 집중해서 이름을 불러보기로 하고, 마치 손전등을 들고 순찰하는 방범대원처럼 몸의 각 부분과 내장기관을 하나하나 수색하듯이 마음으로 살피기 시작했습니다.
눈을 감고 몸속을 들여다보면서 배, 팔, 다리, 어깨, 머리, 심장, 위장, 대장, 뇌 등을 돌아가면서 꼼꼼히 살피면서 '귀신아.. 귀신아..' 부르는데, 대장을 살필 때였던가? 갑자기 뭔가 문 뒤에 숨어서 빼꼼~ 하고 쳐다보는 사람의 이미지가 얼핏 스치더니만 갑자기 '펄떡!' 하면서 심장을 중심으로 온 몸에 강한 진동이 왔습니다. 일단 그렇게 인식이 분명해지자 똑같은 '귀신아~' 선포 한 마디에도 금세 효과가 나타나는 것이었습니다.

특히 머리 부분에서 뇌의 전면, 후면, 내부를 돌아가면서 들춰보았는데 숨어있던 바퀴벌레들이 빛을 비추면 파다다닥~ 도망가듯이 머리 속에서 뭔가가 파다다닥~ 하고 바깥으로 튀어나가는 것 같았습니다. 그것은 아주 선명한 느낌이었어요. 마치 도둑이 몸속에 숨어 있다가 발각되자 깜짝 놀라며 도망가는 것 같은 느낌이었습니다.
'그동안 내 머리 속에 이렇게 더러운 벌레들을 키우고 있었구나' 하는 생각이 들자 소름이 돋을 정도로 끔찍한 느낌이 들었습니다. 그렇게 대적하고 싸워야 할 대상에 대해서 구체적으로 인식하게 되자, 혐오스럽고 싫은 마음이 들면서 대적기도에 힘이 붙는 것 같았습니다.

또 한 번은 과거의 어떤 기억을 떠올리며 그 당시의 상황을 영적인 눈으로 보게 해 달라고 주님께 기도했는데, 과거의 그 장면에 뱀이 득시글거리며 꿈틀거리는 모습이 연상되는 것이었습니다.
그전에는 그냥 어렴풋이 기도하고 대적했던 사건이었는데 그 문제의 배후에 더럽고 악한 영적 존재가 있다는 것을 구체적으로 인식하게 되자 대적기도가 좀 더 구체적이고 선명해졌고 기도의 효과도 극명하게 나타나게 되었습니다. 어둠의 영들을 뚜렷하게 인식할수록 대적기도의 효과가 강력해지는 것 같습니다.

(2) '너는 내가 아니다!' 분리시키기

어두운 생각이나 감정이 마음속에서 왔다 갔다 할 때, 그것을 떨쳐내려고 애를 쓰면 쓸수록 계속 휩쓸려 들어가고, 나중에는 죄책감에 사로잡혀 괴로워하곤 했는데 그 감정이나 생각이 내 것이 아니며 내 안의 다른 악한 존재에 의한 것임을 기억하면서 '너는 내가 아니다! 이 악한 것들아 나가라!' 하고 선포하면서 명령을 하자 복잡한 생각이 정리되고 마음이 시원해지는 것을 여러 번 경험했습니다.

그렇게 계속 나와 내 안의 악한 영을 분리시키는 작업을 반복할수록 점차적으로 어떤 생각이나 감정이 올라올 때 급속하게 한꺼번에 휘말리거나 사로잡히지 않게 되고 약간 거리감을 두고 객관적으로 바라보는 힘이 생기기 시작하여 악한 영의 공격을 분별하고 대적하는 것이 점점 더 수월해지고 있습니다.

(3) 악한 영들에 대해서 분노하기

어느 날인가 속이 답답하고 힘들어서 대적기도를 하는데 아무리 대적을 해도 호전되는 기미가 없고 계속 지지부진하였습니다. 뭔가가 막고 있는 것은 틀림없는데, 나갈 듯 나갈 듯 하면서 나가지 않으니 지치기도 하고 포기하고 싶은 마음도 들었지요.

그렇게 한참을 씨름하다가 급기야는 화가 치밀어 올랐습니다. 악한 영들에 대해서 너무나 지긋지긋하고 화가 나서 속으로 '으아~!' 하고 외치면서 원수들을 향해 분노를 쏟았는데 갑자기 속에서 '울컥!' 하면서 게거품이 쏟아지고 막혔던 것이 '뻥!' 하고 뚫리는 것이었습니다.

그러자 너무나 마음이 후련해지며 승리의 기쁨이 몰려와서 '우와아~~~

할렐루~~~야!' 하고 외치고 나니 우중충하던 온 몸과 마음이 개운하고 밝아졌습니다. 원수들을 향한 분노가 곧 대적기도의 강력한 에너지라는 것을 경험하는 순간이었습니다.

(4) 대적기도와 충전기도

목사님의 말씀에 대적기도가 잘 될 때는 계속 대적기도를 하고 잘 되지 않을 때는 영적으로 탈진이 되거나 막혀 있는 경우이기 때문에 그런 경우에는 주님으로 충전하는 기도를 하라는 내용이 있었습니다.
그래서 대적기도를 하다가 별로 효과가 시원치 않거나 재미가 없거나 계속해서 지치고 탈진이 되는 느낌이 들 때, 대적기도를 중단하고 주님을 바라보며 호흡으로 충전을 하는 기도를 드렸습니다.
그러면 그럴 때마다 마음이 찡.. 해지고 눈물이 나면서 보통 때보다 훨씬 충전이 잘 이루어지는 것을 느꼈습니다. 대적기도와 충전기도는 상호보완적인 것 같습니다.

(5) 악한 영의 공격이 있을 때는 음식을 절제하는 것이 좋다.

논문을 쓰던 무렵 논문의 자료를 찾기 위해 심리학 사이트를 돌아다니면서 글을 읽다가 어느 순간부터 머리가 아파 오기 시작했습니다. 아무래도 계속 보면 좋지 않을 것 같아서 컴퓨터를 끄고 쉬고 있는데 자꾸만 뭔가 먹고 싶은 생각이 드는 것이었습니다.
그래서 식탁에 가 보니 누군가 사놓은 고로케 빵이 있어서 허겁지겁 정신없이 몇 개를 집어먹었지요. 처음에는 괜찮았는데 얼마 지나지 않아 배가 아프고 속이 심하게 메슥거리기 시작했습니다. 도저히 견딜 수가 없어서 악악거리면서 부르짖고 낮은 방언을 했는데 구토가 나면서 먹었던 것을 다 토해내고 말았어요.
그때서야 귀신들이 배에 들어와 고착되기 위해서 음식을 요구한다는 목사님의 말씀이 떠오르면서 아까 비정상적으로 급하게 먹게 된 것이 귀신들이 준 이상식욕이었음을 알게 되었습니다. 영적인 상태가 좋지 않을 때는 가급적이면 음식을 절제해야 하는 것 같습니다.

(6) 승리의 경험 후에도 지속적으로 깨어있어야 한다.

월요모임에서 대적기도 1주차 실습 결과를 발표하던 날 대적기도의 결과들을 발표하고 승리의 감격을 나누며 모임을 마치고 식당에 모여 교제를 나누고 있는데 문 앞에서 '악' 소리가 들렸습니다. 무슨 일인가 보니 어떤 형제가 식당 문을 열고 들어오는 길에 바닥에 있는 신발을 잘못 밟아서 발목이 접질리게 된 것이었어요.
그렇게 심하게 발을 다칠 상황이 아니었는데도 많이 아파하는 모습을 보면서 오늘 여러 사람들이 대적기도 결과를 발표하면서 승리의 기쁨을 나누었더니 악한 영들이 배가 아파서 해코지를 하는 것이 아닌가 하는 마음이 들었습니다.
그래서 몇몇 청년들과 함께 그 형제의 발목을 붙잡고 다 같이 기도를 해 주었습니다. 그 순간 다 낫지는 않았지만 처음보다는 많이 나아진 것 같아서 안심이 되었습니다.

그리고 나서 그 형제와 다른 청년들은 집으로 돌아가고 저는 뒷정리를 할 것이 있어서 잠깐 남는데 헉.. 아무 이유도 없이 갑자기 발목이 아파 오는 것이었습니다. 아까 그 형제는 발을 헛디뎌서 그렇다고 하지만,

저는 전혀 멀쩡한 상태에서 아무 일 없이 앉아 있었는데 갑자기 통증이 오기 시작하니 이건 정말 비정상적인 일임에 틀림없었지요.

그 순간 아까 그 형제를 기도해 준 것과 관련이 있다는 생각이 들었습니다. 그 형제의 발목을 공격하고 그 발목에 붙어있던 영들이 그 형제를 기도해준 나를 공격하고 있다는 마음이 들었지요.

그래서 집으로 가고 있던 청년들에게 핸드폰으로 연락을 했습니다. 그들은 아직 헤어지지 않고 다 같이 전철역 쪽으로 걸어가는 길이라고 하기에, 집에 가기 전에 다 같이 그 형제를 위해서 한번만 다시 기도해 달라고, 대적하면서 기도하면 좋을 것 같다고 부탁을 했습니다. 나중에 들어보니 다들 길거리에 서서 소리를 지르며 대적하고 결박하고 난리법석을 떨었다는 군요.

저도 있는 곳에서 동시에 대적을 하며 기도했는데 신기하게도 조금 지나자 발목의 통증이 서서히 가라앉아 20분도 채 못 되어 씻은 듯이 나아지는 것이었습니다. 핸드폰을 걸어 청년들의 상황을 다시 물어보니, 그 형제는 많이 나아지기는 했는데 여전히 약간 통증은 남아있는 상태로 집으로 갔다고 했습니다. 나중에 들어보니 형제도 곧 회복되었다고 합니다.

기도란 참으로 실제적인 싸움이라는 것, 대적기도를 통해 승리의 열매를 거두었다고 해도 방심하지 말고 항상 깨어있어야 한다는 것, 승리의 기쁨과 자신감을 격감시키고 위축되도록 하기 위해 원수들이 해코지를 하고 일시적으로 반격을 가해올 수 있지만, 깨어서 기도하면 아무 해를 입지 않고 오히려 새로운 원리들을 배우고 누릴 수 있는 기회를 얻게 된다는 사실을 배우는 좋은 경험이었습니다.

(7) 대적기도와 여러 기도의 훈련들

대적기도는 단순히 선포하는 것만으로도 충분한 효과가 있지만 목사님의 책에 나오는 영을 강화시키는 여러 기도의 방법을 훈련함으로써 대적기도의 효과가 배가되는 것을 경험할 수 있었습니다.

* 눈 기도를 통해 대적하기
머리가 혼미하고 마음이 어두울 때, 희미하고 처져 있는 눈에 의지적으로 힘을 주고 크고 강하게 부릅뜨면 눈이 시큰해지고 눈물이 나오면서 나도 모르게 속고 있던 어두운 영들을 발견하고 분리시키고 쫓아내는 데에 큰 도움을 얻을 수 있었습니다. 특히 거울을 쳐다보면서 내 눈을 직접 노려보고 강하게 대적기도를 하면 더 효과적일 때가 많았습니다.
어떤 경우에는 아무리 '귀신아~' 부르며 대적해도 별다른 반응이 없다가도 눈을 부릅뜨고 원수들을 저주하며 대적하면 눈과 관자놀이, 그리고 머리 전체가 시원해질 뿐 아니라 다른 부분의 통증도 함께 사라지고 자유롭게 되었습니다.
때로는 꽉 막혀있던 심장이 꼬물꼬물 움직이면서 부드럽게 풀리기도 하고, 스믈스믈하면서 심장과 등에서 뭔가가 나가는 것 같기도 하고, 배의 통증이 완화되기도 하였습니다. 무엇보다 좋은 것은 지치고 힘들어 싸울 의욕을 잃었다가도 눈에 힘을 주고 크고 뚜렷하게 부릅뜨면, 온 몸에 힘이 부쩍 나고 마음이 밝아져 원수들과 싸울 수 있도록 영이 강건해 진다는 것입니다.
또한, 대적기도가 잘 안될 때 눈 기도를 하면 도움이 되듯이, 눈 기도가 잘 안될 때도 대적기도를 사용하면 눈이 선명해지고 힘이 생겨 도움이 되었습니다.

언젠가 버스를 타고 집으로 돌아오며 눈 기도 훈련을 하던 중이었습니다. 처음에는 대충 괜찮았는데 점차로 눈꺼풀이 무거워지면서 눈이 자꾸 감기는 것이었어요. 분명 졸린 것은 아닌데 정신 없이 눈이 감기고 혼미해져서 온 힘을 다해 눈을 치켜 뜨고 '귀신아~!' 하고 외치니 갑자기 '벌떡!' 하는 머리의 진동과 함께 눈이 번쩍! 뜨였습니다. 눈꺼풀이 아주 무거워졌다가 '귀신아!' 외치면 '벌떡!' 하면서 눈이 번쩍 뜨이기를 두세 번 반복하고 나니 머리가 시원해지면서 정신이 맑아졌고 어려움 없이 오랜 시간 눈 기도에 집중할 수 있었습니다.

눈의 훈련과 대적기도는 상호보완적인 역할을 하는 것 같습니다.

* 낮은 발성기도와 대적기도

대적기도를 해도 불안하고 두려운 느낌이 사라지지 않거나 이상하게 힘이 없을 때, 낮은 소리로 방언을 하거나 부르짖는 기도를 하면서 대적을 하면 훨씬 효과가 있었습니다. 계속 단순하게 부르짖으면 복잡한 생각을 할 겨를이 없어서 생각으로 들어오는 어두움을 차단하는 데도 좋은 것 같습니다.

처음에는 소리를 낮추려고 해도 마음대로 되지 않고 힘이 들었는데 훈련을 할수록 조금씩 쉬워지고 있습니다. 소리를 크게 내지 않아도 낮은 소리를 내면 일단 속에 막혀있던 것이 뚫리면서 마음이 시원하고 밝아지는 것 같아요. 부르짖는 기도를 열심히 하는 때는 죄책감이나 어두운 생각에 잘 눌리지 않다가도, 조용한 기도만 많이 하고 부르짖는 것을 소홀히 하면 어느새 골골해지고 눌리는 것을 보면 소리를 내는 것이 속의 어두움을 내보내는 데 많은 도움이 되는 것 같습니다.

* 배호흡과 대적기도

기도의 씨름을 하다가 너무 지쳐서 소리를 낼 힘이 없을 때는 대신 배호흡기도를 강하게 했습니다. 배호흡이 잘 될 때는 소리를 내어 부르짖지 않아도 그냥 배 운동을 하듯이 배를 들쑥날쑥 빠르게 움직이면서 호흡을 배에 꽉 채우기만 해도 배에서부터 불이 지펴지는 듯이 온 몸이 뜨거워지고 배에서 꾸루룩~ 하는 소리가 나면서 답답한 기운이 빠져나가곤 했습니다.

특히 대적기도를 하면서 동시에 '휴우~' 하면서 강하게 배출호흡을 하면 답답하게 누르고 있던 어두운 기운이 신속하게 빠져나가는 것을 느낄 수 있었습니다.

무엇보다, 배호흡을 충분히 하고 나면 힘이 부족하고 지쳐있었던 상태에서도 곧 다시 기운이 나 원수들과 맞붙어 싸울 의욕이 생겼고 강건하고 담대한 자신감이 생기는 것이 참 좋았습니다.

* 몸에 힘을 주기

제 경우를 보면 부정적인 생각에 사로잡히거나 어둡고 우울한 마음이 들 때 몸의 상태를 살펴보면 힘이 없고 축 처져 있는 것을 발견하게 됩니다. 손을 꽉 쥐려고 해도 잘 안되고 그냥 노곤하고 지치고 피곤한 느낌이 들지요. 심장이 답답하고 토해내고 싶어도 몸에 힘이 없어서 그냥 헤롱거리면서 늘어져버리기도 합니다.

그럴 때 양반다리를 하고 앉아서 손에 힘을 꽉 주고 심장을 쥐어 짜내듯이 하면서 온 몸에 힘을 주면 가슴을 짓누르던 답답한 기운이 서서히 사라지곤 했습니다. 때로는 압박감이 심해서 한참을 힘거루기 하듯이 온 힘을 다해 심장 밖으로 기운을 밀어내야 할 때도 있었는데 처음에는 힘들지만 어느 정도 지나면 가슴을 압박하고 꽉 막고 있던 두터운 막을 뚫고 속에서 '쑤욱!' 새로운 신선한 기운이 솟구쳐 올라왔습니다. 그리고 나면 얼마 지나지 않아 승리의 기쁨을 누리게 되곤 했습니다. 대적기도를 효과적으로 수행하기 위해서도 몸의 힘을 기르고 강건하게 하는 것이 참 중요하다는 것을 느낍니다.

(8) 상상기도를 통해 대적기도의 효과를 높일 수 있다.

단순히 '귀신아~' 하고 부르는 것 뿐 아니라 구체적으로 귀신을 궤멸하는 장면을 상상하면서 기도할 때 대적기도의 효과가 강력해지는 것을 여러 번 경험하였습니다.
그 중에서 한두 가지 기억나는 것을 나누어보겠습니다.
다른 사람에게는 친절한 편인데 저에게만은 유독 화를 내고 날카로운 반응을 보이는 분이 계셨습니다. 어느 날 그분과 만날 약속을 하기 위해 전화를 걸었는데 전화를 받자마자 호통을 치는 것입니다. 특별한 이유도 없었는데 말입니다.
아무튼 시간과 장소를 정하고 그 분을 만나러 가고 있는 데 심장에 압박감이 느껴지고 힘이 많이 드는 것이었습니다. 아무리 생각해도 이것은 정상적이고 자연적인 현상은 아닌 것 같아서 조용히 그 분의 모습을 상상으로 떠올려 보았는데 그분의 주변에 아주 딱딱하고 견고한 벽이 둘러쳐져 있는 장면이 떠오르는 것이었습니다.

그래서 저는 커다란 망치로 그 벽을 내려치는 상상을 해보았습니다. 단지 상상이었지만 망치에 맞을 때마다 벽이 퍽퍽 소리를 내면서 허물어지는 것이 너무나 사실적으로 느껴졌습니다. 그러면서 동시에 심장을 누르고 있던 힘이 한 꺼풀 한 꺼풀 걷혀 가는 것이었습니다. '귀신들아! 이 나쁜 놈들아! 맛 좀 봐라!' 하면서 퍽! 퍽! 퍽! 망치로 내려치는데 어찌나 신이 나고 속이 시원한지.. 참 즐거운 느낌이었습니다.
그런데 벽이 어느 정도 허물어지자 놀랍게도 그 벽안에 그 분이 눈물을 흘리며 외롭게 서 계신 모습이 보였습니다. 순간 마음이 뭉클해지면서 눈물이 흘렀습니다.
성공과 성취를 위해 달려온 분이었기에 성품이 강하고 완벽주의적인 면이 있으셨는데, 그 분의 견고한 외벽 안에는 이렇게 여리고 외롭고 상하고 슬픈 마음이 있었구나.. 생각하니 누구와도 마음을 터놓지 못하고 살아오셨을 그 분의 마음이 안쓰럽게 느껴졌습니다.
저는 상상 속에서 무너져 내린 담벽을 지나 그 분 곁으로 다가갔습니다. 그리고 가만히 손을 잡아드렸습니다. 상상 속에서 그 분은 울고 계셨고 제 볼 위에도 눈물이 떼구르르.. 흘렀습니다. 그리고 가슴에서는 뭔가 말로 할 수 없는 풍성하고 따뜻한 흐름이 흐르기 시작했습니다.

그 분을 만난 당일에는 특별한 일은 없었고 그 이후에도 저를 만나면 불쾌해 하시며 화를 내셨기 때문에 저는 '그것은 그냥 상상일 뿐이었나보다.' 하고 생각했는데 계속해서 그 분의 배후에 있는 영들을 대적하자 이상하게 점점 그분과 마음의 교류가 이루어지는 것 같은 느낌이 들게 되었고 나중에는 실제로 어떤 계기를 통해 그 분과 깊은 대화를 나눌 기회를 갖게 되었습니다.
그분이 '이 이야기는 아무에게도 하지 않았던 건데..' 하시며 가장 고통스럽고 힘들었던 순간들, 아프고 힘들었던 이야기들을 들려주시고 진솔하게 마음을 토로하실 때 저는 정말 펑펑 울었습니다.
마음이 열리고 진심이 전달되자 교회 생활에 회의를 느끼고 떠나 있기도 하셨던 그 분이 찬송가를 불러주기도 하시고 영적인 부분에 대한 여러 질문과 대화를 나누고 싶어하기도 하셨습니다.
그때서야 이전에 했던 상상을 통한 대적기도가 그저 상상이 아니라 실제적인 능력을 발휘했다는 것을 알게 되었고 상상은 영적인 세계에서는 실제와 같다는 정원 목사님의 말씀을 조금 이해하게 되었습니다.

또 다른 이야기를 하나 하겠습니다. 이것은 몇 년 전에 있었던 일입니다. 아르바이트로 수학을 가르치던 A라는 학생이 있었는데 어느 날 수업을 하던 도중 심각한 얼굴로 제게 이런 이야기를 들려주었습니다.
"제 친한 친구가 있는데요, 요즘에 걔가 어떤 가출한 아이랑 친해져서 5일째 학교에 안나가고 있대요. 제가 그 소식을 듣고 너무 마음이 아파서 지난주에 그 아이를 찾아갔거든요. 제가 그 친구의 눈을 보면서 십자가를 그렸는데 얘가 제 눈을 보더니 소름끼친다고 그러는 거예요. 그리고 제가 옆에 있으니까 자꾸 하품이 난대요. 아무리 설득을 하려고 해도 제 말이 먹히지를 않아서 그냥 집에 왔는데 얼마나 마음이 아프던지.. 공부가 손에 안 잡히고 그 아이 생각만 났어요. 자꾸 그 친구가 보고 싶고.. 그 친구 생각만 나고 그러는 거예요."

이야기를 들으니 너무 안쓰러운 마음이 들어서 A에게 상상하는 기도를 사용하는 대적기도를 설명해 주고 함께 기도했는데 A는 눈을 감고 한참을 기도하더니 이렇게 말하는 것이었습니다.
"늪에서 어떤 손이 나와서 그 친구를 자꾸 끌고 가려고 하는 이미지가 보였어요. 그래서 제가 총으로 쏴서 없앴어요. 우와.. 근데 그런 상상을 하면서 기도를 하니까 마음이 너무 시원하고 너무 좋아요."
그 기도 후에 A는 한동안 힘들어졌습니다. 몸도 아프고 마음도 힘들어지고.. 그러나 A는 힘든 중에도 상상하며 대적하는 기도가 정말 효과적인 기도인 것 같다고 말하며 좋아했습니다. 기도가 제대로 먹히고 있기 때문에 악한 영들이 마구 공격을 하고 있는 것 모양이라고, 힘들긴 해도 기쁘다고, 그 기도 후에는 왠지 그 친구가 시골로 안 내려갈 것 같은 확신이 든다는 것이었습니다.

그러나 상황은 그리 쉽지 않았습니다. 문제의 그 아이는 원래는 추석 끝난 다음날 바로 짐을 싸서 가출한 친구랑 둘이 시골로 내려가기로 되어 있었기 때문에 주변 친구들에게 열심히 돈을 빌리기 시작했는데, 가장 친한 친구들이 눈물로 며칠을 설득하고 말려도 절대로 고집을 꺾지 않았다고 합니다. A도 나중에는 지쳐서 아무래도 기도 응답이 안 되나 보다.. 하면서 속상해 하기도 했지요.
그 친구를 포기해야 될지도 모르겠다고, 마지막으로 며칠 후에 만나게 될 것 같다고 하기에 혹시 도움이 될지 모르니 정원 목사님이 쓰신 책 〈마지막 편지〉를 친구한테 전해달라고 부탁을 했습니다.
그런데 그리고 나서 다음 날 놀라운 소식을 듣게 되었습니다. 그 친구가 〈마지막 편지〉를 읽고 나서 감동을 받아서 시골로 내려가기로 한 모든 계획을 취소했다는 것이었습니다. 그리고 자기를 꼬드기던 그 친구를 설득해서 다시 함께 학교에 다니기 시작했다는 것입니다!

A는 전혀 기대하지도 않았는데 어제 우연히 지나가는 길에 그 아이 둘이 교복을 입고 신호등을 건너 학교를 가는 모습을 보았다고 얼마나 감격을 하는지.. "정말 하나님이 기도에 응답하시는군요!" 하면서 기뻐서 난리가 났지요. 상상을 통한 대적기도는 쉽고 단순하지만 아주 강력한 능력을 가지고 있음을 다시 한번 확인할 수 있었습니다. 할렐루야!

3. 대적기도와 사역

(1) 복음 전도와 대적기도

이전엔 정말 복음을 전하기 위해서 무진 애를 썼습니다. 영혼을 얻기 위하여 전도 대상자에게 온갖 설득과 위협을 하고.. 심지어 스토커처럼 쫓아다니기도 하고.. 멀리 지방까지 상대방을 잡으러 가기도 하고.. 저를 보고 '정말 지긋지긋하다' 고 하는 사람도 있을 정도였지요.

하지만 그러한 노력에도 불구하고 열매는 좀처럼 많이 맺을 수 없었습니다. 어떤 거대한 벽이 가로막고 있는 것 같은 기분이었습니다.

그러나 대적기도를 하면서부터 영혼을 구원하는 것을 방해하던 어떤 육중한 벽이 무너지는 것을 느끼게 되었지요.

대적 기도를 하기 시작한 후부터, 예전에 알았던 그러나 지금은 연락이 두절된 여러 사람들로부터 갑자기 연락이 오기 시작했고 깨어졌던 관계들이 회복되면서 자연스럽게 전도할 기회들을 많이 얻게 되었습니다. 특히 어제는 한꺼번에 엄청나게 많은 사람들을 줄줄이 만나게 됐는데, 전도하면서 이렇게 희열을 느껴보기는 처음인 것 같습니다.

집에 혼자 돌아오면서 저는 기쁨과 감격으로 찬양을 드렸습니다.

그 전에도 여러 번 열정적으로 전도한 경험이 있었지만 항상 깊은 속에서는 왠지 자신이 없고 위축된 느낌이 있었지요.

물론 전도의 열매를 얻기도 했고 복음에 반응하는 사람들을 만나기도 했지만 저의 심령 깊은 곳에서는 만족과 기쁨이 없었습니다.

그러나 이번에는 달랐습니다. 예수님의 이름을 말할 때마다 제 심장이 뛰었고 눈물이 쏟아질 것 같았습니다. 저는 저의 속에서 어떤 변화가 일어난 것을 확연하게 느낄 수 있었습니다.

저는 예수님의 십자가 그 이름의 능력 이것이 모든 문제의 해결책이며 개인의 죄의 문제, 정치, 사회, 경제, 문화, 교육의 모든 문제의 유일한 해답임을 자신 있게 선포할 수 있었습니다.

아.. 주님의 이름을 선포한다는 것이 이렇게 기쁘고 희열이 넘치는 것임을 예전엔 정말 몰랐습니다. 전도해야 한다는 의무감을 안고 사람들에게 다가갔을 때는 복음을 전하면서도 어색하고 껄끄럽고 부담을 주고 거부감을 주기 일쑤였는데.. 자연스럽게 그냥 대화 중에 이야기가 흘러나오게 되니 얼마나 쉽고 편한지..

늘 복음 전할 때는 뭔가 거짓말하는 거 같고, 쭈뼛거리고, 그랬었지요. 그런데 어제는 얼마나 확신 있게 말이 터져 나오는지.. 제가 어떤 말을 준비하거나 복음을 전하려고 작정한 것도 아닌데 대화 중에 자연스럽게 이야기가 흘러나오고 전하는 내용도 상대방의 상황과 내적인 상태에 맞게 줄줄이 쏟아져 나오는데다가 전하는 내용을 듣는 상대방도 거부감 없이 이야기를 듣는 것이었어요. 아주 빨려들 듯이 몰두해서 이야기를 듣는 사람도 있었지요.

천편일률적인 복음 전도의 내용 그리고 프로그램과 시스템을 통해서 움직이는 전도는 항상 어색하고 부자연스러웠는데, 대적기도를 통해 원수들을 제압하고 주님의 내적인 감동과 인도에 따라 자연스럽게 부담 없이 흘러가는 전도는 정말 너무 재미있고 효과적이며 능력을 발휘하는 것임을 실감할 수 있었습니다. 할렐루야..

(2) 예배 인도와 대적기도

어떤 모임을 인도하게 되었습니다.

이 모임을 생각만 해도 정말 너무 너무 기뻤습니다. 그냥 막 신이 났지요. 모임 날이 기다려지고 사람들이 모이면 기쁨과 환희가 충만할 것 같았습니다.

그런데 이상하게도 모임 일자가 다가올수록 점차 마음에 알 수 없는 부담감이 느껴지기 시작했습니다. 특히 모임 당일에 준비를 위해 집에 누워서 충전 기도를 하고 있는데 처음에는 심장이 포근하고 따뜻하고 편안하고 참 좋았는데 그 다음부터는 갑자기 머리가 아파지기 시작하면서 모임을 인도할 것만 생각해도 심한 부담감이 몰려오는 것이었습니다. 갑자기 모임을 인도할 자신이 없어지기 시작했습니다.

일단 그렇게 부담감이 생기기 시작하자 모든 것이 힘들게 느껴지고 지금이라도 모임을 취소할까.. 하는 생각이 잠깐 들 정도로 심기가 불편해졌습니다.

이것은 분명 모임을 싫어하는 대적들의 방해공작이라는 생각이 떠올랐습니다. 그래서 모임 장소를 향하여 가고 있는 전철 안에서 속으로 대적기도를 하는데 모임 장소가 마음속에 떠올랐습니다. 모임 장소 주변에는 빛이 둘러싸고 있는데 그 빛이 모임 장소 안으로 들어가지 못하도록 어두운 세력들이 진을 치고 막고 있는 것이 보였습니다.

모임을 둘러치고 있는 어둡고 불안한 기운 때문에, 모임에 대해 생각할 때 제가 바로 그 날 낮까지 느꼈던 그 기대감과 기쁨이 제대로 스며들어가지 못하고 있는 것이었습니다. 그것은 마치 햇빛이 비춰지 못하도록 먹구름이 막고 있는 것과 같은 형상이었습니다.

저는 상상을 통해 대적기도를 하면서 그 묶임을 깨뜨리고 마귀들을 짓밟기 시작했고 그 때부터 비로소 정리가 되기 시작했습니다.

드디어 서서히 마음이 안정되고 편안해지기 시작했고, 기쁨이 충만해질 정도로 완전히 승리하지는 못했지만 그래도 상당히 편안해지고 심장이 많이 따뜻해졌습니다. 모임 장소에 도착했더니 찬양인도가 아주 자연스럽게 잘 되었고 모임 가운데 풍성하게 임하시는 주님을 경험할 수 있었습니다. 할렐루야!

4. 대적기도를 통한 삶의 변화

대적기도는 저의 삶의 모든 부분에 엄청난 변화를 가져다주었습니다. 일일이 다 나누기가 어려울 정도입니다. 주의 이름으로 악한 영들을 깨뜨리고 부수는 것은 일상의 사소한 부분에서도 많은 자유와 승리를 가져오는 것을 새삼 깨닫게 되었습니다.

(1) 정서의 변화

그동안 저의 정서는 수시로 시달리던 죄책감, 슬픔, 우울, 등으로 인하여 전혀 건강한 편이 아니었습니다. 그리고 이러한 부분들이 악한 영들의 공격이라는 것은 생각해보지도 않았습니다.
그러나 그 배후에 있는 악한 영들에 대해서 알게 되자 이러한 감정들을 대적하고 점차적으로 자유를 누리게 되었습니다. 또한 지나친 감정적인 의존과 지나친 애정의 영 등을 대적하면서 점차적으로 정서적인 안정감과 기쁨을 누리게 되었습니다.
감정을 통해서 역사하는 악한 영들을 대적하면서 얻은 가장 큰 소득은 악한 영들이 주는 어두움의 감정에 대한 인식과 느낌이 생기기 시작했다는 것입니다.
어두운 감정이 들어오게 되면 몸의 어떤 부분에 심하게 찌릿찌릿 하는 통증이 오거나 심장이 답답하게 막히거나 불쾌한 느낌이 들어 그 즉시 어두운 영이 침입했다는 것을 알게 되었고, 어떤 경우는 그 순간에는 인식하지 못하더라도 나중에 돌아보면 분명 맑은 느낌이 아니라는 것을 분별할 수 있게 되었습니다.

너무나 신기한 것은 어두운 감정을 넣어주는 귀신을 대적하는 순간, 방금 전까지 뭔가 짓누르고 있었던 우울한 기운, 몸의 통증, 탈진되고 소진되는 느낌이 싹 가시면서 온 몸에 포근하고 달콤한 기운이 풍성하게 흐르기 시작한 것이었습니다.
어떤 때에는 대적을 하자 머리가 아주 시원하고 개운한 느낌이 들면서 너무나 마음이 기뻐지기도 했습니다. 이렇게 감정의 어두움을 분별하고 대적하는 것을 반복하자 조금씩 그 방법과 요령을 익혀나가게 되었고 점차적으로 어두운 감정이 어색하고 싫어지기 시작했습니다.
예전에는 슬프고 우울한 분위기에 늘 빠져서 살았기 때문에 무엇이 정상적인 감정인지 무엇이 어두움인지 조차 잘 구분하지 못했고 안 좋은 감정이 올라올 때면 순식간에 그 감정에 사로잡히곤 했는데 이제는 어두운 느낌이 오면 예전보다 어색한 느낌이 많이 들고 그 감정이 서서히 다가오는 것을 느낍니다. 특히 배출호흡기도를 하면서 대적기도를 하면 슬프고, 우울하고, 지나치게 그립고, 외롭고.. 그런 류의 끈적거리는 마음들이 순식간에 싹 사라지곤 합니다. 정말 신기하고 놀라운 일입니다.

(2) 일상생활의 변화

일상의 사소한 나쁜 습관이나 눌림에도 악한 영들이 개입되어 있는 것을 서서히 실감하게 되었습니다. 그래서 그러한 부분들에 대해서 하나씩 대적기도를 적용하자 많은 자유와 해방을 경험하게 되었습니다.

일을 하면서 자주 실수를 하는 편이고 사람들과의 약속에 자주 지각을 하는 버릇이 있었고 해야 할 일을 자꾸 미루거나 여러 일을 동시에 벌려 놓아 어수선한 경우가 많았으며 청소를 게을리 해서 방안을 지저분하게 하는 습관도 있었습니다. 그 밖에도 운전할 때의 두려움이나 새로운 사람을 만날 때 느껴지는 어색함이나 불편한 사람을 만날 때의 섬뜩한 느낌 등.. 일상의 사소한 부자유의 증상들이 참 많았지요.

그런데 이제 그러한 증상들이 대적기도를 통해 점차적으로 극복되고 있습니다. 할렐루야.

5. 논문 쓰기와 대적기도

(1) 논문의 착수

저에게는 지금 꼭 해야 하는 긴급하고 중요한 일을 자꾸 뒤로 미루고 또한 이미 시작한 일을 제대로 끝내지 못한 상태에서 또 다른 일들을 이것 저것 벌여놓는 버릇이 있었습니다. 그런데 그러한 악습의 중심에는 바로 7년 동안이나 계속 미뤄오고 있었던 논문이 있었습니다.

보통은 대학원 과정을 수료한 후 늦어도 1-2년이면 논문을 쓰고 졸업을 하는 것이 정상인데, 욕심은 크고 실력은 부족한 터라 이런 저런 핑계로 도피해 왔던 것이지요.

처음에는 다른 거창한 대의명분을 들면서 논문이 미뤄지는 것을 심각하게 생각하지 않았습니다. 그러나 차츰 시간이 흐르고 논문에 대한 부담감과 압박감이 늘어나면서 이것이 문제라는 것을 알았지만 이겨낼 힘이 없어 그저 지지부진하고 있었습니다. 그러나 대적기도를 알게 되고 각 사람이 해야 할 일을 방해하고 뒤로 미루게 하는 영이 있으며 그 영을 대적하면 쉽게 일을 마무리 해낼 수 있다는 사실을 배우면서 다시금 논문 집필에 덤벼들 수 있게 되었습니다.

그래서 논문을 다시 시작하며 부담감을 주는 영, 다른 일로 도피하는 영을 대적하기 시작했습니다. 그러자 곧 논문을 써야겠다는 동기부여와 의지가 강해지기 시작했고 주변의 여러 여건들이 자연스럽게 마련되면서 대학원 입학 7년 만에 드디어 제대로 마음을 잡고 논문을 쓸 수 있게 되었습니다.

논문을 쓰기로 마음먹은 첫 학기에는 주제를 뒷받침할만한 과학적인 논증이 부족하여 논문 심사에서 탈락했고 재도전해야 하는 두 번째 학기에는 연구생 등록 날짜를 잘못 알아서 논문 심사 등록 기한을 넘기는 황당한 일이 발생, 또 다시 한 학기가 미뤄지게 되었습니다. 이것 저것 바쁜 일이 있기는 했지만 이것은 변명할 수 없는 실수였습니다. 저에게 있어서 논문의 문제는 결코 쉽지 않은 전쟁이었던 것입니다.

다시 문제의 심각성을 느끼고 실수의 영과 기억을 잃게 하는 영을 결박했고 그 다음 학기에는 무사히 논문 심사 신청을 할 수 있었습니다.

(2) 논문 주제를 결정하기까지

몇 년 전부터 계속 생각해 오고 있던 논문의 주제는 학술적인 검증이 어려운 면이 많이 있어서 두 학기 전에 논문 심사에서 탈락한 경력이 있는 터라 논문 통과를 목적으로 다른 평범한 주제를 잡아서 형식만 잘 갖추어 써내려고 마음을 먹었으나 아무래도 마음이 편하지 않았습니다.

어느 날 논문의 진행을 방해하는 영을 대적하며 기도하던 도중, 이전에 탈락되었던 논문 주제를 실증적으로 검증할 수 있는 새로운 아이디어가 떠올랐습니다. 실험 및 검증 방법으로 떠오른 것은 뇌파 측정이었는데 저는 그 당시 뇌파 분야에 관해서는 거의 문외한인 상태였고 지도 교수님도 그 분야를 전공한 분이 아니셨기 때문에 무리인 감이 없지 않았지만 일단 주변의 아는 교수님들께 부탁하여 뇌파 분야를 전문적으로 다루고 계신 의대 교수님께 가서 가능성 여부를 여쭤볼 수 있는 기회를 얻게 되었습니다.

연구실에 방문하여 교수님께 논문 주제를 말씀드리고 상의를 했더니, 전혀 문외한인 상태에서 한 학기 내에 뇌파 측정 도구의 사용 방식을 익히고 논문을 쓰는 것은 거의 불가능한 일이라고, 포기하는 것이 좋을 것이라고 하셨습니다. 게다가 뇌파 측정 도구를 한번 사용하는 데만 해도 10만원 정도의 적지 않은 사용료를 내야 하기 때문에 재정적인 부담도 만만치 않다는 이야기에 저는 그만 풀이 죽어버렸습니다. 제가 계획한 실험은 적어도 한달 넘는 기간동안 수십 번은 실험을 되풀이해야 하는 것이었으니까요.

그 날 밤, 집에 돌아와서 자포자기한 상태로 그저 '밑져야 본전이지' 하는 심성으로 논문의 신행을 방해하는 영을 대적하고 잠이 들었습니다. 그런데 바로 다음 날 공교롭게도 인터넷 사이트에서 뇌파 실험 기기를 대여해 주고 사용방법을 교육해주는 연구소 홈페이지를 발견하게 된 것이었습니다. 그 연구소에서는 한 달에 40만원 정도를 받고 실험기기를 대여하고 있었기 때문에 여전히 부담이 되는 것은 사실이었지만 그래도 그 정도라면 어떻게든 충당할 수 있는 방법이 있을 것 같았습니다.
일단은 지도 교수님께 허락을 받아야 하겠기에 논문의 주제와 전체적인 실험 계획을 담아 지도 교수님께 메일을 보낸 후, 전화 연락을 드리고 직접 연구실로 찾아갔는데 대강의 내용을 훑어보신 교수님께서 비교적 긍정적인 반응을 보이시면서 한번 실험을 진행해 보라고 하셨습니다. 더 큰 문제는 실험 도구 사용 방법을 익히는 것인데, 교육 프로그램이 한두 달에 한번 운영되기 때문에 날짜가 제대로 맞지 않으면 이번 학기 내에 교육을 받는 것이 어려운 상황이었습니다. 그런데 홈페이지를 뒤져가며 일정을 알아보니 마침 며칠 후 대전에서 강의가 진행된다고 하는 것이었습니다. 게다가 재정적인 공급을 막는 영을 대적하자 갑자기 통장에 무명 유명의 몇 사람들로부터 필요한 액수에 넘치는 돈이 입금되었습니다. 정말 놀라운 일입니다. 할렐루야.

(3) 논문 연구 과정

그리하여 논문의 주제를 결정한 바로 다다음 주에 뇌파 측정기를 빌리고 뇌파 측정기 사용법에 대한 교육을 받기 위해 대전에 내려가기로 일정을 잡았습니다. 이 모든 것이 대적기도를 하면서 거의 일사천리로 진행된 일이었습니다.
오전 11시에 교육이 시작되기 때문에 서울역에서 아침 8시 20분 기차를 타기로 했습니다. '늦으면 절대 안되지' 생각하고 전날 밤에 미리 미리 입을 옷이며 가지고 갈 짐이며 모든 것을 챙겨놓고 만반의 준비를 하고 새벽 6시에 알람을 맞춰놓고 잠이 들었습니다. 잠자기 전에 동생에게 '내일 못 일어나면 나는 끝장이야.' 하고 농담을 하다가 잠이 들었는데 그 말이 화근이 되었는지 다음 날 아침에 일어나 보니 7시 20분이었습니다. 어제 저녁에 분명히 여러 번 확인하면서 알람을 맞춰놓고 잤고 저는 비교적 알람 소리를 잘 듣는 편인데 대체 왜 이런 일이 일어났는지 알 수

가 없었습니다. 그제야 비로소 '아, 전날 지각의 영을 대적하고 잤어야 했는데 또 까먹었구나.'
싶은 생각이 들었지만 후회하기에는 이미 늦은 상황이었습니다. '에라, 뭐 어떻게 되겠지.' 하고는 숨을 헐떡거리며 정신 없이 뛰고 열심히 달려서 정확히 8시 20분 도착했지요.
그러나 표를 사려고 하니 매표소 아저씨가 안 된다고, 표는 출발 10분전에 사야 한다고 하시는 것이었습니다.

눈이 캄캄했지요. 다음 열차 시간을 물어보니 9시 23분. 신탄진 역에 11시에 도착하려면 그 열차를 타서는 어림도 없고, 고속터미널로 가기에도 이미 너무 늦은 시간이었습니다. KTX를 타고 가려고 알아보니 KTX는 신탄진역에서는 정차하지 않고 대전역으로 바로 간다고 하기에 혹시 대전역에서 택시로 들어가면 신탄진에 제 시간에 도착할 수 있을까 하여 대전에서 군복무를 했던 아는 사람에게 전화를 걸어 물어보았습니다. 그러나 대전에서 신탄진은 기차로는 가까워도 버스나 택시로 가려면 한 시간 가량 걸린다는 것이었습니다. 그러니 KTX를 타고 가면 오히려 시간상 손해를 보게 된다는 계산이 나오는 것이지요.

이제 모든 가능성은 사라졌고, 다음 열차를 기다려 간다면 아무리 빨리 가도 30분은 족히 늦을 것 같았습니다. 뇌파 측정은 전혀 모르는 분야라 늦게 도착하면 절대 못 알아들을 텐데 일단 앞의 30분을 놓치고 나면 그 이후의 4시간 분량의 수업은 전혀 이해할 수 없을 것이 틀림없었습니다. 몇 개월에 한번 있는 교육이라 지금 놓치면 논문을 아예 쓸 수 없을지도 모르는 상황.. 최후의 방법으로 연구소에 전화를 걸어 수업을 늦추는 방법이 없냐고 물으니 안 된다고 하였습니다.

모든 것이 막힌 것 같은 느낌이 들면서 급기야는 점차로 마음이 불안해 지고 짜증이 나려고 했습니다. 짜증과 불안의 영을 있는 힘껏 대적하면 서 초조한 마음을 가라앉히기 위해 일단 아무데나 자리를 잡고 앉았습니 다. 속으로 다음과 같은 생각이 오갔습니다.
"대전 내려가는 길.. 주님과 함께 가는 가을여행이라고 생각하고 있었는 데.. 끈질긴 15분 지각의 귀신들, 여행의 즐거움을 잡치고 말아먹으려 하 다니.. 오.. 주님.. 도와주세요.. 제발.."

주님이 옆에 계신 상상부터 시작해서 포기하는 기도며, 빛을 바라보는 기도 등 온갖 방법을 다 써보다가 다시 대적하는 기도를 시작했습니다.
"나의 논문을 방해하는 이 지긋지긋한 귀신들아! 예수 이름으로! 모두 사 라져라!"
그렇게 대적기도를 하자 드디어 마음이 편안해지기 시작했습니다. 그리 고는 별 생각 없이 그저 마지막 확인 전화를 하려고 연구소에 다시 전화 를 걸었더니 우연히 이런 저런 얘기를 하다가 대전 역에서 신탄진까지 20분 거리라는 사실을 알게 된 것이었습니다. 허걱! 대전에서 군복무를 했다는 그 분이 뭔가 잘못 기억하고 있었던 것이었습니다.
"좋았어! 그럼 KTX 로 대전까지 가서 택시를 타자!"

매표소에 가보니 바로 8시 15분 기차가 있었습니다. 표를 끊고 정확히 맞춰서 승차! 조금이라도 결정을 늦게 내렸으면 이 차도 놓쳤을 뻔했습 니다. 정말 아슬아슬!
KTX에 올라타 편안한 좌석에 앉아 바깥 풍경을 바라보니 이런 생각이 들었습니다. '아... 원래 내 성격 같아서는 죽어도 비싼 KTX 를 탈 생각 조차 안 했을 텐데.. 이렇게 해서라도 고급 가을여행을 시켜주시려는 주

님의 마음이었을까? 음.. 꿈보다 해몽인가?'
아무튼 마음은 즐거웠습니다.
대전에 도착, 택시를 타고 연구소까지 가서 강의실에 들어간 시간은 정확히 11시. 아직 수업은 시작되지 않았고 5분쯤 후에 선생님이 들어오셨습니다. 생판 처음 들어보는 내용이라 과연 내가 이해할 수 있을까.. 하는 두려움이 계속 있었기 때문인지, 처음에는 정말로 내용이 잘 이해가 안 되는 것 같고 조금 혼란했습니다. 그래서 속으로
'혼미하게 하는 영들아! 결박되어라!'
하며 대적기도를 하고 나니 정말 신기하게도 내용이 너무 재미있게 느껴지고 쏙쏙 이해가 되기 시작했습니다. 중간에 분석 프로그램 실습을 했는데 너무 수월하게 금세 따라할 수 있었습니다.

옆에 같이 앉았던 어떤 여자 분은 두 번째 교육을 받는 것인데도 잘 이해가 안되고 어렵다고 하시며 도리어 저에게 여러 번 질문을 하고 도움을 청하셨고 저를 보시면서 처음인데 그렇게 이해를 잘하니 좋겠다고 하셨습니다. 점심시간에 대화를 나눠보니 이 분도 마침 뇌파 측정도구를 사용하여 음악 치료 분야의 논문을 쓰고 계신 분이었는데, 자신도 뇌파 분야에 문외한이라 처음에는 두렵고 힘들기만 했으나 막상 해보니 재미있고 할만하다고 하시는 것이었습니다. 마치 주님께서 저에게 '걱정 마라, 너도 할 수 있다.' 하시며 격려를 해 주시는 것 같았습니다.
그렇게 무사히 교육을 마치고 그 다음 주부터는 본격적인 실험 실습에 들어갔습니다. 실험 대상자들을 구하는 것도 쉬운 일이 아닌데 매주 마다 월요기도모임에 오는 청년들이 내 일처럼 발 벗고 나서주겠다고 해서 어려움 없이 실험을 시작할 수 있었습니다. 함께 실험하는 시간이 얼마나 재미있고 즐거웠는지, 그 순간들은 저의 삶에 참 소중한 추억으로 남

아 있습니다.

실험 과정에서도 데이터가 제대로 저장되지 않아 실험 결과를 날려 버렸다든지, 측정 도구를 잘못 사용하여 한참동안 헤맸다든지, 노트북의 연결선이 없어졌다든지, 하는 돌발 사태가 많이 발생했지만, 실수의 영을 결박하고 대적하면서 끝까지 실험을 잘 마치게 되었습니다.

(4) 논문 집필 및 발표

이제 원론적인 내용들을 조금 정리하고 실험 데이터를 분석하고 통계를 내는 작업만이 남았습니다. 그런데 집필을 하려고 방에 앉아있기만 하면 자꾸 일이 손에 잡히지 않고 하기 싫은 마음이 몰려왔습니다. 뭔가 자꾸 불안하게 하고 방해하는 기운이 있는 것 같았습니다.
그럴 때마다 '이놈들.. 내가 그냥 당할 것 같으냐!' 하면서 대적기도를 하고 나면 속에서 부르르.. 하고 떨림이 오면서 무엇인가가 빠져나가는 느낌이 들며 마음이 편안해지고 서서히 집중이 되기 시작하여 나중에는 거의 미친 듯이 몰두하게 되곤 했습니다.

어떤 때는 처음에는 너무나 어렵고 재미없고 하기 싫다가도 대적기도를 하고 나면 밤 11시경부터 새벽 5시까지 시간 가는 줄 모르고 신나게 분석 작업을 하기도 했습니다. 대적기도를 통해 집중력과 의지력이 부쩍 늘어나는 것을 경험할 수 있었습니다. 전에는 상상도 하지 못하던 일이었지만 아무튼 우리가 하려는 일을 방해하는 영이 있다는 것은 정말 분명한 사실이었습니다.
발표 전날 마무리 통계처리를 해야 하는데 t-test 통계법을 가르쳐 주기로 했던 연구소의 선생님과 연락이 되지 않는 일이 있었습니다. 핸드폰 번호를 아무리 눌러도 전화를 받을 기미가 보이지 않았습니다. 처음에는 당황했지만 그 즈음 한참 대적기도에 맛을 들이고 있었기 때문에 곧바로, "귀신아! 내 논문을 방해하지 말라!"
하고 외쳤는데 바로 그 순간 갑자기 핸드폰이 아닌 연구소 번호로 걸어 봐야겠다는 생각이 문득 떠올랐습니다. '아니, 왜 이 간단한 생각이 방금 전까지는 떠오르지 않았을까?' 의아할 정도였지만 분명 대적기도를 하기 전에는 전혀 떠오르지 않았었습니다.
회사로 걸었더니 바로 통화가 되었고, 통계작업이라고 해서 무지하게 어려울 줄 알고 겁먹고 있던 저에게 엑셀 프로그램을 열어 단추 몇 개만 클릭하면 된다고 하시며 전화로 친절하게 설명해 주셨습니다. 직접 배워보니 정말 쉬웠습니다. 기계나 컴퓨터에 대한 두려움이 많은 저에게는 참 신기하고 즐거운 일이었습니다.

드디어 1차 논문 발표를 하는 날. 친한 친구가 회사에 휴가를 내고 발표장에 직접 와서 함께 프로젝터와 캠코더 작동을 도와준 데다가 발표시간이 되기 한참 전에 미리 함께 발표장에 가서 방해하는 영들을 대적하고 결박하는 기도를 해 준 덕분에 긴장하지 않고 즐겁게 발표를 할 수 있었습니다. 발표를 듣는 교수님들과 대학원생들도 대부분 재밌어 했고 지도교수님도 수고했다며 칭찬을 해 주셔서 너무 기분이 좋았습니다.

1차 논문 발표는 무사히 지나갔고, 최종 심사날짜를 기다리며 마무리 정리를 하고 있던 중에 자료를 재분석하고 정리하면서 뭔가 문제가 발견되었습니다. 최종 실험을 포함하여 마지막으로 정리된 뇌파 자료를 가지고 다시 한번 t-test 검증을 해 보았는데 의외로 의미 있는 결과가 도출되지 않아 그간 열심히 실험한 모든 자료를 버려야 할지도 모르는 상황이 된 것이었습니다. 제 논지를 견고하게 뒷받침하려면, 유의수준 수치가 0.05 이하로 나와야하는데, 수치가 들쑥날쑥해서 과연 이 자료를 가지고 논문에 실을 만한 유의미한 결과를 도출할 수 있을지 조금 의심스러워졌습니다. 어찌할까.. 고민을 하다가 분석 과정에서 조금 무리하게 인위적인 손질을 가하기로 마음을 먹었습니다. 그러나 그 순간 마음이 불편해졌습니다. 내 논지와 내 이익에 맞추려고 거짓을 행하는 것은 거짓의 영을 받아들이는 것이라는 생각이 들었습니다. 그래서 바로 대적기도를 했습니다. "거짓의 영아.. 내 의견과 내 입장에 유리하게 끼워 맞추고 합리화하려는 거짓의 영아.. 결박될 찌어다! 내 삶에서 떠날 찌어다!"

그리하여 인위적인 손질을 절대 가하지 않기로 다시 한번 결심하고 논문의 내용이 어설프고 형편없어 지더라도 마지막에 했던 실험을 그냥 자연스럽게 분석해서 쓰기로 마음을 먹었습니다. 그런데 t-test를 하려고 컴 앞에 앉은 순간 갑자기 이전에 생각하던 것과 또 다른, 통계 방식에 대한 어떤 아이디어가 문득 떠올랐습니다. 그 방식에 따라 t-test 를 수행하자 0.01 정도의 수치가 나왔습니다. 0.05 이하의 수치만 나와도 아주 좋은 결과를 얻는 셈인데.. 0.01이라니.. 정말 놀라운 일이었습니다. 자료 자체에는 아무런 손질을 가하지 않았는데도, 대적기도를 하고 나서 새로 얻게 된 아이디어를 통해 논문의 기존 맥락에 부합한 결과를 얻게 된 것이었습니다. 주님이 주시는 지혜는 정말 놀랍습니다.

(5) 최종 심사 통과와 졸업

최종 심사를 며칠 앞둔 어느 날, 교수님께 미리 메일로 논문 최종 완성본을 보내드리고 답 메일을 기다리고 있었습니다. 며칠 동안 메일이 오지 않아서 직접 전화를 드렸더니 논문 진행 과정에서는 비교적 긍정적인 반응을 보이시던 교수님께서 마지막 순간에 특별한 이유도 알려주지 않으신 채로 갑자기 논문을 통과시켜줄 수 없다고 하시는 것이었습니다. 기가 막혀서 눈물이 쏟아졌지만 '논문의 내용이 워낙 부족해서 그러시는 것이겠지. 이젠 어쩔 수 없이 그냥 수료만 해야 하나보다..' 생각하고 맥없이 포기해 버리고 말았습니다.

그러나 그 이야기를 전해 들으신 목사님 사모님께서 교수님의 태도가 정당하지 않다고, 분명한 해명도 없이 일방적으로 오랜 동안의 수고를 무산시켜 버리는 것은 옳지 않다고, 통과는 안되더라도 논문에 어떤 명백한 결함이 있는지, 무엇이 문제인지에 대해서 알아야 할 권리가 있다고, 지금은 울 때가 아니며 자신의 입장과 권리를 찾아야 한다고 하시자 비로소 정신이 번쩍 들었습니다. 나의 정당한 권리를 찾지 않고 늘 쉽게 포기하며 스스로를 억압하며 살던 삶의 패턴을 이제는 바꾸어야 한다는 생각이 들었습니다.

그 날 밤 대적기도를 시작했는데 알 수 없는 분노가 솟구쳐 올랐습니다. 내 인생을 파괴해 온 대적들에 대해 분노가 한없이 터져 나왔습니다. 그리하여 몇 시간 동안 원수들에게 분을 쏟으며 강력하게 기도했습니다. 그리고 나니 마음이 너무 시원해지면서 이상하게 논문이 통과될 것만 같은 자신감이 들었습니다. 다음 날, 논문이 통과되지 않더라도 일단 말이라도 꺼내 보아야겠다는 생각으로 교수님께 개인적으로 찾아갔습니다. 처음에는 결코 수락을 하지 않으실 것처럼 강경하게 나오셨으나, 논문의 어떤 부분에 결함이 있는지 무엇을 고쳐야 하는지 여쭤보자 논문의 몇 부분을 지적하시고 몇 가지 수정을 요하신 후에 금세 논문 통과를 수락해 주셨습니다. 결국 논문은 무사히 통과되었고 논문 과정에서 함께 도 와주었던 친구와 함께 즐겁게 졸업식을 치르게 되었습니다.

이 모든 과정은 제게 있어서는 그저 단순히 하나의 학위를 얻는 문제가 아니었습니다. 많은 묶임과 부 자유에서 해방되며 영적 세계의 실제를 경험하고 배우는 제 삶의 중요한 전환점과 같은 것이었습니다.

이 모든 과정에 함께 하셨던 주님의 놀라우신 은혜에 감사와 찬양을 드립니다. 할렐루야!

6. 가정의 재정문제와 대적기도와 이사

제가 중학교에 다니고 있을 때에 아버지의 건강이 나빠지시기 시작하더니 결국 거의 움직이지 못하고 앓아 누우시게 되었습니다. 그리하여 중고등학교 시절부터 가정 내에 오래 동안 경제적인 심각한 어려움이 있었습니다.

아버지께서 앓아 누우신 것도 큰 문제였지만 더 큰 문제는 세를 놓아 생활을 이어갈 요량으로 새로 짓기 시작했던 집이 건축업자에게 사기를 당해서 도리어 엄청난 빚을 뒤집어쓰게 되었고 이 빚이 도무지 해결될 기미가 보이지 않았다는 것이었습니다. 게다가 설상가상으로 IMF 까지 터지는 바람에 집 값이 폭락하여 아무리 헐값에 내놓아도 집이 팔리지 않아 경매에 넘어갈 위기에 처하게 되었습니다.

저는 고등학교를 졸업한 바로 그 순간부터 아르바이트를 시작하여 저와 동생들의 학비와 생활비를 대기 위해 미친 듯이 일을 하기 시작했고 어머니도 몸을 아끼지 않으시며 온갖 노무를 하셔서 나중에는 몸이 심하게 상하는 지경에 이르셨습니다. 오빠와 남동생도 학비를 비롯하여 생활비의 부족을 메꾸려고 카드를 사용하다가 결국은 가정의 채무와 개인적인 채무에 시달리게 되었습니다.

오빠는 군대에 입대한 상태였고 동생들도 저도 고등학생, 대학생이라 기껏 벌어봐야 큰 돈은 마련할 수 없었습니다. 어머니가 몸을 깎아가며 벌어 오신 돈과 제가 벌어 학비 및 생활비로 쓰고 남은 여분의 돈으로 근근히 이자의 일부를 갚아나갔지만 이자에 이자가 붙으면서 상상을 초월하는 금액으로 빚더미가 늘어가기 시작했습니다.

그리하여 집을 짓는 몇 개월 동안만 잠깐 기거하려고 대충 짐을 싸서 머물던 반 지하 집에 7년을 머물게 되었습니다. 짓던 집은 경매에 넘어가는 것만이라도 면하고자 엄청난 헐값에 급하게 팔아버려 빚은 갚지 못한 채 공연히 집만 날리게 되었고 대낮에도 빛이 잘 들어오지 않는 지하의 월세방에서 그럭저럭 삶을 꾸려나가게 되었습니다.

그 후 7년 동안은 온 집안이 어둠의 터널을 지나는 시기였지만 제게 있어서는 그 7년은 그 어떤 것과도 바꿀 수 없는 소중한 시간들이었습니다. 어려운 상황에 직면하게 되어 마음이 가난해졌기 때문인지 온 가족이 짧은 기간에 예수님을 영접하게 되었기 때문입니다. 그렇게 믿지 않으실 것 같던 아버지도 또 끝까지 마음을 열지 못하던 어머니도 어려움에 봉착하니 주님을 부르고 찾게 되셨습니다.

그러다가 정원 목사님을 알게 되어 여러 가지 영성 훈련의 방법과 기도 훈련을 통하여 영적인 세계를 차츰 경험하게 되었습니다.

어둡고 음울하던 집안에 찬양을 틀어놓고 동생들과 함께 부르짖는 기도도 하고 성경 구절도 여기 저기 붙여놓고 다 같이 기도훈련을 하고 주님을 나누면서 행복한 삶의 변화들을 많이 경험하게 되었습니다.

그러는 가운데 저의 어두운 의식도 많이 밝은 쪽으로 바뀌게 되었지만 그 중에서 가장 늦게까지 잘 바뀌지 않았던 것 중 하나는 재정문제에 대한 저의 부정적인 가치관이었습니다.

물질의 문제를 놓고 기도하는 것은 이기적이고 기복적인 것으로만 생각하는 이원론적인 사고방식이 제 안에 뿌리 박혀 있었던 데다가, 생활에 여유가 생기면 주님을 멀리하게 되지 않을까, 어려움이 없으면 주님께 간절하게 나가지 못하게 되는 건 아닐까, 마음이 많이 찢어지고 고생을 많이 해야 주님을 깊이 만날 수 있다고들 하는데 편안하게 살게 되면 주님을 만나기 어려워지지 않을까.. 하는 생각들이 제 안에 많이 스며들어 있어서 저도 모르게 은근히 가난과 어두움과 고통을 끌어들이는 성향이 많이 있었던 것입니다.

지금 돌아보면 그런 생각은 고통에 대한 감각을 마비시키고 재앙을 끌어들이는 어두운 의식이었는데도 그 당시에는 이런 식의 어두운 의식이 쓸데없는 고난과 각종 재앙들을 끌어당긴다는 사실을 알지 못했기 때문에 공연히 두려움의 생각으로 고난을 자초하고 있었던 것입니다.

아무튼 재정에 대한 그런 어두운 의식이 있었기 때문에 가난의 영을 대적하거나 쫓아내거나 풍성한 삶을 누리거나 그럴 생각은 꿈도 꾸지 못했고 그냥 고통을 짊어지고 십자가의 길을 걸으며 프란시스코처럼 청빈하고 가난한 삶을 사는 것이 주님을 기쁘시게 하는 것이라고만 생각하고 있었습니다.

그러다가 우연한 기회를 통해 제 어두운 의식에 새로운 빛이 비춰들기 시작했습니다. 정원 목사님, 사모님, 그리고 몇몇 집사님, 전도사님들과 함께 점심 식사를 하러 작은 식당에 들렸던 어느 날이었습니다. 먹고 싶은 것을 고르라고 메뉴 판을 주셨는데 음식값이 다 너무 비쌌습니다. 목사님 사모님이 돈을 쓰실 것이 뻔하기 때문에 저는 최대한 값싼 것을 먹어 부담을 줄여드리려는 생각에 무조건 가장 싸구려를 시켰습니다. 그 모습을 조용히 지켜보고 계시던 목사님께서 너무나 충격적인 말씀을 전해 주셨습니다.

돈을 쓰는 것을 지나치게 아까워하고 벌벌 떠는 것은 풍성함의 의식이 없기 때문이라고.. 그런 삶의 태도는 가난의 영을 불러온다고 하시는 것이었습니다. 그리고 자신만 가난하게 살 뿐 아니라 가는 곳마다 가난의 기운을 나누어주게 된다고 하시는 것이었습니다.

저는 갑자기 뒤통수를 얻어맞듯 띵! 해졌습니다.

사모님은 이런 말씀을 하셨습니다.
"우리도 목회하면서 재정적으로 많이 힘들었거든..
그렇지만 워낙 즐겁게 웃으며 살고 손님들이 오시면 항상 풍성하게 대접했기 때문에 사람들이 우리가 다 잘사는 줄로 생각했단다.
마지막 남은 천 원으로 손님들 대접할 과일을 사올 때도 있었는데, 그런 상황에도 아무 걱정이 안되고 늘 즐겁고 풍성한 마음이 있었어. 그런데 돌아보면, 아무리 힘들었어도 밥을 굶어본 적은 없는 것 같아. 여보 우리 밥 굶어본 적 없지?"
"정말 한 끼도 없네."
하고 깔깔 웃으며 즐겁게 얘기하시는 목사님과 사모님의 모습을 보면서 큰 충격을 받았습니다.

저는 항상 빚을 갚아야 한다는 부담에 1000원 한 장 쓰는 것도 벌벌 떨고 후배들 밥 한 끼 사주는 것도 아까워서 부들부들 했었는데 드디어 처음으로 삶을 즐기고 누리면서 풍성하게 살고 싶다는 생각이 들었습니다.

이 일이 있은 이후, 저는 물질에 대한 어두운 의식을 조금씩 버리게 되었습니다. 알게 모르게 제 안에 뿌리 깊게 자리 잡고 있었던 이원론적인 사고 '돈은 세속적인 것이어서 주님께 구하면 안 된다. 영적인 것은 비물질적인 것이므로 모든 물질적인 것은 구하면 안 된다.' 이런 식의 편협한 사고가 조금씩 바뀌기 시작했습니다. 그리고 의식이 바뀌자 비로소 서서히 집안의 재정적인 문제를 놓고 악한 영들, 가난의 영들을 초토화시키는 기도에 돌입할 수 있게 되었습니다.

재정을 억압하고 있는 가난의 영들을 한참 박살내고 깨부수면서 신나게 부르짖고 초토화하는 기도에 맛을 들일 무렵, 몇 가지 재미있는 일이 일어났습니다.
신축을 위해서인지 우리가 살고 있는 집 바로 옆집을 와장창 무너뜨리고 깨부수기 시작한 것이었습니다. 그리고 공교롭게도 바로 같은 그 시기에 저희 교회 옆 건물에서도 증축을 위해 와장창 깨부수는 공사가 시작되었습니다. 하루 종일 어둠의 영들을 초토화하고 마귀를 박살내자 바깥의 육의 세계에서도 하루 종일 와장창 박살내고 공사하는 소리가 들려온다는 것은 참 신기하고도 재미있는 일이었습니다.
동생과 저는 하루 종일 시끄러운 공사판의 소리를 들으면서도 '아.. 기도가 먹혀 들어가고 있다는 사인인가보다.' 하면서 서로 깔깔거리고 웃으며 즐거워했습니다.
더욱 재미있는 것은 그런 대적기도를 시작한지 얼마 지나지 않아서 우연한 기회에 저희는 다른 집으로 이사를 가게 되었고 저희가 다니던 교회도, 다른 장소로 이사를 가게 된 것이었습니다. 이사에 전혀 관심이 없던 오빠가 갑작스럽게 이사에 대한 이야기를 꺼낸 후 갑작스럽게 일이 진척이 되면서 집을 알아보러 다니게 되었습니다. 그리고 나서 일사천리로 일이 진행되었고 영세민 전세금 대출이 가능해져서 그 좁은 반지하의 월세 집에서 방이 세 개가 있는 넓은 집으로 옮기게 되었습니다.

이사를 하기까지 사실 중간에 여러 방해가 있었는데 그 중 가장 기억에 남는 한 가지 사건만 간단히 적어볼까 합니다. 적당한 집을 구하러 가기 위해 오빠가 회사에 반차 (하루의 반만 휴가를 내는 것이지요) 를 낸 날이 있었습니다. 12시쯤 만나자고 전화를 하고 기다리고 있는데 10시쯤인가.. 오빠에게서 다급한 목소리의 전화가 왔습니다.

회사에서 자리를 정리하고 나가면서 잠시 화장실을 들렀는데 갑자기 벽의 모서리에 머리를 찧어서 피가 철철 흐르고 있다는 것이었습니다.

처음에는 별로 심하게 아프지 않아서 그냥 대충 닦아내고 출발하려고 사무실로 들어갔는데 사람들이 깜짝 놀라며 소리를 지르기에 거울을 보니 많이 찢어져서 얼굴 전체가 피범벅이 되어있더라는 것이었습니다.

오빠의 이야기를 듣는 순간, '대적들이 공격하는구나..' 하는 마음이 강하게 들었습니다. 걱정하지 말라고.. 괜찮을 거라고.. 기도하겠다고. 이야기하고 전화를 끊은 후 오빠는 수술을 하러 병원으로 갔고 저는 방안에 들어와서, 낮은 방언을 하면서, 우리를 잡아놓고 묶어놓으려는 원수들의 공격에 대해 강력하게 대적하고 결박하고 저주하며 기도했습니다. 악한 영들은 우리가 어둡고 좁은 거처에서 밝고 넓은 곳으로 이전하는 것을 결코 원치 않으며 방해를 한다는 것을 느낄 수 있었습니다.

그렇게 기도를 하자 신기하게도 금세 마음이 차분해졌습니다.

기도를 마칠 무렵 오빠에게서 다시 전화가 왔습니다. 병원에 갔는데, 의외로 간단하게 수술이 끝났다고 오늘 집을 보러 갈 수 있을 것 같다고 했습니다. 수술하고 바로 움직여도 될까.. 조금 걱정이 되기도 했지만 아무래도 오늘 뭔가 좋은 집을 구하게 될 것이기 때문에 방해가 있는 것 같다는 생각이 들어서, 약간의 무리를 감수하고 오빠와 함께 집을 보러 나섰습니다.
사실 저희가 가지고 있는 돈으로 세 칸 짜리 방을 구한다는 것은 터무니없는 일이었습니다. 돈이 턱없이 부족했습니다. 그 동안에는 방이 두 칸이라 오빠와 남동생과 아버지가 한 방에, 저와 여동생과 어머니가 한 방에서 꾸역꾸역 끼어서 잠을 잤지만 그래도 병상에 누워 계시는 아버지와 간호하시는 어머니를 위해 따로 방을 드려야 한다는 생각에 어떻게든 세 칸 짜리 집을 얻고 싶었습니다.

하루 종일 돌아다녀도 적당한 집을 구할 수 없어서 그냥 포기하고 돌아오려는데 마지막에 들린 부동산에서 바로 얼마 전에 나온 집이라며 급하게 돈이 필요하여 아주 헐값에 내놓은 집이니 가보자고 소개를 해 주었습니다. 그 집에 가보니 집의 위치나 크기가 우리가 원하는 것과 꼭 맞아떨어졌습니다. 게다가 안방에 큰 창문이 있어서 문을 열면 바로 하늘과 산의 모습이 훤하게 보였습니다. 바로 그 날 계약을 하고 집으로 돌아왔는데 부동산 아주머니가 말하기를 워낙 싸게 나온 집이라 우리가 오늘 집을 보러 오지 않았으면 바로 다음 날 다른 사람에게 넘어갔을 거라고 하셨습니다. 오빠와 저는 서로 안도의 숨을 쉬었습니다.

그 이후에도 이사를 준비하는 동안 몇 번의 위기가 있었습니다. 어머니가 한동안 신경이 예민해지셔서 많이 힘이 드셨는데 계속 대적하고 기도하면서 결국은 안정을 찾으시게 되었습니다. 이사를 준비하는 기간 동안 오빠에게도 엄청난 영적인 변화가 있었고 온 가족들에게 영적 갱신의 시간이 되었습니다.
계약을 마치고 이사를 준비하면서 오빠랑 남동생은 어릴 적부터 가지고 있던 모든 짐을 하나하나 꺼내서 비디오, 만화, 작은 장난감, 등등.. 예수님과 관련이 없는 모든 물건들을 다 태우기 시작했습니다. 매일 조금씩 정리해서 밖에 나가서 불로 태우면서, 때로는 이를 부득부득 갈면서, 또 때로는 울부짖으면서
"귀신들아! 다 떠나라!"
하고 외쳤고..
"주님.. 우리 마음을 정결하게 해 주세요. 우리는 오직 당신만을 섬기기 원합니다."
하고 울면서 기도했습니다.

태워버리기에는 아까운 좋은 물건들도 있었고 오빠나 남동생이 예수님 믿기 전에는 아주 고이고이 아끼던 조금 값나가는 물건도 있어서 저는 아까운 마음에 '에구.. 그래도 그건 버리지 말지' 했으나 두 형제는 단호한 결단으로 씩씩하게 물건들을 깨부수고 태우고 정리를 하는 것이었습니다. 이사를 가면서 주님과 상관없는 모든 것들을 다 정리하고 버리는 과정은 우리의 삶을 다시 한번 온전히 주님께 드리는 하나의 의식과 같은 것이었습니다.

새 집에 도착한 날 온 가족이 모여서 포도 주스와 빵으로 간이 성찬식을 드렸습니다. 우리 온 가족이 오직 예수만 섬기게 해 달라고, 이제 새로운 삶을 시작하게 해 달라고 기도하면서 우리는 다 같이 부둥켜안고 펑펑 울었습니다.
이사를 와서 지금 살고 있는 집은 전의 우중충한 지하의 집과는 비교가 되지 않게 밝고 환합니다. 그리고 옥상에 올라가면 전망이 좋아서 북한산이 한 눈에 보이지요. 저는 자주 옥상에 올라가서 북한산을 바라보면

서 기도를 하는데 너무나 마음이 상쾌하고 행복합니다. 어머니도 옥상에 와서 빨래를 널면서 햇살이 참 좋다고 즐거워하시곤 합니다.

전에 가지고 있었던 물질에 대한 부정적인 의식이 바뀌고 주님은 선하시고 풍성하신 분이며 그의 자녀들에게 풍성하게 주시기를 원하신다는 것을 인식하면서 경제적인 면도 많이 좋아지고 있는 것을 느낍니다.

그 동안 가난과 어두움의 영, 궁상맞고 칙칙한 영들에게 속아서 너무나 눌리고 어둡게 살아왔었다는 사실이 생각할수록 화가 납니다. 하지만 이제는 악한 자들을 대적하면서 빛에 속한 삶, 자유와 풍성한 삶을 향하여 계속 나아갈 수 있다는 것이 너무나 감사할 뿐입니다.

아직도 많은 부분에서 전쟁이 진행되고 있고 또 모르는 부분을 배워가고 있지만 한 걸음 씩 깨닫고 나아갈 때마다 더욱 더 귀한 은총과 사랑을 베풀어주시는 주님께 감사를 드리고 있습니다. 전쟁은 계속 되지만 저는 더 온전한 승리를 위해서 계속하여 나아갈 것입니다.

승리하신 주님의 이름, 주님의 영광을 찬양합니다.

모든 영광을 오직 주님께 올려 드립니다. 할렐루야!

* H전도사는 서울의 S대 중문과와 동 대학원 중문과를 졸업하고 지금은 신학을 하고 있습니다. 명문인 S대에서 졸업을 할 때는 인문계열 내에서 전체 수석을 할 정도로 수재인 자매이지만 영리한 만큼 생각이 많고 복잡하고 완벽주의적인 기질을 가지고 있어서 마음고생이 많았습니다. 게다가 염세적이고 자학적인 자기 부인 스타일의 신앙에 익숙해있어서 삶에 많은 묶임과 눌림을 가지고 어둡게 살고 있었습니다.

자매는 주님께 대한 많은 갈망을 가지고 있었지만 자신 안의 많은 틀과

의식의 어두움으로 인하여 주님의 실제를 경험하는 데에 많은 장애를 가지고 있었습니다.

결국 그녀는 다양한 영성의 원리를 접하게 되면서 지적인 신앙에서 벗어나 영적인 실제들을 경험하게 되었고 주님의 살아 계신 임재를 경험하게 되었으며 대적기도를 통하여 삶의 많은 부분에서 승리와 자유를 누려가고 있습니다. 전쟁은 아직 끝나지 않았지만 그녀는 날마다 더 많은 승리를 경험하고 있는 중입니다. 할렐루야.

32. 덧글 간증

지금까지의 간증은 주로 [정원 목사 독자모임] 이라는 저의 홈페이지에 회원님들이 쓰신 내용들입니다. 대적기도에 대한 간증의 내용들이 너무 많았기 때문에 그 중의 일부를 요약해서 실은 것입니다.
내용을 실을 때 실명을 쓰지 않고 K집사, A자매.. 하는 식으로 영문 이니셜을 사용한 것은 본인들에게 일일이 허락을 받는 것이 번거로웠기 때문입니다.

다만 실명을 사용하지 않았기 때문에 간증의 내용에 의구심을 가질 수도 있을 것 같아서 실명으로 덧글에 간증을 쓰기 원하시는 분들에게 기회를 드렸습니다. 그러자 많은 분들이 동참해주셨습니다.
참여하신 모든 분들께 감사드립니다.

한 가지 덧붙이자면, 대부분의 간증에 느낌표가 너무 많고 감격의 표현이 너무 많아서 간략하게 줄여서 표현을 했습니다.
오직 주님만이 영광을 받으시기를.. 할렐루야.

[황경란 전도사] 감사합니다. 대적기도 책을 통하여 마귀의 실체를 발견하고 그것들을 대적하며 조금씩 자유를 체험하며 행복을 누리고 즐겁게 살고 있습니다. 목사님. 감사합니다. 할렐루야!

[김덕이 집사] 시댁식구들과의 심한 갈등으로 인하여 낙심이 많이 되었었는데 악한 영의 이름을 불러가며 정죄와 비난의 영, 흠잡는 영, 섭섭한 영, 교만의 영, 분노, 시기, 질투, 좌절, 낙심, 혈기, 질병의 영들을 대적하고 난 후 저의 영, 혼, 육이 치료받고 질병으로 고통 받으시던 시어머님께서도 놀랍도록 완쾌되셔서 예전의 긍휼과 사랑의 관계로 회복되어 자유롭고 행복한 그리스도인의 삶을 살아가고 있답니다. 목사님 주님의 은혜로 사랑합니다.

[김소영 자매] 대적기도를 통해 삶이 자유로워지고 행복해졌습니다. 이제는 안 좋은 생각이 들어도 그것이 내가 아니라는 것을 알고 대적하면 곧 마음이 밝아지는 것을 경험하곤 합니다. 어두운 의식과 생각을 통해 내 삶을 묶고 있었던 많은 묶임과 속임수들을 발견하고 하나하나 부숴가는 것이 너무나 재미있고 행복합니다. 하나님은 너무나 좋으신 분이라는 것을 알게 해 주셔서 감사합니다! 할렐루야!

[좌현희 자매] 대적기도를 알고 나서 금세 바뀌거나 느껴지지는 않았지만 지나고 문득 아! 그런 거구나.. 하며 깨달아지고 삶이 시원하고 안정되어 가는 것을 느낍니다.
자유롭고 평안을 주님께서 대적기도를 통하여 알게 해 주셨습니다.
주님은 정말로 너무나 좋으신 분이 십니다. 할렐루야!

[김하나 자매] 마음에 어두운 생각이 들 때마다 제 마음이나 기분을 바라보면서 악한 영과 저를 분리시켜 생각하고 대적할 수 있다는 것이 제일 감사하구 행복해요! 마귀들 전부 박살내서 그리스도인답게 자유하고 행복하게 살 겁니다. 아멘! 할렐루야!

[윤운순 집사] 무엇보다 모든 생각이 다 내가 아니라는 것.. 이것을 알고 가장 많이 자유해졌어요.
저는 어떤 영상이든 이야기든 떠오르는 대로 받아서 상상하고 그로 인하여 늘 두려움과 걱정을 안고 살았어요. 그런데 그 생각들의 주체가 내가 아님을 알고 바로 분별하여 대적합니다.
가장 중요한걸 알게 되고 그래서 많은 부분 눈이 열려진 것 같아 참 감사합니다.

[선강윤 집사] 대적기도를 통해서 아침이 행복해졌습니다. 대적기도3권의 2부중에서 자녀들이 짜증을 내고 이유 없는 반항을 하는 부분에 대해서 언급하고 있는 부분이 있지요. 저는 수험생 자녀를 두고 있어서 이것을 구체적으로 적용하였는데 마귀들은 철저히 분리되는 것을 알 수 있었습니다. 중요한 부분을 고3인 딸에게도 읽게 해서 딸이 마귀에게 속고 있다는 것을 정확히 가르칠 수 있었고 적용할 수 있었습니다. 하나님께 영광! 목사님. 감사합니다.

[송하동 집사] 저는 경찰관으로서 매일 술이 취한 사람, 혈기 있는 사람, 정신적으로 문제가 있는 사람 등 다양한 사람들을 상대하면서 많이 힘이 들었는데 대적기도를 알고부터는 주님을 더욱더 의식하며 사람의 배후에서 활동하는 어두움의 영들을 결박하고 대적하자 근무 중에 불안함이나, 초조함, 긴장 등이 사라지고 주님의 능력으로 담대히 이기고 승리하며 확신과 즐거움으로 근무할 수 있었답니다. 주님을 찬양합니다!

[이정혜 집사] 할렐루야! 목사님.. 감사합니다.
대적기도를 통해서 악한 영들의 실체를 자세히 알게 되었고 그것들은 아

무엇도 아니라는 것을 깨달았습니다. 또한 주님의 이름과 권세로 대적하므로 많은 자유와 기쁨을 누리게 되었습니다. 생활가운데서 하나 하나 적용하며 더욱 더 자유롭고 행복한 그리스도인이 되겠습니다.
승리하신 주님의 이름을 찬양합니다. 할렐루야!

[박윤정 집사] 아버지가 이제 교회를 다니시며 새벽예배도 가시고 성경도 읽으시기 시작하셨습니다. 그런데 말과 행동은 아직도 예전 모습이십니다.
말로 참 많이 원망 불평을 하시는데 힘들게 사셔서 그렇겠지 했었는데.. 이제는 대적기도를 읽고 아버지가 말씀하실 때마다 속으로 대적기도를 하면 불평의 말을 하다가도 '아! 이제 예수 믿게 됐는데 모두모두 감사해야지..' 하십니다. 너무 너무 신나고 기대됩니다. 할렐루야.

[여지나 자매] 저는 특히 대적기도 2권 2부의 악한 영들의 개인적인 공격들에 대해서 읽으면서 그동안 저를 괴롭혀왔던 악한 영들의 정체와 이름이 하나씩 드러났어요. 책에 쓰여진 대로 따라서 소리내어 대적하거나 상상으로 겁을 주고 예수의 이름으로 선포하고 쫓아내면 한번만 해도 너무나 신기하게도 사라져버리는 것을 여러 번 경험했어요.. 이제는 악한 영들이 두렵지 않습니다! 할렐루야!

[이성희 집사] 저 개인에게뿐 아니라 가정에 흐르는 유전적인 악과 저주들, 섬기고 있는 교회에서의 일과 관계들 그 모든 일에 대적기도를 구체적으로 적용하니 그동안 너무나 많이 묶여있음을 알게 되었고 이루 말할 수 없는 자유와 해방을 얻게 되었고 자신감이 생겼습니다. 제 안에 있었던 많은 묶임들을 발견하는 것도 너무 신나는 일이었구요. 요즘은 온 가

족이 함께 집안을 걸어 다니면서 대적기도를 하니 신나고 행복합니다. 더욱 더 자유함과 풍성함의 길로 갈 것을 믿습니다. 주님 감사합니다. 할렐루야!

귀한 주님의 통로가 되시는 목사님, 항상 감사드립니다.

[김영신 집사] 대적 기도 책을 읽으면서 예전에 참 많이 속고 살았다는 것을 알게 됐어요. 대적 기도 책을 읽으면서 예전에 잘 몰라서 그냥 지나쳤던 것들이 이제는 조금씩 분별이 되고 제 안에 있는 것들을 하나하나 분별해 가면서 악한 것들을 대적하고 그럼으로 인하여 삶 속에서 대적하는 것들의 승리를 확인해 가면서 자신감과 기쁨과 자유함을 누리고 있습니다. 할렐루야!

주님의 이름의 능력이 이렇게 크고 놀라운 것이라는 것을 알게 해 주시고 경험하게 해 주신 주님을 찬양합니다. 주님, 감사합니다.

그리고 목사님.. 감사드려요. 삶이 너무 많이 달라졌어요.. 정말 사는 것이 이렇게 즐겁고 행복한 것인지 정말 몰랐어요. 주님을 찬양합니다. 할렐루야!

[선강윤 집사] 신앙생활을 하면서 늘 부담으로 다가오는 전도(열매)에 대해서 항상 마음에 짐이 되고 어떻게 하면 전도할 수 있을까를 생각하면서도 막상 전도대상자에게 예수님과 기독교에 대해서 이야기를 하려고 하면 말을 하기가 너무 힘들어서 왜 그럴까 의문이었지요.

그런데 대적기도3권 3부의 복음전도에 대한 내용 중에서 전도 대상자의 안에 있는 악한 영으로부터 전도자에 대한 공격이 이루어진다는 것을 알게 되었습니다.

그래서 오늘 '신앙은 비과학적이다. 운운' 하는 분과 대화를 하던 도중에 마음속으로 상대방의 안에 있는 악한 영을 결박하는 대적기도를 적용하여 보았습니다. 그런데 평소와 달리 내 입술에서는 나도 모르게 복음이 증거 되고 있었고 놀랍게도 상대는 내 이야기만 듣고 있는 것이었습니다. 할렐루야! 그래서 충분히 복음을 다 전할 수 있었습니다. 오.. 하나님께 영광! 얼마나 감사한지요.. 이쁜 목사님. 사랑합니다. 할렐루야!

[홍윤숙 자매] 할렐루야! 대적기도! 너무나 후련하고 시원합니다!
내 삶에서 많은 묶임과 속임들이 드러나고 자유함을 맛보게 됩니다!
주님, 큰 영광을 받으소서! 감사합니다! 할렐루야!

[김양호 집사] 할렐루야!
책을 읽으면서 해당된다고 생각되는 부분은 집중적으로 대적하고 다른 부분들은 몇 번씩만 하는 식으로 약 2-3시간 정도 대적기도를 하였는데.. 글쎄 놀라운 일이 제게 발생.. 계속 트림이 나오기도 하며 놀랍게도 배의 가죽 두께가.. 백과사전에서 전화 번호 수준으로 얇아졌다는 사실.. 오 놀라워라.. 다이어트에도 확실하게 효과 있네요. 계속 진행 중입니다. 주님께 감사와 영광을.. 할렐루야!

[박수현 자매] 아.. 꽉 막혔던 몇 십 년만의 막힘이 펑!펑!펑! 뚫려 자유를 누리고 있습니다!
우선 어지러운 생각, 쓸데없는 상념들, 사람들의 마음에 너무 신경을 쓰는 것 등등 어두운 생각들이 모두 하나하나 제압이 되면서 순간순간의 빛의 생각을 받아들이려는 제 자신을 보면서 깜짝 놀랐답니다!
그리고! 정말 중요한 사건! 자신 없어하던 부분에 있어서 자신감을 얻게 되었다는 것..!

실로 놀라운 일이 아닐 수 없습니다!
감사해요! 목사님!! 그리고 예수님께 영광과 존귀와 찬양을 드립니다!
우리 주님이 최고예요!
점점 더 단순해지고 웃음도 많아져서 더 많은 자유를 누리길 원합니다.
할렐루야!

[홍성일 형제] 사랑하는 목사님 감사합니다. 전 제 삶 자체가 다 간증이라 더 뭐라고 말씀드려야 할지 감사한 마음뿐입니다. 개인적으로 대적기도를 통하여 많은 인간관계에서 자유함을 맛보고 회복되었을 뿐더러 사소한 습관들도 변화되고 또 재정의 막힌 부분들도 뚫렸습니다. 또한 회사에서의 업무에서도 나날이 발전해가며 업무가 즐거워집니다. 제 삶을 변화시키시는 주님을 찬양합니다. 목사님 감사드립니다. 할렐루야.

[좌은하 자매] 할렐루야! 예수님, 감사드립니다. 목사님 감사드립니다. 저는 대적기도 책으로 인해서 새 생명을 얻었다고 해도 과언이 아니랍니다. 무엇보다 객관적으로 나 자신을 보아 내 안에 또아리를 틀고 있던 교만과 자기 의, 서운함의 영 등을 보게 되었습니다.
이것들이 내가 싸워야 하는 대상이라는 생각은 전혀 하지 못했었는데, 이젠 대적기도를 통해서 힘든 사람이나 상황이 있을 때 그냥은 힘들지만 마귀의 정체를 알고 대적하면 신기하리만치 몇 분 안에 마음이 편해지고 생각이 180도로 바뀌는 것을 경험했어요! 이건.. 정말 제가 하는 것이 아니라 마귀가 그런 마음을 넣어주는 것이고 제가 싸우는 것이 아니라 주님 주신 권세로 하는 것임이 너무나 분명했습니다! 할렐루야! 더욱더 낮은 자로서의 삶을 살아가길 원합니다. 감사하고 사랑합니다. 할렐루야! 주께서 모든 영광과 찬양과 경배를 받으시기 합당하십니다! 아멘!

[홍명호 권사] 대적기도를 배우고 난 후 일상생활에서 많은 재미와 효과를 보고 있습니다.

그중 한 가지를 이야기하자면, 어느 주일 아침에 집에서 성경을 읽다가 잡념이 와서 대적기도를 하며 성경을 계속 읽고 있는데 아내가 화장실에서 나오더니 만화 영화에서 악당들이 져서 소리지르며 도망가는 소리 같은 것이 들렸다고 합니다. 그래서 아내는 내가 TV를 보는 줄 알았다고 합니다. 그러나 내가 성경을 읽고 있으니 이상해하며 그 이야기를 제게 하는 것입니다.

그래서 저는 속으로 '대적기도로 말미암아 귀신이 도망가는 소리를 나는 듣지 못했지만 아내는 들었구나' 하고 생각했습니다. 할렐루야!

[최동순 사모] 할렐루야! 감사합니다.
많은 묶임과 눌림 속에서 속으면서 살면서도 그것이 무엇인지도 모르고 살았습니다. 이제 대적기도를 통해서 두려웠던 대인관계와 무기력한 생활습관과 막혔던 물질이 풀어짐을 경험하고 있습니다.

의식이 바뀌고 자신감도 회복되고 (내가 그렇지 뭐..)하며 포기했던 부분들이 대적해야 하는 것임을 알았습니다. 더 발전하고 변화되어 자유로운 사람이 되고 싶습니다. 주님께 영광을 돌립니다. 할렐루야!
목사님, 사모님 사랑합니다. 감사합니다.

[정명국 집사] 사랑하는 목사님, 너무 너무 감사합니다!
지난 한해를 어렵게 보내면서 금년에 성공적인 삶을 이루게 된 것이 대적기도의 덕분인줄 믿습니다. 지난해에는 몇몇 직원이 나를 모함하여 사장에게 투서를 하고 내쫓으려고 하였지만 꾸준히 인내하면서 모함하는 악한 마귀를 쫓아내는 기도를 지속적으로 함으로 주님께서 저에게 지혜

를 주시고 승리하게 하셨습니다.
모든 업무의 흐름을 계획하고 실행하는 간부회의를 하기 직전에 공격하는 악한마귀를 쫓아내는 기도를 하고 회의를 시작하였더니 회의가 편하게 진행되었고 특히 공격적으로 대하던 직원들이 순종하는 태도로 대하게 되었습니다. 하나님께 너무너무 감사드립니다! 인내하며 꾸준하게 악한 영들을 대적하면 승리한다는 것을 깨닫게 되었습니다. 모든 영광을 하나님께 돌립니다. 할렐루야!

[이혜란 집사] 목사님, 정말 감사합니다. 대적기도 책을 읽는 것조차도 많은 방해가 있는데, 쓰시는 목사님은 어떠셨을까 생각하게 됩니다.
요즘은 '아는 것이 힘이다' 라는 말을 실감하고 체험하고 있구요. 하나씩 알아갈 때 사단이 얼마나 싫어하는지 신이 나고 있답니다. 계속 이기고 나가겠습니다. 샬롬!

[성소영 자매] 할렐루야! 주님께 감사드립니다.
대적기도를 통해 많은 눌림과 묶임에서 자유하게 되는 것을 경험하면서 우선 사는 것이 신나고 즐겁고 재밌습니다.
또한 공부하는 것도 점점 즐겁습니다.
주님께 감사를 드립니다. 할렐루야!
목사님께도 감사드려요.

[박은미 집사] 다른 사람이 분노할 때 조용히 분노의 영을 대적하면 금방 화냈던 사람이 잠잠해지는 것을 여러 번 경험합니다. 대적기도 효과 정말 만땅! 입니다. 목사님 감사합니다.

[권인숙 집사] 대적기도 3권까지 읽고 느낀 소감은 한마디로 '세상에 두려울 게 없구나. 귀신들아 너희들은 다 내 밥이다!' 라는 것입니다. 할렐루야! 주님을 찬양합니다.
목사님, 이토록 자유함을 누리게 해 주시니 참으로 감사합니다. 사랑합니다.

[윤숙자 집사] 예수님은 우리에게 완전한 복음을 주셨는데 사단의 속임으로 누리지 못했던 것을 깨닫게 되었습니다. 이 책을 통해 저는 주님께 빠르게 나아가고 있으며 자기 아들을 십자가에 내어주시기까지 나를 사랑하신 그 사랑을 누리고 있습니다. 할렐루야! 목사님. 감사드립니다.

[전선미 집사] 새벽기도를 다녀와 그냥 자리에 누울까 하다 잠시 들린 카페에서 목사님의 글과 회원님들의 덧글에서 힘을 얻게 되는 새벽입니다. 할렐루야! 사망권세에서 승리하신 주님께 감사와 찬양을 돌립니다. 목사님 감사합니다.

[서하림 자매] 목사님! 감사드립니다! 공부하면서 눌리고 괴로웠던 부분이 자유로워졌어요. 이젠 시험 치는 것도 두렵지 않고요. 그리고 친구들을 내 마음대로 판단하는 마음을 대적하고 좋지 않은 관계의 끈을 대적하고 나면 점차 사람들에게 잘해주고 싶은 마음이 생겨요. 정말 신기하고 놀라워요. 주님은 너무도 신기하고 놀라우신 분이십니다. 할렐루야!

[장영순 집사] 사랑하는 목사님. 대적기도를 알고 나서 목사님을 통해 알고 누렸던 자유함에 날개를 단 것 같아요.
사람과 악한 영들을 분리해서 생각할 수 있었고 예수 이름의 권세와 능

력을 실감하게 됩니다. 그리고 상상으로 실감나는 영적 전쟁을 치를 수 있게 됐어요. 물론 상상은 실제와 같다는 믿음 안에서요. 앞으로도 눌리고 빼앗겼던 많은 부분들을 대적하며 승리하는 삶을 살겠습니다.. 목사님 감사드려요. 할렐루야!

[박종복 형제] 할렐루야! 주님을 찬양합니다. 대적기도를 통해서 삶에 많은 묶임이 풀려지고 사람들을 사랑하는 마음이 많이 생겼습니다. 사람의 행동의 배후에 존재하는 악한 영들을 알게 되고 예수 이름의 권세를 알게 되니 자신감이 생기고 하나님을 더욱 더 의지하게 되었습니다. 가정이 변화되고 사람들을 만나는 것이 즐겁게 되고 점점 밝아지게 되었습니다. 주님 감사합니다. 예수님을 의지하면 너무 너무 행복합니다. 할렐루야!

[황옥순 집사] 산고의 고통 속에 출간된 너무나 귀한 책들 감사히 정말 감사히 읽고 삶에 적용하여 승리하는 그리스도인이 되겠습니다. 할렐루야!

[안명자 사모] 목사님 감사합니다. 저도 책과 기도훈련을 하면서 너무나 자유를 누리고 있습니다. 갖가지 악한 영들 어두운 영들의 속임을 알고 대적하니 신이 나고 넘어질 때도 있지만 승리할 수 있으니 감사할 뿐입니다. 그 좋으신 주님이 나와 함께 하신다는 사실이 뿌듯하고 벅찰 뿐입니다. 자꾸 자꾸 행복해집니다. 할렐루야!

[나미연 사모] 할렐루야! 대적기도 참 놀랍습니다. 책을 읽으며 내 안의 어두움들이 드러나며 대적기도를 통해 많은 자유함을 누리고 부부가 하나되며, 자녀와도 회복되고, 교회도 정화됨을 감사하며 주님께 영광을 돌립니다. 요즘은 정말 살맛이 난다니까요.

[배서례 집사] 목사님 감사합니다. 생각을 통하여 들어오는 악한 영을 바로바로 대적할 때 생각이 사라지며 자유해짐을 많이 느낍니다.
귀와 눈이 밝아져서 악한 것을 대적하며 남편을 더욱더 사랑하게 됩니다. 목사님 정말 감사합니다. 목사님을 만나게 인도하신 주님을 찬양합니다. 사랑합니다.

[이후구 집사] 와! 감사드립니다. 목사님.. 대적기도 책을 통하여 어두움의 세력에 대하여 새롭게 인식할 수 있었습니다. 가장 가깝게 지내는 가족들과 부딪치는 부분들.. 내 안에서 불편하게 반응하는 모습.. 이 모든 일들이 어둠의 세력들의 장난이었음을 깨닫고 대적하니.. 아무것도 아니게 느껴지고 마음이 밝아졌으며 나 자신과 어둠을 분리할 수 있었습니다.. 할렐루야! 주님을 찬양합니다.

[김성자 집사] 목사님! 참 감사합니다.
카페의 회원이 되고 나서 많은 것들을 알게 되어서 너무 감사하고, 특히 대적기도를 통해서 악한 영의 실체를 알게 된 것은 제 믿음 생활에 있어서 너무도 크신 주님의 은혜라고 생각합니다.
대적기도 3권을 통해서 악한 영이 실제로 존재하며 가까운 사람을 통하여 역사할 수 있으며 그 영들은 예수 이름의 권세 앞에 꼼짝 못한다는 것을 알게 되었고 실제로 체험하게 되었습니다.
주님을 찬양합니다. 사랑합니다.

[오종선 집사] 목사님.. 너무나 감사드립니다.
내면에서 일어나는 많은 소리와 생각들이 거짓과 속임수의 소리였음을 알고 그 영들을 결박하고 대적하니 신기하고 놀라울 정도로 조용해지는

것을 경험하고 있습니다. 복음의 능력과 권세를 주신 주님을 찬양합니다. 할렐루야!

[문성진 형제] 책을 읽으며 기도를 하는데 내 안의 나쁜 것들이 쑤욱 빠져 나가는 느낌이 있었습니다. 마귀들이 나를 속일지라도 나는 넘어가지 않을 것입니다. 주안에서 마귀들은 이미 패배했으며 나는 주안에서 승리했습니다!

[김영미 사모] 대적기도 1권을 읽으면서 여러 가지의 사건, 사고가 많았습니다. 한 달을 넘어가면서 '아! 이것이 악한 영들의 방해이구나' 하는 생각이 들었습니다. 그래서 대적기도 책을 읽지 못하게 하는 악한 영들을 결박하고 대적한 뒤에야 평안해 졌습니다.
이제 까지 신앙생활 하면서 겪었던 많은 일들이 떠오르면서 하나하나 적용하고 훈련하고 있습니다.
사람과 악한 영들을 분리하고부터 모든 것들에 자유해졌습니다. 지금은 매일 매일이 너무 신나고 지금도 믿는 주님의 자녀들이 속고 산다는 것을 생각하니 악한 것들에게 화가 나고 이놈들을 혼내주어야 겠다는 마음으로 기도와 훈련에 임하고 있습니다. 주님 감사합니다. 예수 그 이름의 큰 권세를 찬양합니다. 할렐루야! 승리하신 주님을 찬양합니다. 목사님. 주님의 이름으로 사랑합니다. 샬롬.

[김소진 사모] 이 책을 읽는 동안 우리 부부의 고질화된 문제들이 드러나고 시험에 빠져 어려움을 겪었습니다. 그러나 우리가 싸워야할 적에 대해 세세히 알게 되어 대적기도를 계속 했습니다. 그랬더니 그동안 저와 남편 안에 있었던 오래된 악한 영들이 쫓겨나가는 일이 생겼습니다. 이

론으로만 알던 대적기도가 실제로 나타나 처음에는 당황했지만 제자라면 그 일을 하는 것이 마땅하다고 하셔서 성도들에게도 적용하려 합니다. 영의 분별과 우리 안에 있는 권세를 알게 되어 참 기쁩니다.

[이선주 집사] 목사님.. 너무나 감사해요.. 저도 요새 대적기도 열심히 하고 있어요. 내 안에서의 어두움은 이물질이다.. 너무나 시원한 말씀이었어요.. 삐진 아이에게 대적기도를 적용해서 풀리게 됐고요. 남편의 술 먹는 약속도 취소하게 되었구요. 그리고 딸, 아들에게도 대적기도를 가르치면서 평강의 평강 가운데 살고 있습니다. 주님.. 감사해요. 할렐루야!

[김정순 집사] 할렐루야! 목사님 감사해요! 제 속에 숨어서 괴롭히던 악한 영들의 정체가 책을 읽으면서 하나하나 드러나서 계속 대적하는 가운데 놀라운 자유와 평강을 누리고 있어요. 저부터 시작해서 아이들, 남편, 가정, 관계가 있는 사람 등에게 적용하니 천국이 아주 가까이 있습니다. 감사, 또 감사.. 할렐루야!

[이필련 사모] 목사님. 너무 감사합니다. 대적 기도의 효과란 이루 헤아릴 수가 없습니다. 저는 이 책을 읽는 가운데 처음부터 끝까지 구토하며 침을 뱉으며 가스가 나오고 트림을 하고 아주 요란한 현상이 있었는데 그리고 나서의 변화는 놀라울 정도입니다.
저나 가족들에게 역사하는 영들을 결박함으로 식탐과 입맛이 줄고 살이 빠지고 많은 분들께 더 많은 사랑을 받고 등등.. 난리가 났어요. 대적기도로 악한 영들이 나가는 과정에서 식구들 모두 몸살감기로 고생도 상당히 하구요. 하지만 너무 행복합니다. 놀라움의 이 극치를 어찌 말로 다 표현하겠어요. 목사님 사랑합니다. 주님 감사해요.

[공기홍 집사] 지금까지 많은 부분에서 속고 살았다는 것을 깨닫게 되었습니다. 그리고 굉장히 실제적인 사탄의 정체를 느끼게 되었고요. 주변 사람들에게도 이러한 사실들을 말하기도 하였습니다. 복음전도를 하면서도 대적기도가 중요한 것을 알게 되었고 가족들의 구원을 위해 기도하기 시작하였습니다. 또한 주변에 힘들게 살고 있는 사람들도 보게 되고 그들을 위해서 기도하게 되었습니다. 기도하는 시간이 더 많이 필요한 것 같아요. 감사합니다.

[오예원 자매] 할렐루야! 이 우주 안에 가장 고귀하고 능력 있는 예수님의 이름을 찬양합니다. 책을 읽으며 기도모임에서 기도하며.. 어두운 부분이 드러나고.. 대적하며.. 회개하며.. 선포했을 때 많은 옛것들이 무너지고 청소되는 시원한 역사를 경험했습니다.
심령의 시원함.. 자유로운 감정과 마음.. 또한 의식의 밝아짐, 상승(귀로만 듣고 글로만 읽었던)은 저에게 너무나 소중한 주님의 은혜의 맛봄이었습니다. 할렐루야! 주님의 이름 찬양!

[노한숙 집사] 대적기도 책의 매 부분을 읽으면서 내 안에 있는 악한 영들을 결박하고 선포할 때마다 내 안의 많은 어두움들이 없어지고, 밝은 모습으로 바뀌는 모습들을 보고 있습니다. 실제로 대적기도를 하고 나니 제 생활에서 굉장히 힘들고 짜증나는 일이 있었는데 별로 짜증이 나지 않고 웃음이 많이 나는군요. 물질적 어려움도 잘 해결되고요. 요즘은 아이의 아토피를 치료하기 위해 대적기도를 하고 있습니다. 아이가 많이 좋아졌습니다. 치유될 줄 믿습니다. 너무 평안하고 행복합니다. 감사드립니다.

[홍윤미 전도사] 대적기도를 통해 나 자신과 내 속의 어두움을 분리시키는 것이 무엇인지, 예수 이름의 실제적인 능력이 무엇인지를 배우게 되면서부터 믿을 수 없는 일들이 계속 일어나고 있습니다.

재정문제, 복음전도, 인간관계의 많은 문제들 뿐 아니라 집착과 소유욕, 경쟁심과 시기심과 이기심, 우울함과 불안 등… 내가 불가능하다고 여기고 포기하고 있었던 많은 고질적인 죄와 어두움과 기질적인 약점들이 날마다 새롭게 극복되고 있습니다.

복음의 능력이 삶 가운데 실제적으로 역사하는 것을 목도하는 기쁨.. 스스로를 탓하고 죄책감에 빠지고 자학하는 것 외에는 길을 찾을 수 없었던 문제들을 극복해 나가는 기쁨.. 그것은 정말 천국의 기쁨입니다! 대적기도는 제 개인 뿐 아니라 제 주변의 많은 이들의 삶에 굳게 닫혀있던 문을 열어주는 열쇠가 되고 있습니다. 주님의 놀라우신 능력과 크신 자비를 찬양합니다!

[임동신 집사] 대적기도는 내게 새로운 경험이었습니다. 눈물과 우울함을 달고 살던 내가 친정어머니가 돌아가시는 큰 사건 앞에서도 기쁨과 감사로 그 시간들을 보낼 수 있었고 항상 무거운 짐을 지고 힘들어하던 내게 자유를 맛보게 해주었습니다.

그리고 가장 감사한 것은 두려움이 많이 사라졌다는 것입니다. 이젠 두려워하지 않고 불안, 미움, 어두운 생각, 시기, 욕심, 음란, 좌절, 짜증.. 등의 영들을 대적하고 결박해 나가며 그리스도인의 자유와 기쁨을 누리며 살겠습니다. 할렐루야!

[이명숙 집사] 목사님 감사합니다. 대적기도를 통해서 그냥 스치고 지나가던 일상적인 삶 가운데 일어나는 풀리지 않던 많은 문제들이 너무나도

세밀하게 밝혀주신 악한 영들의 실체들로 인해 눈이 확 떠지고 자신감이 충만해지게 되었습니다. 그래서 목사님이 일러주신 방법으로 대적기도를 해보니 너무나 재미있고 신이 나더군요.
이제 다시는 속지 않을 것입니다. 영적으로 한 단계 업그레이드 받았습니다. 할렐루야!

[김정락 집사] 우리가 믿는 하나님이 죽으신 하나님이 아닌 살아계신 하나님임을 체험하게 되었습니다. 주님의 보혈로 이미 이루신 승리를 누리며 대적기도를 주신 주님께 영광을 돌립니다.
목사님 수고 많으셨습니다. 진심으로 감사드립니다.

[김신성 권사] 내 안에 있는 어두움의 실체와 상대방의 안에 있는 어두움의 실체를 깨달았기에 그저 주님께 호소만 하는 수준에서 벗어나 어두움의 세력을 대적하고 결박하는 기도를 하게 되어서 힘이 생깁니다. 이런 원리를 알았다는 것이 얼마나 감사한지요..
이제는 어두움이 들어오면 대적하고 결박합니다. 그리고 빛을 상상하고 호흡기도로 빈 마음을 채웁니다. 목사님께서는 어려움이 많으셨지만 어두움의 실체를 알게 되어 그 자체가 저에게는 이미 승리인줄 압니다. 너무 너무 감사드립니다. 책을 쓰게 하신 주님을 높여드립니다.

[황재분 집사] 할렐루야! 예수 이름의 권세로 승리하게 하신 주님을 찬양합니다. 대적기도를 통하여서 많은 자유와 담대함을 누립니다. 목사님 감사합니다.

[이은형 집사] 목사님, 감사합니다. 어렸을 때 듣고 무서워했던 귀신에 눌

러 두려움으로 무서워서 밤잠을 잘 못 자고 눈감고 세수도 잘 못했는데 목사님을 통해 두려움의 실체를 알게 되었고 거의 30 여 년 동안 저를 괴롭히던 귀신을 대적하고 쫓아버렸습니다. 이제 밤에 잠도 잘 자고 밤에 성전에서 혼자 기도도 드리게 되었습니다.

[민병희 전도사] 세 명의 남자가 걸어오고 있었는데 가운데 남자가 담배를 어찌나 펴대면서 오던지 한번 대적기도를 시험해보았습니다. 귀신보고 나가라고 명령을 했는데 그 남자는 계속 걸어가는 듯싶어서 계속 보면서 '나가, 나가라니까' 하고 속으로 말하는 순간 가운데 남자가 갑자가 뭔가에 걸린 듯이 앞으로 고꾸라지는 것이었습니다. 곁에 동료들이 일으켜주면서 '왜 그래?' 하니까 그 남자는 이상하다는 듯이 고개를 갸우뚱하는 것이었습니다. 물론 담배는 넘어지면서 끄게 되었구요. 참 재미있었습니다.

[정원 목사] 민병희 전도사님. 시험적으로 귀신을 대적하는 것은 위험할 수 있습니다. 필요할 때 기도하는 마음으로 조심스럽게 사용하십시오. 영적 전쟁에는 재미 이상의 위험한 요소가 있습니다.

[박종식 집사] 오랫동안 약속시간이나 모임이 있을 때 매번 조금씩 늦거나 일이 발생하여 지연되는 일이 있었는데 대적기도를 하고 나니 최근에는 똑같은 시간에 나가도 제 시간 안에 도착하는 경험들을 합니다. 이렇게 사소한 일부터 시작해서 직장에서나 가정에서 사람들과의 관계 속에서 오해와 갈등으로 인해 힘들었던 많은 문제와 눌림이 있었는데 지금은 대적기도를 통해 많은 부분에서 관계 개선과 삶의 자유함을 누리게 되었습니다.

대적기도 책에 많은 원리들이 있지만 그 가운데서 사람과 그 안에 거하는 어두운 영을 분리하고 대적함으로써 승리할 수 있다는 원리는 제게 있어서는 오랫동안 고민하였지만 끊을 수 없었던 악습과 죄악들 가운데 승리를 경험할 수 있게 하였고 상대방에 대해서는 사랑해야 하는 대상과 대적하고 미워해야 하는 대상을 구분할 수 있는 지혜를 얻게 하였습니다. 아직도 싸워야 할 많은 부분이 있지만 예수의 이름으로 하는 대적기도가 얼마나 실제적이며 위대한 능력이 있는지를 목사님을 통해 알게 해주신 주님께 감사를 드립니다. 할렐루야!

[홍성권 형제] 예수를 몰랐던 나의 삶엔 가난, 도적질, 빚, 도피, 폐인과 같은 생활, 게으름, 음란, 거짓말, 혈기와 외로움, 허무감 등이 끊어질 날이 없었지요. 예수를 믿게 되고 대적기도, 부르짖는 기도를 배우게 되고 나서부터 저는 죄에서의 승리와 해방, 자유를 만끽하는 자유롭고 행복한 사람이 되었습니다.

인간 이하에서 인간으로, 그리고 이제는 인간을 지으신 하나님께로 이끄시는 예수님께 너무나 감사드립니다! 모든 이루신 일로 인하여 감사와 영광과 찬양과 존귀 드립니다. 할렐루야! 주 찬양합니다! 예수 나의 왕! 나의 주! 나의 아버지!

[이명숙 집사] 제가 저희 교회 집사님께 대적기도 1권을 다 읽고 빌려드렸는데 그 집사님이 책을 읽기 시작하니까 그때부터 영적 공격이 오기 시작했는데 고3인 아들이 머리가 너무 깨질듯 아파서 학교를 못 가겠다는 것입니다. 그래서 겨우 기도를 해서 보냈는데 학교에서 수업을 1시간만 하고 오더니 그 아이가 '엄마 내가 이상해.. 머리는 계속 깨질듯 아픈데 입에서는 비실비실 웃음이 나오는 거야. 애들이 나를 미친놈 취급을

하는데 이 증세가 사라지지가 않아... 내가 왜 이러지? 그래서 아이의 눈을 바라보고 대적기도를 한 5분 정도 했는데 아이가 잠이 온다고 하면서 한잠 자고 일어나더니 그 증세가 깨끗하게 사라졌답니다.. 할렐루야! 영적 비밀을 배우게 되니 사단의 공격이 심해지더랍니다.

[정원 목사] 이명숙 집사님. 안녕하세요? 그 현상은 악한 영의 공격이 심해진 것이 아닙니다. 이미 속에 있었던 영들이 책을 읽는 동안에 드러나고 쫓겨나가는 과정에서 생긴 일이지요.
숨어있던 악한 영들이 놀라서 표출되고 달아나는 것입니다. 악한 영들은 숨어 있어야 일을 할 수 있는데 그처럼 표출이 되는 것은 그들의 정체가 드러나는 것이기 때문에 그들은 힘을 잃게 되며 얼마 버티지 못하게 됩니다.
사실 많은 성도들이 자기 안에서 장난치고 있는 악한 영들의 존재를 잘 인식하지 못합니다. 그러나 영적 지식을 얻고 영의 감각이 살아나게 되면 그런 영들의 존재와 활동에 대해서 느끼고 깨닫게 되는 것이지요. 물론 그것은 자유의 시작입니다. 더 많은 승리와 풍성함을 얻으셨으면 좋겠군요.

[이명숙 집사] 예. 잘 알겠습니다. 궁금해서 그 집사님께 다시 한번 물어 봤더니 맞다고 그러더군요. 전에도 나타났던 증상이었는데 갑자기 드러나기 시작했다구요. 목사님. 자세하게 알려주셔서 감사드립니다.

[정은숙 집사] 직장에서 같은 동료이지만 같은 과의 선배님인 여선생님이 저희 학교로 전근을 오시자마자 계속해서 불평을 토하기 시작했습니다. 제 앞에선 저를 흘기기까지 하며 못 마땅한 마음을 드러내셨습니다.

아마도 수업을 제가 많이 하고 그 분은 나이가 있으시니까 적게 하셔야 한다고 생각하셨던 모양입니다. 처음에는 수업시간을 조절 해 드리려고 애를 썼으나 다른 분이 같이 관련되어 있어서 잘 되지 않았고 급기야 제 마음이 상하게 되었습니다.

다음 날 저는 그 분과 마주앉아 점심급식을 하게 되었는데 그 분의 뒤에서 속으로 '000선생님 속에 있는 불평과 불만의 영아. 예수의 이름으로 결박 받을지어다. 잠잠 할지어다.' 하고 결박기도를 했습니다. 정말 그 날 그 분은 아무 말씀도 안 하고 밥만 드시는 것이었습니다.

그 이후 저는 그 분과 부딪치게 되면 마음속으로 대적기도를 했는데 사흘이 지나자 그 분의 눈이 차분하게 바뀌며 말씀도 다소곳하게 하시는 것을 체험했습니다.

또한 제 속에 짜증이 일어나는 것을 느낄 때는 얼른 혼자 있도록 하여 제 속에 있는 짜증의 영을 대적했습니다. 그러면 마음이 차분하고 평안해지는 것을 체험하게 됩니다.

요즈음은 날마다 주의 이름의 권세와 힘, 또 주의 자유와 평안 주심에 감사하며 해방의 주님을 더욱 갈망하는 나날입니다.

정말 영의 분별의 중요성을 깨달으며 주님께 영광을 돌립니다. 승리의 주님 만세.. 할렐루야!

[장순옥 집사] 그전에는 남편이 하는 것마다 못마땅하고 거슬리고 그래서 내가 잘못된 걸까? 아니면 그가 잘못된 걸까? 그게 의문이었었는데 그게 글쎄 내 안에 흠잡는 영이 들어와서 장난친 것이라는 걸 알게 되니 그 동안 속은 것이 얼마나 억울하던 지요!

그리고 상대방 안에 있는 악한 영은 그가 내 쫓기를 원하지 않으면 내쫓을 수가 없지만 결박기도를 하면 힘을 잃고 무기력해진다는 것, 그리고 악한생각이나 부정적인 생각 등등은 내가 아니므로 분리시키고 대적해서 내보내야 한다는 것.. 등등 너무나 많은 것들을 배웠습니다. 그리고 전도할 때도 전도 대상자의 배후에서 방해하는 악한 세력을 대적해야 효과적으로 복음을 받아들인다는 것.. 등등 수많은 것들을 알게되어 이제는 날마다 적용합니다. 너무나 감사합니다.

[이선주 집사] 저희 딸이 공부를 해야 하는데 하지를 않고 있어서 계속 공부를 못하게 하는 영을 결박하고 대적기도를 했습니다. 딸에게도 가르치고요. 그랬더니 며칠이 지나서 학생의 할 일은 공부밖에 없다고 하면서 어찌나 열심히 공부를 하는지.. 놀라울 정도에요.
학원도 안 다니는데 집에서 새벽까지 열심히 공부하고 있답니다. 우리 딸 스스로도 대적기도를 많이 했다고 합니다. 대적기도! 정말 대단해요! 할렐루야! 주님은 승리하셨습니다!

[설기진 전도사] 대적기도를 책을 읽으면서 그동안 영적 전쟁에 대해서 어둠의 영들의 개입에 대해서 알고는 있었지만 막연하게만 인식하고 있었는데 이제는 아주 세세하게 실제적으로 알게 되었습니다. 더 많은 영역에서 자유함을 경험하고 넓혀갈 수 있다는 것이 날로 새롭습니다. 가정과 내 자신의 문제 그리고 삶의 모든 영역들에 대해서 조금씩 구체적으로 자유함으로 나아가고 있습니다. 목사님, 너무나 감사드립니다. 할렐루야!

[함정식 형제] 책을 읽고 적용하고 있습니다. 목사님. 감사드립니다. 대적기도 2권까지 읽고 3권을 읽어가고 있는 중에 있는데요. 제가 속한 성경공부모임 중보기도팀에서 적극적으로 적용을 하고 있습니다. 이전 보

다 영적 전쟁에 대하여 넓은 시각이 생겼고요. 마음이 참으로 평안하고 기쁩니다. 주님께 영광을 돌려드립니다. 할렐루야!

[강지현 자매] 대적기도 책을 통해서 제 자신 안의 어두운 여러 부분을 밝혀내고 치유하고 반성하는 시간을 가졌습니다. 또 인간관계에서 막히고 힘든 부분에 있어서도 이간질의 영이 개입되어 있었다는 것을 알고서 많은 깨달음과 악한 영에 대한 분노를 가지고 대적했더니 많은 자유함을 경험하고 배우게 되었어요.
주님 앞에서 정결하고 순수한 마음을 가지고 있을 때 마귀에게 틈을 타지 않는 것임을 또 배웠습니다.
주님은 저를 정말로 치유하기 원하시고 힘을 주시고 자유함을 주시는 분임을 선포합니다! 할렐루야!

[김영수 성도] 대적기도 책은 읽는 것만으로도 영적인 힘이 생기는 게 아닐까 하는 생각이 듭니다. 대적기도에 관한 지식은 전부터 목사님의 다른 글들 등을 통하여 갖고 있었지만 그렇게 큰 힘이 있는 것인 줄은 미처 경험하지 못했었습니다.
그런데 요즈음은 대적기도의 힘이 대단하다는 것을 실감하고 있습니다. 그러고 보니 살면서 대적기도를 할 일이 정말 많더군요. 제 안에 있는 나쁜 녀석들을 기회만 있으면 불러내어 쫓아내고 경우에 따라서는 제 주위 사람들을 위해서도 대적기도를 하고 그 효과에 놀랍니다. 이제 만나기가 꺼려지는 사람이 없어지고 미운 사람도 없어지며 사람들이 사랑스럽게 느껴지는 것을 보면서 자유함이란 이런 것이구나 절감하게 됩니다. 목사님께 감사. 주님께 영광.

[김청아 자매] 제가 자주 가는 기독교 서점이 있습니다. 오늘 목사님의 대적기도 책을 사러 방문하게 되었어요. 제가 이 책을 찾고 있었는데 그걸 보고 어떤 권사님께서 저에게 그 책이 어떠냐고 물으시더라구요. 그래서 굉장히 좋다고 하던 찰나에 갑자기 서점 주인이신 집사님께서 저와 동시에 '그 책 정말 좋아요..' 하시는 거예요.

그러면서 말씀하시기를, 어떤 집사님이 우연치 않게 그 책을 구입하게 되셨는데, 그 전에는 이러한 걸 잘 모르시는 집사님이셨대요. 그런데 대적기도 책을 보시고 열심히 실천을 하셨답니다.

그분이 20년 동안 앓아오던 중이염이 있었는데 이 중이염 마귀를 계속 쫓았더니 깨끗이 치료가 되어 너무나 좋아서 서점에 와서 서점 주인이신 집사님께 간증을 하고 가셨다는 이야기를 해주셨습니다. 오늘 이 이야기를 듣고 많은 분들이 이 글을 보시고 승리하시길 바라는 마음에 글을 올리게 되었습니다. 승리하세요!

[이미숙 집사] 저는 영국에서 살다가 잠시 일이 있어서 한국에 들르게 된 집사입니다. 영국에서도 정원 목사님의 책을 읽으며 얼마나 사모하고 감사했는지요. 영국에 돌아가야 하는데 비자 문제로 출국이 늦어서 그 동안 대적기도를 읽게 되었습니다. 며칠전 집에서 기도하며 2권 초반부에 있는 내용을 적용하려고 기도하고 있었습니다. 그 날은 1시간 반을 방언으로 계속 기도했는데 배 안에 무거운 덩어리를 느껴지며 처음으로 통증이 느껴지는 것이었습니다.

왼쪽 아래쪽으로 선명하게 느껴지길래 이것이 내 안에 자리잡은 악한 영의 실체가 아닐까? 싶어서 그때부터 조용히 속으로 책을 생각하며 대적하기 시작했습니다.

그러자 무슨 덩어리가 꿈틀거리며 올라오기 시작했고 저는 답답함을 느끼며 대적을 계속했더니 덩어리가 부서지며 뱃속에서 소리가나고 후련함이 느껴지며 그것을 뱉어내었습니다. 그렇게 계속 대적하고 토해내자 속이 아주 시원해지는 것이었습니다.

그러다 일이 있어서 전화가 와서 기도를 중단하고 준비하고 밖에 나갔습니다. 밤이 되어 시간이 여유가 생기자 낮에 끝내지 못한 것을 기억하며 다시 악한 영을 부르며 대적을 했습니다. 다시 속에서 무엇인가가 부서지며 시원해지는 것이었습니다.

그동안 너무 오래 속은 것이 약오르기도 했지만 지금이라도 깨닫고 물리침에 감사하고 악한 영들이 빠져나간 그 자리에 성령님을 부르며 이제부터는 그 부분을 성령님이 주인이 되셔서 인도해달라고 기도했는데 그 순간의 느껴지는 기쁨이 얼마나 컸는지오.. 주님의 함께 하심에 감사했습니다. 오늘 그 다음부분을 읽으며 더 확실히 대적과 그 후의 방법에 대해서 알고 감사했습니다.

어제도 순간 일어나는 나의 감정 앞에 이것은 내가아니다 라고 대적하며 승리를 경험할 수 있었습니다 주님의 터치하심을, 지켜주심에 감사 드립니다.

이제 곧 영국으로 돌아가는데 대단한 힘의 무기를 들고 적진으로 돌아가는 기분입니다. 그곳에서 대적기도를 돌려읽고 승리할 사랑하는 성도들을 생각하면 얼마나 기쁜지.. 이모든 비밀을 구체적으로 알게 해주신 목사님 고맙습니다 감사합니다. 모든 영광을 하나님께 돌립니다.

할렐루야!

결언

2부의 간증은 앞에서 언급했듯이 〈정원 목사 독자모임〉이라는 제가 운영하는 홈페이지에 회원들이 쓴 글을 정리해서 가져온 것입니다. 또한 회원들의 기도모임에서 대적기도를 적용하고 그 결과에 대해서 서로 나눈 내용들을 정리한 것입니다. 그 내용과 분량이 너무 방대하고 엄청나게 많아서 그 중의 일부만을 수록하게 되었습니다.

대적기도는 우리에게 주어진 예수 이름의 권세를 사용하는 것이며 우리의 삶을 지배하고 누르고 있었지만 우리가 알지 못했던 그 악한 영들을 실제적으로 깨뜨리는 기도입니다.

이것은 아주 간단하고 쉬운 기도이지만 실제로 적용을 해보면 그 효과는 놀라울 때가 많습니다. 신앙이란 원래 복잡한 것이 아니며 단순한 진리에 힘이 있는 것입니다.

이 기도를 사용해본 사람들은 대부분 주의 이름의 능력과 권세에 대해서 놀라게 되었습니다. 그리하여 자유하고 풍성한 삶에 대하여 용기를 가지고 나아갈 수 있게 되었습니다.

그러나 여기에 수록된 경험담들은 짧은 기간 동안의 일시적인 경험이기 때문에 그 자체가 완전하다고 할 수는 없을 것입니다. 우리는 수 십 년 동안 무지 가운데서 악한 영들의 공격 가운데 살아왔으며 그것이 하루 이틀 사이에 완전히 끝난다고 기대하는 것은 무리일 것입니다. 우리는 하루 이틀 승리를 경험하지만 이 전쟁은 계속 진행되는 것이며 악한 세력들은 다시 전열을 가다듬고 공격을 해올 것입니다. 그러므로 우리는 때로는 좌절하기도 하고 실패할 수도 있을 것입니다. 그러나 포기하지 않고 주의 이름과 권세를 신뢰하며 지속적으로 나아가는 이들은 반드시 더 충만하고 깊은 능력과 승리를 누려가게 될 것입니다.

어떤 이들은 잘못 오해할 수도 있을 것입니다. 예수의 이름과 대적기도를 하나의 공식처럼 사용하거나 만사형통을 위한 수단이나 만병통치약처럼 생각하여 나를 귀찮게 하거나 내 마음에 들지 않는 것에는 무조건 대적기도를 사용하려고 하는 그러한 미숙한 태도도 있을지 모릅니다.
하지만 그러한 자세는 영적으로 어린 것임을 이해해야 합니다. 이 책의 1부에서 지적한 것처럼 악한 영들의 속임과 억압이 있다고 하더라도 그것에 빌미를 제공한 것은 우리 자신이기 때문입니다:
우리의 무지와 죄와 악과 육신적인 태도가 그들에게 먹이를 제공하게 되는 것입니다. 그러므로 우리는 권세를 사용하여 악한 세력을 깨뜨리면서 동시에 우리의 영혼이 진정 순수하고 아름답게 주님을 구하고 성장하기를 사모해야 하며 영적 지식과 지혜와 아름다움에 있어서 발전해 나아가야 할 것입니다.

무조건 이기적인 방식으로 대적기도를 사용하는 것은 물론 지양해야 합니다. 싫은 사람은 무조건 대적하는 식으로 이 권세를 사용하는 것은 좋지 않은 것입니다.
하지만 저는 그 반대의 극단적인 사람들, 극단적인 신앙의 형태를 많이 보아왔습니다. 이유 없이 남에게 눌리고 당하고 고통을 겪으면서도 그것이 자기 부인이며 그것을 견디어야 신앙이 깊고 성숙해진다는 '자기 파쇄' 류의 신앙을 통해서 너무나 많은 사람들이 창백하고 비참하게 눌려서 사는 것을 많이 보았습니다. 대체로 지적이고 희생적이며 영적 성장을 사모하는 이들이 그렇게 눌러 사는 것을 너무나 많이 보았습니다. 이는 정말로 슬픈 일입니다.

그러한 신앙은 정말 곤란한 것입니다. 그것은 성숙이 아니라 눌림입니다. 억압당하고 눌리는 것이 좋다면 굳이 애굽에서 이스라엘 백성이 나올 필요가 없었을 것입니다. 계속 바로의 채찍에 맞으면서 성숙해가면 되는 것이니까요. 그것은 옳지 않으며 속고 있는 것입니다.

그러한 억압의 배후에는 악령의 공격과 억압이 있습니다. 당신이 부르짖어 기도하며 대적기도를 사용하면 당신은 그러한 어두움과 묶임에서 벗어나게 될 것입니다.

믿음이란 실제적인 자유함이며 그것은 빛과 기쁨과 행복과 영광이 충만한 것입니다. 내 영혼과 가정과 관계를 통해서 충만한 행복감을 경험하고 누리는 것입니다. 승리할 때 우리는 죽어서가 아니라 바로 지금 여기서 하나님의 임재와 천국의 영광을 경험하게 됩니다.

부디 눌리지 말고 쓸데없이 당하는 고난과 억압에서 벗어나십시오. 그럴 때 당신은 삶이 얼마나 아름답고 황홀하며 행복한 것인지 경험하게 될 것입니다.

눈에 보이지는 않지만 악한 영들의 움직임과 공격은 아주 실제적인 것입니다. 그들은 실제적으로 사람들의 삶을 파괴하며 괴롭힙니다. 그리고 그들은 행복과 자유를 주는 메시지를 싫어합니다. 그들은 성도들이 자유롭고 풍성하게 사는 것을 고통스러워합니다.

저도 이 책을 쓰면서 악한 영들로부터 말로 표현하기 어려울 정도의 공격을 받았습니다. 그것은 치열한 전쟁이었으며 공상이나 이론이 아니었습니다. 악한 영들은 이 책들을 통하여 수많은 사람들이 자유함을 얻게 되고 그들의 진지가 부서진다는 것을 잘 알고 있는 것 같았습니다.

하나의 장을 마칠 때마다 상상하기조차 어려운 악령들의 공격이 있었습니다. 말할 수 없는 고통과 통증이 엄습하고 온 몸이 부서질 듯이 아프다가 기도와 대적을 통해서 거짓말처럼 회복되고.. 이러한 일이 수없이 반복되었습니다. 어떤 이들에게는 그러한 영적 전쟁이 실감이 나지 않을 것입니다. 그러나 나에게 있어서 그것은 정말 너무나 생생한 실제였습니다. 꾸준히 기도하며 대적하며 싸우지 않았다면 이 책은 도저히 나올 수 없었을 것입니다.

드디어 책을 마친 저는 그 동안 1년 가까이 이 책을 집필하면서 겪었던 모든 전쟁의 순간이 떠오르면서 정말 울고 싶은 마음입니다. 물론 기쁨과 해방감의 눈물입니다.

분명한 것은 이러한 전쟁은 이론이 아니고 너무나 선명한 실제라는 것입니다. 이 전쟁에서 패배한 이들은 고통과 절망 가운데 있을 것입니다. 그리고 승리한 이들은 삶의 환희, 주님을 따라가는 자들의 황홀한 만족감과 영광이 무엇인지 알게 될 것입니다.

부디 당신도 이 전쟁을 시작하십시오.

사실 전쟁은 이미 오래 전부터 당신 안에서 있었던 것입니다. 다만 그 전쟁을 인식하지 못하는 이들은 계속 원수에게 맞으며 살아오고 있는 것뿐입니다. 그래서 무기력과 근심과 두려움과 분노와 억울함과 온갖 재앙 속에서 살아가고 있는 것입니다.

하지만 이제 그 전쟁을 발견하고 당신의 손에 있는 무기를 발견한다면 이제 당신의 삶은 바뀌게 될 것입니다. 해방은 시작되며 거룩한 천국의 기쁨이 당신에게 충만하게 될 것입니다.
마지막으로 이것을 기억하십시오.
마귀를 대적하고 그 악한 영의 기운을 쫓아내십시오.
그리고는 다시 주님을 구하고 사모하고 부르며 그 주님의 영을 충만하게 마시고 충전하십시오.
마귀를 대적하며 멀리하고 주님을 가까이 하며 충전하십시오.
점점 어두움은 사라지고 빛이 당신의 안에 가득하게 될 것입니다.

마귀와 악한 영들이 실제적인 존재인 것처럼 주님도 아주 너무나 선명하고 구체적인 실제이십니다.
주님의 빛과 영광이 임하게 될 때 당신의 심령에는 기쁨과 감격과 눈물이 가득 차게 될 것입니다.
심령에 달콤한 기름부음이 임하고 사랑과 희락으로 가득해지며 감사와 행복감으로 충만하게 될 것입니다.
마귀를 대적하는 것은 그 자체가 목적이 아니라
주님을 얻고 주님을 마시며
주님으로 충만하게 되기 위한 준비인 것을 기억하십시오.

부디 마귀를 대적하십시오.
그리고 주님으로 충만해지십시오.
대적기도를 하며
충전기도를 하십시오.
악한 영을 토하고
주님을 마시십시오.

부디 이 거룩한 전쟁을 시작하십시오.
절대로 포기하지 말고
아름답고 거룩한 천국에의 여정을 시작하십시오.
부디 당신에게
주님의 충만한 사랑과 은총이
임하시기를 바랍니다.
할렐루야!

도서구입신청

도서 구입을 원하시는 분들을 위한 안내입니다.

1. 도서 목록 확인

페이지를 넘기시면 정원 목사님의 도서 전권이 안내되어있습니다.
도서 목록을 참조하셔서 필요로 하시는 책을 선택하십시오.
각 도서의 자세한 목차와 내용을 원하시면 정원목사 독자 모임 카페의 [저자 및 저서소개] 코너를 참조하십시오. (http://cafe.daum.net/garden500)

2. 책신청

구입하실 도서를 결정하신 후에, 영성의 숲 출판사로 전화를 주세요.
(02-355-7526 / 010-9176-7526. 통화시간: 월~금 오전 9시~저녁 6시)
신청 도서 목록을 알려주시면 입금하실 금액을 안내해 드립니다.
신청하실 때는 책을 받으실 주소와 전화번호를 함께 알려주세요.
책신청은 전화 외에도 영성의 숲 홈페이지의 [책신청] 코너,
출판사 이메일(spiritforest@hanmail.net)을 사용하실 수 있습니다.

3. 송금

안내 받으신 도서 대금을 아래 계좌로 입금해 주세요.
(국민은행: 051-21-0894-062, 예금주: 홍윤미)
신청자 성함과 입금자 성함이 일치하지 않는 경우에는 입금자 성함을
꼭 알려주셔야 확인이 가능합니다.

4. 배송

입금 확인 후에 바로 발송 작업을 하는데, 발송후 도착까지 보통 2-3일 정도가 소요 됩니다. 책을 급하게 필요로 하실 경우에는 일반 서점을 이용해 주세요. 해외 배송을 원하시는 분은 총판을 담당하고 있는 생명의 말씀사로 문의해주시기 바랍니다. (생명의 말씀사 080-022-1211 www.lifebook.co.kr)

<기도 시리즈>

1. 하늘의 권능이 임하는 부르짖는 기도 1
영성의 숲. 373쪽. 13,000원 / 핸디북 10,000원
부르짖는 기도는 모든 기도의 형태 중에서 가장 기본적이고 중요한 기도입니다. 이 기도를 바르게 배우고 적용한다면 하늘의 권능이 임하는 것을 경험하게 되며 모든 면에서 강건한 그리스도인이 될수 있을 것입니다.

2. 하늘의 권능이 임하는 부르짖는 기도 2
영성의 숲. 444쪽. 15,000원 / 핸디북 11,000원
부르짖는 기도 1권은 발성의 의미, 능력과 부르짖는 기도의 전체적인 원리를 다루었으며 2권은 부르짖는 기도의 실제로서 구체적인 기도의 방법과 적용원리를 다루고 있습니다. 3부에 수록된 다양한 승리의 간증은 독자님들에게 좋은 도전이 될 것입니다.

3. 대적기도의 원리와 능력
영성의 숲. 400쪽. 14,000원 / 핸디북 11,000원
대적기도 시리즈 1편. 대적기도는 주님께 간구하는 기도가 아니며 우리에게 주어진 권세와 능력을 발견하고 사용하여 능력과 승리를 경험하는 기도입니다. 이 기도를 알게 될 때 당신의 삶은 진정 달라지게 될 것입니다.
휴대를 위한 작은 사이즈의 핸디북도 있습니다.

4. 대적기도의 적용 원리
영성의 숲. 424쪽. 14,000원 / 핸디북11,000원
대적기도 시리즈 2편. 대적기도에도 원리와 법칙이 있습니다. 그 원리와 법칙을 잘 익혀서 실제의 삶에 적용한다면 우리는 풍성한 삶을 살 수 있습니다. 이 책에서는 그 원리들을 구체적으로 제시해 주고 있습니다.
휴대를 위한 작은 사이즈의 핸디북도 있습니다.

5. 대적기도를 통한 승리의 삶
영성의 숲. 452쪽. 15,000원 / 핸디북 12,000원
대적기도 시리즈 3편. 대적기도를 인간관계, 가정에서의 삶, 복음 전도와 사역에 구체적으로 적용하는 방법을 제시하였습니다. 여기서 제시된 원리를 잘 읽고 적용한다면 삶과 사역에 있어서 많은 변화와 승리를 경험할 수 있게 될 것입니다.
휴대를 위한 작은 사이즈의 핸디북도 있습니다.

6. 대적기도의 근본적인 승리 비결
영성의 숲. 454쪽. 15,000원 / 핸디북 12,000원
대적기도 시리즈 4편. 완결편. 1부에서는 악한 영들을 근본적으로 완전하게 제압하고 승리할 수 있는 원리와 비결을 제시하고 있습니다. 2부에서는 대적기도를 적용하고 경험한 성도들의 사례가 실려 있는데 이것은 각 사람의 적용과 승리에 좋은 참고가 될 수 있을 것입니다.
휴대를 위한 작은 사이즈의 핸디북도 있습니다.

7. 아름답고 행복한 기도의 세계
영성의 숲. 279쪽. 9,000원
〈기도업데이트〉의 개정판. 자연스럽고 편안하게 기도의 아름다움과 행복에 잠길 수 있도록 돕는 책입니다. 기다리는 기도, 듣는 기도, 안식하는 기도 등 다양하고 풍성한 기도의 원리들을 일상의 예화들을 통하여 쉽게 정리하였습니다.

8. 주님의 마음에 이르는 기도
영성의 숲. 309쪽. 10,000원
기도의 원리와 방법에 대한 200개의 조언을 담았습니다. 주님의 마음을 향하여 가는 것, 그것이 기도의 방향이며 목적임을 보여주는 책입니다.

9. 주님의 임재를 경험하는 길
영성의 숲. 308쪽. 10,000원
〈주님을 경험하는 100가지 방법〉의 개정판. 주님의 살아계심과 임재를 경험하기 위한 100가지의 실제적인 방법을 제시하고 있습니다. 사모하는 마음으로 이 방법들을 시도한다면 누구나 쉽게 그분의 역사를 경험하게 될 것입니다.

10. 예수 호흡기도
영성의 숲. 460쪽. 15,000원 / 핸디북 11,000원
호흡을 통한 기도가 주님의 임재와 영적 실제에 들어가는 중요한 비밀이며 열쇠임을 보여주는 책입니다. 이 책에 제시된 원리와 방법을 충실히 시도해 본다면 누구나 놀라운 변화를 경험하게 될 것입니다.

11. 방언기도의 은혜와 능력 1
영성의 숲. 459쪽. 16,000원 / 핸디북 12,000원
방언기도 시리즈 1편. 방언에 대한 성경적이고 균형잡힌 설명 뿐 아니라, 저자의 개인적인 경험과 간증, 방언을 받는 과정과 통역을 시도하는 과정에 대한 구체적인 설명, 여러 경험자들의 실례가 풍성하게 실려 있어, 방언의 은혜에 대해 이해하고 적용하는 데에 실제적인 도움을 주는 책입니다.

12. 방언기도의 은혜와 능력 2
영성의 숲 403쪽. 14,000원 / 핸디북 11,000원
방언기도 2편에서는 방언과 통역이 발전해 나가는 과정과 그 영적인 의미를 깊이있게 다루었습니다. 방언의 가치와 의미를 바르게 이해하고 적용하게 될 때, 오래 동안 방언을 사용하면서도 주님의 은총를 누리지 못하던 이들이 주님의 가까우심과 아름다우심을 풍성히 경험하게 될 것입니다.

13. 방언기도의 은혜와 능력 3
영성의 숲 489쪽. 16,000원 / 핸디북 12,000원
방언 기도 시리즈의 결론적인 부분을 다룬 책입니다. 방언에 대한 부정적인 견해와 원인들, 방언을 통해 어떻게 부흥이 시작되는지, 은사의 바른 방향과 의미, 목적 등을 정리하였고, 전체적인 요약정리와 함께 경험자들의 구체적인 사례들을 첨부하여 실제적인 적용에 도움이 되도록 하였습니다.

<영성 시리즈>

1. 영성의 실제를 경험하는 길
영성의 숲. 357쪽. 12,000원
〈그리스도인의 아름다운 영성〉의 개정판.
많은 은혜의 도구들이 있지만 그것들이 다 주님을 접촉하는 것은 아닙니다. 참다운 영성과 주님을 경험하는 원리를 제시하는 책입니다.

2. 생각의 자유를 경험하는 길
영성의 숲. 228쪽. 8,000원
〈그리스도인의 생각 다스리기〉의 개정판. 우리가 겪는 삶의 대부분의 고통들은 스스로 만들어낸 생각의 감옥에 지나지 않으며 생각을 분별하고 관리함으로써 풍성하고 행복한 삶을 살 수 있다는 메시지를 다양한 예화와 함께 설득력 있게 제시하고 있습니다. 많은 교회에서 훈련 교재로 사용되기도 했습니다.

3. 영성의 중심은 사랑입니다
영성의 숲. 243쪽. 8,000원
하나님의 은혜를 받아들이고 누림으로써 진정한 사랑과 따뜻함의 세계를 경험할 수 있도록 돕는 책. 신앙의 따뜻함과 아름다움을 회복하고, 영혼들을 이해하고 도울 수 있는 관점을 제시하고 있습니다.

4. 영성의 원리
영성의 숲. 319쪽. 11,000원
영성에도 원리가 있습니다. 이 책은 영성의 발전을 위한 다양한 원리들, 영의 흐름, 영의 인식, 영적 승리를 위한 중보 등의 원리를 실제적인 예와 함께 잘 설명해 줍니다. 영적 부흥과 충만함을 사모하는 이들에게 좋은 참고서가 될 수 있을 것입니다.

5. 문제는 주님의 음성입니다
영성의 숲. 227쪽. 9,000원
우리의 삶에 나가오는 여러가지 어려움들, 문제들은 우연이 아닙니다. 거기에는 주님의 배려와 가르치심이 있으며 반드시 우리가 배워야 할 것이 있습니다. 이 책은 그 문제들에서 주님의 뜻과 음성을 발견하는 원리를 가르쳐 주고 있습니다.

6. 영성의 발전은 어떻게 이루어지는가
영성의 숲. 254쪽. 8,000원
〈영성의 상담〉의 증보 개정판. 영성에 대한 여러 질문과 답변을 통해 다양한 영적현상의 의미와 삶 속에서 영적 성장을 이루는 구체적인 방법들을 소개하고 있습니다.

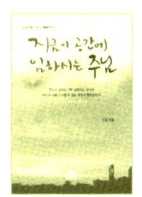

7. 지금 이 공간에 임하시는 주님
영성의 숲. 340쪽. 12,000원
주님은 믿을수 없을만큼 가까이 계시지만 사람들은 흔히 그분을 무시함으로 그의 임재를 소멸시킵니다. 이책은 그분의 가까우심과 구체적인 공간을 통한 임재, 나타나심을 경험할수 있도록 실제적인 지침을 제시하고 있습니다.

8. 심령이 약한 자의 승리하는 삶
영성의 숲. 228쪽. 9,000원
영혼의 힘이 약하고 마음이 여리고 민감하여 고통을 겪고 있는 이들을 위한 책. 영혼의 원리 및 기질과 사명을 이해함으로써 이전에 알지 못했던 자유와 해방과 놀라운 행복감을 누리게 될 것입니다.

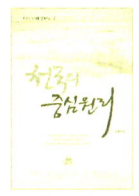

9. 천국의 중심원리
영성의 숲. 452쪽. 14,000원
천국은 사후에만 갈 수 있는 장소가 아닙니다. 이 땅에 살면서 천국의 임재, 그 천국의 빛과 영광을 경험할 수 있습니다. 이 책에서는 내면세계의 천국을 경험하기 위한 길과 원리를 제시해 주고 있습니다.

10. 행복한 신앙을 위한 28가지 조언
영성의 숲. 348쪽. 12,000원
〈자유롭고 행복한 그리스도인 1〉의 개정판. 묶여 있고 창백한 의식의 틀을 벗어나, 자유롭고 풍성한 믿음의 삶으로 나아가도록 돕는 책입니다. 28가지 조언속에 행복한 신앙을 위한 영적 원리들을 담고 있습니다.

11. 성숙한 신앙을 위한 30가지 조언
영성의 숲. 340쪽. 12,000원
〈자유롭고 행복한 그리스도인2〉의 개정판. 의식이 바뀔 때 천국의 자유와 기쁨을 누릴 수 있음을 보여주는 책입니다. 묶여있는 사고와 습관, 잘못된 의식에서 해방되는 원리를 제시해 주고 있습니다.

12. 의식의 깨어남을 사모하라
영성의 숲. 239쪽. 9,000원
잠과 꿈과 깨어남의 실체를 보여주며 진정한 깨어있음의 세계로 인도하는 책입니다.
의식과 영혼을 깨우기 위한 방법과 원리들을 제시해 주고 있습니다.

13. 주님의 마음, 주님의 임재 속으로
영성의 숲. 348쪽. 12,000원
오늘날 주님의 마음에 대한 많은 오해가 있어서 주님의 깊으신 임재에 들어가지 못합니다. 이 책은 그 오해를 풀어주며 우리를 향한 주님의 사랑을 보여주고 그 사랑의 임재 속에 들어가는 길을 안내해주고 있습니다.

14. 영성의 발전을 갈망하라
영성의 숲. 292쪽. 10,000원
영성의 진리 시리즈 1편. 영성을 깨우고 발전시킬 수 있는 다양한 이야기, 원리, 법칙들을 묶은 36가지의 메시지가 수록되어 있습니다. 영혼의 각성에 도움이 되는 지식과 도전을 얻게될 것입니다.

15. 집회에서 흐르는 주님의 은혜
영성의 숲. 254쪽. 8,000원
이미 출간되었던 [집회 가운데 임하시는 주님]을 새롭게 개정하였습니다. 회원들의 간증을 줄이고 더 많은 분량을 추가하였습니다. 집회 가운데 나타나는 주님의 생생한 역사와 이에 관련된 여러 영적 원리를 기술하였습니다. 읽을수록 집회 현장에 있는 듯한 감동과 은혜를 얻을 수 있을 것입니다. 은혜를 사모하는 이들, 영성 사역에 관심이 있는 사역자들에게 좋은 참고가 될 것입니다.

16. 삶을 변화시키는 생명의 원리
영성의 숲. 348쪽. 값 12,000원
삶 속에서 열매를 맺을 수 있는 비결과 원리를 시편 1편의 말씀과 요한복음 15장의 말씀을 중심으로 제시하고 있습니다. 포도나무이신 주님과 가지로서 항상 연결되는 삶이 열매를 맺는 원리이며 은총의 비결인 것을 명쾌한 논지로 설명하고 있습니다. 신앙의 기초와 방향을 분명히 밝히는 책으로서 풍성한 삶과 승리하는 삶을 갈망하는 그리스도인들에게 귀한 도전이 될 것입니다.

17. 낮아짐의 은혜1
영성의 숲. 308쪽. 값 11,000원
쉽게 하나님의 임재를 경험하며 그 은혜 가운데 머무르는 사람이 있습니다. 그 은총의 비밀은 무엇일까요? 그것은 바로 낮아짐이며 이를 통하여 주의 무한한 은혜와 천국의 풍성함을 누릴 수 있음을 본서는 증명합니다. 사람을 파괴하는 높아짐의 시작과 타락, 은혜의 회복, 열매의 풍성함 등을 다루고 있으며 누구나 그 은혜의 세계에 쉽게 이르도록 길을 제시하고 있습니다.

18. 낮아짐의 은혜 2
영성의 숲. 388쪽. 값 14,000원
낮아짐은 감추어진 비밀이며 천국의 문을 여는 보화입니다. 마귀는 낮아짐을 빼앗을 때 그 영혼을 사로잡을 수 있으므로 온갖 유혹으로 이 보화를 가로챕니다. 하나님은 천국의 풍성함을 주시기 위하여 낮아짐을 훈련하시며 인도하십니다. 2권은 적용을 주로 다루며 구체적으로 풍성한 은총을 누릴 수 있도록 권면하고 있습니다.

19. 그리스도를 갈망하는 삶
영성의 숲. 268쪽. 값 10,000원
부흥과 영적 깨어남, 영성의 다양한 원리에 대한 이야기. 삶 속의 이야기와 함께 자연스럽게 풀어서 정리하였습니다. 일상의 사소한 삶에서 영적 원리를 발견하고 적용하도록 도우며 그리스도에 대한 갈망이 증가되도록 도전하고 있습니다.

20. 영이 깨어날수록 천국을 누린다
영성의 숲. 236쪽. 값 8,000원
독자들과 일대일로 마주 앉아서 대화를 하듯이 영적 성장과 풍성한 삶을 누리는 원리에 대해서 메시지를 전달하고 있습니다. 사랑하는 삶, 영성의 깨어남에 대한 새로운 통찰력을 제공해주며 기쁨으로 주님을 따르는 길을 제시해줍니다.

<생활 영성 시리즈>

1. 주님과 차 한잔을
영성의 숲. 220쪽. 6,000원
신앙의 귀한 진리들, 주님을 사모하고 가까이 나아가는 데 도움이 되는 원리들을 유머를 통해 밝고 즐겁게 전달해주는 책입니다. 주님과 같이 차를 한잔 마시는 기분으로 부담없이 읽다보면 자연스럽게 영적 통찰을 얻을 수 있을 것입니다.

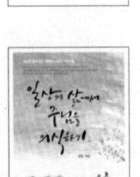

2. 일상의 삶에서 주님을 의식하기
영성의 숲. 280쪽. 8,000원
일상의 사소한 삶 속에서 주님을 의식하며 살아가는 이야기. 신앙과 영성은 기도할 때만이 아니라 일상의 모든 삶 속에서 나타나야 한다. 작고 사소한 모든 일에서 주님을 의식하는 것이 진정한 행복의 원리인 것을 이 책은 보여주고 있습니다.

3. 일상에서 경험하는 주님의 사랑
영성의 숲. 277쪽. 9,000원
일상의 묵상 시리즈 2편. 사소한 일상의 삶에서 주님의 임재와 사랑을 느끼고 주님의 메시지를 경험하는 이야기. 항상 모든 것에서 주님의 마음과 시선으로 삶과 사람을 보고 느껴야 하며 이를 통해서 날마다 천국을 경험할 수 있음을 사소한 삶의 이야기를 통하여 부드럽게 전달해주고 있습니다.

4. 삶이 가르치는 지혜
영성의 숲. 212쪽. 6,000원
〈삶이 가르치는 지혜〉의 개정판. 우리의 삶에서 경험하는 많은 즐거운 일, 힘든 일들이 결국 우리 영혼의 성장을 위하여 주어진 일임을 보여줍니다. 가슴을 따뜻하게 하는 소박한 이야기들을 통해서 사랑의 중요성을 다시 한번 깨닫게 합니다.

5. 사랑의 나라로 가는 여행
영성의 숲. 156쪽. 5,000원
〈사랑의 나라〉의 개정판. 어른들을 위한 우화로서 한 청년이 여행을 통하여 삶의 목적과 방향을 깨달아 가는 과정이 흥미진진하게 전개되고 있습니다. 즐겁게 이야기를 읽어나가다보면 영적 성장의 방향과 중심, 영적 세계의 에너지와 원리, 흐름을 이해하는데 도움이 될 것입니다.

6. 하나님의 뜻을 발견해 가는 여행
영성의 숲. 269쪽. 신국판 변형 8,000원
성경에 등장하는 입다, 다윗, 암논의 삶과 사건들을 통하여 하나님의 아버지 마음과 하나님의 의도와 훈련을 이해하고 발견하도록 안내하는 책입니다. 등장인물들의 마음과 정서가 드라마처럼 녹아있어 흥미와 감동을 전달해줍니다.

7. 일상에서 경험하는 주님의 은혜
영성의 숲. 253쪽. 값 8,000원
일상시리즈 3편입니다.
가족 이야기, 모임 이야기, 일상에서 경험하는 여러 가지 일들을 통해서 영적 원리와 교훈을 정리하였습니다.
일기와 이야기 형식으로 기록되어 있어서 즐겁게 읽는 가운데 주님과 같이 걷는 삶의 흐름 속으로 들어갈 수 있게 될 것입니다.

<묵상 시리즈>

1. 맑고 깊은 영성의 세계를 향하여
영성의 숲. 140쪽. 5,000원.
잠언시리즈 1편. 내 영혼의 잠언1을 판형을 바꾸어 새롭게 만들었습니다. 순결하고 맑은 영혼으로 성장하기 위한 진리의 묵상들이 간결하게 정리되어 있습니다.

2. 주님은 생수의 근원 입니다
영성의 숲. 196쪽. 6,000원
〈내 영혼의 잠언2〉의 개정판. 맑고 투명한 영성의 세계로 안내하는 영성 잠언집. 새벽녘의 신선하고 향긋한 바람처럼 우리 영혼을 달콤하게 채워주는 묵상의 글들을 모아서 정리했습니다.

3. 묻지 않는 자에게 해답을 던지지 말라
영성의 숲. 156쪽. 5,000원
삶과 사랑과 영혼의 진리를 담은 잠언 시집.
인생의 의미와 진리, 영성의 발전과정을 예리하면서도 부드러운 시각으로 표현하고 있습니다. 불신자에 대한 전도용으로도 좋은 책입니다.

4. 영혼을 깨우는 지혜의 샘물
영성의 숲. 180쪽. 6,000원
〈영적 성숙으로 향하는 여행〉의 개정판
인생, 진리, 마음, 영성 등 중요한 8가지의 주제에 대한 짧은 묵상을 담았습니다. 맑은 샘물이 흐르듯이 간결한 지혜의 메시지가 영성을 일깨워주는 책입니다.

대적기도의 근본적인 승리 비결

1판 1쇄 발행	2005년 5월 10일
1판 16쇄 발행	2020년 8월 15일
지은이	정원
펴낸이	홍 윤미
펴낸곳	영성의 숲
등록번호	2001. 7. 19 제 8-341 호
전화	02 - 355 - 7526 (영성의숲)
핸드폰	010 - 9176 - 7426 (영성의숲)
E - mail	spiritforest@hanmail.net (영성의숲)
홈페이지	cafe.daum.net/garden500 (정원목사 독자 모임)
	cafe.naver.com/garden500 (정원목사 독자 모임)
국민은행	051-21-0894-062
예금주	홍 윤미
총판	생명의 말씀사
전화	02 - 3159 - 8211
팩스	080 - 022 - 8585,6

값 15,000원

ISBN 978 - 89 - 90200 - 24 - 2 04230
ISBN 978 - 89 - 90200 - 76 - 1 04230 (세트)